本书是国家林业局推广项目"森林公安数字化资源管理调度系统示范推广"（项目编号：〔2014〕19）和南京森林警察学院预研项目"基于大数据的'智慧森林防火管理与森林资源保护'系统工程"（项目编号：LGY201507）的研究成果之一。

森林公安
数字文献资源建设与利用指南

周爱民◎编著

SENLIN GONGAN

SHUZI WENXIAN ZIYUAN

JIANSHE YU LIYONG ZHINAN

中国政法大学出版社

2019·北京

图书在版编目（ＣＩＰ）数据

森林公安数字文献资源建设与利用指南/周爱民编著. —北京：中国政法大学出版社，
2019.12

ISBN 978-7-5620-9380-0

Ⅰ. ①森…　Ⅱ. ①周…　Ⅲ. ①数字技术－应用－森林－公安工作－文献资源建设－指南
Ⅳ. ①D631-39

中国版本图书馆 CIP 数据核字 (2019) 第 290566 号

出　版　者	中国政法大学出版社
地　　　址	北京市海淀区西土城路 25 号
邮寄地址	北京 100088 信箱 8034 分箱　邮编 100088
网　　　址	http://www.cuplpress.com (网络实名：中国政法大学出版社)
电　　　话	010-58908285(总编室) 58908433（编辑部）58908334(邮购部)
承　　印	北京九州迅驰传媒文化有限公司
开　　本	720mm×960mm　1/16
印　　张	30.5
字　　数	480 千字
版　　次	2019 年 12 月第 1 版
印　　次	2019 年 12 月第 1 次印刷
定　　价	125.00 元

参编人员

（按姓氏笔画排序）

马　珺　　马　薇　　朱清怡　　许瀚之　　汪　东
宋爱林　　周爱民　　周　萍　　姜　南　　晁明娣
顾　剑　　戴伟茜

序

PREFACE

国外一位农业大学教授对树龄在50年的大树算了两笔价值账，按南亚的木材市场价格最多值300美元，但按照这棵树每年能为生态效益创造的财富，包括产生的氧气、减轻的大气污染、涵养的水源、防止土壤被侵蚀、提供动物栖息环境等，约合20万美元。这一例子表明，生物与环境是相互影响、相互制约的不可侵害的整体，我们称之为生态系统。人类历史上屡屡发生因生态退化和自然资源减少而造成经济衰退乃至文明消亡的情形。减少生态环境的恶化对人类生存的威胁，早已成为世界各国的共识，并成为许多国家安全战略的重要目标。

我国随着经济社会的快速发展，面临着资源约束趋紧，生态系统退化的严重形势：森林覆盖率和单位面积蓄积量远低于全球平均水平，水土流失面积占国土面积的37%，沙化土地面积占全国面积的18%，中度以上生态脆弱区域占陆地国土空间的55%。生态系统破坏导致自然灾害频发，野生动植物栖息地严重受到影响，生物多样性面临挑战，人居环境严重污染。所有这些，都在影响着国土的实用价值，威胁着生存的空间，不断挤压着我们获取生产、生活资源的来源。因此，生态安全是政治安全和社会稳定的基石，是国土安全的重要屏障，是经济安全的基本保障，也是公安工作，尤其是森林公安工作的核心职能之一。

党的十八大将生态文明建设纳入中国特色社会主义"五位一体"总体布局和"四个全面"战略布局，构成总体安全观的重要部分。习近平总书记在全国生态环境保护大会上的重要讲话和《中共中央国务院关于加快推进生态文明建设的意见》进一步深刻阐述了加强生态文明建设的重大意义，明确提出加强生态文明建设必须坚持的重要原则，提出了具体意见，明确了建设目标。围绕这些目标，如何落实到政策制定、科学研究、设施建设、人才培养、队伍建设、安全监测、宣传教育、组织协调等诸多方面是森林公安队伍亟需了解的。

《森林公安数字文献资源建设与利用指南》一书正是这样一部集资源指引、技能指导和知识普及为一体的工具书。全书共18章，内容丰富，体系完整，既包括知识性、学理性讲解，又包括技术性、技巧性指导。这对于森林公安队伍，乃至整体政法队伍的建设都可以提供积极助力。前5章概述了文献数字化与森林公安信息化、森林公安数字文献资源建设、文献检索原理；后13章逐一介绍了图书、期刊、特种文献及各类主要专门文献的检索利用。出于对森林公安，乃至各类政法队伍教育训练工作的考量，作者利用最后的篇幅介绍了相关报告的撰写知识，其中不仅包括了常用科技报告，还包括了各类常用文书。案例数据库的介绍，则进一步指明了可利用的文献资源，为科研、管理和教学提供了极大的便利。这本书对于森林警察院校师生、一线公安民警掌握现代信息获取的技能，提高信息检索与应用效率，提高科研与学习、工作效率具有重要价值。

感谢广大森林公安队伍的干警同志们为我国的生态安全做出的突出贡献！祝愿奉献在国家安全一线的公安干警、政法干部们工作顺利、安全安康！

沈固朝

2019年3月26日于南京大学信息管理学院

目 录 CONTENTS

第 1 章

文献数字化与森林公安信息化

近年来，随着警务信息化工作的不断深入，森林公安工作正逐步进入情报主导警务的时代。警务信息化建设是森林公安工作的重要组成部分，是建设现代林业，促进科学发展的重要支撑。依托丰富的电子资源和网络电子资源大力开展数字资源建设，实现了森林公安领域的知识创新、技术创新。在此过程中，南京森林警察学院作为森林公安唯一高等学府，其图书馆文献资源服务对森林公安人才的培养起到了重要的支撑作用，而随着信息技术的发展，其在数字文献资源建设积累与读者服务方面的经验，值得森林公安行业相关机构单位交流与借鉴。

1.1 信息与文献概述

1.1.1 信息的定义及其分类

1. 信息的定义

信息（information，港台地区汉译为"资讯"）是信息科学的基本概念，也是当代图书馆学研究的出发点。迄今为止围绕"信息"定义的流行说法不下百种，归纳起来，可概括为两大类。

（1）从广义理解

信息可以认为是物质的一种属性，是物质存在方式和运动规律与特点的表现形式，它包含了与客观世界和人类社会相关的各种信息现象。代表性定义有："信息是组织程度的度量；信息是有序程度的度量；信息是负熵；信息是用以减少不定性的东西""信息是事物相互作用的表现形式；是事物联系的普遍形式；信息是被反映的物质属性"等；1978 年在日本召开的国际会议为"信息"所下的定义是："信息概念所概括的，是与信息加工系统的研究、制造、使用和物质技术服务相关的领域，同时包括机器、设备、软件和组织方面，还有工业、商业、管理、社会和政治作用的组合。"这种"信息"概念试图将社会生活的一切方面都包括在其外延之中。

（2）从狭义理解

信息是一种消息、信号、数据或资料，在多数时候指已经分门归类或列入其他构架形式的数据，"信息是加工知识的原材料，信息就是数据。"马克·波拉特提出："信息是经组织化而加以传递的数据。"信息经济和知识经济研究中的"信息""信息资源"概念，或人们从具体领域的操作角度使用"信息"概念时，往往指的是狭义层次的信息。

（3）综合广义和狭义概念

信息是再现的差异，是事物（包括客观事物和主观思维）的运动状态和过程以及关于这种状态和过程的知识；信息是用来消除不确定性的东西，它是生物、人以及具有自动控制系统的机器，通过感觉器官或相应的设备与外界进行交换的一切内容；信息可以以消息、信号、符号、数据等形式来表达、存储、传递处理、感知和使用。这个定义的合理性在于：它将每个人日常活动中与周围世界的信息所发生的联系都包括在内，而不局限于某个特定的专业领域；同时，它也并不排斥狭义的信息概念，而是将以数据资料等编码形式存在的经过加工、整序的信息看作是信息这个大概念中的一个特别重要的部分，即所谓的"信息资源"。我们在日常生活中所利用的信息并非全部是经过加工整序的信息，而这些非加工、未整序信息对于人们认识世界和自身所处的状态，从而采取行动，同样具有不可忽视的作用。

2. 信息的分类

（1）自然信息

祖先早就发现，大自然中物质、能量的变化往往伴随着一些相应的现象，这些现象可以告知人们自然界正在或即将发生的变化，如"月晕而风，础润而雨""天上勾勾云，地上雨淋淋""山雨欲来风满楼"以及地下水变混浊和动物狂躁不安的地震先兆等种种现象，都是自然信息。

（2）生物信息

在生物世界里，也存在着各种各样的信息及使用信息的行为。遗传学告诉我们：生命繁衍的奥秘在于生命体内脱氧核糖核酸（DNA）中所携带信息的复制（由四种核苷酸的特定排列组合所组成的 DNA 的双螺旋结构模式是生物遗传的编码信息）。生物种群（如蚁群、蜂群、鱼群、兽类）等也以气味、声音、姿态，甚至语言等传递信息，如蜜蜂以"8"字舞或"S"形舞来告知同伴蜜源的远近或方向，垂死的昆虫用特殊气味告知同伴逃离危险。

（3）社会信息

人类在发展过程中，在与外部世界的联系中产生了感知信息与利用信息的需要，因而逐渐形成和发展了自己的信息器官：眼、耳、鼻、口、脑等，发展了语言能力，从外界获取和利用信息的能力大大超过了其他任何一种生物，在人与人的交往中，也无时无刻不在交换着大量的信息。正是因为有信息，人类社会才能形成和发展。

（4）机器信息

人类制造的各种机器的正常运转，也需要信息的输入与反馈。计算机则有更强的输入、存储处理、输出信息的能力。

1. 1. 2 文献的定义及其类型

1. 文献的概念

文献是记录在物质载体上的信息或者说文献是记录有知识的一切载体。

在我国，春秋时期孔子门徒记载孔子言论的《论语·八佾》篇中，便有了"夏礼吾能言之，杞不足征也；殷礼吾能言之，宋不足征也。文献不足故也；足则吾能征之矣"。文献是人类记录信息的产物，是社会文化的重要传播载体。这是目前可考的最早的关于文献的论述。

早期的文献含义中"文"指典籍，"献"同"贤"，指贤人。这是因为早期人类信息除靠典籍记录外，还主要靠有知识的人来传播。后来文献专指典籍资料，包括一切有价值的图书资料，20 世纪 80 年代以来，文献被看作是知识载体的一种。

在西方，"文献"一词源于拉丁语"Documentun"，英文"document"指的是包括印刷品在内的一切文字记录，而英文"literature"（文献）的涵义相对狭窄，主要指图书资料。

在本书中，我们使用广义的文献概念，即目前国际上通用的定义。《文献信息术语国际标准（草案）》（ISO/DIS 5127）对文献所下的定义为："在存贮、检索、利用或传递记录信息的过程中，可作为一个单元处理的，在载体内、载体上或依附载体而存贮有信息或数据的载体。"用比较通俗的话来讲，文献就是记录一切人类知识信息的载体。

文献的基本构成要素包括四个方面：文献记录的知识和信息内容、记录载体、记录符号和记录手段。任何文献无论其形式如何，都必然包含这四个基本要素。

文献具有以下六个方面的特征：

社会文献信息生产数量大、增长快；

社会文献信息类型复杂、形式多样；

现代社会文献信息时效性增强；

文献信息传播速度加快；

文献信息内容交叉重复；

文献信息所用语种在扩大，文献信息质量下降。

以上六个方面的因素，使文献信息的无序状态逐步加深，进而使得文献信息流的流向更加分散。因此，只有控制了社会文献信息流的流向，才能化不利因素为有利因素；反过来，只有充分认识了影响文献信息流无序状态的因素，因势利导，才能使文献信息流合理流动。

2. 文献的类型

（1）依照文献的载体形式划分

在整个文献的历史中，有甲骨、金石、简策、纸张、胶片、胶卷、磁带、磁盘、光盘等文献，在现代、则可依照载体形式将文献分为印刷型文献、缩微文献、音像文献、机读文献。

①印刷型文献：指用铅印胶印或雕版印刷等各种印刷手段印制出来的各种文献，其主要载体为纸张。

②缩微文献：又称缩微复制品，是利用摄影方法，将文献的内容缩摄在感光胶片或感光胶卷上，借助于专门的阅读设备阅读的一种文献类型。

③音像文献：又称视听资料，是将声音、影像记录在电磁材料载体上，并通过相应的电子设备使用的文献类型。如幻灯片、电影影片、唱片、录音带、录像带等。

④机读文献：将文字、声音、图形、图像等多媒体信息记录在磁盘、光盘等介质上，借助计算机等电子设备使用的文献类型。

（2）依照文献的出版形式划分

①图书：是用文字、图画或其他符号手写或印刷于纸张等载体上并具有相当篇幅的文献，是一种比较成熟定型的出版物。

②期刊：又称杂志，指那些定期或不定期连续出版，每期有固定的名称和版式，有连续的序号，发表多位作者的多篇文章，由专门的编辑机构编辑出版的一种连续出版物。

③报纸：是以刊载新闻和评论为主的定期连续出版物。

④科技报告：又称研究报告或技术报告，是科技人员围绕某一学科或某一课题进行研究、研制工作中的阶段成果报告和总结报告，或对某项研究课题或技术项目在实验中的报告和实际记录。通常以正式报告、进展报告、技术札记、备忘录等形式出版。

⑤专利文献：主要指专利说明书，它是专利申请人向政府专利局递送的新发明创造的书面文件。

⑥标准文献：它是标准化组织或有关机构对产品服务等的质量、规格、生产过程及检验方法等所做的技术规定，是不同生产服务厂商应共同遵守的规范性文件；技术标准按审批机构和应用范围划分，有国际标准、区域性标准、国家标准、部颁标准、企业自定标准等，内容包括各种基础标准、产品标准和方法标准等。

⑦会议文献：是指在国内外各种学术会议上宣读、发表或提交的论文、报告、讨论记录等资料汇编，又称会议记录。

⑧政府出版物：根据联合国教科文组织的规定，政府出版物是指根据国家机关的命令，并且由国家负担经费而出版的一切记录；政府出版物是各国政府所属各部门发表出版的文献的总称，其内容极为广泛。

⑨学位论文：是指高等院校的本科生、研究生或各教学、科研单位攻读硕士、博士学位的人员在申请学位时撰写的论文。

⑩产品样本：又称产品说明书，是说明产品性能、规格和使用方法的技术资料。

（3）依照文献的性质和功能划分

①一次文献：又称原始文献，是人们对已创造的知识进行第一次加工（固化）而形成的文字记载。

②二次文献：是对一次文献进行加工、整理后形成的产物，它对一次文

献的特征如题名、责任者、出处、分类、主题等进行揭示和排序，或将一次文献的内容压缩成文摘，主要用来报道一次文献，类型有目录、索引、文摘等。

③三次文献：是按照特定的课题，利用二次文献选择有关的一次文献加以分析、综合而编写出来的文献类型，主要有综述、述评、专题报告、可行性报告、数据手册等。

1.2 数字信息资源概述

1.2.1 数字信息资源的定义

1. 数字信息资源概念

自从古代印度、中国汉朝时期出现数字概念以来，经过漫长的几千年历史，数字已从传统的计算、统计角色，发展到现在结合计算机等多种技术而形成的数字化概念，如数字社会、数字出版、数字电视、数字网络等新名词、新概念应运而生。数字信息资源是一个宽泛的定义，即指所有以数字形式把文字、图像、声音、动画等多种形式的信息，借助计算机编码存储在光、磁等非纸介质的载体中，通过网络通信、计算机或终端设备而完成的可供直接获取和远端使用的信息资源。

2. 数字信息资源的内容

（1）根据分布地点划分

按照数字信息资源比较集中的分布地点，可将数字信息资源分为网络信息资源、图书馆数字信息资源、档案馆数字信息资源三部分。其中，图书馆和档案馆的数字信息资源包括两个方面：一方面是原有资料文献的数字化，即纸质型信息资源的数字化和网络化；另一方面是直接形成数字形式的信息资源。

（2）根据资源形式划分

①数据库

数据库是数字信息资源产生的最早的形式。按照所含信息的内容，数据库可以划分为以下几种类型：文献书目数据库、数值型数据库、事实型数据库、全文本数据库、图像数据库、图形数据库、多媒体数据库。

②网络信息资源

网络信息资源是指以数字化形式记录的，以多媒体形式表达的，分布式存储在因特网不同主机上的，并通过计算机网络通讯方式进行传递的信息资源的集合，是计算机技术、通信技术、多媒体技术相互融合而形成的在因特网上可查找、利用到的信息资源。

3. 数字信息资源的特点

21 世纪是信息知识时代，信息技术革命使图书馆信息资源结构发生巨大变化。数字信息资源是一个国家的数字资产，也是国家和社会的战略资源。伴随着信息用户信息意识的不断提高，信息用户对信息资源的需求也不断提高。多种资源的深度融合是数字信息资源的一个基本特征，目前的数字信息资源仍然以传统的书籍报刊等印刷版资源数字化为主，信息导航技术、知识管理技术、全文检索技术、跨平台技术、智能检索代理技术以及推送技术的广泛应用都促使数字信息资源更加贴近用户、更加方便利用，也更加全面汇聚、有效组织多种多样的信息类型和信息资源。数字信息资源作为科技创新、经济发展和文化繁荣中最有影响的信息资源形式，也是最有公共性的信息资源之一，主要有以下特点：

①数字化存储和传递；

②数量巨大，增长迅速；

③内容丰富，形式多样；

④信息新颖，定期更新；

⑤信息的表达直观、生动；

⑥免费资源丰富；

⑦稳定性差，变化频繁；

⑧信息组织的局部有序性与整体无序性；

⑨结构复杂，分布广泛；

⑩信息质量参差不齐，价值不一。

1.2.2 信息资源数字化发展

文献信息数字化是文献信息在电子时代的必然发展趋势，它给人们带来了极大的便利，对文献信息资源进行贮存、检索和传递，为全社会的用户快速提供他们所需的文献信息资料，为实现真正意义上的文献信息资源共享提供了巨大推动力。它作为文献信息的新型处理技术，深受世界各国重视，已成为现代信息基础建设、知识体系创新和提高创造能力的扎实基础。信息革命的浪潮已席卷人类生产和生活的各个领域，并向新的方向发展，如分布式信息存储、移动式共享等新形式的出现，使文献信息数字化能够更好地保护人类创造成果、更广泛传播共享、促进文献信息数字化又好又快发展。

1. 国外文献信息数字化建设进展

20 世纪 90 年代，西方发达国家开始加强文献信息数字化建设。综观各国文献信息数字化建设的成就，美国处于比较领先的位置。美国的文献信息数字化建设是以"数字图书馆倡议"为开端的。1993 年 9 月，由美国国家科学基金、国家宇航局和国防部高级研究项目局联合提出"数字图书馆倡议"（Digital Library Initiative）。在数字图书馆倡议的影响下，美国大学和学院图书馆率先进行，由此开启了文献信息数字化建设。在英国，文献信息数字化建设主要以信息存储方式的变革为出发点。其中，"英国国家图书馆的存储创新协议"主要在因特网上提供服务，开创了文献信息以网络为传播基础的时代。新加坡政府提出了国家"智能岛"计划，将新加坡所有公共图书馆和学术机构进行连接，实现真正意义上的国家网络化信息中心。

随着网络的发展，现在很多数字化文献信息服务部门已经形成了以网络服务为主，传统服务为辅，各个数据库之间能够进行资源交流和联网搜索的格局。现在国外文献信息数字化正向新型的数字化形式发展，跨网检索与共享中的安全性、不同数据库之间资源的兼容性不断提高，对数字化文献信息的版权保护较好，新的适应发展要求的数字化格式不断推出，对老的格式兼容性好，较好地理顺了方便共享、保护产权和文献信息服务部门持续发展的关系。

2. 中国文献信息数字化建设进展

西方发达国家的文献信息数字化建设的速度是比较快的。那么，我国的文献信息数字化建设状况又如何呢？1996 年，在北京召开的第 62 届国际图联（IFLA）大会上，IBM 公司和清华大学图书馆联手展示"IBM 数字图书馆方案"，这是我国文献信息数字化的标志性事件。目前，中国文献信息数字化应用已经进入初步实用阶段，我国的文献信息数字化研究、建设已经初具规模。国家试验型数字图书馆项目，为我国文献信息数字化的建设提供实践依据。中国数字图书馆工程按照国际上数字图书馆的主流技术方案，采取自主开发与引进相结合的方式，建设分布式、可扩充、具有自主版权的中国数字化文献信息系统，不断提高科技、文化、教育服务水平，对提高国民素质和发展知识经济起到重要作用。

中国数字图书馆有限责任公司的成立，为我国文献信息数字化向市场化迈进提供实践准备。中国数字图书馆有限责任公司采用企业管理模式，确实为我国数字图书馆建设向市场化方向发展提供了可兹借鉴之处。"中国数字图书馆联盟"的成立使国内的文献信息数字化进入共享时代研究，现今已形成高校系统（CALLS、CADLIS）、科研系统（NSTL）和公共系统为骨干的三大全国性共享系统和一些地域性共享系统。但是，在文献信息数字化建设中，部分文献信息服务系统仍然处于初级的文件共享阶段甚至处于纸质文献向信息数字化转变阶段，没有形成全国性跨系统共享，对数字化文献资料的有效利用度还不高。

1.3 数字文献与数字图书馆

1.3.1 数字文献概述

1. 数字文献的定义

数字文献指以数字形式把文字、图像、声音和动画等多种形式的信息，存储在光、磁等非纸介质的载体中，并通过网络通信、计算机或终端等方式再现出来的资源。所谓数字形式，是指以能被计算机识别的、不同序列的"0"和"1"构成的形式。

2. 数字文献的分类

数字文献的范围非常广泛，其类型随着信息技术的迅速发展而日益丰富，不同类型的数字文献的特点、功能存在一定的差异。依据不同的标准，可以划分为不同的类型，主要有以下几种类型。

（1）按数字文献内容表现形式划分

①数据库；②电子图书；③电子期刊；④电子报纸。

（2）按数字文献性质和功能划分

按数字文献性质和功能划分，可分为一次数字文献、二次数字文献和三次数字文献。

①一次数字文献：指反映最原始思想、成果、过程以及对其进行分析、综合、总结的信息资源，如电子图书、电子期刊、电子报纸、事实数据库以及发布原始信息的学术网站等。用户可从一次数字文献中直接获取自己所需要的原始信息。

②二次数字文献：指对原始信息进行加工、整理，便于利用原始文献的信息资源，如参考数据库、网络资源学科导航和搜索引擎、分类指南等，二次数字文献是检索一次数字文献的有效工具。

③三次数字文献：指对二次数字文献进行综合分析、加工和整理的信息资源，如专门用于检索搜索引擎的搜索工具，比较典型的是 Webcrawler。

（3）按数字文献生产途径和发布范围划分

①商用电子资源：亦称正式电子出版物，由正式出版机构或出版商、数据库商出版发行，在数字学术信息资源中所占比例最大，包括各类数据库、电子期刊和电子图书，其特点是学术信息含量高、具备检索系统、便于检索利用、出版成本高、必须购买使用权才可以使用，因此并不是面向社会公众免费开放的。

②网络公开学术资源：是完全面向公众开放使用，包括各种学术团体、行业协会、政府机构、商业部门和教育机构等在网上正式发布的网页及其信息，用于检索图书馆印刷型馆藏的联机公共目录系统（OPAC）也属于这部分范畴。

③特色资源：主要基于各教育机构、政府机关和图书馆的一些特色收藏制作，在一定范围内分不同层次发行，不完全面向公众。如学位论文、教学课件（CAI），一般只在校园网内作为教学资料使用。

（4）按数字文献生产方式划分

按数字文献生产方式划分，可分为原生数字文献和复合数字文献。

①原生数字文献：是通过科研人员有意识的思维活动，把客观存在的离散的原生态信息源经过一定的积累、分析、比较、判断、归纳和重组，经过数字化处理，创造出的符合客观实际的、知识化的数字文献。由于原生数字文献包括已公开发表的一次文献资源和未公开发表的灰色文献资源，故原生数字文献具有原始性和原创性等特征。

②复合数字文献：多数是从其他载体（如纸介质）文献转化而来的数字文献。这在当前及今后一个时期，仍然是我国图书馆馆藏数字文献建设的主

要形式之一，但随着社会信息化程度的提高，原生数字文献的增长速度在加快。

（5）按数字文献数据传播范围划分

按数字文献数据传播范围划分，可分为网络信息资源和单机信息资源。网络信息资源是指借助于计算机网络可以获取和利用的数字文献的总和；单机信息资源是指通过计算机存储和阅读但不在网络上传输的数字文献。两者的区别就在于其存储和传播的空间范围。

（6）按数字文献存储介质划分

按数字文献存储介质划分，可分为磁介质和光介质。磁介质包括磁盘、磁带、磁盘阵列、硬盘和活动硬盘等。随着信息存储技术的发展，超大容量的外存储系统磁盘阵列以及可移动磁盘相继问世，成为重要的数字信息载体。光介质是一种用激光来记录和再现信息的高密度存储介质，即光盘。

3. 数字文献的特点

数字文献在生产制作方式、信息符号、载体材料以及载体形态等方面与传统的纸质文献完全不同，因此它也具有与传统纸质文献完全不同的特点：高度的共享性；类型的多样性；检索的便利性；信息的时效性；信息的不安全性。

1.3.2 数字图书馆概述

1. 数字图书馆的概念

计算机技术、通信技术、网络技术、多媒体技术等新技术的飞速发展对当代图书馆的各个方面都产生了极大影响。其中关于数字图书馆（Digital Library）的理论与实践研究是其中最热点的问题之一。1993年，在德国的埃森（Esson）召开了首届国际电子图书馆会议，1994年，在美国得克萨斯又召开了国际数字图书馆会议。美国计算机协会（ACM）和美国信息科学学会（ASIS）及其他一些著名学会、协会的会刊都出版了与数字图书馆有关的专辑。1996年3月，美国计算机协会信息检索专业组织（ACM SIGIR）、美国电气与电子工程师学会（IEEE）、美国信息科学学会（ASIS）等几大学术组织在Bethesda召开了规模很大的首届ACM数字图书馆国际会议。

关于数字图书馆的概念目前仍然存在不同意见。刘炜在《数字图书馆引论》中曾经做过统计，有关数字图书馆的定义有近百种之多。主要意见如下：

数字图书馆是对各种信息进行搜集、组织加工、保存和管理，并提供在广域网上高速横向跨库链接的电子存取服务；

数字图书馆是用信息管理手段组织起来的多媒体数据收藏；

数字图书馆是以数字形式存储和处理信息的图书馆；

数字图书馆就是计算机化、网络化的图书馆系统；

数字图书馆是通过 Internet 等进行存取的，包括图书馆目录在内的数据库；

数字图书馆是一种有纸质图书馆外观和感觉的图书馆，但在这里图书馆资料都已数字化并被存储起来，而且能在网络化的环境中被本地和远程用户存取，还能通过复杂和一体化的自动控制系统为用户提供先进的、自动化服务；

数字图书馆是一种能对信息进行搜集、转换、描述，并以数字化形式存储，利用先进的信息处理技术和计算机网络，以智能有效的信息检索方式为用户提供多种语言兼容的多媒体远程数字信息服务的知识中心机构；

数字图书馆的构成包括这些要素：个人或组织机构的图书馆系统、本地和远程的数据库、处理远程请求的数据库服务器，以及负责协调和处理系列登录与检索的系统功能；

数字图书馆包括数字信息资源的生产、加工、存储、检索、传递、保护、利用、归档、剔除等全过程；

数字图书馆是运用信息技术以数据库为基本方式组织数字信息并通过互联网络向用户提供存取服务的信息系统；

数字图书馆不过是一种新的信息技术在图书馆和类似机构中的应用；

数字图书馆是一种新类型的图书馆，并把数字图书馆作为图书馆发展史上的一个阶段；

数字图书馆的含义是数字化资源库，而不是指实体图书馆。

与数字图书馆相关的概念还有"电子图书馆""虚拟图书馆""无墙图书馆"等。"电子图书馆"（Electronic Library）一词最早出现于 1975 年 R. W. Christian 写的一本书《电子图书馆：1975～1976 书目数据库》中，主要研究以电子形式出版的资料库。20 世纪 70 年代末 80 年代初，F. W. Lancaster 出版了两本专著《通向无纸情报系统》和《电子时代的图书馆与图书馆员》，引起图书馆界的广泛关注，在这两本书中，他描绘了电子时代图书馆的面貌和前景，但并未明确提出"电子图书馆"这一概念。1983 年，美国人 H. F. Cline 和 L. T. Sinnott 在《电子图书馆——自动化对学术图书馆的影响》一书中使用了"电子图书馆"一词，它是一本关于大学图书馆自动化的书。最早对"电子图书馆"这一概念给出明确定义的可能是美国人 K. E. Dowlin，他在 1984 年出版的《电子图书馆：前景与进程》一书中指出："所谓电子图书馆是一个尽最大可能提供信息存取的并通过电子技术扩大和管理信息资源的机构。"关于电子图书馆与数字图书馆的关系，有学者认为电子图书馆是数字图书馆的早期提法，1992 年前大多使用"电子图书馆"，1992～1994 年间这两个概念并行使用，1994 年后使用"数字图书馆"的逐渐多了起来。

2. 数字图书馆的特点与功能

（1）以数字化信息资源为基础

信息资源数字化是数字图书馆的基础，也是数字图书馆的根本特征。数字图书馆利用现代信息技术把各类传统介质的文献进行压缩处理并转化为数字信息，以"0"和"1"来组成信息资源的细胞。现代图书数字化信息资源的来源一方面是传统馆藏资源的数字化，另一方面是电子出版物和网络上的信息资源，同时还有自行开发的各种各样的专题资源库。中国数字图书馆工程开发的数字化信息资源包括中华民俗、百年敦煌、中国书史、宇宙探秘、海洋百科、千家诗、科普知识、法律法规、WTO 专题等。

（2）以网络化传递为手段

数字图书馆跨越了时间和空间的限制，具有信息传播与发布功能，它使用户通过国际互联网，在任何时间、从任何地点都可以进入数字图书馆，获取符合自己需求的信息内容。

（3）以多种信息技术为支撑

信息技术的集成在数字图书馆的建设中扮演了非常重要的角色。具体来说，其涉及数字化技术、超大规模数据库技术、网络技术、多媒体信息处理技术、超文本技术、信息压缩与传送技术、分布式处理技术、安全保密技术、图像扫描技术、数据仓库与联机分析处理技术、信息抽取技术、数据挖掘技术、基于内容的检索技术、自然语言理解技术等。

基于上述特点，数字图书馆的基本功能就是数字化信息资源的生成和存储、查询和检索、传递和利用以及数字化信息资源系统的管理与维护。数字图书馆具有数字化信息生产的功能，例如国家图书馆成立了"国家图书馆文献数字化中心"，年生产规模达 5000 万~6000 万页全文影像数据，可为读者提供 1000G 存量的在线信息服务。数字图书馆采用 MARC 数据、元数据方案来进行海量信息的组织和存储。应用计算机检索技术，数字图书馆开发出各种各样的检索工具来实现全文搜索、多媒体检索、集成化检索。数字图书馆采取光盘、文件服务器、磁盘阵列等多种方式进行信息资源的保存。数字图书馆应用访问控制技术、信息加密技术来实现信息资源系统的安全管理。数字图书馆还具有信息的动态发布、资源导航用户个性化定制服务、专业信息门户服务、联合采编服务、虚拟参考咨询服务、用户互动交流、广泛的信息资源共享等功能。

1.4 森林公安信息化建设

1.4.1 森林公安信息化概述

1. 森林公安警务信息化的概念

森林公安信息化也就是森林公安警务信息化，指依靠森林公安信息基础设施，以森林公安警务信息系统为载体，基于统一共享的综合信息数据库平台，开发与利用森林警务信息资源的一种警务运行模式。它以情报信息主导森林公安警务实践，依托基层森林公安机关，并强调与其他警力资源协作与警务信息的交流。自 1998 年公安部实施科技强警战略，开展"金盾工程"以来，各地森林公安机关从科技应用和服务实战的需求出发，以"金盾工程"为载体，以信息技术为先导，大力推进森林公安警务信息化建设。从现有发展和研究看，现森林公安警务信息化主要涵盖三个方面的内容，即森林警务信息基础设施的完善、森林警务信息资源的综合利用和信息化警务模式的建立。

2. 森林公安警务信息化建设的必要性

进入 21 世纪以来，以计算机和互联网为代表的新一代信息技术迅猛发展，不仅以惊人的速度改变着人们的生活方式，同时也给社会管理方式带来了更加深刻的变革，传统公安工作面临前所未有的机遇和挑战。一方面，林区治安形势不容乐观，各种花样翻新的林业犯罪层出不穷；另一方面，森林公安警务控制对象繁杂，警务信息量剧增，警务信息量突破了以往少、慢、散的局面。这些变化对森林公安警务提出了更高的要求。面对信息时代背景下的新形势、新任务、新挑战，森林公安深刻认识到信息化对新时期公安工作的极端重要性，坚持以信息化为引领，牢牢把握主动权，把全面推进信息化建设和应用作为提升队伍整体战斗力、破解发展难题的重要突破口和切入点，为森林公安执法办案和队伍发展提供了强有力的信息化推动力。

3. 警务信息化建设的意义

（1）通过警务信息引导警务实践

警务信息化建设一方面能够提高森林公安机关的快速反应能力，另一方面也能在一定程度上降低办案成本。由于森林公安警务信息化强调多渠道汇总与多领域应用森林公安警务信息，因此对森林公安警务信息的分析利用与综合判断分析能够增强森林公安机关的快速反应能力。同时，由于改变了传统的侦查破案、追逃办案的人海战术，在一定程度上能够降低森林公安机关的办案成本。

（2）提高森林公安的防控能力

通过森林公安警务信息化的建设，实现信息预警、动态监控和基础工作信息化、信息工作基础化，由传统的违法犯罪行为发生后追查的被动警务模式向现代的强调对违法犯罪行为防控的主动警务模式转变，提高森林公安机关的防控能力，预防林业违法与犯罪行为的发生。

（3）增强森林公安机关与其他公安机关的协同作战能力

通过警务信息化建设，充分发挥警务信息系统在信息传输、共享和综合利用等方面的功能，对孤立与分散的不同公安机关的警务活动组成有机整体，单警作战向多警联动协同作战转变，增强森林公安机关与其他公安机关的协同作战能力。

1.4.2 森林公安信息化发展

1998 年，公安部为适应我国在现代经济和社会条件下实现动态管理和打击犯罪的需要，实现"科技强警"，增强公安系统统一指挥、快速反应、协调作战、打击犯罪的能力，提高公安工作效率和侦查破案水平，提出建设"金盾工程"。

2003 年 9 月，公安部在北京召开全国"金盾工程"工作会议，这标志着"金盾工程"建设在全国正式启动，拉开了中国警务革命的序幕。

2004 年 2 月，国家林业局森林公安局发布《关于切实加强森林公安信息化建设的通知》，要求以"金盾工程"建设为龙头，加大对森林公安信息化建设的投入力度。

2005 年底，公安部向全国公安机关发出了加强公安队伍正规化建设的"三基一化"工程建设号召。立足自身基础和条件，扎实开展基层基础建设，有力推动了公安信息化建设的发展。

从 2012 年起，国家林业局森林公安局把推进信息化作为一项事关全局的根本任务来抓，每年召开专题会议，先后印发《关于加强森林公安信息化建设的指导意见》，编制《全国森林公安信息化建设规划》，出台基层基础信息采集和数据库建设规范。目前，全国森林公安机构除极个别偏远机构外，基本实现公安网接入全覆盖。民警数字身份证书配备率和一线民警执法记录仪配备率逐步提升。各县级以上单位标准化信息采集室建成率、执法场所视频监控建成率均超过了一半。

2015 年，全国森林公安机关大力加强警用装备配备管理，推进基础设施建设，深化信息化建设应用，森林公安警务保障能力稳步提升，进一步打牢了队伍建设和执法办案的物质基础。国家林业局森林公安局组织实施了基础信息采集会战，涉林信息采集量超过 6 亿条，召开了信息化北方、南方现场会，研究部署了信息化建设重点工作。全国森林公安机关的公安网接入率超过 97%，基本实现全覆盖。除个别省区外，省级森林公安局均建立了警务信息综合管理平台，涉林刑事案件网上办理率超过 80%，10 多个省级单位建成视频会议系统，民警数字身份证书配备率达到 97%，一线民警执法记录仪配备率进一步提升。

2015 年，国家林业局森林公安局启动全国森林公安"警务资源综合管理系统""应用系统综合管理平台""档案管理信息系统""中央财政森林公安补助资金信息系统""林区警务合作信息系统"研发工作，组织编写森林公安信息化建设应用指南，满足森林公安重大科技需求，制定完善森林公安基层基础信息采集标准。

1.5 森林公安高校图书馆的建设

1.5.1 图书馆的基本概念及其作用

1. 图书馆的产生

图书馆是因存储文献的需要而产生的。英语"library"一词源于拉丁语"librgium"，原义为藏书之所。图书馆的产生以文字的诞生、书写材料的使用、文献量的增加以及社会劳动的分工为前提条件。《周易·系辞》里记载"上古结绳而治，后世圣人易之以书契"，说的是远古人们用绳索打结来记录事情，后来人类创造了文字，用文字来表达思想和感情，把文字记载在一定的物质载体上，这就是早期的"书"。早在公元前四千年以前，居住在美索不达米亚（今伊拉克境内）最古老的居民苏美尔人创造了楔形文字，把楔形文字刻在泥板上，称为泥板文献。世界上最古老的图书馆收藏的就是这种图书。由此可见，图书的出现是图书馆产生的直接原因，图书馆起源于保存图书的需要。

2. 图书馆的类型

图书馆是收集、整理和保存文献并提供给读者利用的科学、文化、教育机构。文献信息交流是它区别于其他教育、科学、文化机构的本质属性，同时图书馆也是社会教育、科学、文化大系统中的一个子系统。依据图书馆的所属部门和读者对象不同来划分，目前我国图书馆的类型主要有国家图书馆、公共图书馆、科学图书馆、学校图书馆、工会图书馆、儿童图书馆等。

3. 图书馆的属性

这里讨论的是图书馆的本质属性。所谓图书馆的本质属性，应当是图书馆本身所固有的，并且对图书馆的社会职能、服务对象、机构设置、领导体制、方针任务、发展方向、内容方法等都起制约作用的一种属性，失掉这种属性，图书馆的性质就要发生变化。图书馆的一般属性是由图书馆的本质属性派生出来的。什么是图书馆的本质属性呢？观点很多，有人说是图书馆的信息性，有人说是其服务性。通过研究我们发现，中介性是图书馆的本质属性。正是由于这个本质属性的存在，才派生出图书馆的社会性、依辅性以及学术性等其他属性。中介性对图书馆的存在起了决定性的作用。

1.5.2 南京森林警察学院图书馆概况

南京森林警察学院是由国家林业局（现为国家林业和草原局）主管、与公安部共建的我国唯一一所承担着培养、输送高素质森林公安、森林消防专业人才，培训在职森林公安民警和森林防火指挥员，开展森林公安和森林防火科学研究重任的公安本科院校，在我国公安和林业高等教育布局中地位特殊、使命重大。学校可溯源至 1941 年建立的南京特别市立第一职业学校，1947 年从该校分离出来成立南京市农业职业学校独立办学；新中国成立后经专业调整，于 1953 年建立江苏省南京林业学校，于 1954 年建立林业部南京林业学校；1994 年 9 月，改建为林业部南京人民警察学校；2000 年 3 月，升格为南京森林公安高等专科学校；2010 年 3 月经教育部批准，升格为本科院校。

南京森林警察学院图书馆于 2003 年建成并投入使用，位于学校的中心位置，是学校的标志性建筑。图书馆总面积达 15 000 多平方米，拥有四层借阅一体化书库、阅览室、自修室、办公区及业务区等。阅览座位数 1500 多个。全馆实行"读阅借参"一体全开架服务，开放时间达到 90 小时/周，图书馆网站提供 7×24 小时/周数字化畅通服务，是一座集开放型、多功能、智能化、信息化、人性化于一体的现代图书馆。

截至 2018 年 9 月底，馆藏纸质图书约 70 万册，纸质期刊近 1000 种。电子图书 170 多万种，电子期刊 6.5 万种，各类数据库 50 多个。主要包括知网数据库群、万方数据库群、维普期刊资源整合服务平台、超星数字图书馆、EBSCO 外文数据库、北大法意网、月旦知识库、中国林业信息网、昆廷外文、警察资源库等商业数据库及图书馆视频点播系统、网络光盘系统、馆藏期刊目录库、消防科学专题库、森林公安教育资源库等自建特色资源。在馆藏文献资源结构建设上，着重学科专业的发展方向，不断扩大公安、法律、消防、警体技能、动植物保护、信息技术、语言等方面的特色文献建设，形成了以公安法律为专业特色，文、理结合的综合性藏书体系。

图书馆高度重视现代信息技术的应用与开发。图书馆秉持"向技术要效率，向技术要成本，向技术要创新"的理念，不断增强新技术和新系统的投入，努力为图书馆业务工作和读者服务工作打造良好的软件环境。通过汇文 Libsys 图书馆管理系统实现书刊采访、编目、典藏、流通等业务工作的规范化和自动化；以一卡通系统为媒介，实现图书借阅、机房计费管理等诸多服务项目的智能化与集约化；构建以 QuickDesktop 为基础的快速桌面交换系统，实现公共机房计算机高效率、低成本的集中化管理；基于超星移动图书馆践行移动阅读模式，并开通微信公众号，扩展图书馆的服务范围；从 2002 年起建设图书馆主页，现已形成了功能齐全、查询便捷、管理方便的门户站点；开发视频点播系统、特色专题数据库、图书馆文档馆里系统等各类软件，丰富图书馆的软件架构体系；开设电话咨询、网上信箱、留言回复、在线 QQ 等多种咨询服务渠道，努力为读者搭建便捷的交流互动平台。

在硬件设施的建设方面，图书馆始终坚持实用原则和先进原则的协调发展，不断更新或新增了设备设施，夯实为读者服务的硬件基础。主要包括：建有 2GB 主干、1000M 到桌面的图书馆局域网络；设置电子阅览室、多媒体阅览室、公安信息网阅览室 3 个公共机房，用于电子阅览、互联网访问、视频点播、公安查询的机位已经超过 200 个；基于云计算的理念，结合光纤存储网络和高性能服务器群，以 Hyper-V 为核心创建了图书馆"私有云"服务架构，为图书馆的信息系统和数字化资源建设提供了切实的保障；为主要阅览室配置多功能复印一体机，在公共服务区域配置自助文印设备，为读者提供便捷的出稿、复印和扫描服务；架设 LED 全彩屏幕用于图书馆文化宣传和阅读推广；在主要功能区域部署一体式网络检索终端为读者而提供便捷的馆藏查询服务；设置电子读报机为读者提供在线报刊阅读服务。

图书馆每年通过举办"读书节"或者"读者服务月"活动，开展新书荐读、信息检索竞赛、百科知识竞赛、书海寻宝、阅读征文、真人图书馆、专家学者学术讲座等专题活动，逐步提升学生综合素养，努力塑造内涵丰富、特色鲜明的校园文化，努力促进校风、学风、警风以及文明校园的建设。

［1］吴慰慈主编：《图书馆学基础》，高等教育出版社 2006 年版。

［2］舒炎祥、方胜华编著：《数字文献检索》，科学出版社 2010 年版。

［3］胡念等编著：《数字信息资源研究》，天津科学技术出版社 2015 年版。

［4］朱明："森林公安情报信息的组织研究"，载《森林公安》2011 年第 3 期。

［5］谢毅平主编：《公安信息化建设基础教程》，群众出版社 2009 年版。

［6］"对进一步加强森林公安警务信息化应用水平的思考"，载百度文库，https://wenku.baidu.com/view/ef0584e4a32d7375a41780f3.html，最后访问时间：2018 年 7 月 9 日。

［7］贺飞："以信息化引领森林公安新征程——森林公安信息化建设回眸"，载《森林公

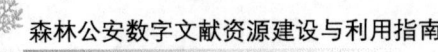

安》2014 年第 3 期。

[8] 李兆成："浅谈森林公安警务信息化建设"，载《森林公安》2011 年第 1 期。

[9] 刘斯文："以信息化为引擎推进警务现代化 全国森林公安信息化建设应用北方片会召开"，载《绿色时报》2015 年 7 月 31 日，第 01 版。

第 2 章

森林公安数字文献资源建设概述

森林公安数字文献资源建设，就是以服务森林公安为目的的文献资源创建、组织、管理等工作。森林公安是一个特色的警种，加强与其教学、科研、学习、培训相关的数字文献资源建设，既符合当下数字阅读流行的趋势，也符合图书馆这个资源建设主体的发展趋势，更符合地方森林公安缺少数字文献资源，满足不了民警终身学习需求的实情。建设好数字文献资源的目的是要发挥数字文献资源的价值，以便为用户提供高效优质的服务，但不能够杂乱无序地堆砌数字对象，而是需要运用信息组织的基本理论和方法对数字文献资源进行整序和优化，并且遵照其价值链体系的构成，从基础设施环境、资源获取与管理、最终的服务手段等各个环节和阶段开展建设。

2.1 信息组织与数字文献资源的组织

2.1.1 信息组织与数字信息资源组织

1. 信息组织概念及其变革

信息组织即信息的有序化与优质化，也就是利用一定的科学规则和方法，通过对信息外在特征和内容特征的表征和排序，实现无序信息流向有序信息流的转换，从而使信息集合达到科学组合，实现有效流通，促进用户对信息的有效获取和利用。信息组织具有类聚性、系统性、动态性、多重性、综合性，主要内容包括信息选择、信息分析、信息描述与揭示、信息储存、信息服务，主要目的有四个：减少社会信息流的混乱程度；提高信息产品的质量和价值；建立信息产品与用户的联系；节省社会信息活动的总成本。

一般来说，信息的"采集与加工→存储与积累→传播与共享→使用与创新"是信息组织基本的价值链构成，由信息环境、技术水平、用户需求而引发的信息组织价值链各个环节的发展变化，推动信息组织经历了"文献价值链""情报价值链""网络信息价值链"和"知识价值链"四个历史变革时期。由最初基于分类法的图书文献组织发展到今天深入到文献的更细粒度——知识单元组织，组织方法包括知识发现、知识表示、知识挖掘、数据融合、智能搜索等。

从信息资源组织的内涵和变革可以看出，以数字文献资源建设与服务为代表的数字图书馆实质上是信息资源的一种管理模式，起着"承上启下"的作用——"承上"即在信息搜集的基础上进行，"启下"即为信息传播创造条件。

2. 数字信息资源组织的功能和特征

现代信息环境变化的基础特征是数字化和网络化，信息资源空间数字化和学术交流空间数字化，使得 Web 信息资源迅速增加并呈现出分布、易购、动态与海量的特征。同时，信息的生产与来源、信息的形态与类型、信息的加工与控制的过程和方法都发生了改变。信息资源组织呈现出对新技术依赖性越来越强、元数据的应用日益广泛和深入、新型信息组织方法层出不穷的趋势。在这样大背景下，数字信息资源组织的相关新理论、新方法便应运而生。可以说数字信息资源组织就是采用现代标准、技术和方法对数字信息资源的外在特征和内容特征进行识别、分析、析取，并使其成为有序化集合，进而构建动态、有序和系统的数字资源服务体系的活动过程，其目的是使用户更便捷地获取数字信息。

数字信息资源的组织基本功能体现在：数字资源的全方位揭示；数字资源的高效准确发现；检索结果的重组和增值；数字对象的链接和获取；数字资源的整合。数字信息资源组织充分考虑信息资源与人、信息技术之间的关联，强调信息组织面向人与信息技术。其综合性、复杂性和广泛性，决定了数字信息组织作为交叉研究领域的特征：其一，跨学科性，即通过信息组织的语法、语义和语用将多学科协调统一起来；其二，独立性，即经过某种移植和创新、改造和加工，通过理论的借鉴、方法的移植、技术的应用使得不同学科概念、原理、方法和技术手段有机融合；其三，偏序性，即吸收逻辑学、认知心理学、管理学、系统科学、信息传播理论、新检索理论等不同学科的理论和方法，有差异、有主持地进行作用和结合；其四，理论与实践统一，人类网络实践活动中的信息组织行为为数字信息资源组织提供管理经验，这些经验上升为理论，反过来推动数字信息组织实践的科学性和效能性。

2.1.2 数字文献资源的信息组织方法

原则上数字文献资源是数字信息资源的子集，在某种程度上二者的概念又近乎相似。但可以肯定的是，数字文献资源的建设也应当遵循数字信息资源组织的方法，需要围绕"采集与加工→存储与积累→传播与共享→使用与创新"这样一个价值链体系进行开展。在数字文献资源建设的过程当中，数字信息资源的组织方法和工具对数字文献资源建设具有一定的指导意义。

1. 数字文献资源的组织方法

数字文献建设中主要的信息组织方法如表 2-1-1 所示。

表 2-1-1　信息资源组织方法

Web 环境	宏观	搜索引擎
		网络资源分类
	微观	传统文献组织方法：主题法、分类法
		网络信息组织方法：数据库、主题数、超文本、搜索引擎
网格环境	宏观	虚拟组织方法
	微观	概念书、概念图
	宏观	知识表示、知识重组、知识聚类、知识存储、知识编辑、知识监控
	微观	一阶谓词逻辑、面向对象数据库、利用语义网络、专家系统、人工智能
语义网格	宏观	虚拟组织方法
	微观	本体技术、知识地图

2. 数字文献资源的组织工具

数字文献建设中主要的信息组织工具如表 2-1-2 所示。

表 2-1-2　信息资源组织技术工具

	描述工具	数据处理技术	检索技术	集成技术	体系结构
Web 环境	元数据（DC、MARC）	关系数据库、面向对象数据库、多媒体数据库	基于关键词的检索技术；基于内容的检索技术	利用中间件（CORBA、COM/DCOM、JavaBean）	Interspace 原型、Infobus、UMDL
网格环境	IDL、RDF、JDL、GGRD、RSL、WSDL 语言	关系数据库、XML 技术	基于关键词的检索技术	聚合目录服务	以协议为中心的五层沙漏结构、以服务为中心的开放网络服务结构
语义 Web 环境	知识标识语言（RDFS、DAML+OIL、OWL、Loom、OKBC、TM、CycL）	主题图技术、本体技术	通过写作学习、相反性反馈、集合依赖性/非依赖性知识模型进行查询扩展	概念地图、认识地图、思维导图进行可视化集成	体系结构中增加了知识导航

数字文献资源的组织与应用技术的变革是紧密相关的，如今"互联网+""智慧图书馆"等新兴概念的出现和落地，数字文献资源的建设主体——图书馆进入了信息组织的崭新时代。面对人们获取信息渠道广泛的现实，为了防止图书馆的信息服务职责被弱化，图书馆应该充分利用 Web 服务与网格融合、P2P 技术、SOA 理念以及语义技术和服务发现融合、知识地图技术与本体映射技术融合等技术发展趋势，借力互联网思维，向周边扩散和延伸服务领域，构建超级图书馆数据服务生态圈，实现从传统图书馆向数据服务中心的转型，跨界重构图书馆在数字文献资源建设与服务中的角色定位。

2.2 森林公安数字文献资源建设的意义

2.2.1 符合信息时代人们的阅读习惯

1. 数字阅读成为主要的阅读形式

信息技术革命带来了信息载体的变化，进入 21 世纪以后，人们的阅读习惯也悄然发生了变化。人们的阅读方式不再只是局限于纸本的传统阅读，阅读开始从一维变成二维的方式，数字阅读开始进入人们的视野。阅读的形式和功能向一个全新乃至全然陌生的领域拓展，推动了阅读概念的泛化——阅读，不仅包括传统的独自一人集中注意力沉默地阅读印刷文本，还包括全息文本、动画文本、超文本、互动文本等其他无法想象的文本形态的视觉加工处理和再创造。2016 年 4 月 18 日第十三次全国国民阅读调查的数据显示，数字阅读是亮点，数字阅读率高达 64%，较 2014 年上升了 5.9 个百分点，首次明显超过纸质阅读，成为阅读新趋势。第十四次全国国民阅读调查的数据显示，数字化阅读率为 68.2%，较 2015 年又升了 4.2 个百分点。而据《2017 年度中国数字阅读白皮书》显示，我国数字阅读用户已接近 4 亿人，数字阅读市场规模达到 152 亿元。统计数据的变化体现出数字阅读已是大势所趋，数字阅读在潜移默化间改变了人们阅读的方式，阅读主体达到了前所未有的覆盖面。

2. 数字阅读具备独特的吸引力

（1）数字阅读具备网络化和泛在化

人们的阅读环境不再受到地理位置和实践的影响，读者可以通过拥有的电子设备连接互联网，以实现足不出户的阅读，节省空间还方便携带，这已成为很多人的阅读方式。

（2）数字阅读具备经济性和便捷性

低价性缓和了读者的购书压力，有利于在读者中渗透，提高全民阅读率，还可以改变字体的大小、颜色、亮度等，读者享有充分的支配权。同时，数字阅读的载体丰富，除了传统计算机外，手机、平板等手持设备更是深受青睐。

（3）数字阅读具有多态化和分享性

除了传统的文本和图像，数字阅读也有音频和视频等多种媒体的阅读形式，为人们的阅读增添了新的享受，使数字阅读成为流行的全民阅读形态。进而言之，数字阅读能够打破传统阅读的封闭性，容易通过网络分享来吸引有共同兴趣的人进行交流，例如广大读者可以基于"豆瓣阅读"不见面地就同一本书或同一部电影进行交流，还可以进行手机分享，使得阅读变成一个开放性的话题。

（4）数字阅读克服知识传递的时滞

Web2.0 技术的广泛推广使得读者可以第一时间阅读其关注的领域动态，

尤其是在线出版、域出版等新形式让学术文献大大提高了价值时效性。由于数字化工具的日新月异和研究平台推陈出新的高频率，研究人员的思维方式显示出多维度、多元化和跨时空的特点。鉴于学术研究对信息深度、全面、客观的要求，数字阅读已成为学术研究必不可少的组成部分。

（5）数字阅读能够促进读者认知变化

数字阅读常被人们认为是碎片化的或者浅层次的阅读，但实际上数字阅读也能够对读者认知产生增强作用，且效果显著高于其对注意、感知、记忆、语言与想象层面的影响，包括：思维与问题解决能力，多重感官接收信息的感知能力，吸引、集中和维持语言与想象能力以及注意力。

2.2.2 符合文献资源建设的主流趋势

1. 数字图书馆建设具有时代性的责任

2007 年国际图联（IFLA）发布的《国际图联数字图书馆宣言》明确定义数字图书馆为数字对象的高质量在线馆藏。2007 年美国研究者 Teresa Griffin 和 Deb Cohen 做了一个关于大学生使用信息渠道的调查，结果发现，接受调查的大学生过度依赖简易便捷的网络搜索引擎。无论美国的谷歌还是中国的百度，影响用户信息选择的排名算法和排名背后肯定有其技术局限性并渗透了商业利益，信息的排名和其他操作影响受众的思想和判断，这种情况发展到极致就会导致类似"魏则西事件"这样的悲剧，这跟网络最初诞生时技术先锋们"开放、共享、合作、协同"的理念背道而驰。相反，根据 OCLC 的报告，与搜索引擎相比，公众依然认为图书馆购买的学术资源提供的信息更为可靠和准确。据重庆交通大学图书馆周庆红的调查研究发现，无论数字资源投资比重上升还是下降，访问量、下载量都呈持续上升趋势，师生出于教学科研的需要，利用数字资源的积极性与主动性不断增强，科研人员对数字资源的依赖程度不断加大。可以说，在学术研究领域，数字阅读成为科研人员获取知识信息的主要渠道。

2. 同行实践促进了文献资源建设的变革

根据各年度的《数字阅读白皮书》及其他相关调查报告显示，我国有数字化阅读行为的国民年龄与高校大学生、年轻教职员工的重合度较高。对他们而言，高校数字图书馆已成为至关重要的专业数字阅读资源与服务平台。因此，数字阅读的兴起促使图书馆这个文献资源的建设主体不断加强对数字文献资源的采集和服务手段建设。

（1）数字文献资源的建设比重呈增长态势

我国高校图书馆数字资源的总体情况是数量迅速上升，比重逐渐超过纸质资源。据武汉大学信息管理学院肖希明等研究，截至 2015 年国内一些"985"高校的数字资源采购经费已超过总经费 1/3，清华大学更是占到 65%。从教育部高等学校图书情报工作指导委员会发布的历年《高校图书馆发展概况》可以清晰地看出全国高校图书馆数字资源建设经费的变化趋势：2005～2013 年，全国"211 工程"高校自 2013 年起数字资源购置经费开始超过纸本资源，在提交数据的高校中 2014 年平均数字资源购置经费占 49.7%，2015 年为 51.3%，2016 年达 51.4%。而程丽等在对美国和加拿大图书馆电子资源与纸质资源的经费对比的研究中也发现，两个国家图书馆的电子资源经费开支比例持续走高。

（2）数字文献资源服务手段建设实践丰富

随着数字文献资源在数量上的增加，我国高校数字图书馆逐渐重视利用前沿数字技术，拓展多元服务形式，已经初步形成了数字阅读服务矩阵，包括数字资源整合与导航、移动服务、数字阅读推广、数字阅读社区等，甚至各高校的数字图书馆系统还陆续嵌入各类公共互联网平台与社区，如即时通信、BBS 博客、微信、微博、豆瓣等，不断提高用户的满意度。据调研，目前已有超过 93% 的"211 工程"高校建成移动图书馆，71% 开通了微博，89% 开通了微信公众号，几乎所有高校均开通了 APP 应用软件服务，绝大多数还开展了各种方式的数字阅读推广，绝大部分"985 工程"高校图书馆的电子资源门户已经实现了 OPAC 和资源导航整合，建立了面向用户提供跨平台、跨数据库、跨内容的新型检索平台。以上海、深圳、辽宁、苏州等省市图书馆为代表的公共图书馆，以及北京大学、复旦大学、上海交通大学等著名高校图书馆，在数字或移动图书馆建设、网络或数字阅读资源建设、数字或移动阅读服务、阅读宣传与推广等工作方面均取得了显著成绩，例如：深图"书香深圳"互联网数字图书馆及"深圳文献港"移动图书馆终端，上海交大的"鲜悦"图书馆及自由炫动的互动平台。一些出版集团成立了数字阅读出版与开发的专门机构，不少地方政府也积极制定了适合本地的数字阅读发展规划，有力地推动了国内数字文化建设以及数字出版与阅读事业快速发展。

2. 2. 3 符合森林公安民警学习的需求

1. 森林公安民警的队伍建设需要终身学习

联合国教科文组织下设的国际教育发展委员会 1972 年的报告《学习生存》曾预言：未来社会将走向学习化社会。1994 年在意大利召开的"首届世界终身学习会议"提出"终身学习是 21 世纪生存概念"的观点。1995 年联合国教科文组织的报告《学习：财富蕴藏其中》指出："终身学习是打开 21 世纪光明之门的钥匙。"党的十八大报告强调要"完善终身教育体系，建设学习型社会"。习近平总书记更是突出指出，要克服"本领恐慌"，鞭策党员干部终身学习。随着新型犯罪、高科技犯罪层出不穷，公安工作呈现出复杂化和专业化的趋势，公安民警必须树立终身学习的观念，将学习贯穿警察职业的全过程。虽然近些年森林公安队伍的新鲜力量在学历层次方面有所提高，但是主体学历结构尚存在原始结构性缺陷，民警通过后续进修、在职学习等方式提升学历水平和文化素质的现象较为普遍。为了克服森林公安地理分布复杂和发展不均衡导致的集中培训、传统教育和单一培训方式的不足，利用开放式网络教育，构建森林公安在职民警终身学习体系就成了森林公安教育的延伸。而图书馆的服务和资源通常被看成远程教育整体教学计划中的一部分，数字文献资源因其检索和获取的便捷性在森林公安远程教育体系中扮演着重要的角色。

2. 地方森林公安数字文献资源建设不足

本书编者曾在 2007 年对各省、自治区、直辖市具有区域代表性的省、地、县森林公安局（分局）及部分派出所做过调查，收回 209 份有效样本，其结果显示：第一，在森林公安机关工作、学习和科研活动中，传统纸质文献的运用相当普遍；第二，数字资源在森林公安机关的使用还有一定局限，特别是获取渠道比较单一；第三，各地森林公安机关在数字文献资源的建设和应用上还存在资金、人才、设施等方面的困难，数字文献资源的共享还缺乏统一的规划措施；第四，行业高校文献服务机构（比如图书馆）在行业中的影响力不足。但是，到了 2016 年，国家林业科学技术推广项目"森林公安数字化资源管理调度系统示范推广"在江西省吉安市森林公安局实施期间，这一现象并未明显改善：基层民警仍习惯于使用搜索引擎查询资料，数字阅读以社会网络上的资源为主，而且民警更喜欢使用公安信息网来解决工作问题。内蒙古阿拉善盟森林公安局白国瑞曾撰文指出，森林公安一些基层民警常常以办案繁忙为由，疏于对理论文化知识的学习，导致森林公安整体文化水平处于一个较低层次，森林公安工作失去了创新和可持续发展的动力。归根结底，数字文献资源在地方森林公安建设不足和行业高校图书馆权威的学术和文化性数字文献资源共享不足是根本原因。而通过该推广示范项目，当地森林公安 50%以上的民警和机构使用了项目开发的数字文献资源共享系统，总体满意率较高，运行数据和各方反馈都体现了良好的社会效益。由此可见，克服了体制和技术等方面的瓶颈，森林公安数字文献资源的建设与服务具有广泛的基层需求基础。

2.3 森林公安数字文献资源的基础设施

2.3.1 计算机系统建设

1. 计算机系统的组成

（1）硬件系统

计算机硬件系统主要组成是：中央处理器（即 CPU），存储器（内存、硬盘、移动存储设备等），计算机主板，输入设备（键盘、鼠标、网卡、触摸屏、操纵杆、光笔、摄像机、扫描仪、传真机等），输出设备（显卡、显示器、音响、打印机、绘图仪、投影仪、磁记录设备等），以及电源、机箱、光驱等部件的支持设备，还可以通过 HBA 卡、电视卡、USB 转接卡以及国防领域特种卡等扩展卡来实现更多的功能。

（2）软件系统

主要包括：系统软件，指控制和协调计算机及外部设备，支持应用软件开发和运行的程序集合，主要包括操作系统、语言处理系统、服务性程序、数据库管理系统；应用软件，主要为了满足用户不同领域、不同问题的应用需求、拓宽计算机系统的应用领域的一类程序，包括满足人们日常工作和生活的需要的工具软件和用于解决专业领域问题的专用软件。

2. 计算机系统的分类

本书综合传统分类方法和现有计算机应用领域的发展，主要分为以下五类：

（1）高性能计算机

俗称超级计算机，或以前定义的巨型机，是目前功能最强、运算速度最快、价格最贵的计算机。该类计算机采用多处理器系和集群系统，具有极强的并行计算能力，在气象、军事、能源、航天、探矿等领域承担大规模、高速度的计算任务。如中国神威太湖之光、天河二号、瑞士的 Piz Daint、日本的 Gyoukou、美国的 Titan 等。

（2）微型计算机

由大规模集成电路组成的、体积较小的电子计算机，特点是体积小、灵活性大、价格便宜、使用方便，已广泛应用于办公、学习、娱乐等社会生活的方方面面。常见的台式计算机、电脑一体机、笔记本计算机、掌上型计算机甚至智能手机等都是微型计算机范畴。

（3）工作站

一种高端的通用微型计算机，通常配有高分辨率的大屏幕显示器及容量很大的内存储器和外部存储器，具备强大的数据运算与图形、图像处理能力，应用于工程设计、动画制作、科学研究、软件开发、金融管理、信息服务、模拟仿真等专业领域。

（4）服务器

在网络环境下为网上多个用户提供共享信息资源和各种服务的一种高性能计算机，可以是大型机、小型机、工作站或高档微机。服务器通过安装的网络操作系统、网络协议和各种网络服务软件为网络用户提供文件、数据库、应用、Web 及通信方面的服务。

（5）嵌入式计算机

是一种以应用为中心、以微处理器为基础，适应应用系统对功能、可靠性、成本、体积、功耗等综合性严格要求的专用计算机系统。例如，家电、数码产品等都采用嵌入式计算机技术，有观点认为智能手机、平板电脑也是嵌入式计算机。

3. 计算机系统建设的注意点

（1）根据实际需要选择性地配置

安迪–比尔定理指出，硬件提高的性能很快被软件消耗掉了。两条规律主导着当今计算机硬件和软件的发展，既相互促进又相互影响。因此，在数字文献资源建设与服务过程中，计算机系统的建设不需要一味追求配置和性能，而是根据工作阶段和岗位的不同进行选择。

（2）选择售后服务完善的品牌供应商

品牌厂家一般都设有专门的教育行业事务部门，针对教育行业的特点提供多种解决方案。品牌厂家的售后服务也比较完善，对计算机类产品一般提供 3 年以上的免费保修。另外，售后服务能力和水平有时要远比计算机设备本身重要得多，所以应要求在本地有售后服务部门。

（3）最好选择同一品牌的计算机设备

选择同一品牌的产品，一方面有利于计算机设备的整体维护，以及扩展的延续性。另外一方面，能够获得厂家的大客户身份，获得更多的增值服务，有利于降低后期的维护成本，也有利于计算机系统的扩展和工作质量提升。

2.3.2 网络系统建设

1. 网络系统基本概念

本书的网络系统指的是计算机网络系统，国际标准化组织（ISO）把计算机网络定义为：计算机网络是一组互联在一起的计算机系统的集合。按广义的观点来说，计算机网络就是利用计算机技术和通信技术将地理位置不同的、功能独立的多个计算机系统联系到一起，借助于相应的功能软件系统，使之成为实现网络中资源共享和信息传递的系统。目前网络系统发展正处于以高速、多业务、大数据量为特点的信息高速公路阶段，提供网上电视点播、电视会议、可视电话、网上购物、网上银行、网络图书馆等服务。数字文献资源建设过程中的网络系统建设应该主要指的是按连接定义的计算机网络，即将分布在不同地理位置上的具有独立工作能力的计算机、终端及其附属设备用通信设备和通信线路连接起来，并配置网络软件，以实现计算机资源共享的系统。计算机网络系统的基础协议是 TCP/IP 协议（Transfer Control Protocol/Internet Protocol，传输控制/网际协议），它规范了网络上的所有通信设备数据往来格式以及传送方式，实际上它是包括上百个各种功能的协议族，如远程登录、文件传输和电子邮件等。对普通用户来说，并不需要了解网络协议的整个结构，仅需了解 IP 的地址格式，即可与世界各地进行网络通信。

2. 网络系统分类

（1）按网络结点分布划分

局域网：局域网是一种在小范围内实现的计算机网络（如办公室、建筑物、一个单位等），可以实现文件、设备等资源共享。

城域网：基本上是一种大型的 LAN，可以覆盖一组邻近的公司办公室或一个城市，比较常见的一个城市的政府公务网、教育城域网等。

广域网：也称远程网，通常所覆盖的范围从几十公里到几千公里，能连接多个城市、国家、甚至大洲，形成国际性的远程网络。

（2）按交换方式划分

线路交换网络：数字信号变换成为模拟信号在线路上传输。

报文交换网络：采取存储–转发报文机制来发送数字信号的网络。

分组交换网络：采用定长报文分组作为传输基础单位的交换网络，性能优于线路交换和报文交换且具有许多优点，因此它已成为计算机网络的主流。

（3）按网络拓扑结构划分

可分为星型网络、树型网络、总线型网络、环型网络和网状网络，拓扑结构主要根据业务规模、业务性质进行的需求来选择。

3. 网络系统连接设备

总的来说计算机网络的组成基本上包括计算机、网络连接设备、传输介质以及相应软件系统四部分，本章节主要介绍用于构建网络的关键网络连接设备。

（1）网关

网关（Gateway）又称网间连接器、协议转换器，在网络层以上且使用在不同的通信协议、数据格式或语言、甚至体系结构完全不同的两种系统之间，充当的是翻译器的角色。网关不能完全归为一种网络硬件，而是一种的软件和硬件的结合产品，可以设在服务器、微机或大型机上。网关的主要应用领域包括：电子邮件网关、因特网网关、中继网关、安全网关等。

（2）路由器

路由器（Router）是 OSI 参考模型第三层（网络层）的设备，用于连接因特网中各局域网、广域网，它会根据信道的情况自动选择和设定路由，以最佳路径，按前后顺序发送信号。目前路由器已经广泛应用于各行各业，各种不同档次的产品已成为实现各种骨干网内部连接、骨干网间互联和骨干网与互联网互联互通业务的主力军。路由器可以分为高、中、低档路由器，模块化和非模块化，接入级、企业级、骨干级，线速路由器和非线速路由器，等等。

（3）交换机

交换机（Switch）是 OSI 参考模型第二层（数据链路层）的设备，可以"学习"MAC 地址，并把其存放在内部地址表中，通过在数据帧的始发者和目标接收者之间建立临时的交换路径，使数据帧直接由源地址到达目的地址。传统的独立式局域网路由器正慢慢地被支持路由功能的第三层交换机所替代，但独立式路由器仍然是使用广域网技术连接远程用户的一种选择。交换机的分层可分为：接入层、汇聚层和核心层型，快速以太网、千兆以太网、10 千兆以太网、ATM、FDD 型等，企业级、部门级和工作组级等，第二层至第七层型，可管理型和不可管理型，可堆叠型和不可堆叠型交换机，有源以太网（POE）和无源以太网交换机等。

（4）防火墙

防火墙（Firewall），也称防护墙，通常由软件和硬件设备组合而成，使 Internet 与 Intranet 之间建立起一个安全网关，依照特定的规则，允许或是限制传输的数据通过，从而保护内部网免受非法用户的侵入。防火墙的主要类型有：包过滤防火墙、状态/动态检测防火墙、应用程序代理防火墙。另外，所谓下一代防火墙（Next Generation Firewall，NGFW）已经出现，是一款可以全面应对应用层威胁的高性能防火墙。

2.3.3 存储系统建设

1. 存储系统相关技术

（1）DAS（Direct-Attached Storage，直接附加存储）

DAS 也可称为服务器附加存储（Server-Attached Storage，SAS），是指将外置存储设备通过连接电缆，直接连接到一台计算机上的内部总线上，数据存储是整个服务器结构的一部分，其本身是硬件的堆叠，不带有任何存储操作系统。

（2）NAS（Network Attached Storage，网络附加存储）

NAS 是把存储设备和网络接口（现在主要是以太网技术）集成在一起，直接通过以太网网络存取数据。从结构上讲，NAS 把存储功能从通用文件服务器中分离出来，网络的一个节点（俗称"NAS 服务器"）接入网络，安装一个简化的操作系统，配备必需的一些组件，服务器和工作站用户都可以直接通过网络访问 NAS 服务器。

（3）SAN（Storage Area Network，存储域网络）

SAN 是指存储设备相互连接且与一台服务器或一个服务器群相连，形成专用的存储网络。SAN 由 3 个基本的组件构成：接口（如 SCSI、光纤通道、ESCON 等）、连接设备（交换设备、网关、路由器、集线器等）和通信控制协议（如 IP 和 SCSI 等）。

（4）软件定义存储

软件定义存储（SDS）是一种数据存储方式，所有存储相关的控制工作都仅在相对于物理存储硬件的外部软件中。这个软件不是作为存储设备中的固件，而是在一个服务器上或者作为操作系统（OS）或 Hypervisor 的一部分。目前存储领域内的诸多形态的存储产品，如存储虚拟化、Server SAN、超融合架构（HCI）都是 SDS 的一部分。利用软件定义存储不但可以实现对全局存储资源和数字资源的自动化管理，同时可以打破不同机构存储间的壁垒，提高存储平台的横向扩展能力，延长存储资源的利用周期，加强长期保存系统平台的整体健壮性。

（5）容灾备份技术

容灾是为了在遭遇灾害时保证信息系统能正常运行，备份是为了应对灾难来临时造成的数据丢失问题，最终目标是帮助用户应对人为误操作、软件错误、病毒入侵等"软"性灾害以及硬件故障、自然灾害等"硬"性灾害。容灾备份可以分为数据容灾和应用容灾，备份可以分为同城备份和异地备份。容灾备份相关的主要技术有镜像技术、快照技术、互连技术以及数据级备份。最新的容灾备份技术主要有介质备份和集中式数据级备份。衡量容灾备份的两个技术指标分别是恢复时间目标和数据恢复点目标。

2. 数字文献资源建设对存储系统的需求

（1）应用背景

图书馆作为数字文献存储的主体，其数据存储已经由单纯的文件级存储发展到了数据库级存储，这就使各种资源存储系统面临空前的压力：一方面，电子书、音视频、电子期刊等数字文献的容量动辄几 TB、十几 TB；另一方面，随着数字文献资源的应用普及，对设备系统的 IPO 请求非常多，对响应要求不断提高。

（2）存储系统应用功能需求

①海量存储数据功能：按照分级存储的概念，图书馆的存储系统应该由

在线、近线和离线组成，除去成本因素也应当考虑在线和离线存储的两级存储结构。这就要求图书馆的存储系统能适应图书馆信息系统中数据的不断增长，并且具有提供海量存储和备份的能力。

②保证业务的连续性：业务的连续性指图书馆的信息服务能够畅通地保持7×24小时的服务，如文献检索与下载、多媒体资料欣赏等。因此，存储系统的设计也要具备冗余功能，保证业务的连续性，如数据库服务、文件下载、网络备份等。

③数据保护功能：磁盘阵列是存储系统的核心硬件，而硬件系统的不可预料性故障有可能导致信息数据的缺失、操作系统和运行环境的停止、关键数据的泄露等。因此，图书馆的存储系统应该能够保证数据安全存储、快速传输，实现镜像和冗余检验等功能。

④备份恢复功能：网络存储系统应当能多路作业，避免单点故障，可基于分级存储的理念实行异地备份、多点备份等网络备份，采用定制备份、实时备份等策略对用户的日常文件、数据库进行联机的并行备份。当主存储系统数据受到损坏时，可以利用介质复用技术、映像恢复技术、文件系统恢复技术等手段快速恢复文件系统和关键的数据文件。

⑤能实现统一存储和智能监控：由于分级存储的理念，今后的存储系统发展需要着重考虑统一存储或软件定义存储，它能够让用户屏蔽掉存储产品在物理上的差别，而在逻辑上形成整体的概念。图书馆的发展历史使得其可能拥有各种不同的存储硬件，利用统一存储的软件或硬件产品，实现存储统一管理、运行智能监控，是达到分级存储、简化管理、提高效率的良好途径。

2.3.4 综合布线系统建设

1. 综合布线的系统组成

目前综合布线主要采用的标准是 PDS（Premises Distribution System）综合布线系统，PDS 由六个子系统组成，即建筑群子系统、垂直干线子系统、设备区子系统、水平干线子系统、工作区系统、管理子系统。大型布线系统需要用铜介质和光纤介质部件将六个子系统集成在一起。

（1）建筑群子系统：实现建筑之间的相互连接，提供楼群之间通信设施所需的硬件。多采用光缆连接。

（2）垂直干线子系统：指提供建筑物的主干电缆的路由，实现数据终端设备、交换机和各管理子系统间的连接。

（3）设备区子系统：由设备室的电缆、连接器和相关支撑硬件组成，把各种公用系统设备互连起来。

（4）水平干线子系统：其功能主要是实现信息插座和管理子系统，即中间配线架间的连接。

（5）工作区子系统：指由终端设备连接到信息插座的连线，以及信息插座所组成。信息点由标准 RJ45 插座构成。

（6）管理子系统：指由交连、互连和输入/输出组成，实现配线管理，为连接其它子系统提供手段，由配线架、跳线设备及光配线架所组成。

2. 综合布线常见器材

（1）电缆器材

①双绞线：最常用的传输介质，分为屏蔽双绞线（STP）与非屏蔽双绞线（UTP），五类、超五类和六类双绞线。

②RJ45 插头和插座：用于双绞线连接的标准 8 位模块化接口，插座通常集成在信息面板中，可分为墙面、桌面和地面型。

（2）光缆器材

①光纤光缆：两个或多个玻璃或塑料光纤芯组成，内部一般使用红外线进行信号传输，分单模、多模等类型，是光纤网络布线的主要材料。

②光纤连接器：光纤与光纤之间进行可拆卸（活动）连接的器件，它是把光纤的 2 个端面精密对接的器材，可根据传输介质、结构形式、光纤端面、光纤芯数分类。

③光纤收发器：是一种将短距离的双绞线电信号和长距离的光信号进行互换的以太网传输媒体转换单元。

（3）其他器材

①配线架：是实现垂直干线和水平布线两个子系统交叉连接的枢纽，通常与线缆管理器配合使用，实现对 UTP、STP、同轴电缆、光纤、音视频的跳线连接和线缆收纳功能。

②管槽和管路配件：主要指的是明敷或者暗敷的管槽系统，包括管路材料、槽道（桥架）材料和防火材料；管路配件指的是走线盒、管卡、面板盒、弯管接头等施工材料。

③线路整理器材：主要指的是用于捆绑线缆的扎带（尼龙和金属材质）、

标识线缆的标签机器打印设备等。

④机柜：用于有序叠放综合布线产品、计算机设备、通信器材等，可以提供对存放设备的保护，能屏蔽电磁干扰、削弱噪音、方便维护，一般分为服务器机柜、网络机柜、控制台机柜等。

3. 数据中心机房建设

（1）机房位置的确定

要建设一个现代化的机房，首先要确定机房在图书馆大楼的具体位置，建设需要注意以下几个原则：

①机房应设在干线综合体的中间位置，朝向最好朝北；

②尽量避免低洼和潮湿的地方；

③机房尽可能靠近建筑物电缆引入区和网络接口处；

④机房位置的选择还要考虑与各终端的距离，原则上不超过 100 米，便于日后布线工作，机房应避开或远离无线电干扰或强磁场区；

⑤机房设置要远离高噪音区、污染区以及易燃易爆区域。

（2）电气工程

①供电系统：应选择铜芯屏蔽导线、金属线槽和专用电源分配器（PDU）；选择更可靠的 UPS 方案，充分考虑容量和供电时间；选择符合国家标准 GBJ 232-82《电气设备交接试验标准篇》的配电柜，并配编号和说明，注意过流、短路、漏电保护断电报警、防浪涌、防雷击等保护。

②照明：合理地选择照明方式、灯具类型、布局以及一些相关器材等，在装修电气工程中不可忽视。照明应选择专用的无眩光高级灯具。

③防雷：直击雷可能产生浪涌过电压，是感应雷产生感应过电压。据资料显示，机房雷击中有 80% 是由感应雷引起的，感应雷防护是机房防雷的重点。机房防雷措施包括多级保护、屏蔽措施、等电位联结、防雷接地等几个方面。

④接地：交流工作接地、安全保护接地、直流工作接地、防雷接地等四种接地宜共用一组接地装置，接地电阻等选择与安装应按现行国家标准《建筑防雷设计规范》要求采取防止地电位反击措施。

（3）机房环境工程

①温度、湿度：机房应选择机房专用空调，以达到风量大、降温快、不易结露、温度均匀、调节精确、湿度稳定、空气洁净等要求。

②灰尘：应选用气密性好、不起尘、易清洁、温度形变小等性能的材料装修密闭机房，并加强通风系统对灰尘的过滤，同时优化工作制度减少人为产生灰尘。

③电磁干扰：防止电磁干扰最有效的方法有两种，即对机房内的主要设备或整个机房进行屏蔽，同时必须有一个良好的接地系统。

④防止静电：主要做法包括控制机房内的相对湿度在40%～60%；铺设符合要求的防静电活动地板、静电泄漏地网、静电屏蔽罩等，防止外电磁场干扰；工作人员佩带防静电腕带，穿防静电工作服、防静电工作鞋等，防止人体带电。

⑤防火防水：根据《建筑设计防火规范》和《计算机机房设计规范》的规定合理设定主机房的耐火等级，各种材料应能防潮、防火、防鼠咬、吸音、不起尘、抗静电；保持计算机系统电源不受其它负荷影响；应选用干粉灭火器、卤代烷灭火器或二氧化碳灭火器；有供暖设施的机房应设置排水沟。

2.4 森林公安数字文献资源的创建管理

2.4.1 原生数字文献资源的创建

1. 原生数字文献资源基本概念

原生数字（Born-Digital）资源是指"仅仅以数字形式产生和存在的一种信息资源"，包括网络论坛、博客等资源，原创音乐或小说，原生电子期刊、电子报纸等。随着网络技术和网络应用的发展，Web2.0 和 Web3.0 的概念逐渐兴起，网络原生数字资源渐渐占据了原生数字资源的更重要位置。联合国教科文组织（UNESCO）对网络原生数字资源解释为"仅仅以数字形式产生和存在的信息资源"，其本质属性主要是：资源的原创性，数字形式的唯一性，传播、交流、利用的网络性。如本书第1章所述，原生数字文献资源则是从文献学定义的角度对原生数字资源进行进一步的归纳，从图书馆收藏文献职能角度筛选的具备学术性、系统性和稳定性的原生数字资源，这包括森林公安高校课程讲义数字化稿件、名师专家撰写的网络文章、各个管理系统生成的数据报告等。

2. 原生数字文献资源的类型

（1）网络原生数字期刊、图书

其一，出版机构在图书、期刊的出版前生成的数字化版本；其二，普通的免费网络学术期刊、图书；其三，OA（Open Access，开放存取）期刊和具有很高的学术质量的 OA 图书。

（2）开放存取仓储

OA 仓储通常都是由研究团体或学术机构尤其是大学建立的，存储了本学科领域或本机构研究人员的研究论文、技术报告、会议论文等多种类型的文献，目前著名的 OA 仓储收录网站 OpenDOAR 已收录了 1800 多个仓储。

（3）学术博客

作为 Web2.0 技术的主要代表之一，越来越多的教师、研究人员开始在网上开博，以日志的形式记录、整理、发布自己在本专业学科领域的所思所感，这是通过商业途径或其它途径难以获得的。

3. 原生数字文献资源的开发

（1）阶段分析与定位

第一，基础性开发阶段，不断搭建开发的基础平台和设计开发流程，吸引用户参与原生数字资源的创作；第二，累积性开发阶段，按照预定的流程来不断积累成果、开发经验、开发技能和开发思路；第三，创造性开发阶段，在原有开发活动的基础上形成新的开发技术、开发方法、开发思路、开发模式和开发环节，并形成类别体系。

（2）资源采集与保存

第一，以人工或者利用 Agent、搜索引擎等代理工具，对开放存取期刊图书、数据库、网站网页等领域进行采集；第二，构建网络原生数字资源保存框架体系和保存标准协议，结合合理布局、新技术与存储设备、高性价比策略等实现高效低成本的保存。

（3）再组织与深度挖掘

第一，采取分类法、主题法、元数据进行基本的再组织；第二，采用一次信息法、二次信息法、三次信息法进行再组织；第三，利用新的技术和思路来对原生数字资源重新整序，进行更加复杂、深入的开发，以发掘其内在规律和隐性的经济和社会价值，主要包括数据仓库、数据挖掘和网格化。

2.4.2 传统文献资源数字化加工

1. 文献数字化加工的概念

数字资源的概念比较宽泛，具体到实际应用中可以是某个数字对象，它是数字资源存储信息的基本逻辑单元和实体，是以一定结构的数字形象来表达信息内容的一种方法。数字对象的数据生成、管理和获取是数字图书馆建设中重要的基本环节和组成部分。其中，生成被列为第一环节，除了数字设备直接生成的原生数字资源，非原生数字资源从传统存在形式经过编码技术和模数转换技术处理转变为计算机可存储、处理、利用的二进制文件，这个过程称之为"数字化"，因此"文献数字化加工"可以理解为传统文献实体到数字对象的数字化加工过程，也有研究者称之为数字化生产。多数电子期刊、电子图书的数据服务商采用数字化加工的方式创建数字对象并形成资源库，森林公安高校的图书馆中有大量的珍本或孤本图书、灰色文献，学校有各种历史上形成的珍贵的档案资料、图片资料、视听资料等，都可以作为数字化的文献对象进行加工。

2. 文献数字化加工的方式

（1）文本数字资源

文本是表示文字及符号等信息的最基本的数据类型，在形式上表现为字符的集合。文本数据的常见格式有：TXT、RTF、DOC（DOCX）、WPS、PDF、HTML、XML 等。印刷的图书、期刊、报纸、档案等载体上的文本可通过电子笔、扫描仪等硬件设备扫描获取，然后通过 OCR 识别软件等完成数字格式文件的转换，最后还可以通过电子书制作软件编辑成电子书。

（2）图像数字资源

人类视觉系统感知的信息形式或人们心目中的有形想象统称为图像，图像也可以是三维景物的二维投影。图像数据的常见格式有：BMP、GIF、JPG、PNG、TIFF、PhotoCD、TGA、PSD 等，PDF、HTML 等文件格式既可包含文本也可包含图像。印刷的书刊报纸、古籍、手稿、拓片、乐谱、字画、地图、卷宗等可以扫描设备、数码相机拍摄等方式进行数字化获取，再通过图像编辑软件进行编辑加工，甚至森林公安工作所涉及的器械、装备等立体物品可以使用三维扫描仪进行数据采集形成数字资源。

（3）音频数字资源

音频指的是大约在 150Hz～20kHz 频率之间、能被人耳感知的声波，记录声音特性的信息就是音频信息。模拟音频采用模拟电压幅度表示声音的强弱，数字音频采用二进制数字记录声音的采样率、比特率、压缩率、通道数等信息。数字音频文件的格式通常有：WAV、MID、MP3、MOV、RA 和 RAM、ASP、MOD 等。数字音频可由数码录音设备直接录制生成，也可以通过音频采集卡把存储在传统磁性载体或光电载体上的模拟音频信号转换成计算机可以识别与处理的数字音频文件。

（4）视频数字资源

连续的图像变化每秒超过 24 帧（frame）画面以上时，根据视觉暂留原理，人眼看上去是平滑连续的视觉效果，这样连续的画面叫作视频。视频数字资源就是以数字形式记录的视频，常见的格式有：AVI、WMA、MOV、MPG、VOB、RMVB、FLA、MKV 等。数字视频可以由数字摄录设备直接录制传统文献生成，或者使用视频采集卡或者专用的视频模数转换器等设备对模拟型号进行抽样、量化和编码转变成离散的数字信号。

3. 数字化文献加工标准

（1）图书、期刊、报纸、特种文献类推荐标准

表 2-4-1　图书、期刊、报纸、特种文献类推荐标准

载体规格	级别	主要参数			最低标准	备注
		色彩位深	分辨率（DPI）	格式		
<＝16K	Al	1 位黑白 8 位灰白 24 为彩色 RGB	600	FIFF	保存级别 300DPI	封面和插图页可做彩色扫描或灰度扫描，一般文字页做黑白扫描。其中，黑白扫描的存储格式为 TIFF G4 压缩。彩色和灰度扫描可以 300DPI 保存。TIFF 不压缩或 lzw 无损压缩或 JPG2000 无损压缩。
	L 发布		300	PDF HTML DJVU CEB		
	S 封面		72			
<＝8K	Al	1 位黑白 8 位灰白 24 为彩色 RGB	300	FIFF	保存级别 200DPI	
	L 发布		150	PDF HTML DJVU CEB		
	S 封面		72			

（2）照片、图片等普通图像类推荐标准

表 2-4-2 照片、图片等普通图像类推荐标准

载体规格	级别	主要参数			最低标准	备注
		色彩位深	分辨率（DPI）	格式		
3×5 英寸原件	A	24 位彩色 RGB	600	TIFF	300DPI	根据原照的尺寸大小和数字化目的决定扫描精度。
	M		200	JPEG PND		
	S		72			
35mm 胶卷	A	24 位彩色 RGB	>4000	TIFF	保存级别200DPI	
	L		2000	JPEG		
	M		1000	JPEG		
	S		72	GIF		

（3）音频资源推荐标准

表 2-4-3 音频资源推荐标准

文献类型	文件级别	主要参数			最低标准	文件格式及压缩算法
		采样率	量化级	通道数		
CD 及以上质量	保存	128/48kHz	24bit	5.1	44.1kHz 16bit 双声道	无损压缩或不压缩算法格式：FLAC、WAV、APE。有损压缩算法格式：MP3、AAC、OGG。
	使用	44.1kHz	16bit	双声道		
录音资料	保存	44.1/22.05kHz	16bit	双声道	22.05kHz 16bit 单声道	
	使用	22.05kHz	16bit	双声道		
语音资料	保存	44.1/22.05kHz	16bit	双声道	16kHz 8bit 单声道	
	使用	22.05kHz	16bit	单声道		

（4）视频资源推荐标准

表 2-4-4　视频资源推荐标准

文献类型	文件级别	主要参数				
		分辨率（像素）	帧数（帧/秒）	视频码率（bps）	音频设定	音频码率（bps）
原质量或高清	H	1920x1152	25/30/60	50M 或 25M 可变码率	立体声48kHz	384k
相当于 DVD 质量	M2	352 x 288 ~ 720x576	25/30	15M 固定码率或可变码率	立体声48kHz	384k
相当于 SVCD 质量	M1	<=480x576	25	2600k	立体声44.1kHz	224k
相当于 VCD 质量	L	<=352x288	25	1152k	立体声44.1kHz	224k

　　只用于保存的原质量无压缩的视频资料可以使用 AVI 格式保存，《图书馆馆藏资源数字化加工规范》的国家标准中推荐使用 MPEG-2 编码，国家图书馆的《数字资源加工标准》还推荐使用 MP4、MOV 格式保存数字视频。

2.4.3 数字文献资源的长期保存

　　1. 数字资源长期保存的基本定义

　　在图书馆的社会功能中，保存数字文献资源是图书馆根本的社会功能，它反映了图书馆在信息服务业社会分工的侧重点，这是图书馆区别于其他信息服务部门的重要标志。保存是为了将有长期存留价值的文献信息供目前和将来的人们使用。数字资源的长期保存定义、方法、技术等适用于数字文献资源这个范畴，就是维护数字资源并确保其长期都可被持续获得的过程。但"长期"并没有具体的保存年限，而是根据实际需要，不同组织界定不同的时间期限，且在该期限内，应保证有足够的时间防止因技术改变所造成的损失。

　　2. 数字资源长期保存的政策法规

　　（1）合作机制与责任体系

　　数字信息资源的提供方、保存方和使用方是其长期保存的主要权益主体。各方应不断完善数字信息资源长期保存的合作机制与责任体系，主要包括：

长期保存的权益管理政策、责任体系框架、责任主体的合作模式、第三方保存机构运营策略等。

（2）知识产权的法律保护

数字信息资源长期保存工作面临复杂而严峻的知识产权问题，合理解决该问题是长期保存工作顺利开展的前提和基础。主要做法包括：加强工作人员版权知识培训；建立长期保存资源知识产权管理机制；平衡著作权与保存管理权之间的利益关系，以弥补现行法律中数字资源长期保存存在的不足；签订长期保存协议，解决数字资源长期保存权交易的问题。

（3）建立数字资源缴存制度

我国目前还没有相应的政策或制度来约束出版者，数字信息资源呈缴工作面临很多问题，主要的解决方向是：建议通过明确受缴主体、改变呈缴机制和方式、扩大缴存内容、利用权益保护与补偿机制等方式对我国的现行缴存制度进行完善；尽快通过立法将数字信息资源纳入呈缴范围；通过在行业间建立自愿缴存协议以减少法律缺位造成的负面影响。

（4）用户个人隐私的法律保护

目前国内还未能在理论研究与实践方面对用户隐私保护问题给予足够重视，几乎没有任何一家图书馆制定了用户隐私政策与保护措施。因此，建议学习美国等发达国家的做法，建立保护数字资源用户隐私的法规制度，重视通过行业自律方式解决用户隐私保护问题。

3. 数字资源长期保存的标准规范

（1）长期保存的核心标准

美国国家宇航局空间数据系统顾问委员会（CCSDS）制定的 OAIS（Open Archival Information System，开放档案信息系统）2003 年最终作为 ISO 的标准（ISO 14721：2003）颁发，旨在为基于长期保存目的的信息系统建立一个参考模型和基本概念框架，以维护信息系统中数字信息的长期保护和可存取。美国国会图书馆、OCLC、美国的 ERA 项目、我国国家图书馆中文元数据方案、清华大学图书馆保存元数据方案、中科院档案馆数字档案馆等都采用了OAIS 标准。

（2）长期保存的格式标准

电子文件长期保存格式的统一标准——ISO 19005-1 主要适用于 PDF 第 4 版格式，同时也适用于包含字符、光栅及矢量数据的文件，该标准的全面实施体现了数字信息资源长期保存领域在格式标准方面的一个重大进展。OASIS 开源社区开发的开放文档格式标准 ODF 作为一种独立于厂商和应用的文档格式标准，业已成为获得软件商和开源社区广泛支持的国际标准（标准号：ISO/IEC 26300）。

（3）长期保存的标准化体系框架

就目前来说，选用成熟的、业界公认的标准则有利于长期保存系统的开放性和扩展性。一方面，可以参照国家科技计划项目信息资源长期保存的技术标准化体系框架。另一方面，ISO 15489 中信息与文献文件管理中的原则与技术指南为数字资源的长期保存提供了好的方法和建议，如美国 NARA 的 Kenneth Thibodeau 二维坐标模型、美国佛罗里达图书馆的 Priscilla Caplan 金字塔模型等。

4. 数字资源长期保存的技术手段

（1）数字迁移

数字迁移技术能适应技术更新、不断地被转移，如存储介质迁移、文件格式迁移、版本迁移、访问点迁移、按需迁移等，但按需迁移不能有效保证数据安全性、真实性、稳定性。典型的项目如欧洲国家版本图书馆网络 NEDLIB，比较成熟的迁移工具如 Microsoft Conversion Tools、PDF/A Converter、GIMP 等。

（2）封装技术

在对数字资源进行包装的过程中，将该数字资源信息内容、元数据信息、认证、数字签名信息与方法及运行环境等进行封装，实现数字对象安全管理和自我访问控制。

（3）标准化技术

将数字资源转换成一种或多种主流格式，或者一种特定的格式。该种技术只需维护少量格式，选择的格式可能更具生命力，但同时也存在降低灵活性和格式选择可能失误的缺点。

（4）通用虚拟计算机技术（UVC）

由 IBM 公司设计的一个方便的开发仿真或迁移工具的平台，主要是在不断改变的软件和硬件上生成一个格外的层，为 UVC 程序提供一个稳定的平台，具备了与平台无关的、技术独立的仿真特点。

（5）基于风干的保存策略

在保存数字对象的原始版本之外，另外保存一个简单的、低技术含量的、经过干燥处理的数据版本，作为数字保存策略的附加方案，是一种以防万一的策略。

（6）开放描述与登记技术

开放描述可以将数字资源的存储、描述、组织、传递方式以第三方可以获取的形式描述，然后第三方运用登记系统实现对该类资源的使用。开放描述与登记机制包括文件格式登记、描述登记和服务登记。该类技术典型的如美国梅隆基金创建的 Portico 项目。

（7）环境和资源仿真

环境和资源仿真指在新的系统环境下创建一个兼容原有数据、设备及其管理系统的运行环境，使得原来的数据、设备和系统能运行在现行的软硬件系统上。典型的项目如荷兰国家图书馆和档案馆联合发起的 Dioscuri，目的就是建立一个持久耐用的仿真器以取代当前使用的参考工作站。

（8）其他相关技术

还有一些数字资源长期保存技术，由于其存在技术难度、成本控制、适用范围、运行效率、长期维护等方面的欠缺，应用的范围极其有限，例如再生性保护、数字图形输入板、数据恢复与数据考古、简单拷贝、硬件博物馆、仿真技术等。

2.4.4 数字文献资源的系统管理

1. 数字图书馆系统的基本概念

数字图书馆系统（Digital Library System，DLS），是系统性地对数字资源进行开发和利用的管理平台，是一套数字图书馆整体解决方案。数字图书馆建设的基本要素包括数字化资源、分布式管理以及智能化服务等方面，数字图书馆系统就是整合计算机、网络以及软件系统来构建这些基本的要素，并解决数字文献资源有序保存与合理利用的问题。近年来，DLS 逐渐成为数字资源拥有者建设特色数据库的重要工具，如各公共图书馆、高校图书馆为自己特色馆藏文献创建的专题资源库等，极大地丰富了资源主体的数字图书馆内涵。

2. 数字图书馆系统的基本功能

（1）资源创建与获取

第一，创建资源库，获取已经数字化的文章、图片、音频、视频等数字对象，或者支持通过扫描、识别、压缩和转化等多种技术来创建数字对象；第二，利用其他厂商的相关技术产品来完成上述数字对象的提取；第三，可支持数字对象的基本编辑，甚至具备采集网上的信息资源和建立特色数据库等功能。

（2）资源组织与保存

第一，对数字对象或原始数据进行描述、标引以揭示其属性；第二，采用分类法、主题法、本体、语义网络等工具对资源进行组织；第三，具备建立索引、自动标引、特性抽取等数据加工功能；第四，使用全文数据库、多媒体等技术来存储数字资源。

（3）用户权限管理

完整的用户权限管理方案包括：第一，具备用户账户的创建与编辑功能；第二，对数字资源建设过程中的系统用户权限管理；第三，对用户访问和使用数字资源进行许可、控制和监督，并具备保护资源拥有者和最终用户相关利益等功能。

（4）资源访问与查询

第一，数字图书馆系统能够借助 Web 服务器将组织和储存的数字资源发布为 Web 站点，通过配置 IP 或域名提供基于 http 或者 https 协议的网络服务；第二，提供不同字段或者全文的检索式检索、自然语言检索，甚至基于声音和图像检索等各种检索方式。

（5）信息发布与服务

第一，广泛兼容计算机网络系统，支持多种信息发布和服务途径；第二，在尽可能多的计算机系统上进行呈现和阅读数字资源，甚至支持触摸屏、手写及语音识别等技术来提供信息服务；第三，个性化的信息服务，如参考咨询服务、文献传递、信息推送等。

除上述之外，数字图书馆系统的功能应当具有扩展性，满足图书馆工作的不同需要，如支持用户教育、资源共享与业务合作、安全与系统管理、访问日志与数据统计等。

3. 数字图书馆系统的安全管理

（1）数字图书馆系统安全管理的概念

数字图书馆具有资源、服务与网络三要素，虽然实际应用中更多关注的是信息内容管理与服务，但其仍然是一个通常意义上的信息系统。因此，其系统安全策略、安全技术体系实质是信息安全问题。根据 ISO 27000-2009 的定义，信息安全就是要保持信息的保密性、完整性与可用性。数字图书馆系统的安全管理可以参照国内外或行业的相关标准执行，例如 ISO 13335 信息技术安全管理指南、ISO 27000 系列信息安全管理系统、GB 17859-1999 和 GB/T 20269-2006 等。

（2）数字图书馆系统安全管理的内容

①过程管理：确立安全目标，建立组织架构，明确职责，对角色分配、风险评估、安全审计、系统分类、制定预案、事故处理、回顾检查和改进过程进行管理。

②访问控制：建立全面的用户访问控制管理，避免未授权的访问，签订使用协议，明确权利义务；工作人员按照严格的管理规定执行操作，确保账号安全，加强网络系统安全管理，降低非法访问和网络攻击的风险。

③信息资源安全：对采购或自建的数字资源本身及其依赖的软硬件资源进行分类、核查、维护及安全性评估，并对存放的介质进行管理、控制和保护，防止被盗、被毁、被修改。

④容灾与备份：根据需要分类分级制定备份与容灾预案，其中包括但不限于媒体退化、维护失败、人为失误、技术故障、日志记录和业务连续性方案。

⑤环境安全：指确定物理环境安全区域，明确责任人，建立规章制度，对物理安全设施进行管控，注意防火、防水、温湿度控制、防静电、防雷击等，并严控进出人员秩序。

⑥应急响应与安全公告：考虑应急反应、阻止事件发展、恢复措施三个要素制定应急计划，并落实应急措施，做好测试、培训、演练与维护。

⑦符合法律规定：应明确对于信息系统应用范畴适用的所有的法律法规，防止信息系统的设计、操作、使用以及管理方面出现违法行为。

2.5 森林公安数字文献资源的服务方式

2.5.1 数字图书馆门户服务

1. 数字图书馆门户的基本概念

门户（Portal）概念最早源于 YAHOO 等以搜索引擎为主的大型门户网站，用户可以在这一个站点内，搜索链接到所需要寻找的资源。随着互联网的飞速发展，越来越多的政府机构、学校、企业开始建立自己的门户网站。数图门户是数字图书馆门户的简称，是以数字资源整合和数字化服务项目的信息服务链整合为基础，通过统一检索、知识导航、个性化服务与自助服务等手段，向读者提供一站式、个性化、学科化的信息获取与交流服务的网络信息空间。

2. 数字图书馆门户的基本功能

（1）基本信息服务

首先需要门户基本信息，包括数字图书馆门户的主办机构概况、联系方式、管理制度、服务规范，甚至包括站点地图等。其次，当数字图书馆相关的资源和服务进行更新时，应能够通过门户对用户进行公布和说明，以加强文献资源的阅读推广服务。

（2）数字资源整合

在保持现有资源库物理独立的前提下，依据通用标准和规范，对现有资源进行整体性、深层次地规范化揭示与描述，降低读者选择和熟悉数据库、信息鉴别和去重的时间。例如，创建一个数字资源信息的导航系统，明晰导航与检索的差异化，重视导航的体系便捷性，保持细节的规范统一性。

（3）OPAC 服务

即 Online Public Access Catalogue，意为联机公共目录检索系统，主要描述的是各类文献资源的图书馆馆藏信息，是识别和检索馆藏文献的工具，是查找图书馆馆藏文献的线索和依据。例如，江苏汇文软件有限公司的汇文 Libsys 图书馆管理系统中的 OPAC 服务模块，将图书馆馆藏书刊的描述信息进行数字化，并与豆瓣等网站进行关联，同时展现借阅趋势和借阅关系。

（4）统一检索服务

又称联邦检索、跨库检索、整合检索等，是指借助单一的检索入口，利用统一的检索方法，为用户隐藏复杂的检索细节，把用户一次提交的检索请求同时发往选定的多个资源库，同时输出所有检索结果，实现对分布式、异构信息资源的检索，例如 CALIS 的 e 读学术搜索、MetaLib 系统、CNKI 文献检索、SpringerLink、ScienceDirect 等。统一检索有三种整合方式：一是通过抽取元数据的高度整合；二是外挂式资源整合；三是对异构数据库全面深度整合的人工智能搜索引擎。

（5）知识发现服务

知识是数据元素间的关系或模式，知识发现就是从大量数据中，特别是从异构的数据平台中提取出隐含的、未知的、潜在有用的并能被人们理解的规则与模式，并检查趋势、发掘出事实的高级处理过程。目前的知识发现研究主要分为基于数据库的知识发现与基于文献的知识发现，方法有统计方法、机器学习方法与神经计算方法，基本任务是数据分类、数据聚类、衰退和预报、关联和相关性、顺序发现、描述和辨别、间序列分析等。

（6）学科知识导航

学科知识导航服务就是为用户以学科为单元对网上的大量相关信息源进行搜集、选择、分类、组织、有序化整理，建立分类目录式资源体系，通过导航系统提高信息的查准率和查全率，节省用户的时间，提高各类信息资源的利用率。例如中国高等教育文献保障系统（CALIS）"重点学科网络资源导航数据库"，构建了涉及除军事学（大类）、民族学（无重点学科）之外的所有一级学科共 78 个导航库。

（7）其他服务

用户个性化服务，基于读者信息需求的差异性而开展的针对性服务，包括模块定制、阅读收藏、历史查询、访问统计、偏好设置、私信问答等；管理员决策服务，主要对系统的运行情况、登录日志、浏览日志、专题调查等做出分析统计以利于工作决策；与新技术的融合服务，与社交媒体进行融合、一站式登录、移动门户关联、即时互动交流、实体图书馆的运行信息数字化展示等。

3. 数字图书馆门户建设的原则

（1）需求性原则

随着社会进入网络化时代，高校图书馆的服务对象社会化越来越明显，因此信息服务内容的提供要体现针对性、实用性，不仅要符合本单位教学、科研及人才培养的要求，还应兼顾社会发展的需求，提高社会效益。

（2）统一性原则

门户的设计应当从标志、色彩、字体、布局、浏览方式、内容价值等多个方面精心组织设计，保持网站风格的连续性、一致性，保持网站结构、网页设计的规范统一，包括统一版面布局、统一标志区域、统一栏目、统一类名、统一文字等。

（3）可用性原则

设计上应最大限度地方便读者使用，如栏目可使用下拉式菜单显示、栏目名称应言简意赅、网页层次结构不应超过 3 层、每个页面都设有返回主页的链接等。同时，不定期地对网站进行更新维护，及时清除空链、死链，并保证 24 小时全天候开放。

（4）合理性原则

一方面，技术架构必须合理，内容管理与表现形式应分开，有利于实时更新内容和适当进行二次开发；另一方面，板块和栏目组织必须合理，并按照一定的方法分类，因为栏目是网站的大纲索引，能够将网站整体内容明确表现出来。

（5）开放性原则

数字图书馆门户的开放性体现在采用行业标准和规范描述、揭示资源及服务以及预留标准接口，以求与校内外系统更好融合。遵从开放性原则，借助外力发展自己，实现更大范围的跨界合作，这同时也是实践"哪里有读者服务就延伸到哪里"服务理念的必然途径。

（6）发展性原则

一方面，跟踪技术发展和需求发展，及时进行更新升级，组织更多资源上网，拓展服务范围，深化服务内容，改进服务手段，确保功能和性能的持续健康发展。另一方面，应有高素质的人才、一定的经费、设备保障，保持数字图书馆门户网站旺盛的生命力。

2.5.2 参考咨询服务

1. 参考咨询服务基本概念

参考咨询是图书馆员对读者在利用文献和寻求知识、情报方面提供帮助的活动，它以协助检索、解答咨询和专题文献报道等方式向读者提供事实、数据和文献线索。在数字资源逐步得到广泛应用的当下，数字参考咨询（Digital Reference Service，DRS）占据了参考咨询工作的主要位置。数字参考咨询服务是运用网络和计算机技术，以用户网上提问，信息专家给予直接回答或数字化信息回答的方式实现的一种知识服务机制。美国教育部虚拟咨询台的定义："数字化参考咨询服务是建立在网络基础上的将用户与专家和学科专门知识联系起来的问答式服务。" 1984 年，美国马里兰大学健康科学图书馆利用电子邮件开展参考咨询，打破了传统参考咨询的服务模式，标志着数字参考咨询的诞生。

2. 数字参考咨询服务的内容

（1）基础咨询

基础咨询主要指的是文献服务机构（通常是图书馆，如南京森林警察学院图书馆）为读者提供管理规章制度、借书证办理、入馆教育、检索技能培训、查询文献时的常见问题等。该类服务层次较低，是大众性的服务，对馆员的素质要求不高。

（2）高级咨询

①信息加工：对学术会议动态、学术前沿动态、学术文献推荐、科技情报综述等进行加工形成二次文献，如南京森林警察学院图书馆的内部刊物《信息摘编》，包括了行业扫描、理论探索、案例参考、特别关注、警局链接和书目推荐等多个栏目。

②高级培训：对利用数字文献资源的深度培训，如基于文献的内容及其特征的高级检索，针对认识到何时需要信息和有效地搜索、评估和使用所需信息能力的信息素养培训，如南京森林警察学院图书馆开展的网上读者专题教育、图书馆半月谈等活动。

③代检传递：指在读者所需要文献或信息没有馆藏的情况下，参考馆员通过与其他图书馆建立联系帮助读者获取到所需文献或信息的服务，本图书馆也可以为其他单位人员提供本馆馆藏的代检传递服务。

④专题检索：参考馆员根据读者的科学研究课题需要，提供同一主题的大量历史性的国际、国内文献的服务。以此为基础，对某一课题涉及领域的研究进行跟踪并提供参考文献或对跟踪课题进展提供参考文献，这样持续性的专题检索称之为定题跟踪服务。

⑤科技查新：针对某一课题，检索出国内外大量的与该课题相关的文献，进行总结归纳，并与课题进行比较分析得出课题"新颖性"判断的服务。一般需要科技查新站的资质，或者可以采取与南京师范大学、东南大学等具备资质能力图书馆进行合作的方式。

⑥成果评估：采用文献计量学方法统计某科研人员的科研成果被收录、被引用情况的服务，有助于对科研成果的价值或某科研人员（团队）的能力做出判断。该类服务需要图书馆馆员具备一定的科研能力、掌握数据处理方法以及具备统计软件运用的能力。

3. 数字参考咨询服务的方式

（1）异步数字参考咨询

异步（也称延时）数字参考咨询指用户提问与咨询馆员的回答不是同时的，用户提出问题后要等待一段时间才能得到回答的咨询方式。常见的具体方式有：

①电子邮件方式：E-mail 是最简单、最普通、最常用的一种方式，具有方便性和隐秘性，对于远距离的不能亲自到图书馆咨询的用户，较为便利。

②网络表单：网络表单要求分字段填写用户信息、联系方式、回复期限、咨询类别及详细内容等，可在线查询回复情况，先进的系统还可以通过邮件、短信等方式进行通知。

③BBS 或留言板方式：相当于网上社区，用户不仅可以查看自己的咨询回答，还可查看其它问题或者吸引更多人参与，但隐私性较差，自由讨论时不容易监管维护。

④FAQ 方式常见问题解答：针对咨询频率高的问题设立常见问题库（Frequently Asked Questions），将问题和答案集中公布，具有界面友好、检索方便、问答清楚的特点。

（2）同步数字参考咨询

同步（也称实时）数字参考咨询就是咨询馆员与读者可以同步交流，可以即时显示交流内容，从而达到当面交流的效果。早期的有网上聊天室方式，现在通常使用 QQ（包括企业 QQ）、TQ、微信等即时通信工具，NetMeeting、EyeTel 全球视频通讯、好视通云会议等视频会议软件进行即时的视频咨询。另外，还可以借助 CALIS 虚拟参考咨询系统开展服务。

（3）合作化数字参考咨询

合作化数字参考咨询即由多个图书馆或相关机构联合起来组成一个合作式的参考咨询系统，面向更大范围的网络用户提供网上参考咨询服务。国际上比较典型的有英国的"公共图书馆网络联盟"和美国教育部的虚拟参考咨询台 VRD，我国常见的有江苏省公共图书馆联合参考咨询网、浙江省联合知识导航网、全国图书馆参考咨询联盟、中国科学院文献情报中心网上咨询台、中国高等教育文献保障系统联合问答平台等。

2.5.3 共享访问服务

1. 资源共享访问服务基本概念

文献资源共享与信息资源共享（在图书情报类研究文章中常被简称资源共享）既有联系又有区别，源于本书前面章节对文献和信息的分析阐述。广义上说，资源共享系统是一个信息资源共享服务的体系性工作集合，包括管理方案和技术方案。狭义上说，资源共享系统是指能够解决资源分布不均问题而采用的资源共享服务平台，包括一种或多种不同的软件系统，如澳大利亚的图书馆资源共享系统 Libraries Australia，再如用于高校图书馆校外电子资源访问的 VPN 系统、网络代理服务系统等。

2. 资源共享访问的现实意义

图书馆是文献收藏与服务的主要社会机构，无论高校图书馆还是公共图书馆，无论是图书馆之间还是图书馆与其他情报机构之间，在特色数字资源和商业数据资源的建设与服务中往往呈现出一些困局：数据库重复建设或者购置；数据库的使用权和保留权难以兼得；资源整合标准和一站式检索难以实现；图书馆对数据库商无约束力。实际上，因为知识产权保护和各方利益的平衡问题，数字文献资源常常被局限在一定范围供权责明确的用户使用，而不能向图书馆隐性的用户提供服务，从而不能使数字文献资源的价值最大化。例如，基层森林公安单位严重缺乏文化、学术和科研等性质的数字资源，获取渠道单一，共享手段缺失，行业高校（南京森林警察学院图书馆）的资源却存在利用不充分的情况。

3. 资源远程访问服务手段

（1）虚拟专用网

虚拟专用网（Virtual Private Network，VPN）就是在公用网络上建立专用网络，将其外网的地址虚拟成用户内网的私有 IP 地址，通过对数据包的加密和数据包目标地址的转换实现远程访问。用于数字文献资源远程访问的 VPN主要是根据协议分类 IPSecVPN 和 SSL VPN 两种。前者具有安全、高效、应用透明的优点，但存在需要安装客户端、配置复杂、安全控制不足的缺点。后者不需要安装客户端，更便于用户使用，并且维护成本较低，具有良好的兼容性。VPN 的实现方式主要有四种：VPN 服务器、软件 VPN、硬件 VPN、集成 VPN（在路由器、防火墙中集成）。

（2）代理服务器

数字资源的远程访问服务中代理服务器方式主要采用的是反向代理技术，即将防火墙后面的服务器提供给因特网用户访问，访问者并不知道自己访问的是一个代理服务器。如今，主流的反向代理服务器产品（如易瑞授权访问系统、联图远程访问系统、VPN358 等）采用高级 URL 策略即 URL 重写技术，通过 URL 重写规则来自动完成访问目标与代理服务器间的"映射"（地址映射、端口映射、主机名映射和组合映射等方式）关系，从而透明、无缝地将用户请求转向实际的代理服务器请求，实现用户对相关资源的访问。该种方式的主要优点是：实现所有管辖网站的透明访问；可以实现网站间的单点登录；实现用户权限统一管理；可以在 URL 级别非常容易地实现各种统计；可实现多台主机负载均衡、无瓶颈访问。

2.5.4 移动阅读服务

1. 移动阅读的基本概念

在当前科技的发展过程中已经出现了越来越多的电子书移动阅读终端，例如 PDA、MID、上网本、掌上电脑、手机等。而随着移动通信技术的发展，4G 网络普及和 WiFi 广泛覆盖让大家可以随时随地连接上网。据中国互联网络信息中心（CNNIC）在京发布的第 41 次《中国互联网络发展状况统计报告》显示，截至 2017 年 12 月，我国网民规模达 7.72 亿，其中，手机网民占97.5%。在此大背景下，基于智能移动设备的移动阅读，因其不受时空限制、利于碎片化、便于社交分享、资源形式多样等特点而越来越受到青睐。因此，

数字文献资源的服务者必须要认识到大势所趋，将数字文献资源的服务扩展到移动智能终端设备上，为读者提供基于移动平台的参考咨询、书刊阅览以及检索服务。

2. 移动阅读的常见手段

（1）WAP 服务

所谓 WAP（Wireless Application Protocol）即无线应用协议，是一项全球性的网络通信协议。WAP 使移动因特网有了一个通行的标准，定义了可通用的平台，把目前因特网上 HTML 语言的信息转换成用 WML 描述的信息，将因特网的丰富信息及先进的业务引入到移动电话等无线终端之中。基于此，基于传统网络的数字图书馆门户等数字文献资源服务平台开始出现移动版本，如湖南理工学院 2006 年开通了 WAP 手机服务，清华大学图书馆于 2006 年引进 Metalib 系统开展 WAP 服务，2008 年国家图书馆推出了移动图书馆服务。

（2）移动图书馆

移动图书馆是数字图书馆的一个分支，它具备数字图书馆的一般特征，同时还具备"可移动"的特征，即可以不必依赖于 PC 而是通过手中的便携数字图书阅读设备来浏览、下载、阅读和欣赏数字资源的一整套系统。现有的移动图书馆，一般是定制开发的 APP，承载着所在图书馆移动服务功能的移动软件系统。移动图书馆一般具备以下几个方面的功能，例如，新书通报、热门借阅和热门评价、读者荐购、通知公告与讲座信息、图书检索、读者借阅信息检索、电子书以及视频阅读观看等功能。常见的移动图书馆产品有超星移动图书馆、汇文掌上图书馆、乐致安 Mobi+移动图书等，不少图书馆还会定制开发本馆的 APP。南京森林警察学院图书馆于 2012 年 12 月开通超星数字图书馆服务，目前每年使用量 400 万次以上，俨然成为在校师生开展移动阅读的重要平台。

（3）微信公众号

微信（wechat）是腾讯公司于 2011 年 1 月 21 日推出的一个为智能终端提供即时通信服务的免费应用程序，支持跨通信运营商、跨操作系统平台发送多媒体信息，并提供朋友圈分享等插件功能。2012 年 8 月，微信推出公众平台，允许个人或者机构开展一对多的媒体性行为活动（自媒体活动），不少企业、事业乃至政府部门为主体的单位纷纷开发建设公众号，采用微信平台进行相关业务探索和服务创新工作。图书馆等文献服务机构可以借助微信公众号（订阅号或者服务号），采取自主、合作或采购第三方微信平台产品（超星微信图书馆方案、汇文微信图书馆方案）的方式，通过微信菜单建设固定栏目整合传统移动图书馆服务，通过微信公众号的推送功能开展阅读推广、活动通知等服务。南京森林警察学院图书馆微信公众号于 2016 年 4 月开通上线，至今订阅超过数千人，整合了借阅查询、馆藏查询、在线订座、在线书刊等功能，并且实现每工作日推送到馆期刊、阅读推荐、阅读分享、借阅排行、周末文摘等内容，极大地丰富了图书馆数字文献服务的内容。

［1］ 黄丽红：“信息组织与数字图书馆”，载《现代情报》2004 年第 11 期。

［2］ 魏大威：《数字图书馆理论与实务》，国家图书馆出版社 2012 年版。

［3］ 解金兰：“互联网背景下图书馆信息组织发展的历程、演进及趋势分析”，载《山东图书馆学刊》2017 年第 2 期。

［4］ 郑雅娟：“高校图书馆数字阅读推广研究”，郑州大学 2017 年硕士学位论文。

［5］ 付伟棠、张志强：“2016 年我国数字阅读报告分析”，载《图书馆学研究》2017 年第 22 期。

［6］ 茆意宏、朱强、王波：“高校图书馆数字阅读服务现状与展望”，载《大学图书馆学报》2017 年第 1 期。

［7］ 符静：“数字化学术环境下的‘穿越式阅读’浅析”，载《图书馆论坛》2013 年第 2 期。

［8］ 肖希明、曾粤亮：“数字阅读与图书馆信息资源建设”，载《数字图书馆论坛》2016 年第 2 期。

［9］ 魏晓峰：“国内数字阅读发展现状与服务创新研究”，载《新世纪图书馆》2016 年第 6 期。

［10］ 宋爱林、周爱民、敖孔华、顾剑：“全国森林公安机关数字文献资源应用及共享需求调查分析”，载《林业规划调查》2009 年第 4 期。

［11］ 甘利杰、孔令信、马亚军：《大学计算机基础教程》，重庆大学出版社 2017 年版。

［12］ 王巍、杜振宁：《计算机网络技术》，北京理工大学出版社 2016 年版。

［13］ 国家质检总局：《建筑设计防火规范》（GB 50016-2006），2006 年版。

［14］ 时婉璐：“原生数字资源馆藏建设初探——以美国国会图书馆 MINERVA 项目为例”，载《图书馆杂志》2013 年第 8 期。

［15］ 中华人民共和国国家质量监督检验检疫总局，中国国家标准化管理委员会：《图书馆馆藏资源数字化加工规范》（第 5 部分）（GB/T 31219.5-2016），2016 年版。

第 3 章

森林公安数字文献资源的采集途径

　　森林公安文献资源采集是为了满足森林公安工作与森林公安研究对文献资料的需求，选择文献并通过多种方式获得文献资料的工作；森林公安文献资源采集是森林公安文献资源建设的重要内容。原生数字文献和经过数字化加工生成的数字文献来源于各种渠道，但任何一种单一来源都无法实现数字文献资源类型的全覆盖，也无法满足森林公安教学、科研和工作方面的需求。因此，需要重视多途径的数字文献资源采集，即根据森林公安高校或文献服务机构的特点以及学科重点，按照一定的方法和原则，全面、完整、系统地采购、搜集各种数字文献资源，以形成数字资源保障体系，并最终形成完善的文献资源保障的过程。本章即以行业高校馆藏书目库、商业数字资源、开放存取资源、自建特色数字资源等方面为着眼点，简要阐述了主要来源渠道的数字文献资源采集的常识性内容。

3.1 行业高校馆藏书目库

3.1.1 馆藏书目库与 OPAC 概述

　　1. 馆藏书目数据库的基本概念

　　书目数据库是存储某个领域的二次文献（如目录、题录、文摘等书目数据）的一类数据库，有时又称为二次文献数据库，主要提供文献的题名、作者、出处等基本书目信息，有的提供文献，常见的有《生物文摘》《全国报刊索引》《中国学术期刊文摘》《科学文摘》等。馆藏书目库就是图书馆目录数据库，通常又称为机读目录（Machine-Readable Catalogue，MARC），指的是以特定代码形式和特定结构记录在计算机存储载体上的、用计算机识别和处理的目录。南京森林警察学院作为森林公安行业的唯一一所高等学府，其图书馆的馆藏书目库主要记载其收藏的各文献资料的书目信息和存储地址,是一般用户利用计算机查找图书馆资料的工具,更是作为图书馆业务部门的业务管理工具。除文献外表特征的描述信息外,该库还有许多管理信息、馆藏信息等附加信息,而且具有比较统一的记录格式。通常,图书馆以 OPAC (Online Public Access Catalogue,联机检索公共目录) 系统为网络服务平台对用户提供服务。OPAC 系统一般是图书馆自动化集成管理系统的一部分,其馆藏目录数据由图书馆工作人员通过图书馆集成系统的编目和典藏模块,执行"一次文献→采集→鉴选→著录→标引→文摘加工→审核修正→典藏"的过程而生成。

2. 书目库及 OPAC 系统的发展

从 1964 年第一个书目数据库——MEDLARS 开发成功并投入检索服务以来,世界各国已建立了数目众多、种类多样的书目数据库。我国现有的各类"书目数据库"是我国图书馆界收藏历史最长、文献数量最多、内容特色最强、地域分布最广的珍贵藏书的目录型数据库,也是当今数字化服务环境下被各类检索系统和知识挖掘工具进行资源分析最多的数字对象。OPAC 系统的发展分为三个阶段:第一代 OPAC 始见于 20 世纪 70 年代,实现对卡片目录的机器检索的功能,仅支持精确匹配搜索,用户输入不能带有任何错误;第二代 OPAC 始见于 20 世纪 80 年代,增加了关键词检索和布尔检索的功能;第三代 OPAC 在 20 世纪 90 年代开始形成,与第二代 OPAC 相比,在跨库检索、智能化检索、交互式查询、参考咨询、个性化服务、多媒体图形化交互界面等方面有突破性进展。如今,基于 Library2.0 元素的 OPAC 系统逐渐占据了主要位置,其在信息产生方式、组织方式、获取方式和显示方式上产生了明显的变化,融合了用户标签和评论功能,实现各种载体和来源文献的整合检索,实现信息关联并提供推荐和推送,在拼写检查、排序方式、分面搜索等方面提供了更为友好的体验,甚至部分 OPAC 产品还支持手机端应用。

3.1.2 常见的 OAPC 书目库系统

中南大学钱文丽曾在 2010 年对 98 所"211 工程"高校做过 OPAC 系统的对比调查,发现大部分高校图书馆 OPAC 系统都是图书馆集成系统的一部分。本书根据目前高校图书馆常用的图书馆自动化集成管理系统情况,对主要的OPAC 系统做简要介绍。

1. Libsys 图书馆管理系统

江苏汇文软件有限公司是专门从事图书馆、情报、出版发行业等专业系统的文献信息处理软件开发及信息服务的股份制公司。公司主打产品"汇文文献信息服务系统"自 1999 年起在全国范围推广，到目前为止已为国内近900 多家知名高校和公共图书馆所选用，其中包括教育部公布的 39 所"985"学校中的 16 所和 116 所"211"学校中的 55 所高校。南京森林警察学院图书馆是汇文产品的用户，部署的新一代的图书馆 OPAC 系统是汇文文献信息服务系统（Libsys）的一部分，结合 Web2.0 的最新技术，体现 Library 2.0 信息服务模式，其主要特点如下。

（1）提供高效、快速、精确的信息检索服务：热门检索词，检索词输入提示，检索结果相关度排序，信息自动聚类/分面浏览，跟踪检索过程，增删限定项，全文检索，检索词自动纠错。

（2）关系化、立体化、网络化的信息显示：相关图书推荐，相关资源信息整合（关联豆瓣、当当等图书平台），借阅趋势统计，社交媒体互动（可以分享到微博、人人等社交平台）。

（3）读者图书荐购：完善的图书推荐查重体系，读者荐购跟踪、反馈，荐购读者优先借阅。

（4）系统推送服务：采用协同过滤技术分析读者的偏好，挑选读者会感兴趣的内容给读者。

（5）数据可视化展现：对数据作深层次处理，从中寻找隐藏的规律，采用可视化导航更好地揭示数据信息，包括读者系别年度热门推荐、读者类型年度热门推荐等。

（6）其他个性服务：读者毕业离校回顾，丰富的读者信息展示，读者阅读评论，根据课程列表关注图书等。

2. ILAS 图书馆自动化集成系统

深圳市科图自动化新技术应用公司成立于 1987 年，并于 1988 年承担并开发了文化部作为重点科技项目下达的图书馆自动化集成系统（ILAS）。该系统经过多年的发展，已形成了一个齐备的产品系列，包括图书馆业务自动化管理、网上联合编目、馆际互借、全文数据库检索、办公自动化、多媒体数据库查询、网上导航等优秀软件，为信息的数字化提供了一流的工具。ILAS的 Web 服务包含了 OPAC 系统功能，其特色如下。

（1）服务多样：书目检索、特色检索、ILAS Ⅲ网上图书馆特色功能、专题检索、联合目录查询、电子书在线阅读参考咨询、读者好友圈。

（2）功能全面：提供书、刊及读者信息，提供用户自己所创建的信息库（如博士、硕士论文库），查询期刊目次，介绍网上新书，报订网上图书、期刊。

（3）使用方便：提供模糊查询和前方一致的检索方式，书刊可分开，也可合一检索，检索途径多且可自己增加。

（4）个性化服务：提供"我的图书馆"功能，服务读者，读者可在网上查询自己的借阅情况并进行续借、预约操作，并得到所需的信息，读者网上推荐订购，读者网上预借。

（5）信息及时：可查询当前书刊馆藏状态，包括期刊的订购、记到、装订信息及期刊的目次、摘要信息（需著录期刊目次、摘要数据）。

（6）检索多样化：提供多种检索途径和检索方式，使得用户能够灵活地将需求构造为检索式提交给系统，从而检索出准确的结果。

（7）结果多形式：可提供卡片式、MARC格式、表格式等多种输出方式，且可自定义表格显示内容，系统提供了极大的灵活性，满足用户需求。

3. Gdlis Global 图书馆信息管理系统

Gdlis Global 是北京金盘鹏图软件技术有限公司针对区域性图书馆发展需求、顺应国内教育产业发展和现代图书馆行业发展趋势推出的全新一代纯 B/S 架构图书馆信息管理系统。其中，SNSOPAC 是一个集成了公共检索、SNS 社交系统、图书荐购系统、读者个人博客个性化定制的全新 Lib2.0 产品，颠覆了传统意义上的图书馆公共检索系统仅适于简单书刊查找的概念，让图书馆更加人性化，更加贴近广大读者的工作和生活。主要特点如下。

（1）书刊检索：采用页框模式方便用户切换，提供简单查询、组合检索、分类浏览三种模式，并且增加了热门检索词和简单的使用说明。

（2）检索结果：可以选择列表和表格两种方式显示，除了常规书目信息和二次检索，支持定制显示内容，能与互联网紧密结合自动匹配图书封面和内容简介，支持对图书进行评分，支持豆瓣网、worldcat、维普资讯、百度、Google 等相应的网上图书资源关联，支持"收藏本书"、用户标签及其排行推荐、显示本类图书借阅排行等。

（3）图书荐购：读者可以通过检索网上书店的图书进行推荐、直接填写征订单推荐、征订列表显示方式推荐、征订数据检索方式推荐,并跟踪图书馆处理图书荐购的流程。

(4)热门书刊:热门书刊页面提供热门图书、热门借阅、热门书藏和热门评分,分别按图书访问量、借阅次数、收藏次数和评分列出了比较受欢迎的图书供读者进行查询。

(5)读者管理:读者查看并编辑自己的个人基本信息、推荐历史、站内短消息、留言或查看留言、续借和查看借阅历史、直接进入网络图书检索和征订模块。

(6)个性化服务:用户可以在本系统中发表自己的心情日记,和好友分享,查看好友心情日记,和好友打招呼,上传或在线拍摄照片并分享,给好友发送虚拟礼物,根据自己的喜好建立相应的群,订阅图书馆或外网的各种RSS 资源。

4. 其他 OPAC 系统

国内外提供 OPAC 系统服务的主要图书馆自动化集成管理系统软件有数十种,主要产品还有:以色列 ExLibris 公司的 ALEPH、Alma 等,美国 Sirsi-Dynix 公司的 Horizon、Symphony 等,广州图创计算机软件开发有限公司的 In-terlib,等等。

3.2 商业数字文献资源

3.2.1 数字文献资源采购原则

1. 需求导向原则

商业数字文献资源采选必须依据图书馆信息资源发展方向和服务对象实际需求,有针对性地决定取舍,选择国内外公认的、知名度高的、权威性的数字资源,保证数字资源的建设质量和使用效益。

2. 整体发展原则

既要兼顾纸质文献与电子资源的互补与协调,又要兼顾文摘索引型和全文型数据库的协调互补,从学科、语种、文献类型、回溯存档各方面做中长期全面规划和优化配置,并把重点放在全文数据库与事实数值数据库的建设上,形成一个内容系统完整、结构科学合理的馆藏信息资源保障体系。

3. 成本效益原则

第一，关注每年涨价的比例，分析性价比。第二，对于同一内容的资源，以增加资源采购总量为目标慎重选择 e-only 和 e-first 模式。第三，应尽量参加集团购买以争取更优惠的价格和更优质的服务。第四，定期开展数字资源的评估，采取必要的淘汰更新机制。

4. 长期保障原则

图书馆在广泛采集商业数字文献资源的同时应充分重视长期保障权益，既要保证在订购合同期限内的正常使用，又要保障订购合同到期后不再续订时，对原订购合同内数据的存档权和永久使用权。

5. 服务优化原则

以用户需求为中心，保证数字资源服务的可靠性、有效性和稳定性，保证提供全天候、不间断服务，保证服务器端网络接入和存取速度的快捷、高效，保证数字资源内容完整、功能齐备和界面友好，并且能够根据用户需求提供用户培训、问题解答和质量跟踪服务。

6. 共建共享原则

在高校内部，图书馆与院系紧密合作，共享各自购买的数字文献资源。在校际资源共建上，积极加入各种采购联盟，争取价格和服务等方面的有利条件。在行业单位之间，可通过共享平台软件查重资源以避免重复建设，并共享访问。在不同机构之间，读者可通过文献传递服务共享资源和节省购置成本。

3.2.2 数字文献资源采购方式

1. 数字文献资源采购模式

（1）单独采购

单独采购是指单个图书馆或文献需求相关单位依据本单位数字文献资源发展规划和用户需求，独自与数字资源提供商进行价格和使用条款的谈判，最终签订购买合同并支付数字资源购买费用。通常适用于一些具有唯一性、不可替代性、无法组团采购、受众面较窄等特殊数字文献资源产品，例如法律家、北大法意等专业性较强，又细分了不同子库的产品。单独采购在时间上不受采购联盟的制约，操作程序比较灵活和快捷，但是由于采购活动是一对一的状态，所以更需要注重法定程序上的规范性，防止出现不必要的法律风险。

（2）联合采购

若干图书馆或相关需求单位基于自愿原则，根据一定的合同或协议结成联盟，统一开展数字资源采购工作，联盟成员享受各种优惠，同时承担相应的义务和责任，遵守合同和联盟的各种约定。联合采购的方式具备了节约成员单位经费、避免单打独斗耗时费力、降低经济风险和采购失误、促进共建共享和合作交流的优势，逐步得到了国内外高校图书馆的青睐，例如：我国2010年成立的高校数字图书馆数字资源采购联盟（DRAA），美国12所大学的"机构合作委员会"（CIC），俄亥俄图书馆与信息网络（Ohio LINK），江苏省高校文献保障系统（JALIS），香港地区高校文献资源保障体系（JULAC），台湾地区学术电子信息资源共享联盟（CONCERT）等。

（3）国家采购

政府参与的电子资源建设活动称为"国家采购"，主要分为两个层面：一是国家政府参与电子资源建设，这种参与是多种多样的，经费的资助是部分的或是全部的；二是所购买的数字资源的使用群体覆盖了这个国家的大多数科研与高等教育机构，而不一定是全国每一个单位、每一个个人。冰岛国家电子资源统购、加拿大的 CNSLP 国家补贴、英国的 NESLI 国家统一电子资源采购与访问平台、宁波大学城图书馆的数字资源建设模式都是国家采购的典型例子。

2. 数字文献资源采购流程

（1）分析需求，制定预算

图书馆根据本馆数字馆藏发展政策与结构体系，有目的地了解相关数字文献资源信息，可通过公布拟购资源收集反馈或深入了解师生需求的方式筛选出产品作为引进评估对象，进而制定现有数字资源的维持服务经费、已定采购的目标数字资源的经费、可能新增的重要数字资源的经费和应急经费的预算。

（2）试用产品，评估论证

联系拟购产品服务商，索取宣传资料和资源清单，深入了解数据库的内容、功能、质量、特性、价格和使用方式，申请开通试用并做好试用期间的宣传、推广、培训、答疑等工作，并组织荐购教师进行试用和评价。试用结束后，可以根据试用统计数据，结合各方面的反馈形成详尽而客观的资源评估论证报告，作为是否引进的依据。

（3）订购决策，签署合同

可由图书馆主管领导和其他部门的领导专家组成订购决策小组，审核资源评估论证报告，集体讨论形成决议。对于一些决策意见分歧较大的数据库，可参照《CALIS 引进数据库用户满意度总结报告》建立决策举证进行定夺。决定购买后选择适当的采购模式，谈判签订合同，界定对产品内容、价格及其涨幅、服务方案、备份存档、长期使用权、后续服务、合同语言文本、适用法律、仲裁机构等方面的描述。

（4）产品付款，资料归档

国内数据库一般直接向数据库提供商付款，国外数据库订购一般通过国家新闻出版总署批准从事科技文献进出口的代理公司付款。集团采购数据库根据付款代理商提供的价格与组团单位发布的价格方案进行核对，价格无误则办理付款协议，索取发票和付款，并将数据库购买协议、付款代理协议等资料归档保存。

（5）开通使用，产品验收

在采购协议或合同生效后，数据库正式开通使用，图书馆应组织人员进行产品验收。在图书馆的各媒体平台发布使用开通信息，组织培训、宣传等使用推广工作，有必要的还可进行全文资源编目、设置 Open URL 链接等数据整合工作，并要求数据库商提供使用统计报告和新增资源通报。

（6）数据库续订或停订

对于已购的数据库，需结合资源的内容价值和使用成本、使用情况分析、同质资源对比分析结果以及学科馆员和专家意见，做出续订或停订的决策。通常情况下，应尽量保证数据库购买和使用的连续性，但是对于一些内容替代性较强和使用情况不佳的数字资源，经过充分论证后应及时停订。

3.2.3 常见的数字文献资源产品

1. 电子图书类产品

（1）普通电子书

主要有超星电子图书、方正阿帕比电子图书、书生之家电子图书、圣典 E-BOOK（高等教育版）、中国数字图书馆电子图书、TAO 台湾学术图书数据库、Hyread 知识宝台湾电子书数据库、社会科学文献出版社的皮书数据库、公安高校图工委制作的公安电子图书数据库等。

（2）数字化地方志

超星公司的中国历代地方志，爱如生公司的中国方志库，籍古轩的中国数字方志库，万方数据的新方志。

（3）数字化古籍

爱如生公司的中国基本古籍库、明治实录、中国类书库、中国丛书库和中国谱牒库，雕龙——中国日本古籍全文检索数据库，鼎秀古籍全文检索平台，典海民国图书资源平台，中国历代石刻史料汇编，文渊阁四库全书网络版，瀚堂典藏古籍数据库，台湾文献丛刊等。

（4）网络工具书

中国知网的中国年鉴网络出版总库、中国工具书网络出版总库，方正阿帕比的中国年鉴资源全文数据库、工具书数据库，中国大百科全书出版社的《中国大百科全书》网络版。

（5）外文电子书

Ebrary，MyiLibrary，EBSCO Hoset，eBook Collection，World eBookLibrary，EBM-Library，JSTOR ebook，IOP ebooks，Springer Ebook，CRC 出版社的 eBook 等系列，ProQuest 公司的各系列，江苏省外文电子书统一平台。

2. 电子期刊类产品

（1）中文电子期刊

①综合性学术期刊全文数据库：主要有中国知网中国学术期刊（网络版）、万方数据中国学术期刊数据库、维普期刊资源整合服务平台以及公安高校图工委制作的公安主题中外文期刊全文数据库。

②大众期刊：主要有龙源电子期刊阅览室和博看网畅销报刊阅读平台，超星公司于 2017 年推出了超星期刊，同时收录学术期刊和大众期刊。

③专题性学术期刊数据库：人大复印报刊资料数据库、北大法宝的法学核心期刊、中国光学期刊网数据库等。

④台湾地区报刊数据库：TAO 台湾学术期刊数据库、台湾学术文献数据库和月旦知识库期刊资源等。

（2）外文电子期刊

①商业出版社产品：Elservier 的 Science Direct，Springer 的 Springer Link 平台期刊，Wiley Online Library 平台期刊，Taylor& Francis、Cell Press 等期刊

数据库。

②大学出版社产品：Cambridge Journals、Chicago Journals、Oxford Journals 等数据库。

③集成商产品：ProQues 平台和 EBSCO 平台的系列期刊数据库，国内宝和数据的 Nextlib 文献资源库、重庆昆廷的 KRS 警察资源检索系统、北京国道公司的 SpecialSciDBS 外文专题库等。

3. 其他数字资源

（1）文摘数据库：Dialog 国际联机情报检索系统，OCLC 的 FirstSearch 基本组数据库，ISI Web of Knowledge 平台的 SCI、SSCI 等，中文社会科学索引（CSSCI），中国科学引文数据库（CSCD），全国报刊索引数据库，中文法学文献索引库。

（2）事实数据库：国外的 LexisNexis、WestLaw 等，国内的国研网教育版、中宏数据库高教版、北大法宝、北大法意网、林业信息网等。

（3）报纸数据库：中国知网的中国重要报纸全文数据库、慧科报纸资源、6 点报以及《人民日报》等报社的全文检索系统等，EBSCO 和 ProQuest 的报纸数据库，全球最大的在线报纸库 Press Display。

（4）特种文献：中国知网和万方数据库均有博硕士学位论文、会议论文、标准、专利、科技成果、科技报告、法律法规、机构库等方面的特种文献数据库产品，中国知网还提供中国年鉴网络出版总库，ISI 有会议论文数据库 CPCI-S 和 CPCI-SSH、专利数据库 DII，美国的 ASTM 标准库，ACM、AIAA、ASCE 等学协会出版的会议录等。

（5）多媒体资源：我国的多媒体资源库相当丰富，常见的有超星学术视频、万方视频、正保多媒体数据库、新东方多媒体学习库、爱迪科森《网上报告厅》、"软件通"计算机技能视频学习数据、维普考试资源系统、库客数字音乐图书馆、畅想之星网络光盘数据库、Artlib 世界艺术鉴赏库等。

有的数字文献资源产品并不明确属于哪一种类型，而是综合了不同的载体和文献类型，例如林业信息网、林业专业知识服务系统、中国知网中国法律知识资源总库、月旦知识库、台湾学术文献数据库等。

3.3 网络开放存取资源

3.3.1 开放存取概述及其采集

1. 开放存取的基本概念及其发展

"开放存取（Open Access，简称 OA）"的概念于 1990 年提出，目前普遍接受《布达佩斯开放存取先导计划》的定义，认为开放存取是指通过公共网络免费获取的文献，允许任何用户阅读、下载、复制、传播、打印、检索、链接到论文的全文，为论文建立索引，将论文作为素材编入软件，或者对论文进行任何其他出于合法目的的使用，而不受经济、法律和技术方面的任何限制，除非网络本身造成数据获取的障碍。截至 2015 年 10 月，全球发展绿色 OA 的共 2860 个机构知识库，亚洲为 566 个，其中我国占 32.5%，全球推出的 OA 政策增至 481 个。开放存取的不断扩展会促发图书馆知识收集和服务方式的变革，OA 资源的有效利用将有助于图书馆优化馆藏结构、提升馆藏质量、提高服务水平，这对南京森林警察学院这一类中小型的行业高校图书馆尤为重要。

2. 开放存取资源的类型

（1）开放存取期刊

又称 OA 期刊（Open Access Journal），是指通过互联网可即时免费访问的、经过同行评议的学术期刊。此种期刊一般采用作者付费出版、读者免费获得、无限制使用的运作模式，论文版权由作者保留。在论文质量控制方面，OA 期刊与传统期刊类似，采用严格的同行评审制度。开放存取期刊不再利用版权限制获取和使用所发布的文献，而是利用版权和其他工具来确保文献可永久公开获取。

（2）机构开放存取仓库

机构仓储（Institutional Repository，IR），也称机构存储、机构知识库、机构库、机构典藏库等，是学术机构为保存和展示本机构的智力成果而建立的数字资源库。机构仓储依附于特定机构而建立，利用网络及相关技术，收集、组织、存储、管理机构内的科学数据、研究成果和其他资料（包括课题报告、调查研究报告、学位论文、会议论文等，甚至包括课程讲义、多媒体资料等），并按照开放标准与相应的互操作协议，允许机构及其社区内外的成员通过互联网免费获取与使用。

（3）学科开放存取资源库

学科开放存取资源库（Subject Repositories），也称为学科开放存取仓储、学科知识库或学科仓储，是以某一学科或多学科主题来搜集整理数字化的学术成果，并提供这些数字资源的全球范围的开放共享。学科资源库最普遍的类型是电子预印本资源库，它是指科研工作者的研究成果还未在正式出版物上发表，而出于和同行交流目的自愿先在学术会议上或通过互联网发布的科研论文、科技报告等文章。

（4）开放存取图书

早在 1996 年美国国家科学院出版社就开始尝试通过网站提供免费电子图书，而收取相应印本费，并不断有新的出版社或发行商开始尝试开放获取专著出版业务，但 OA 专著出版仍处于初创阶段。目前国内关于 OA 图书方面的理论研究及应用实践还较少，从知网上检索仅有中国科学院国家科学图书馆的魏蕊和初景利在 2013 年发表过对国外开放获取图书出版模式进行研究的文章。

3. 开放存取资源采选方法

（1）查询开放存取资源库目录并进行对比

目前网络上开放存取期刊目录整合平台建设较为成熟，通过查阅和浏览这些平台目录能够获得所需 OA 期刊的具体信息，通过将 OA 期刊目录与权威索引数据库进行比对以及查阅相关期刊评价，可以揭示 OA 期刊被索引库收录的情况及其学术影响力。

（2）跟踪采集专业 OA 出版机构的资源

一些专业从事收集出版开放存取期刊的出版机构（如 PLoS、BMC、PMC、Hige Wire Press、MDPI、Hindawi、SciencePG 以及国内的汉斯出版社等）拥有高质量的专业资源和专业的用户群，有互动的专业研究平台，在专业领域里具有权威性，其出版的期刊等资源应成为学科虚拟馆藏建设的重点关注对象。

（3）使用学术搜索引擎检索采集

网上搜寻开放存取资源最常见的方式就是利用学术搜索引擎，通过搜索引擎的主题目录和分类目录进行检索和筛选，能够提高资源的查全率和检索效率。常见的学术搜索引擎如百度学术、360 学术、Bing 学术、Microsoft Academic、Google Scholar 等，其中 Elsevier 公司的 Scirus 是互联网上最全面、综合性最强的科技文献搜索引擎。

（4）利用 OA 资源导航和评价机构网站

古语说："他山之石，可以攻玉。"借助知名学术图书馆和其他情报机构网站上专业的学术导航系统可以协助本单位收集和获取所需的开放存取资源，例如南京大学图书馆、北京航空航天大学图书馆、西南大学图书馆等网站的 OA 资源导航。另外，可以根据 OA 影响力评价机构发布的计量评估报告重点关注相关 OA 知识库，例如西班牙科学研究理事会（CSIC）。

（5）设立专人负责或采用自动采集技术

OA 资源采集可采用人工或自动采集的办法：其一，安排专人筛选采集和重新编排，建立 OA 资源导航库，以揭示资源信息、网站、专业搜索引擎及相关服务；其二，利用主题 Web 信息采集技术、RSS 技术、Mashup 技术、网络爬虫技术等自动收集和创建 OA 资源库。

3.3.2 常见网络开放存取资源

1. 国内常见 OA 资源

（1）Socolar：http://www.socolar.com/，由中国教育图书进出口公司开发，目前为国内最大的 OA 资源数据库。该平台几乎涉及各个学科领域，目前共收录 10 135 种 OA 期刊，1 030 个 OA 仓储，平台收录文章数达 20 035 297 篇。

（2）中国预印本服务系统：http://prep.istic.ac.cn/eprint/，由中国科学技术信息研究所与国家科技图书文献中心联合建设的、以提供预印本文献资源服务为主要目的的实时学术交流系统。

（3）中国科学论文在线系统：http://www.paper.edu.cn/，经教育部批准，由教育部科技发展中心主办，针对科研人员普遍反映的论文发表困难、学术交流渠道窄、不利于科研成果快速高效地转化为现实生产力等问题而创建的科技论文网站。

（4）中国科学院数据库：http://www.cas.cn/ky/kycc/kxsjk/，基于中国科技网对国内外用户提供服务，由中心站点和分布在网上本地和外地的相互独立的若干个专业库子站点组成的网上科技信息服务体系。

（5）GOOA：http://gooa.las.ac.cn/，由中国科学院文献情报中心建设的开放获取期刊和论文的一站式发现和获取平台，收录经过严格评价和遴选的来自知名出版社的 1700 余种 OA 期刊及其论文全文。

（6）汉斯开源学术期刊：http://www.hanspub.org，汉斯出版社聚焦于国际开源中文期刊的出版发行，该库覆盖数学物理、生命科学、化学材料、地球环境、医药卫生、工程技术、信息通讯、人文社科、经济管理等学科。

（7）其他国内 OA 资源：OA 资源在国内发展已经相当成熟，资源数量成千上万，有国家级科研机构的数据库（如中科院的中国植物主题数据库、动物主题数据库等），有高校创办的资源库（如香港大学论文库、香港科技大学机构库等），也有独立机构创办的集成平台（如奇迹文库、SpiScholar 学术资源在线、"思想界"开放获取资源平台等），还有出版单位提供的开放存取资源（如人民日报、现代情报杂志社等）。

2. 国外常见 OA 资源

（1）DOAJ：http://www.doaj.org/，开放获取期刊目录（Directory of Open Access Journals，DOAJ）是由瑞典隆德大学图书馆创建的世界上最有影响力的开放获取期刊目录系统。

（2）Open Access Library：http://www.oalib.com/，包括 OALib 期刊、OA 期刊论文检索、OALib Preprints 以及外来预印本和后印本的存储，开源论文超过 4 237 222 篇，涵盖所有学科。所有文章均可免费下载。

（3）世界数字图书馆：https://www.wdl.org/zh/，由美国国会图书馆和联合国教科文组织创办，是一个以互联网为基础的，易于访问、收集世界各国文化成就的数据库平台。

（4）RePEc：http://repec.org/docs/RePEcIntro.html，由全球 63 个国家的 100 多位志愿者共同建立的可以公开访问的网站，致力于促进经济学及相关学科研究成果的广泛传播与交流，从而促进经济学研究。

（5）arXiv：http://arxiv.org/，美国国家科学基金会和美国能源部资助的预印本文献库，是基于学科的开放存取仓储，涉及物理、数学、非线性科学、计算机科学等领域的 e-print 服务平台，其内容遵循康奈尔大学的学科标准。

（6）OpenDOAR：http://www.opendoar.org/，由英国的诺丁汉大学和瑞典的伦德大学图书馆共同创建的开放获取机构资源库、学科资源库目录检索系统。

3.4 自建特色数字文献资源

3.4.1 自建特色数字文献资源概述

1. 自建特色数字文献资源的基本概念

自建特色数字文献资源主要指的就是自建特色数据库（资源库），即图书馆依托馆藏信息资源，针对用户的信息需求，对某一学科或某一专题有利用价值的信息进行收集、分析、评价、处理、存储，并按照一定标准和规范将本馆特色资源数字化，以满足用户个性化需求的信息资源库。国内外著名的高校图书馆都有自己的特色馆藏资源，如美国加州大学图书馆建立的科学史专藏、清华大学的清华文库、北京大学的北大名师等。特色数据库既丰富了图书馆的数字资源，又能使读者方便、快捷地获得某一方面比较系统的文献资料，极大地提升了文献信息服务的质量，既是图书馆数字化资源建设的重心，也是特色馆藏建设的发展方向。

2. 相关高校自建特色数据库发展现状

（1）全国本科院校概况

2014 年，中国民航大学图书馆高婵等对全国 697 所本科院校图书馆自建数据库调查显示：有 529 家高校图书馆开发了自建数据库，共计 2488 个；其中，有 130 家只有一个自建数据库，80 家只有两个自建数据库；此外，有将近 40% 的高校图书馆没有自建特色数据库。2018 年，云南中医学院图书馆的保丽娟等通过对 1700 余篇涉及自建特色数据库主题的公开发表期刊论文研究发现，高校图书馆的自建数据库以特色数据库的建设为主。特色数据库建设的主要问题集中在普及率不高、学科体系特点不突出、知识产权保护意识不强、数据更新维护工作不及时、统一检索等整合工作不到位、宣传推广与共享利用不充分等方面。

（2）公安高校概况

2015 年一项对 14 家可访问图书馆网站的公安高校图书馆调查显示，有 9 家参与了公安期刊全文数据库的共建，5 家的图书馆自建了本校的学位论文数据库，2 家建立了本校教师论文、论著数据库。其中，中国人民公安大学、湖北警官学院、广东警官学院、南京森林警察学院、江苏警官学院等几家高校图书馆的特色资源数据库的种类和数量相对较多。公安高校自建图书馆虽然有种类丰富的优点，但也有开放范围有限、发展水平不均衡、内容不够优化的缺点。

（3）林业院校概况

从 20 世纪 90 年代至今，各林业高校馆以服务教学和科研为重点，建设了一大批特色数据库。北京林业大学图书馆的费青在 2015 年做过全国 10 家林业院校图书馆的自建特色数据库的调查，其中 8 所高校都建有特色数据库。自建的特色数据库主要包括馆藏中外文书目库、期刊库、参考书库、光盘库、硕博士学位论文库、教职工文库等，很好地填补了各馆引进和购买数字资源的不足，保障了教学和科研的需要。自建数据库不仅包括全文数据库（如硕博士学位论文库），而且还有图像图片数据库（如南京森林警察学院图书馆的校园教学植物信息库，北京林业大学图书馆的蝴蝶库、花卉库等），但大多是以文献型数据库为主。

3.4.2 建设原则与流程及常见资源

1. 自建特色数据库的原则

（1）标准化与规范性原则

在建设过程中，必须采用标准化的技术，即资源建设中必须遵守资源采集、资源加工、资源描述、资源整合、资源发布、资源典藏与服用等相关技术标准和规范，这不仅有利于资源的用户发现和传递，提高其可用性，更能够满足广域的资源共享和增值应用需求。

（2）特色性与需求性原则

数字资源的采购近些年呈现同质化特点，自建的特色资源数据库应做到有别于同质化资源，既考虑体现本机构的学科特点，又要研究自己的读者群体需求，明确馆藏特色数据库的建设方向，才能避免"花力气投入人力财力却无人问津"的尴尬。

（3）系统性与连续性原则

应站在馆藏整体发展的高度，连续不断地搜集和积累文献资源，维护资源的连贯性和完整性，并将这一理念贯彻到自建特色数据库的资源采集的整个进程中，从而形成连续系统、完整统一的馆藏体系。

（4）协调与协作原则

在选题、采集和利用方面，应注重地区之间、省市之间、高校馆与公共馆之间、学校与行业单位之间的协作和分工，加强协调和沟通，集中人力、物力和技术力量，共建共享特色专题库，避免重复建设，实现特色数字资源利用最大化。

（5）建设与服务同步原则

以服务用户为核心，资源库的建设过程中及时收集用户的信息反馈和使用统计，适时修订和调整阶段性建设目标和重点，在服务中发现问题并解决问题。

2. 自建特色数据库的流程

（1）项目论证

选题是构建特色数据库的第一阶段，是整个构建项目的重中之重。一个好的选题，可以带来良好的社会效益和经济效益；而一个失败的选题，只能造成人力、物力资源的极大浪费。校特色数据库建设，要以学院的发展目标为导向，要以满足用户的信息需求为最终目的，充分突出地方特色和学科特色。

（2）信息搜集

信息是数据库的核心，信息搜集是数据库建设的基础。特色数据库的建设要求其数据收集要确保完整性和权威性。为此，在信息收集时需要确定合理的收集范围、确定信息源的类型、确定信息来源渠道、确定数据库的类型，等等。

（3）技术平台的选择

现代网络环境下，计算机技术、通信技术飞速发展，为特色资源库的构建提供了先进的技术保障。特色资源库构建在技术平台的选择上主要考虑以下两种特性：一是简洁、方便，二是安全、稳定。

（4）信息发布与管理

当特色数据库构建到一定规模时，特色数据库的内容需要借助 Web 平台发布到网络上提供给读者使用。之后根据数据库动态发展的特性，做好其管理工作：其一，根据各方面反馈不断地调整完善以提高质量；其二，实时跟踪各种相关特色资源的最新成果，及时更新数据库的内容以保证数据库的连续性和完整性。

（5）资源共享服务

共享服务能够弥补任何一个独立的文献服务单位的数字文献资源建设因经费不足、内容不全所带来的缺陷，自建特色数字文献资源的共享服务能够体现数字资源可以网络化传播的优点，加强协作单位之间的纽带，极大地提高特色数据库的利用率，尤其是发挥森林公安这一类行业高校在本行业中数字文献资源服务中心的作用。

3. 公安、林业相关的常见自建特色数据库

（1）公安院校图书馆自建特色数据库

表 3-4-1　部分公安院校图书馆特色资源数据库种类一览表

院校名称	特色数据库种类
中国人民公安大学	公安学人，国内公安报刊索引，公安报刊复印资料，公安大学学位论文数据库，港澳台警察期刊文献库
中国刑事警察学院	全国科技强警示范城市光盘目录，敌伪时期资料目录数据库
湖北警官学院	公安简报新闻库，刑事技术专家案例数据库，刑事案例专家图像数据库，刑事技术专家数据库，多媒体教学资源库，爱民模范王吉祥专题数据库，特警英雄谭纪雄专题数据库，刑事技术专家媒体报道数据库，刑事技术专家学术成果数据库，警务参考，公安案例数据库，学位论文库
广东警官学院	教学参考电子书库，《电视媒体中的广东警察》，禁毒专题，刑事侦查（系列犯罪），经济犯罪侦查，婚姻家庭、《廉洁修身》等专题视频资源库
江苏警官学院	警察学网络资源导航，教学参考书库，电子图书库，优秀毕业论文，视频资料数据库
南京森林警察学院	校园教学植物信息库，森林公安教学参考案例数据库，森林公安教育资源数据库，消防科学专题数据库，视频点播系统
山东警察学院	公安案例数据库，公安法规库，公安文献信息，警察史研究专题库
四川警察学院	预审探索特色数据，学院教师论文库，外文特色数据库，毕业论文库

（2）林业院校图书馆自建特色数据库

表 3-4-2　部分林业院校图书馆特色资源数据库种类一览表

高校名称	特色数据库种类
南京林业大学	本校博硕论文数据库，园林与园林植物特色库
东北林业大学	国内主要报纸导航库，全球重要信息导航，国家级重点学科导航库，学位论文全文库，专家学者库，濒危和保护动物图片库，西文期刊导航库，多媒体资源库，中国珍稀植物图片库

高校名称	特色数据库种类
浙江农林大学	华东地区国外科技期刊联合目录，浙江水利档案库，关注长三角，竹类专题特色库
西北农林科技大学	本校学位论文全文库，植物标本库，黄土高原水土保持库、地球系统科学数据共享平台
北华大学图书馆	本校硕士学位论文库，本校教学参考专题库
北京林业大学图书馆	本校光盘库，本校教学参考书库，蝴蝶库，花卉库，馆藏图片库，本校教职工文库

3.5 公安信息网数字文献资源

3.5.1 公安信息网概述

公安信息网即公安信息网络，也称公安机关内部网络、全国公安专用计算机网络是连接全国各级公安机关的专用信息通信网络（必须和互联网等其它网络物理隔离），由三级主干网和接入网组成：公安部至省级公安机关为一级网，省级公安机关至所辖地市公安机关为二级网，地市公安机关至所辖分局、县级公安机关为三级；各类计算机、网络设备和终端通过局域网或其他方式分别连入各级公安主干网络。全国公安专用的计算机网络从 1984 年起开始组建，经历了 X.25、DECNET 网，发展到现在的 TCP/IP 网，已覆盖 32 个省厅、478 个市局、3361 个分县局和 7 万多个基层所队，基层所队接入网覆盖率达到 99% 以上。2017 年，中国政府向全世界宣告，"金盾工程"初步完成，中国已经建成了世界上最安全的互联网。

3.5.2 公安信息网上的数字文献资源

公安信息网作为公安部门的专用网络，拥有大量具有极高社会和经济意义的信息，如人口信息、车辆信息、犯罪信息、交通信息等。这些数字化的信息被记录在网页、数据库等载体上，因此可以说是形成了数字文献资源。但是，公安信息网与互联网是物理隔离的，即使必须连通，也需要按照公安部下发的《公安信息通信网边界接入平台安全规范（试行）——视频接入安全部分》，采用供互联网数据单向传入公安信息网的解决方案。因此，公安信息网上的数字文献资源一般只在其网络内部进行采集与利用，其来源主要有各公安机关的公安信息网门户站点、公安搜索引擎、公安高校数字图书馆以及各个公安业务系统。

1. 公安机关门户站点

公安信息网内的公安机关门户站点主要发布与本单位工作、文化等方面相关的信息，例如江苏省公安厅的网站"江苏公安"提供以下信息资源：警务要闻、警务决策、警务执行、警务实战、警务研究、警务学习、警务互动、警营风采、今日导读、图说公安等。

2. 公安搜索引擎

由公安部信息中心、TRS 公司、中科软公司开发运行的公安搜索引擎是公安信息网内搜索数字文献资源的主要工具，其包含网站资源 3 万个、网页资源 4000 万个、图片资源 2000 万张，文献类型包括网页、新闻、网站、法规、词典、知识、文档、问答、图片、地图等。

3. 公安高校图书馆

部分公安高校图书馆在公安信息网内也建有数字文献资源服务站点，例如：中国人民公安大学的公安知网，江苏警官学院公安数字图书馆，上海公安学院的数字图书馆等。

4. 公安业务系统

公安业务信息系统主要包括以下 3 个层次的系统：公安部部级人口管理系统，例如公安部机动车/驾驶人信息系统、全国违法犯罪人员信息系统、全国失踪人口信息系统、全国未知名尸体信息系统、全国警员基本信息资源库系统、全国在逃人员信息系统、全国吸毒人员系统、全国出入境人员/证件信息库等；部级综合库，例如全国公安综合信息查询系统、全国公安身份认证与访问控制系统等；省区市人员信息库（业务库与综合库），主要管理本地常住人口、暂住人口、旅馆住宿人员、网吧上网人员、驾驶员、违法犯罪人员等信息。

［1］金新政、陈氢：《信息管理概论》，华中科技大学出版社 2002 年版。

［2］汇文软件，http://www.libsys.com.cn/，最后访问时间：2018 年 7 月 3 日。

［3］钟建法：《高校图书馆信息资源采访》，世界图书出版公司广东有限公司 2014 年版。

第 4 章

数字文献资源建设的主要技术产品

　　森林公安文献资料数字化，是指利用现代信息技术，将森林公安文献资料加工处理成计算机可识别的数字化信息资源，形成电子文献并使其能够以电子数据形式保存和传播。森林公安文献资料数字化也是森林公安文献资源建设的重要内容。从数字文献的定义可以看出，数字文献的诞生与人类电子信息技术的发展密不可分。数字文献资源有两个大类，一是传统纸本文献的数字化复制，二是以数字化形式直接生产的非传统文献。这些资源的生成需要计算机系统进行编辑或者采集技术进行数字化加工，基于存储系统进行保存，采用数字图书馆系统进行管理，借助共享系统进行发布，通过网络系统进行传输，最终才能送达普通读者的终端设备中。本章主要围绕以上流程所涉及的技术进行产品选购方面的介绍。

4.1 通用计算机产品

4.1.1 通用硬件选购及产品

　　1. 硬件设备的选购

　　计算机硬件设备选购主要考虑处理器、显卡、内存和硬盘的性能以及生产厂家，PC、服务器、移动计算设备的考虑点略有不同。

　　（1）处理器

　　处理器（CPU）的性能由主频率、前端总线频率、缓存大小、位数和字长等决定，多核心、多线程、SMP 多处理结构等表明处理器的功能指标，制造工艺的精度与处理器的体积、功耗、集成度有着重要关系。截至 2018 年初，基于 14nm 工艺的已经成熟，英特尔等半导体工厂还将会量产 10nm 工艺。

　　Intel（英特尔）处理器产品主要如下：

桌面平台：酷睿（Core）博锐、m3、i3、i5、i7，2018 年酷睿 i9 上市，达 18 个核心。

移动平台：桌面平台的移动版本以及适合嵌入式应用的凌动（Atom）系列处理器。

服务器平台：至强（Xeon）系列可扩展处理器、W、E3、D、融合处理器等，适合虚拟化与整合平台的安腾系列处理器。

AMD（超威半导体）处理器产品主要如下：

桌面平台：锐龙、锐龙 Pro、锐龙 THREADRIPPER、A 系列、A Pro 系列；

移动平台：锐龙、锐龙 Pro、A 系列对应的移动版本，还有嵌入式的 G、R 系列；

服务器平台：霄龙（EPYC）系列，皓龙（OPTERON）系列。

Qualcomm（高通）主要生产移动通信设备的处理器芯片：

骁龙（Snapdragon）：是高通公司高度集成的"全合一"移动处理器系列平台，高通骁龙处理器划分主要分为三个系列，从低到高，分别是骁龙 400、600 和 800 系列，覆盖入门级智能手机乃至高端智能手机、平板电脑以及下一代智能终端。

（2）显卡

显存容量、显存位宽、工作频率是主要指标，PCI-E 是主流的总线接口，VGA、HDMI、DVI 等是常见的输入输出接口。

NVIDIA（英伟达）显示芯片主要有：

GeForce 图形芯片系列：主要为娱乐和游戏应用提供最出色的三维、二维和高清晰度电视性能。

Quadro 图形芯片系列：产品线面向专业三维和二维图形市场，为设计、创意和科研专业人员提供了稳定的开发和应用环境。

GeForce Go 移动图形处理器家族：为多功能娱乐设备提供图形处理能力，集成了能够扩充笔记本功能和实现极致数字媒体 PC 体验的软硬件技术。

ATI（冶天）公司已被 AMD 收购，其显示芯片主要有：

台式机：Radeon RX 的 VEGA、RX500、RX 400、PRO 系列。

笔记本：Radeon 500 系列和 Radeon PRO 的移动版本。

工作站：Radeon Pro WX、Pro 系列，Vega Frontier Edition 专业版，Radeon Pro WX FirePro W 系列笔记本专业显卡。

服务器：Radeon Instinct 系列和 FirePro 系列。

NNIDIA 和 ATI 是全球主要的显示芯片生产厂家，其产品也是多数显示卡生产厂家 OEM 来源。

（3）内存

目前，世界上主要的内存颗粒生产商有 Kingston（金士顿）、Infineon（英飞凌）、SAMSUNG（三星）、Hynix（海士力）、Micron（镁光）等，内存条出货量较大的品牌主要有 Kingston（金士顿）、Kingmax（胜创）、Apacer（宇瞻）、ADATA（威刚）、Geil（金邦）等。

内存的选购参考指标主要有：

内存规范：目前主流的内存是 DDR4 内存，DDR3 内存在市面上也不在少数。

内存容量：通常为 2 的整次方倍，主流的有单根 4G、8G、16G、32G，32 和 64 位操作系统最低运行内存分别是 1G 和 2G。

时序和频率：相同内存颗粒，低时序、低电压、高容量、高频率的内存条性能越好、速度越快，内存频率一般从 2400MHz 频率到 4000MHz+ 不等。

（4）硬盘

主要品牌有希捷、西部数据、迈拓、三星、日立、东芝等，3.5 寸规格的希捷占有率和排名较高，2.5 寸规格的三星占有率较高。

硬盘的选购时的考虑点主要有：

结构种类：固态硬盘（SSD）随机读写速度快、抗震好但价格高，也不适合做数据备份；机械硬盘（HDD）速度慢、价格低，但适合做大容量存储；混合硬盘（HHD）结合前二者的优点，应用环境更灵活。

接口种类：目前常用的是 SATARevision3.0（即 SATAIII），适合 PC 机、服务器、笔记本等，FC（光纤通道）、SCSI（小型计算机系统接口）、SAS（即串行连接 SCSI）都适合服务器或者存储系统。

碟装与容量：目前最新技术的硬盘单碟容量为 2TB，6 碟装 HDD 硬盘可达 12TB 的容量，企业级 SSD 硬盘最大可达 15TB 容量。

硬盘速度：与转速、容量、缓存、寻道时间、单碟容量都有关系，但通常使用转速和读写速度直观体现，目前机械硬盘常见转速是 7200rpm 和 10 000rpm，读写速度大概是 100MB/s，而固态硬盘很多都可以达到 500MB/s。

其他指标：各家的特色技术也是参考指标，如垂直记录技术、磁头复位节能技术、多用于服务器和数据库中心的多磁头技术等。

（5）其他方面

PC 机可根据需要选择传统台式机、一体机、笔记本（含触摸屏）、瘦客户机等不同类型，一般还会关注屏幕、声卡性能、电源功率、散热系统等指标。

服务器大致可分为入门级应用、工作组级应用、部门级应用和企业级应用四个级别，可选择机架式、塔式、刀片、整机柜服务器不同的结构类型，还需要关注到系统总线、数据吞吐量、磁盘 RAID 级别等因素。

手机等移动智能终端的选择除了考虑处理器芯片、内存（RAM）容量、机身存储（ROM）容量，多数考虑屏幕（类型、像素、尺寸等）以及摄像头（像素、光圈等）等性能参数，本书不一一说明。

2. 主要整机产品

（1）服务器

联想：ThinkSystem、System X、ThinkServer 系列机架式、刀片、高密度服务器。

惠普：ProLiant、AlphaServer、NonStop、Integrity、Superdome Server 等系列。

戴尔：PowerEdge 系列，M 代表刀片式服务器，R 代表机架式服务器，T 代表塔式服务器。

富士通：PRIMERGY 系列工业标准服务器，PRIMEQUEST 关键业务服务器，SPARC 系列服务器。

曙光：I 系列机架式服务器，TC、A 系列 AMD 服务器，TC4600T 系列高密度服务器，I620－T20 量子服务器，TC4600E、6600 刀片服务器，龙腾服务器。

浪潮：NF 系列机架服务器，英信 I9000 刀片服务器，OR、SR 整机柜服务器，i24 高密度服务，NP 系列塔式服务器。

（2）桌面及移动终端

联想：昭阳、扬天、ThinkPad 系列笔记本，ThinkCentre、启天系列台式机、一体机，ThinkStation 工作站、YOGA 系列平板电脑。

惠普：暗影精灵、战 86、小欧系列台式机，ProBook、EliteBook 系列笔记本，Z 系列工作站，Pavilion 畅游人一体机，Sprout Pro 沉浸式计算机。

戴尔：Inspiron、XPS 系列台式机和笔记本，Alienware 高性能台式机、笔记本，Precision 工作站。

同方：TF Pro、超翔、超越、超扬系列台式机，超锐系列笔记本，超炫系列工作站。

Acer：Veriton 系列商用台式机，TravelMate 系列商用笔记本，Aspire TC、威武等系列家用台式机，Aspire、蜂鸟等系列家用笔记本。

（3）智能移动终端

主要指的是智能手机产品，如华为的 Mate、P 等系列，苹果的 iPhone 系列，三星的 Galaxy 系列，OPPO 的 R 系列，VIVO 的 X 系列，小米 7、Note 系列。

4.1.2 通用软件选购及产品

1. 软件选购考虑因素

适合通用计算机的软件种类和产品非常多，本书不一一阐述其选购（择）原则，而是提出通用的考虑因素以助于读者选择一个有自己需要功能、符合自己使用习惯的软件，这对于文献数字化加工和日常办公将有极大提高。

（1）功能和性能：理论上当然是功能越多性能越强越好，但是也可能功能越全、系统越复杂、使用越困难、定制越麻烦，所以还是要根据自身情况选择。

（2）界面和语言：良好的界面能让人用起来更加舒服，如果有多种界面方案和可随意修改就更加理想，而语言也是影响使用体验的一个重要因素。

（3）体积和资源占用：同类型的软件体积和资源占用不一，通常可选择精简的，例如简单的图像编辑可以选择美图秀秀而不是 Photoshop。

（4）软件性质：软件有商业软件、共享软件、免费软件、开源软件之分，注意不要让使用盗版成为一种习惯。当然有的免费软件同样出色，作者的奉献精神让人佩服。

（5）易用性：就是上手的容易度，对于易用性每个人都有不同的标准。如果有时间慢慢研究一个软件怎样才能用好，那就可以无视这一因素了。

（6）通用性和兼容性：这个要结合周围环境考虑，一般专业用户和公司用户受到的限制比较大。

（7）可定制性：再人性化的软件也不可能完全符合用户的习惯，因此可定制性显得尤为重要，比如说 Opera 浏览器具有很多可定制的功能。

（8）是否含广告：免费软件的作者也需要经济来源，适量的广告无可厚非，但是太多的话则影响使用体验。

（9）流氓行为：安装位置不可选、非安全类、开机自动启动、后台运行、窃取用户私密数据、捆绑流氓插件并不提示等都属于流氓行为，影响用户正常使用计算机系统。

（10）版本性质和稳定性：一般软件的版本有很多，比如说 Alpha、Beta、Rc、Final。测试版的已知 bug 是很多的，这会给我们带来很大的不便，建议最好用稳定的正式版。

（11）其他因素：主要根据软件所解决的问题决定，如数据库管理系统需要考虑并行处理、数据恢复、分布应用支持等能力。

2. 常见软件产品

（1）操作系统

Unix：最初是由 AT&T 与 SCO 两家公司共同推出，高稳定性与安全性，但不易学，应用程序不丰富，一般用于小型机、多处理机和大型机等支持 16 位及以上的物理硬件环境。目前主流是 SUN 公司的 Solaris 系列和 IBM 公司的 AIX 系列。

Linux：由芬兰人李纳斯·托瓦兹（Linus Torvalds）开发，是一个基于 POSIX 和 UNIX 的多用户、多任务、支持多线程和多 CPU 的操作系统，支持 32 位和 64 位的硬件。目前主要的版本有：Ubuntu、RedHat、CentOS、Debian 等，国产的有中标麒麟、红旗、蓝点等 Linux。

Windows：微软推出的基于 GUI 的操作系统，商用和个人电脑常用版本 Windows7 和 Windows10，其中 Windows10 还有移动版本。2003 年微软推出 Windows Server，主要用在虚拟机、小型机等环境，支持 32 位和 64 位的硬件环境，最新的 Windows Server 2016 版本已经发布。

Android（安卓）：是一种基于 Linux 的操作系统，由 Google 公司和开放手机联盟领导及开发，最初主要支持手机，逐步扩展到如智能平板电脑、电视、数码相机、游戏机等领域，最新版本 8.0。国产的系统主要基于 Android 开发，如华为的 EMUI、小米的 MI、OPPO 的 ColorOS、锤子手机的锤子 OS 等。

Mac OS 和 iOS：是由苹果公司开发的类 Unix 的商业操作系统。Mac OS 适用于 Macintosh 系列个人电脑和工作站的操作系统，最新版本是 High Sierra。

iOS 最初用于苹果手机，后来陆续套用到 iPod touch、iPad 以及 Apple TV 等产品上，最新版本是 iOS13。

（2）数据库管理系统

Oracle：甲骨文公司的关系数据库管理系统（最新版本 18C），在数据库领域一直处于领先地位，是种高效率、可靠性好的适应高吞吐量的数据库解决方案，系统可移植性好、使用方便、功能强，适用于各类大、中、小、微机环境。

SQL Server：微软公司推出的关系型数据库管理系统（最新版本 2017），具有使用方便、可伸缩性好、与相关软件集成程度高等优点，使用集成的商业智能（BI）工具提供了企业的数据管理，是个全面的数据库平台，可以构建和管理用于业务的高可用性和高性能的数据应用程序。

DB2：是 IBM 出品的系列关系型数据库管理系统，分别在不同的操作系统平台上服务。虽然 DB2 产品是基于 UNIX 的系统和个人计算机操作系统，但在基于 UNIX 系统和微软在 Windows 系统下的 Access 方面，DB2 追寻了 ORACLE 的数据库产品。

MySQL：由瑞典 MySQLAB 公司开发，是流行的关系型数据库管理系统，为社区版和商业版，由于其开源、速度快、总体拥有成本低，一般适用于中小型网站的开发。其社区版搭配 PHP、Linux 和 Apache 可组成良好的开发环境，是在业内被广泛使用的一种 web 服务器解决方案，被称为 LAMP。

（3）一般工具软件

办公软件：其一是微软公司的 Microsoft Office 套装，常用组件有 Word、Excel、Powerpoint 等，最新版本为 Office 365（Office16）；其二是金山软件股份有限公司的 WPS Office 套装，包含文字、表格、演示三大模块，最新版为 WPS2016，同时有移动终端版本。

浏览器软件：是浏览数字资源门户和在线数据库系统的主要软件工具，主要有微软的 IE、Firefox、Chrome，还有其他的 opera、360、TT、搜狗、遨游等二次开发的浏览器。

阅读器软件：主要用于各种格式的数字对象文件的浏览阅读，如 PDF 文件的福昕阅读器、中国知网格式文件的 CAJViewer、PDG 格式的超星阅览器等。

网络应用软件：用于参考咨询服务的即时通讯软件，如腾讯 QQ；用于数字对象文件下载的工具，如迅雷、腾讯旋风等；用于电子邮件管理的工具，如 Outlook、Foxmail 等。

多媒体播放软件：用于数字视频文件播放的工具，如迅雷看看、Real Player、Flash Player 等；用于数字音频播放的工具，如酷狗音乐、酷我音乐、iTunes 等。

4.2 数字化加工产品

4.2.1 数字化加工硬件及产品

1. 扫描仪

（1）基本概念

扫描仪是利用光电技术和数字处理技术，以扫描方式将图形或图像信息转换为数字信号的装置，照片、文本页面、图纸、美术图画、照相底片、菲林软片，甚至纺织品、标牌面板、印制板样品，连实物等三维对象都可作为扫描对象。

（2）选购注意事项

扫描分辨率：通常用 dpi 来表示扫描分辨率，又可分为光学分辨率和最大分辨率。

接口类型：主要分为 EP 型、SP 型和 USB 型等几种，还有高档机的 IRDA 型。

色彩深度：表示扫描仪所能产生的颜色范围，市场上多采用 30 位和 36 位。

动态密度范围：指所能探测到的最浅和最深颜色的差值，可以在 3.2～4.2 之间。

最大扫描面积：一般分为 A4、A3、A1、A0 几种，以 A4 幅面为主流。

（3）常见扫描仪产品

平板扫描仪：使用光电耦合器件 CCD 的办公用主流产品。常见产品有爱普生的 V 系列，佳能 LiDE 系列，汉王文本王，文豪系列及 A360 的 A3 幅面、紫光 FM 系列。

馈纸式扫描仪：一般使用感光器件是光电倍增管，具备自动进纸器（ADF）的高速、高清馈纸式扫描仪多用于文件扫描或书刊拆装扫描。常见产品有佳能的 DR 系列等，爱普生的 DS 系列，紫光的 Q 系列，汉王的 XL 系列。

大幅面扫描仪：指扫描幅面为 A1-A0 幅面的扫描仪，又称工程图纸扫描仪或绘图扫描仪。常见产品有卡莱泰克 SmartLF 系列，惠普 DesignJet T 系列。

底片扫描仪：又称胶片扫描仪，光学分辨率一般可以达到 2700ppi 的水平。常见产品有爱普生的 Perfection V 系列，佳能 9000F Mark Ⅱ，紫光 FS 系列。

书刊扫描仪：为更好地保护古籍、档案、胶片、字画、唐卡、古代丝绸等珍贵的文物在数字化过程中不受到损坏而生产的特殊扫描仪。主要有北京赛数公司的书刊、古籍、案卷等系列扫描仪，德国 Bookeye 系列产品，福建至诚图像的 Unionovo 系列。

2. 数码相机

（1）基本概念

数码相机，是一种利用电子传感器把光学影像转换成电子数据的照相机，成像元件是 CCD 或者 CMOS，具有数字化存取模式、与电脑交互处理和实时拍摄等特点。按用途分为：单反相机，微单相机，卡片相机，长焦相机和家用相机等。

（2）选购注意事项

卡片相机的主要性能指标包括传感器 CCD 或 CMOS 的尺寸、传感器的有效像素、镜头尺寸、显示屏规格。一般文献数字化会使用单反相机，其主要性能指标如下。

画幅：表示传感器感光器面积的大小，包括中画幅、全画幅、APS 画幅等。

感光度（IOS）：是感光元件感应入射光纤强弱的值，控制曝光量的一个重要参数。

快门速度：快门开关的时间，也就是光线进入相机的曝光时间，与进光量成反比。

镜头焦距：分定焦、变焦，焦距越小，物体被拉得越远，视野越大。

镜头光圈：与进光量有关，光圈越大，光圈的数值就越小，进光量越多。

（3）常见数码相机产品

数码单反：佳能 EOS 系列多数机型、尼康的 D 系列、索尼 α 系列、宾得 K 系列。

微单/单电：佳能 EOS M 系列、松下 DC-G 系列、尼康 J 系列、索尼 ILCE

系列。

卡片相机：佳能 PowerShot G7、松下 LX 系列、索尼 DSC 系列。

3. 数码摄像机

（1）基本概念

数码摄像机是使用 CCD 或 CMOS 感光元件以数字信号记录视频的设备，在绝大多数场合 DV 则是代表数码摄像机。数码摄像机分为广播级（如松下的 DVCPRO 50M）、专业级（如索尼的 DVCAM）和消费级（常说的家用 DV）。

（2）选购注意事项

CCD：CCD 的像素大小直接决定所拍摄的影像的清晰度、色彩以及流畅程度，决定了数码摄像机的档次；CCD 的面积也是一个重要指标，面积小的 CCD 的成像质量相对要模糊、色彩还原丰富程度也要差，防抖相对弱一些。

镜头：一是看光学变焦倍数，光学变焦倍数越大，拍摄的场景大小可取舍的程度就越大；二是看镜头口径，大口径配合高像素可在光线暗的情况下拍出好的效果。

操作的简单方便性：操作的简易性是选机的必要条件，例如导航按钮、快捷旋钮甚至触摸屏等可以方便用户快速执行调焦、白平衡、设置、数码稳定器等功能。

外形和体积：两个指标对家用摄像机来说十分重要。家用摄像机一般都在外出时候携带，那么小巧玲珑就显得非常必要，这样可以方便携带。

存储介质及其兼容性：通常高端产品选择硬盘存储，家用通常选择存储卡。但是产品如果能够兼容 SD、MMC 等不同介质，则让影像和声音在不同摄像机之间传输成为可能。

液晶显示屏：首先是亮度、像素、面积等指标，理论上越大越好；其次是采用什么显示技术，如透光反射式液晶显示屏可在阳光下看清画面；最后看是否支持触摸屏操作。

其他指标：根据使用级别，数码摄像机还有更多的性能指标可以参照，例如夜拍功能、接口是否齐全、电池续航、是否可更换镜头、是否支持 HD 或者 4K 高清，等等。

（3）常见数码相机产品

广播级：索尼 PXW、PMW 系列等，松下的 AJ-PX 系列，佳能 XF 系列。

专业级：索尼 HXR-NX 系列，松下 HC-PV 系列，佳能 XA 系列。

消费级：索尼 FDR-AX 系列，松下 HC-VX 系列，佳能 HF 系列。

4. 其他数字化加工硬件

（1）数码录音笔

数字录音器的一种，造型如笔形，超大规模的集成电路的内核系统对模拟音频信号进行采样和编码并转换为数字信号，音频文件存储在闪存上。常见产品如索尼的 ICD 系列、飞利浦 VTR 系列、爱国者 R 系列。

（2）采集卡

采集卡主要是捕获外界光电、视频、音频等模拟信号并将其数字化导入计算机进行数字处理的捕获设备，主要有图像采集卡、视频采集卡、音频采集卡、数据采集卡等。视频采集卡分广播级、专业级和民用级，通常使用 USB、IEEE1394、VGA、PCI-E 等接口。音频采集卡采样率和量化位、信噪比、数字信号处理器（DSP）是其主要性能指标。有时音视频采集功能会整合在一种设备上，如天创恒达的 TC 系列产品。

4.2.2 数字化加工软件及产品

1. OCR 文字识别软件

（1）基本概念

指利用 OCR（Optical Character Recognition，光学字符识别）技术，将图片、照片上的文字内容，直接转换为可编辑文本的软件。

（2）选择考虑因素

图像二值化：即将彩色图进行简单的定义，前景信息为黑色，背景信息为白色。

噪声去除：去除图像上较强视觉效果的孤立像素点或像素块就叫作噪声去除。

倾斜校正：图片不可避免地产生倾斜，这就需要文字识别软件进行校正。

版面分析：就是将文档图片分段落的分行过程，目前还没有固定、最优的切割模型。

字符切割：图片经常造成字符粘连、断笔，这就需要文字识别软件有字符切割功能。

后处理、校对：根据特定的语言上下文的关系，对识别结果进行校正，就是后处理。

（3）常见的 OCR 识别软件

常见的 OCR 识别软件有捷速 OCR、腾讯云 OCR、汉王 OCR、清华紫光 OCR 等，本书推荐 ABBYY FineReader。ABBYY 是一家俄罗斯软件公司，FineReader Professional 不仅支持多国文字，还支持彩色文件识别、自动保留原稿插图和排版格式以及后台批处理识别功能，使用者不用在扫描软件、OCR、Word、Excel 之间换来换去，而是像打开已经存档的文件一般便捷。

2. 电子书制作软件

（1）基本概念

电子书是利用计算机技术将一定的文字、图片、声音、影像等信息，通过数码方式记录在以光、电、磁为介质的设备中，借助于特定的设备来读取、复制、传输。主要格式有 PDF、EXE、CHM、UMD、PDG、JAR、PDB、TXT、BRM 等，手机终端常见的电子书格式为 ePub、UMD、JAR、TXT 等。

（2）常见电子书制作软件

ePub 格式电子书制作软件：AZARDI ePub Desktop Reader，Sigil，xPapers for sigil，eScape，epubBuilder，EpubSTAR 等。

PDF 格式电子书制作软件：Foxit PDF Editor，金山 WPS，Pdf995 Printer Driver，Pdf Factory，PDF Creator，PDFbooks 等。

多媒体电子杂志、电子书等：名编辑电子杂志大师、友益文书、云展网、iebook 等，通常可生成可独立运行浏览的 EXE 文件。

3. 图像处理软件

（1）基本概念

图像处理软件是用于处理图像信息的各种应用软件的总称，在文献数字化加工过程中，图像处理软件用于对图像进行位置矫正、色彩调整、曝光修正、错误修改等一系列的修复和增强操作。通常根据图像处理的复杂性和专业性要求选择不同种类的软件产品。

（2）常见图像处理软件

位图处理软件：主要是 Adobe 公司的 photoshop 系列，最新版本是 CC 2018，处理以像素构成的数字图像，包含图像编辑、图像合成、校色调色及功能色效制作等部分。

矢量图形软件：用来绘制矢量图形的软件，常见的产品有 Adobe 公司的 Illustrator、Corel 公司的 CorelDRAW，另外 CAD 软件也属于矢量图软件。

实用大众型：如美图秀秀、光影魔术手等，可做缩放、剪切、调色等简单处理。

动态图片处理：Animagic GIF、GIF Construction Set、GIF Movie Gear、Ulead Gif Animator 等，用于生成 GIF（图像交换格式）动态图片。

4. 音频编辑软件

（1）基本概念

音频编辑软件主要用来对数字音频文件进行简单或者复杂的处理。主要考虑的功能是：

对 wav、mp3、ram、pcm、wma、cda 多种音频格式的支持。

剪贴、复制、粘贴、多文件合并和混音等常规处理。

扩音、衰弱、淡入、淡出、混响、颤音、压限、延迟等特效处理。

滤波处理、高保真的采样率转换音质方面的处理。

（2）常见的音频编辑软件

专业的编辑工具 Adobe Audition、GoldWave、TotalRecorder 等，简单的编辑工具 Magic Music Editor、Audacity、Nano Studiov、Audio Director 等。本书推荐 GoldWave，最新版本 6.47，它体积小巧，功能却无比强大，支持许多格式的音频文件，内含丰富的音频处理特效，甚至包括公式计算等众多功能。

5. 视频编辑软件

（1）基本概念

视频编辑软件通过对加入的图片、背景音乐、特效、场景等素材与视频进行重混合，对视频源进行切割、合并等操作，通过二次编码，生成具有不同表现力的新视频。文献数字化加工过程中，通常不会使用操作复杂的专业视频编辑工具，在选择时可考虑操作是否简单、效果是否丰富、稳定性是否可靠、价格是否亲民等因素。

（2）常见的视频编辑软件

专业编辑工具 Adobe Premiere、EDIUS、Media Studio Pro 等，适合民用级别的 Video Studio、Corel Digital Studio、会声会影、爱剪辑、快剪辑、超级转换秀等。本书推荐免费软件爱剪辑，最新版本 3.0，它完全根据中国人的使用习惯、功能需求与审美特点进行全新设计，许多创新功能都颇具首创性，具备了操作简单、功能强大、速度快、画质好、稳定性高、好莱坞文字特效、上百种风格滤镜、视频转场特效多、多格式支持、高标准触控技术、贴图和水印等功能。

6. 格式转换软件

（1）基本概念

原生或者数字化加工后的数字文件格式不一定符合后期的数字资源发布平台的要求，或者不能满足读者系统环境的要求，则需要使用格式转换软件实现不同格式文件的转换。软件选择方面主要考虑文件视听觉质量的保真性，如 JPG 压缩率越大图像损失越大。

（2）常见的格式转换软件

图像格式文件转换：可以通过图像处理软件打开后另存为其他格式文件，也可以用万能图片格式转换工具、PicConvert 等专用工具进行转换。

音视频文件的格式转换：可以通过音视频编辑工具实现，也可以通过 Format Factory、超级转换秀等专用格式软件实现。

pdf 和 word 等文件之间相互转换：如 Adobe Acrobat Professional 可实现 word 格式和 pdf 格式的转换，AdreamSoft PDF to Word 可以实现 pdf 格式向 word 格式的转换，金山 WPS 和微软 Office 的 PDF 插件可以直接将文档存为 PDF 格式，其他的软件还有迅捷 PDF 转换器、PDFdo、AnyBizSoft PDF Converter 等。

4.3 数据存储产品

4.3.1 数字文献存储设备选购

1. 存储系统技术选型

（1）DAS、NAS、SAN 的特性对比及适用范围

表 4-3-1 简单地表明了 DAS、NAS、SAN 之间的特性对比及其适用范围。

表 4-3-1　NAS、SAN、DAS 特性对比

DAS	NAS	SAN
基于 IP 网络。	基于 IP 网络。	基于光纤通道网络。
文件系统是集中式的。	文件系统是分布式的。	文件系统是集中式的。
基于硬件层面的存储方式。	基于应用层面的存储方式。	基于硬件层面的存储方式。

DAS	NAS	SAN
传输文件。	传输文件。	传输块。
系统应用与存储功能关联，二者相互影响。	系统应用与存储功能分开，二者互不影响。	系统应用与存储功能分开，二者互不影响。
依靠 DAS 存储服务器的网络共享功能实现共享访问。	自带共享功能，可在多台应用服务器间自动实现共享访问。	必须安装共享软件才可在多台应用服务器间实现共享访问。
多采用 SCSI 或 SAS 接口，部署节点具有单一性，占用系统资源多，受接口限制。	利用现有以太网网络，部署灵活，但是受限于以太网速率。	使用光纤网络进行传输，直接进行数据传送，但是部署复杂性和投入成本较高。
一般只适合一两台服务器环境，且对文件读写传输的频率和系统资源消耗不大。	适合高并发随机小块 IO 或共享访问文件的环境以及 CPU 密集型环境，通常部署于部门级应用。	适合要随时读取磁盘上的数据的大块连续 IO 密集型环境，多应用于企业级的存储部署中。

（2）软件定义存储

从目前到 2025 年，全球软件定义存储（SDS）市场的年复合增长率预计将超过 29%。部署 SDS 解决方案需要从以下角度进行考虑。

①统一性：通过使用统一存储，可以更方便地管理存储硬件，避免管理和平衡多个不同的互补存储系统的麻烦，也可以更智能地、有效地利用存储资源。

②一致性：其一，通过每个节点的文件系统的视图是严格一致的，一个节点上的任何修改都可以从任何其他节点立即获得；其二，在协议之间保持一致，这意味着如果用户在服务消息块（SMB）中写入某些内容，则也应该立即在网络文件系统（NFS）上可见。

③扩展灵活性：一方面，可以快速将多个虚拟机添加到同一个集群，从而消除了构建新集群以适应向外扩展的成本和麻烦；另一方面，硬件设备不锁定到特定厂商或技术，可以随着时间的推移选择不同厂家的技术和产品扩展性能和容量。

④文件系统功能：即包括关键文件功能（分层、配额、快照、加密、防病毒、WORM 和保留）的设置、多个身份验证和强制执行授权检查、支持多租户创建多个文件系统功能。

⑤特殊功能支持：其一，灾难恢复支持，即可以使用独特的灾难恢复策略来保护每个应用程序，保持高可用性；其二，混合云支持，即 SDS 文件系统需要覆盖用户在云中拥有的本地和云端文件；其三，超融合支持，即基于软件的体系架构将计算、存储、网络和虚拟化资源以及其他技术集成到商用服务器上。

2. 存储系统选购考虑因素

在规划和建设具有数据量大、文件种类多、安全性高、访问量大、数据流量大、服务器平台种类多等特点的数字图书馆海量文献存储系统时，必须充分考虑到以下几个因素：

（1）技术发展速度很快——先进性

数字化图书馆的存储系统必须是一个具有先进性的基础架构，能够代表当前存储技术的发展趋势，满足主流服务器平台的应用。既满足现在的需求，又符合将来的发展，能接纳并使用未来的新技术。

（2）不间断的访问能力——可用性（7×24×365 天）

除了有不间断的可用性，还要求：尽可能冗余，排除单点故障；系统的升级和维护尽可能在线进行；系统发生故障后，能够自动切换到其他系统。

（3）高访问速度和快响应时间——高性能

数字资源的获得应该有高的访问速度和响应时间，使读者在利用资源时，感受不到明显的时间延迟。这就要求交换机、服务器、HBA 卡有尽量宽的带宽和尽量高的效率。

（4）数据和业务内容的增长速度快——可扩展性

图书馆的数据量的增长非常快。随着时间的推移，数据量和应用会急剧增加。因此，应该考虑能够容纳更多的服务器和数据。这就要求光纤交换机的端口数能尽量满足服务器的加入，要求磁盘阵列和磁带库能满足更大的数据量，以及数据增加后存储和备份的需要。

（5）数据的使用是开放的——可共享性

文献数据的共享性，要求设备必须具有共享性。存储设备的共享性表现在应该在多种操作系统下最大限度地实现数据共享，而不能以独占数据方式去分配设备。

（6）存储设备是多种类型的——可兼容性

图书馆的网络系统可能采用多种系统平台及多种应用系统，所以这个存储架构必须能有效地支持这种异构处理环境，具有从系统到应用的各种资源的容错处理能力。

（7）方便的操作界面和灵活的管理模式——可管理性

系统应该可以支持多种操作系统和多种数据库以及冗余路径的管理，还应该能方便地支持在线备份和灾难恢复，应该有灵活的数据迁移的策略，方便的操作界面和灵活的管理模式。

（8）数据安全和容错——可靠性

除了要求物理的连接冗余外，磁盘阵列本身还需要具有高度的可靠性、强的容错能力和全冗余的结构，例如双通道、RAID 等。

（9）系统的抗灾——容灾与恢复能力。

如果本地的数据发生灾难后，系统能不受或者少受影响地接替工作，可以使图书馆的应用系统具有抵抗灾难的能力。

4.3.2 数字文献存储系统产品

1. 国外主要存储系统厂家产品

（1）EMC

全闪存和混合数据存储：PowerMax、XtremIO、Dell EMC Unity、SC 系列、Isilon。

NAS 和对象存储：Isilon、ECS。

软件定义存储：VxRail、Isilon Edge、ECS。

数据保护：Dell EMC Data Protection Suite 系列数据备份和保护软件，DELL EMC DATA DOMAIN 系列数据备份和保护软件。

（2）IBM

软件定义的存储产品：存储管理软件 Spectrum Storage Suite 和数据保护软件 Spectrum Protect Plus。

闪存存储：主要有 FlashSystem V9000、Storwize V7000F、Storwize V5030F 等系列。

磁带存储：LTO 系列数据磁带盒、TS 系列磁带机（库）和虚拟磁带库设备。

存储区域网络：Storage Networking 和 System Storage 导向器、SAN 交换机。

（3）HP

主存储：3PAR StoreServ Storage、StoreVirtual、StoreEasy Storage、MSA 存储、XP Storage。

备份、恢复和存档：StoreOnce Backup、StoreAll Storage、StoreEver 磁带库。

软件定义的存储：StoreVirtual VSA、StoreOnce VSA、ConvergedSystem 200-HC StoreVirtual。

存储网络：StoreFabric 存储网络、StoreFabric 电缆和收发器。

（4）富士通

富士通为存储项目提供从初始理念到规划阶段直至成功实施的全面支持，主要产品有：磁盘存储系统 ETERNUS DX、全闪存储 ETERNUS AF、横向扩展存储 ETERNUS CD、数据保护系统 ETERNUS CS、磁带存储系统 ETERNUS LT、存储子系统 ETERNUS JX、存储管理软件 ETERNUS SF。

2. 国内主要存储系统厂家产品

（1）华为

全闪存存储：OceanStor 18000F、6800F、5000F 的 V3 和 V5 系列。

混合闪存存储：OceanStor 18000、6800、5000、2600、2200 的 V3 和 V5 系列。

云存储：支持大规模横向扩展的全分布式云存储产品 OceanStor Dorado V3。

光纤交换机：OceanStor SNS2624/SNS3664、OceanStor SNS3096/5192/5384 等。

数据管理：业务驱动的存储控制软件 OceanStor DJ。

（2）中科曙光

磁盘阵列产品：DS900 系列、DS800 全闪存系列、DS800 磁盘阵列、DS800-G30H 企业级存储系统。

海量数据产品：曙光云盘、ParaStor T 系列、ParaStor 视频监控系列、ParaStor 系列。

存储服务器及灾备产品：DBstor100 系列、S650、S640、I240、STL4500、S640-G30。

（3）浪潮

统一存储系统：AS5300G2/5500G2、AS2600G2、AS18000G2。

软件定义存储系统：AS13000。

固态存储系统：HF 系列、AS5600 G2-F/AS5800 G2-F 和 AS5300 G2-F/AS5500 G2-F 全闪存存储。

数据备份与保护：业务连续保护软件 BCP、TL 系列磁带库、备份一体机 DP1000-M1、备份软件 DPS。

光纤交换机：FS9510、9520、6800、5900 等系列光纤通道交换机。

4.4 网络及布线产品

4.4.1 常见网络设备产品选购

1. 网络设备选购考虑因素

（1）总体原则

品牌应保持一致：所有网络设备尽可能选取同一厂家的产品，这样在设备可互连性、协议互操作性、技术支持和价格等方面都更有优势。

需求合理可扩展：应详细论证网络方案，满足实际需求的同时，主干设备选择应预留一定的能力，以便将来扩展，而低端设备则够用即可，因为低端设备更新较快，且易于扩展。

确保可靠安全性：一方面考虑供电散热等冗余、热拔插组件、无故障工作时间等可靠性，另一方面考虑有效控制不良业务、各种攻击等安全防范。

网络可管理性：需要有一个强有力且简洁的网络管理系统，能够对网络的业务流量、运行状况等进行全方位的监控和管理。

标准性和开放性：由于网络往往是一个具有多种厂商设备的环境，因此，所选择的设备必须能够支持业界通用的开放标准和协议，以便能够和其他厂商的设备有效地互通。

QoS 控制能力：不仅要能进行一般的线速交换，还要能根据不同的业务流的特点，对它们的优先级和带宽进行有效的控制，从而保证重要业务和时间敏感业务的顺畅。

产品与服务结合：主要是看生产商、集成商的服务能力，包括安装部署的施工资质和案例、系统运维保障方案、售后产品质保政策等方面。

（2）交换机主要性能指标

基本指标：端口的类型是否丰富、是否支持多模块配置，如以太网的 RJ45 接口和光纤，骨干网的 ATM、POS 等；端口数量，固定端口标准的有 16、24、48 等，部分交换机还会配上行端口；端口速率，常见的有 10Mbps、100Mbps、1000Mbps、10GMbps。

性能指标：背板带宽（容量），表明数据总线间吞吐能力，从几 Gbps 到上百 Gbps 不等；包转发率，标志交换机转发数据包的能力，指每秒可以转发多少百万个数据包（Mpps），从几十 Kpps 到几百 Mpps 不等。

功能指标：如 VLAN 支持的数量、是否支持堆叠、单播和组播协议支持、是否可网管、是否支持三层交换等。

（3）路由器主要指标

基本指标：支持接口的种类，如以太网、ATM、POS、令牌环、FDDI 接口等；端口密度，一般用支持每种端口的最大数表示；端口速率与交换机类似。

性能指标：全双工限速转发能力、吞吐量（端口和整机）、背靠背帧数、路由表能力、背板能力、丢包率、时延、无故障工作时间、QoS 能力、分类业务带宽保证等。

功能指标：路由协议、源地址路由和透明桥接、IGMP、策略路由方式、PPP、MLPPP、PPPOE、组播、VPN、加密方式、IPV6、网络管理协议 SNMPv2 等的支持。

（4）防火墙主要指标

基本指标：防火墙类型，主要分包过滤、代理、基于状态监测，以及基于应用层的下一代防火墙（NGFW）；LAN 接口的类型和数量，如以太网、快速以太网、吉比特以太网、ATM、令牌环及 FDDI 等网络接口数。

性能指标：时延、并发连接数、新建连接速率、吞吐量（明文和密文）。

功能指标：协议支持（非 IP 协议、VPN 通道协议等）、硬件加密、NAT（网络地址转换）支持、防御能力（内容过滤，防御 Dos 攻击，阻止 ActiveX、JavaScript 等侵入、SNMP 管理功能）、记录和报表等。

2. 常见网络设备产品

（1）思科（Cisco）

交换机：Catalyst 系列交换机、Nexus 系列数据中心交换机、用于存储网络的 MDS 存储交换机，适合各个层次和场合。

路由器：用于分支机构（园区网）的 ISR 系列，用于骨干网和园区网相连的 ASR 系列，用于运营商核心网的 NCS 系列，用于恶劣环境的工业版 500、800、900、1000、2000 系列，以及用于云环境的虚拟路由器 XRv、CSR 系列。

防火墙：PIX 系列、ASA 系列。

无线产品：天线、客户端适配器和客户端软件、室外和工业无线（US）、接入点、无线 IP 电话、无线局域网控制器、无线局域网管理、无线集成交换机和路由器、移动互联网、移动无线、移动服务、移动网络的服务控制。

（2）华为（HUAWEI）

交换机：S12700、S7700、S6720 系列园区级，CloudEngine12800、8800、7800、6800 个系列和 1800V 虚拟交换机等数据中心级，FabricInsight 数据中心智能分析器、Agile Controller-DCN 网络控制器。

路由器：AR 系列物联网关、ARG3 系列路由器、通用计算网关（uCPE）、NE 系列高端路由器、ME60 系列多业务控制网关、CX6600 骨干路由器等。

安全产品：SVN、USG、SRG 等系列防火墙 &VPN 网关，NIP 系列入侵防御 & 检测系统，AntiDDoS 系列网关，FireHunter6000、LogCenter、CIS、eLog 等高级防御产品。

无线局域网：AP 系列接入点、AC 系列接入控制器、AD 场景化系列、WA Series 等系列无线路由器，On-Pad WLAN Surveyor Probe Handset Unit 等 WLAN 管理工具。

其他设备：OLT、Copper 等系列接入网产品，MSTP 等系列传送网产品，数据中心、园区网络等 SDN 控制器。

（3）网络安全厂商产品

根据 IDC《中国网络安全企业 50 强》调查，本文选择影响力和规模较大的几个主要厂家推荐。

启明星辰：安全网关、入侵防御、抗 DDoS、漏洞扫描、安全审计、安全管理平台、数据安全、终端管理及防病毒、工控安全，信息安全咨询与风险评估服务。

绿盟：抗 DDoS、防火墙、入侵防御、Web 安全、威胁分析、数据泄露、漏洞扫描，提供网站安全检测，咨询培训服务等。

天融信：Web 安全、数据/数据库安全、安全/防病毒网关、入侵防御、抗 DDoS、应用交付、上网行为管理、终端安全管理、合规审计、安全管理、运维监控等。

华三通信：安全网关、入侵防御、安全管理中心、Web 安全、安全审计、漏洞扫描，提供安全研究、解决方案和病毒特征库服务等。

深信服：为用户提供下一代防火墙、SSL VPN、上网行为管理等安全产品。

4.4.2 常见综合布线产品选购

1. 综合布线产品选购考虑因素

（1）产品选型必须与工程实际相结合

应根据主体性质、所处地位、使用功能和客观环境等特点，从工程实际和用户信息需求考虑，选用合适的产品，其中包括各种缆线和连接硬件。

（2）产品选型应符合技术标准

选用的产品应符合我国国情和有关技术标准，包括国际标准、国家标准和行业标准，并应以我国国家或行业标准为依据进行检测和鉴定，未经鉴定合格的设备和器材不得在工程中使用，未经设计单位同意，不应以其他产品代用。

（3）近期和远期相结合

其一，适当考虑今后信息业务种类和增加的可能，预留一定的发展余地。其二，不应强求一步到位、贪大求全，宜采取统筹兼顾、因时制宜、逐步到位、分期形成的原则。其三，应注意当时的标准规定，不宜完全以厂商允诺保证的产品质量期限来决定是否选用。

（4）技术先进和经济合理相统一

在产品选型时，所选设备和器材的技术性能指标一般要高于系统指标，但选用产品的技术性能指标也不宜过高，否则将增加工程造价。

（5）注意布线产品质量关键因素

其一，不要贪图便宜，相信"一分价钱一分货"的原则。其二，不要迷信国外品牌，国产知名品牌往往具有较高性价比。其三，按照国际标准 GB/T50312-2000 进行工程收工前检测，或者选择正规的、有厂商授权的公司作为供应商，并通过严谨的合同条款保护自己。

2. 常见综合布线厂家及产品

（1）安普布线产品介绍

安普（AMP）是 Tyco Electronics（泰科电子公司）位于美国马萨诸塞州 Waltham 的一个著名品牌。它是全球电气、电子和光纤连接器以及互连系统的首要供货商。在综合布线领域所说的 AMP 则是指 AMP NETCONNECT，是世界著名结构化布线系统提供商，可为各种建筑物的布线系统提供完整的产品和服务。

安普的布线产品品种齐全、覆盖广泛，主要包括：电缆和光缆产品、工作区布线产品、电信间布线产品、各类跳线产品、各类连接器产品、各类工具产品、高密度铜缆布线系统产品、高密度光缆布线系列产品、工业布线系统产品、智能布线管理系统产品、智能布线管理系统产品和开放式办公区布线产品。

（2）TCL 布线产品介绍

TCL-罗格朗国际电工（惠州）有限公司为法国罗格朗集团旗下成员，以综合布线，开关插座的开发、生产、销售及系统解决方案为基础，致力于成为信息网络领域布线产品的专业供应商。TCL-罗格朗已经成功研制生产出的综合布线系统产品以人性化的外观、智能化的设计、集成化的理念在同类产品中占据领先地位。其产品达到国际标准、北美单体和信道标准要求（ISO/IEC11801，EIA/TIA568），得到主要国际认证机构认可。TCL 的主要产品有：

第三代综合布线系统 LCS^3 采用全新 8 类网络布线，速率高达 40G/100G，支持 PoE++，为物联网升级做准备。

LCS^2 综合布线系统，提供基于 6A 类标准、机房到工作区的完整解决方案，包括铜缆、光纤、机柜及冷通道、PDU 等各方面。

C^3 综合布线系统提供了新六类模块、各类原件、完整的数据面板体系、分色旋转标贴和色彩分类跳线。

在线缆管理方面，TCL 提供了以 DLPe 线缆管理系统为基础的工作区线缆解决方案和以卡博菲线缆管理系统为基础的桥架解决方案。

另外，TCL 还提供基于模块化的 UPS 不间断电源产品，如 MEGALINE 系列、TRIMOD 系列等。

（3）普天布线产品介绍

南京普天通信股份有限公司是中国普天信息产业集团公司属下的大型通

信设备生产骨干企业，专门致力于综合布线系列产品、楼宇智能化系列产品的设计开发、生产及工程施工、技术推广的专业厂家。在布线领域普天拥有最全的产品系列，普天可以提供全系列的非屏蔽、屏蔽、全光纤布线系统，支持大楼、小区、家居等各种智能化应用需求。普天布线全套产品均经信息产业部产品质量检测中心检测，完全符合并超越了 TIA/EIA568 及 ISO/IEC11801 等国际标准要求。主要的综合布线产品有：

包括"易尚"和"易尚"6A 系列工作区安装面板、模块、插座和配件；综合布线、宽带小区配线架柜系列及其选件，包括机柜、快接式插座排、各种配线架等；

各类型线缆及光纤适配器及连接件、光纤插座、光纤分线盒、常用光缆、光纤跳线、尾纤等光布线产品；

家居及智能楼宇布线所需的各类多媒体（CATV、RJ11、RJ45 等）配套模块、配线箱、分配器等。

4.5 数字图书馆产品

4.5.1 数字图书馆系统选购

1. 数字图书馆系统选购步骤

成立选购小组，了解当前 DLS 进展。广泛地收集信息，这是前提也是基础。可通过专业期刊、网站、论坛或与各 DLS 厂商联系了解各 DLS 的情况。

进行可行性研究，熟悉本馆的现有条件和需求，形成需求文档。深入认识 DLS，确定系统的目标，弄清规划决策所涉及的范围、所要采取的措施方案和政策、实现目标的准则、策略和各种约束条件等。

请各厂商演示或提供详细资源，还可与已使用该系统的用户联系，听取其意见。

综合评价 DLS，并通过读者、工作人员、专家提出意见为决策提供参考，并拿出最终方案试用。

2. 数字图书馆系统的评价

有多种评价方法可单独或综合使用：一是通过专家，如头脑风暴法、特尔菲法；二是指标权重法，比较常见的有层次分析法、主成分分析法、聚类分析法、加权优序法、效用函数法、模糊综合评价法等。这些方法在采用过程中一般都要设计较完整的评价指标体系，图4-5-1为评价体系例图。

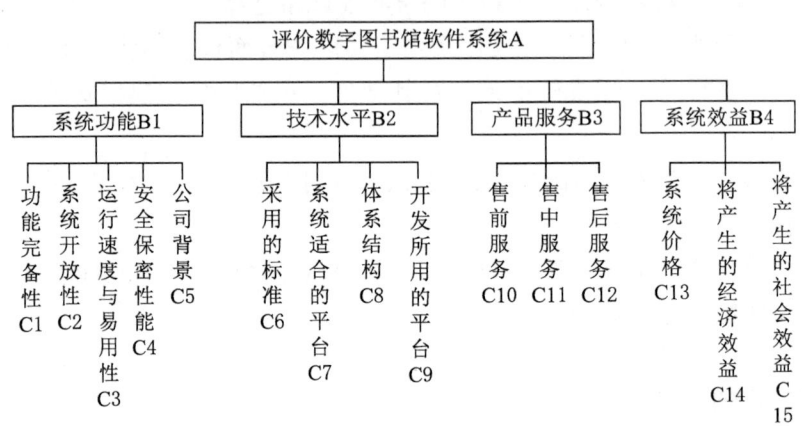

图4-5-1 DLS评价体系

（1）功能评价

功能完备性：如信息采集系统要求完成馆内外、网上及其他信息资源采集、加工、整理和利用，方便与外界交换数据，便于管理。

系统开放性：考虑系统与其他软硬件的兼容性，是否便于升级、换代。

易用性能：既方便管理者也方便读者，还要有较快的运行速度。

安全性能：一方面是系统安全，包括用户权限管理、后援系统、系统自动检错等；另一方面是数据安全，包括数据处理日志完备性、对数据权限管理和数据备份等。

公司背景：包括公司成立时间、声誉、用户情况、发展前景等。

（2）技术水平评价

系统的技术水平决定了系统的性能。一般要求系统采用国内外最新的技术标准，如TPI系统遵循CNKI知识建设与服务标准：Z39.50、MARC、DC、RDF、XQuery 1.0、XML 1.0、OAI等多种标准协议。系统适合的平台包括服务器和客户端所需的平台，以及数据库管理平台。现在DLS一般用的是多层

C/S 体系结构，这种结构便于维护和操作，基于 Java、J2EE 结构，功能上能进一步拓展。当然除技术的先进性外，稳定性也是要考虑的因素。

（3）产品服务评价

售前服务：系统厂商免费提供咨询服务、产品说明、演示资料等，免费为客户提供软件的试用，协助用户设计软件系统应用方案，推荐适合用户实际情况版本的软件和用户软件产品的硬件配套设施等。

售中服务：安装调试服务，系统使用指导和培训服务等。

售后服务：一般有运行维护或问题解答，系统升级等。

（4）系统效益评价

直接经济效益评价：系统的投资额、系统新增效益、投资回收期等。

间接经济效益评价：系统运行是否带来组织形象优化、员工素质提高、管理水平的提高和管理方式的现代化、资源的合理利用、降低社会总成本的投入等间接经济效益。

对 DLS 进行评价，除需考虑系统的经济效益外，更多的则是考虑 DLS 所能带来的社会效益。

4.5.2 数字图书馆系统产品

1. TPI 信息资源建设与管理系统

TPI 信息资源建设与管理系统（TsinghuaTongfang Professional Information，TPI）由清华同方光盘股份有限公司开发，可广泛应用于数字图书馆特色库建设、数字档案馆建设和各种类型的文档管理系统。TPI 的全国用户 600 余家，典型用户有清华大学、中国人民大学、武汉大学、东南大学、苏州大学、中国矿业大学、南京农业大学、南京森林警察学院、江苏警官学院、南通大学等。TPI 最新版本是 6.5 版本，采用 .NET 技术开发，支持 B/S 和 C/S 的管理模式，主要功能模块包括：

KBase 全文数据库管理系统：是国际上第一个直接支持网格应用的专用数据库系统，可以统一访问和管理各种数字资源，具备高效准确的全文检索、海量非结构化数据管理、大规模并发处理能力以及检索和记录的国际领先性能指标。

电子图书制作工具：通过书页扫描、图像处理、OCR 识别、书页压缩打包等步骤快速生成电子文档，也可以把已有的各种电子文件转换成统一的 CAJ

或 PDF 格式。

通用文档转换工具：将用户现有的各种电子文档转换成统一格式的文件，目前支持的格式有 WORD、PDF、HTML、WPS、PDG、PS2、PSD、TXT、PPT 等。

分类标引工具：分类标引工具可以对数字对象进行分类、标引和检查，把各种类型的数字对象加工成可供浏览和检索的数据库，支持可实现分布式并行加工。

内容管理与发布系统：具有用户管理、项目管理、Web 发布管理、日志分析等完整配套的管理工具，自动生成风格、模板、导航自定义的数字图书馆资源门户，提供单库、跨库、分布式检索，支持用户二次、高级、关联、同义词、反义词检索等检索方式。

光盘出版工具：用于资源的光盘发布、检索、浏览和全文下载，通过本地光盘系统对数字化资源进行专项检索、组合检索、跨库检索和原文浏览等操作，方便资源的传播。

文档提交系统：用于文档（学位论文、办公文档等）的分布式提交、统一验证、审核和存储，并自动发布成数据库，通过网络对外提供浏览、检索、下载等服务。

2. TSK 特色库系统

TSK 特色库资源建设与服务平台是杭州麦达（Metadata）电子有限公司经过多年的实践与探索开发的专门针对高校图书馆进行资源建设与服务的平台，集数据加工、资源建设、管理、发布、检索与服务等功能于一体，采用国际元数据标准、融合 Web2.0 先进理念、支持文档、图片、多媒体等文件格式。浦东图书馆、浙江理工大学、宁波大学、浙江大学图书馆、北京大学、浙江图书馆等上百家高校和公共图书馆都采用 TSK 创建特色库系统。主要功能特点如下：

工程化项目管理：提供资源库的标准化、规范化编目模板，导入先期制作好的电子资源，工程人员将帮助用户实施项目执行，帮助解决项目执行中出现的问题。

个性化门户定制：提供页面风格定制、页面排版定制、展示模块定制、特色功能定制等功能。

规范化资源管理：规范资源编目、资源管理、资源挂接。

提供中心平台：全国唯一的特色库中心平台，特色库分开建设、系统独立，同时统一揭示、统一宣传、元数据统一收割，数字对象通过权限访问，发挥集群优势。

提供优质软件服务：辅助用户建立元数据，辅助用户建立数据关联性，建立开放式系统，根据资源特色定制发布平台，发布已关联数据（Linked Data）资源。

3. 超星特色库系统

超星特色库系统是北京超星数图信息技术有限公司基于超星的海量数据资源和大数据分析能力，辅之以面向普通用户开发的管理平台，形成"资源+平台+服务"的现代数字图书馆特色资源建设一体化解决方案。设计采用当前流行的 Spring MVC 技术开发框架，遵循标准化的资源建设规范，不断加强基于地方文化、历史民俗、知名人物、区域行业、特色专业、重点行业以及民族风情为主题的特色馆藏资源建设。主要用户对象是政府、学校、图书馆、档案馆等行业对象，目前武汉大学、中国地质大学、华东政法大学、宁波大学、江西省图书馆等百余家用户使用了超星特色库系统。系统的主要功能如下。

特色库资源的提取与更新维护：从海量的成果元数据中提取数据初始化特色库，再根据管理员人员设置的参数信息在海量数据库中进行匹配和识别，并定时更新到特色库中。

自建资源录入与管理：通过管理员后台可对平台内的资源进行统一管理，并可以进行资源的录入。

实现对特色库资源的统一检索：一次性搜索元数据仓储中已经收割预处理好的所有元数据，搜索结果无重复，可以按照出版日期、浏览量等排序，还可以实现题录的导出。

提供多维度的组合聚类：自动对检索结果进行分析，形成语种、类型、时间、收录情况、关键词、学科、作者、基金、作者单位等多种聚类的组合勾选。

数据分析和可视化展示：对各类型成果发展的年代趋势，以及核心成果的情况进行统计，对特色库中数据的主要研究方向进行分析，并以可视化方式展示研究方向的发文情况、重要期刊数据情况、共现方向、学科领域、发文期刊、所获基金等信息。

另外，系统配套提供数字化加工、网上采集和购买资源的数据采集工具。

4. 其他数字图书馆系统产品

（1）畅想之星数字资源管理平台

畅想之星是江苏畅想之星信息技术有限公司的品牌，该软件平台基于自主研发的全 Web 无源代码平台开发，采用国际领先的流媒体技术和分布式技术，可对各种文档资料进行元数据标引、分类组织、权限控制等管理。主要功能有资源的分类浏览、资源总览、资源检索等，且各种资源可以直接利用。另外，其还衍生出了畅想之星光盘数据库和视频点播系统，满足随书、随刊光盘，各种多媒体光盘、磁带等类型文件以及视频资料的数字化、网络化应用需求。

（2）蓝创数字图书馆系统

蓝创数字图书馆系统是四川奥易软件科技有限公司的产品，是一个大型的多媒体电子图书阅读百科全书，集安全性高、功能完善、开放性强、管理便捷于一身，适用于各种学校和企业的信息服务中心、数字资料中心、图书管理中心等场所。系统自带海量图书资源，基于中图法标准分类和多级目录自定义分类，实现大并发在线 VOD 点播功能，电子书浏览支持各种移动终端接入，包括安卓 Android 和苹果 iOS 等设备。

（3）上业 RMS 特色库系统

上业 RMS 特色库系统是上业信息科技有限公司研发的一款特色资源建库发布软件，采用 B/S 架构，全新 Windows 桌面图标操作模式，支持都柏林标准元数据，兼容多类型标准数据接口，符合 Calis 标准。系统支持丰富的媒体资源，可以创建视频特色库、文档特色库、音频特色库、人物特色库、图片特色库、电子书特色库。

4.6 整合与共享产品

4.6.1 门户网站开发及产品

门户网站是某类综合性信息整合和服务整合的平台，对于数字文献资源来说，其服务的门户网站系统就是要把资源信息、服务信息、用户信息等整合在一个平台上管理发布，能够提供数字访问、整合、咨询、认证、检索等入口，甚至提供统计监测、微平台门户等增值服务。通常门户网站可以通过自行或定制开发、使用建站系统二次开发等方式进行。

1. 门户网站的设计开发

门户网站开发的主要流程和相关技术如下。

（1）开发模式选择

现在的网站多采用 MVC 框架模式进行开发。M 是指业务模型，负责处理业务流程和存取数据，代码只需写一次就可以被多个视图重用，所以减少了代码的重复性。V 是指用户交互的界面，负责输出数据和收集用户动作。C 则是控制器，负责从视图读取数据，控制用户输入，调用模型构件去处理请求，然后再调用视图来显示返回的数据。

（2）开发技术选择

从最新的技术发展情况来看，比较流行的是前端框架+后端开发的办法。传统的用户界面使用 HTML + CSS + JavaScript 实现，现在多采用 React、Angular、RxJS、jQuery 等前端框架进行开发。后端采用 asp、php、jsp、. NET 结合 Oracle、SQL Server 等支持 Web 服务的数据库管理系统等进行开发。

（3）设计与编码阶段

首先是原型设计，使用一些比较不错的原型设计工具（Axure、Balsamip、Photoshop 等）。随后，将相应的设计效果转换为前端界面，并且编写后端处理程序的代码，常用的工具有 Dreamweaver、Visual Studio、Eclipse、Zend Studio，也可用 VIM、Textmate 等文本编辑器实现原型设计。

（4）测试阶段

目前不同的浏览器有着不同的表现规则和效果，所以开发好的门户网站应该进行跨浏览器兼容性测试，主要工具是 Spoon Browser Sandbox、Superpreview、IETester 等，Chrome（谷歌浏览器）和 FireFox（火狐浏览器）也都提供 Web 兼容性测试的插件。

2. 门户网站建站系统产品

（1）TRS WCM 内容管理系统

TRS WCM 是北京拓尔思信息技术有限公司开发的一个能够把整个内容管理体系架构的所有层次（从最底层的资源池、云计算基础平台、内容管理集群到内容管理应用）作为服务，随时、随地、按需交付使用的内容管理系统，已经拥有 4000 多家政府、企业和媒体客户。从 2002 年 TRS 内容管理系统 V1.0 发布，到现在的 V7.0 版本，主要功能特点包括：

与社交媒体的融合：支持一站式多微博账号统一管理，可对微博互动效果、粉丝质量、粉丝分布及关联关系、事件之间的潜在联系等运行情况进行分析。

支持移动门户，一次采编、多渠道发布——支持快速搭建移动门户功能，支持 iOS、Android 等主流平台，支持平板和手机两种终端。

支持碎片化模板管理：将传统网站页面模板拆分为多个小的碎片模板，碎片模板支持在多个页面之间进行复用。

支持可视化专题制作：网站编辑以"所见即所得"的方式进行网站页面的设计，通过拖拽及修改属性的方式完成页面制作，满足了当今社会对信息快速发布及更新的要求。

支持大规模集群部署：采用高效、稳定的信息和内存同步机制，不依赖于任何应用服务器，由自身内部实现通信和会话复制机制，从而实现大规模集群部署。

强大的富媒体内容管理：具有文本库、图片库、视频库三大富媒体内容处理模块，既能够根据内容各自的特点进行专业管理，又实现了各内容管理模式与操作风格的统一。

创新的内容服务模式：增加了许多创新有价值的服务内容，如元数据管理、多维分类管理、场景服务、资源目录服务、嘉宾访谈、个性化订阅、网站 SAAS 服务等。

（2）维普智慧门户平台

维普智慧门户平台是重庆维普资讯有限公司"智慧图书馆数据服务解决方案"系列之一，以图书馆门户 3.0 为主要理念的门户网站建设平台。该平台以各个数据库系统、纸本业务系统、一卡通系统、门禁系统、下载访问系统为主要来源，抽取整合为文献数据、读者数据、运行数据三大数据系统数据库，在此基础上提供资源应用、个性服务、业务管理、使用统计、移动图书馆等服务，以使得读者使用更便捷、馆员服务更高效、管理决策更轻松。重庆大学、三峡大学、暨南大学、宁波大学等高校图书馆已经使用该系统创建了自己的门户网站。系统的主要功能特点是：

特色资源整合检索：凭借维普的资源大数据中心，把纸本书刊、期刊、专利等进行整合，做到多个来源同一文献自动合并、显示所有来源、按照读者个性化排序、单位内外无差别访问、同时获取纸质和电子资源信息。

资源组织专题应用：自动推出最新和热门资源，进行阅读推广和相关文献组织；基于读者行为挖掘，匹配兴趣自动推送；提供阅读记录、收藏关注、知识订阅、评价讨论以及读者画像功能。

对管理的决策支撑：主动记录平台产生行为，详细完整记录行为细节，关联读者、资源信息，并分别针对读者和资源记性活跃度、使用率等方面统计；开放接口与第三方日志整合，提供资源总量、门户访问量、到馆人数、读者类型、来访时段、读者排行等统计分析。

对馆员的工作提升：操作平台按馆员职责自动呈现不同界面；在一个界面下就可完成所有业务管理；为馆员推送智能化提醒与参考数据；从试用、评估到下线、合同管理、付款管理等环节，利用数据分析优化资源采购流程。

（3）宝和数据 Portal+门户系统

Portal+门户系统是宝和数据股份有限公司开发的智慧图书馆门户系统，用于整体展示图书馆的资源与服务，融入资源发现系统以提供用户进行资源统一检索的入口，同时集成其它几个图书馆应用服务系统。公司的重要客户包括上海交通大学、复旦大学、南京大学、中国科学技术大学及江苏省教育厅、中国科学院、中国农业科学院、上海图书馆等大型学术机构，服务客户超过 300 家。Portal+智慧图书馆门户系统的主要功能特点如下：

基于 Web2.0 概念，以读者为中心的下一代图书馆读者服务集成系统；

设计突出资源整合和发现模块，让读者轻松发现所需图书馆资源；

提供通用门户和基于身份认证的个性化读者服务集成系统组合服务；

整体设计稳重大方，色彩、布局合理、多样，将图书馆所有服务整合在读者服务集成系统中；

人性化、智能化的前台与后台操作界面，符合用户使用与操作习惯；

强大的 CMS 图书馆内容管理系统后台支撑，方便馆员任意调整栏目和读者服务集成系统结构；

支持对用户个人使用历史，包括检索关键词、浏览项等进行分析；

灵活的模块组合，自由扩展的后续功能。

4.6.2 整合检索系统产品选购

1. 整合检索产品选购考虑因素

（1）整合检索产品组成

本书所谓整合检索产品包含两个部分：其一，是统一检索产品，或称之为跨平台检索系统、跨库检索系统以及一站式检索，解决的是各种数字资源数据库标准不统一、检索过程需分别执行的问题；其二，是知识发现系统，是基于知识服务理论下，通过内容挖掘手段、信息抽取方法等，将海量分散的异构信息资源进行整合，形成了动态的网状关联知识体系。换个角度，可以理解为知识发现系统是统一检索产品的升级，也就是从普通的分库输出检索结果到以知识组织为规则进行结果聚类。

（2）整合检索产品的选购要素

统一检索系统和知识发现系统在服务质量评价中有相同之处，也有不同之处。二者主要的选购要素如下：

资源整合功能：整合检索服务涵盖资源的广度是非常重要的，通常应该包括图书馆集成系统印本书刊目录、购买的各类型数据库、自建的特色数据库甚至是网络开放资源。

资源导航：其一是不同资源类型的分类导航，其二是资源揭示说明（地址、文献类型、时间跨度、内容简介、覆盖范围、语种、出版商、检索注意事项等）。

资源获取：主要是指查找到所需的资源后，其获取方式是否便利、多样；获取资源的链接是否便利可用；可否直接链接至全文获取。

检索功能：包括检索方式、检索字段、检索技术、检索范围、检索界面等，检索功能直接影响信息检索的查全率、查准率，检索的灵活性、方便性及检索速度。

运行效能：检索过程是否能够细化调整；检索响应时间是否在合理范围之内；检索结果与单独检索结果是否能够保持一致；系统界面是否友好，操作是否简单方便。

服务功能：是否有用户页面定制功能以及个性化服务；是否提供原文传递、参考咨询、馆际互借等其他服务方式；是否支持移动端支持、使用监测、使用统计等。

2. 整合检索产品

（1）英富森 USP 统一检索系统

该系统是北京英富森软件股份有限公司基于元数据仓储的统一检索平台，采集机构内外部各类数字资源的元数据信息，建立的本地化元数据服务，实现基于元数据的数字资源统一检索与发现利用，提升数字资源的利用与获取效率。主要功能特点如下。

全面的搜索：系统能够实现对多种类型电子资源库的一站式搜索服务，支持二次检索和高级检索，准确和快速地定位用户所需资源。

个性化的搜索：系统能够根据不同资源类型的电子资源，制定不同的检索策略；支持根据用户的搜索访问行为进行个性化的信息推送。

本地化元数据服务：系统能够集成行业元数据中心，帮助用户建立真正本地化的元数据仓储，提供基于元数据的统一检索服务。

能适应不同元数据：系统能够针对不同资源类型制定相应的元数据标准规范，实现对各类资源元数据的采集、存储、组织与利用服务。

一站式资源获取服务：系统提供对检索结果的一站式获取服务；支持按照相关度、时间、访问统计以及基于用户访问行为的结果动态排序；提供对检索结果的原文调度服务。

（2）超星发现系统

超星发现系统是超星集团的知识发现系统平台，以近十亿的海量元数据为基础，利用数据仓储、资源整合、知识挖掘、数据分析、文献计量学模型等相关技术，较好地解决了复杂异构数据库群的集成整合、完成高效、精准、统一的学术资源搜索问题。超星发现系统已获得广泛使用。典型案例包括：西安交通大学、上海交通大学、中山大学、吉林大学、天津大学、哈尔滨工业大学、北京师范大学、电子科技大学、北京航空航天大学等。超星发现系统核心功能如下：

多维分面聚类：依托高厚度的元数据资源，通过采用分面分析法，可将搜索结果按各类文献的时间维度、文献类型维度、主题维度、学科维度、作者维度、机构维度、权威工具收录维度以及全文来源维度等进行任意维度的聚类。

智能辅助检索：自动判别并切换到与用户近期行为最贴切的领域和关注热点，同步显示与用户检索主题相应的解释，帮助实时把握所检索主题的内涵，优先按用户筛选文献的喜好显示检索结果。

立体引文分析：现可实现图书、期刊、书刊以及其他各类文献之间的相互参考、相互引证关系分析，可有效测定被评价文献、学科、作者乃至机构的学术影响力。

考镜学术源流：按照知识概念给出知识关联图谱，通过单向或双向线性知识关联构成的链状、网状结构，形成主题、学科、作者、机构、地区等关联图，从而反映出学术思想之间的相互影响和源流。

展示知识关联：集知识挖掘、知识关联分析与可视化技术于一体，反映出不同学者、不同机构对某一领域的研究强度与贡献，反映出某一领域关联知识的相互交叉支持强度。

揭示学术趋势：具备对搜索结果进行年代分布规律分析的功能，可揭示出任一主题学术研究的时序变化趋势图，进而帮助研究者整体把握事物发展的完整过程和走向。

（3）EDS（Find+）资源发现系统

EDS（Find+）资源发现系统是美国 EBSCO 公司与江苏宝和数据股份有限公司（原南京乐致安信息技术有限公司）合作的中国地区本地化产品，是整合外文发现、中文发现、馆藏目录发现、出版物导航等，并提供本地化技术支持和定制化服务的综合资源发现系统。主要功能特点如下：

资源覆盖广泛：系统覆盖全球 9 万多家期刊和图书出版社，资源总量已达到近 14 亿条，覆盖的学术期刊超过 17.7 万种，包含学科期刊、会议报告、学术论文、传记、评论、电子资源、新闻等几十种类型的学术资源。

语种支持丰富：支持多达 300 种小语种，非英语的出版社资源超过 3000家，其中包含阿拉伯语、越南语等在其他发现系统中较难查找的资源。

发现服务多样：外文资源发现除了丰富的检索功能，还接通 CALIS 协议提供非本馆资源文献传递服务、RSS 订阅、分面聚类等；馆藏目录发现 100%覆盖馆藏 MARC 数据，实时同步馆藏动态，同步显示豆瓣书评；学科发现独家覆盖了 Bloomberg BusinessWeek 等多家重要数据库元数据；中文资源发现覆盖多个中文数据库，可接入本馆的自建库。

用户互动：可嵌入本馆微博、QQ，对接本馆参考咨询服务。

（4）Summon 学术资源发现系统

Summon 学术资源发现系统是由 ProQuest 公司推出的资源发现系统，从

2010 年进入我国后已经有超过 50 家的正式用户，目前在全球已经拥有将近 500 家图书馆的用户。主要功能特点如下：

元数据来源于全球范围内 9000 余家出版商与内容供应商和 91 家开放获取资源网站，收录了超过 15 万种期刊中的文章。

索引内容已经超过了 20 亿个项目、覆盖 90 多种文献类型元数据，而且绝大多数都索引到全文级。所有元数据都是从内容提供商处获取，并匹配整合系统匹配、丰富、合并、去重等，具有极高的元数据质量。

有一个与 Google 类似的简单界面，使用 80 多种属性字段对不同来源的数据进行标识，以丰富的厚数据形式在结果页面呈现。

不提供个人账号登录服务，无法保存用户的搜索记录，其个性化服务体现在提供了一个微件工具，可以帮助用户生成默认限定条件的 Summon 检索框或者检索插件。

Summon 的发现与获取服务均基于 Web 2.0 标准构造，完全以软件即服务模式（SAAS），支持包括广泛的协议，从而使之成为图书馆读者的发现与获取门户。

4.6.3 远程访问系统产品选购

远程访问系统主要就是让一个机构或者一个行业的用户，不受数据商、自建特色库系统对用户的网络地址限制或者身份账号限制，从而实现内外网无差别访问。因此，归根结底，该类系统的主要作用还是让数字文献资源能够向更多的用户群体共享，属于网络共享服务的系统。

1. 远程访问产品的选购考虑因素

（1）技术原理选择

SSL VPN 可以通过硬件或者软件方式，在网络传输层实现授权访问，统计数据是基于 IP 地址以及端口的流量报告，通过分发一些外网的 VPN 账号实现数字资源远程访问。反向代理进一步改良，融入了 URL 重写和跨域技术。代理服务器运用特定的策略改变 Web 页面，映射"真实 URL"，使用户访问数据库请求的浏览器自动转向返回到代理服务器的请求。

（2）安全可靠性

一是考虑账号的认证方式，通常都支持 IP 认证和账号认证，最好支持 LDAP、Radius、短信等第三方系统的联合认证，有利于整个单位信息系统一体化；二是考虑通信安全，通常 VPN 产品基于应用层创建加密隧道通讯，甚至具备入侵检测功能，配置简单、通信安全，而代理方式多为明文通讯；三是支持多角色管理，即对特定客户配置不同访问权限。

（3）并发与访问速度

采用硬件实现的 SSL VPN 受其硬件本身性能的影响，一般对并发数有所限制，且因为其数据传输需要进行加密处理，访问速度稍慢，有时会断线。但是 VPN 如果和代理系统一样通过软件实现，则通常与服务器性能及可设置的功能有关。

（4）访问流量控制

SSL VPN 可通过服务器集群部署实现流量控制。理想的反向代理软件应该提供负载均衡、流量控制，或者对上传下载流量、每日流量、用户组流量、资源组流量进行控制，以防止恶意访问，或者大流量访问对网络造成的堵塞。

（5）后台管理设置

无论 SSL VPN 还是反向代理软件都应该提供丰富的后台管理与设置功能，主要包括系统属性设置、用户认证方式和账号管理、黑白名单管理、数字资源站点管理、访问策略设置、系统运行监控、访问日志统计分析等，甚至可以进行大数据统计，分析各种访问趋势。

2. 常见的远程访问产品

（1）深信服 SSL VPN

深圳市深信服电子科技公司是国家 IP Sec/SSL VPN 标准的核心制定单位。SSL VPN 统一业务安全接入平台能帮助用户在任何时间、任何地点、使用任何主流终端，安全、快速地接入业务系统；能实现分支/用户组网，统一安全接入，保障数据安全，提升用户体验，快速构建安全、高效的业务信息网络；能实现异地机构的快速组网、大型专网的数据加密、行业专网的 VPN 延伸、3G/4G、WiFi 的全方位互联、分支一体化组网网关。

（2）汇文电子资源读者远程访问系统

该系统采用访问代理加域名重写技术实现，用户无需修改浏览器的设置、无需安装任何插件，跟原来访问电子资源的方式一模一样。系统无缝整合了用户管理认证接口，支持 IP 认证和账户名认证，可以方便地与一卡通、汇文、LDAP、Radius 等多种业务系统集成，并支持流量控制等。与从出口路由抓包分析协议的解决方案相比，系统能够只提供所有有效数据，没有丢包的现象，并且支持 https 协议访问数据库。最新的 2.0 版本细化了日志记录和统计分析，不但记录用户的登入系统行为，还可以根据管理员自行设置的各个数字资源站点的统计规则对检索、浏览、下载进行记录，并从资源和用户两个角度进行时间段内细粒度的分析统计，以直观的图标呈现使用量和访问趋势。

（3）森林公安数字化资源管理调度系统

森林公安数字化资源管理调度系统是国家林业科学技术推广项目"森林公安数字化资源管理调度系统示范推广"的成果，版本为 2.0。该系统基于分布式的架构，结合 JS、Ajax、PHP、C++、URL 重写、泛域名等技术，设计了一个资源管理调度的门户中心，允许部署多个资源服务节点并接入门户，将原本各自独立于互联网的管理者、资源及用户联系为一个有机的整体。USB Key 智能卡作为终端设备能够为用户自动安装驱动程序和客户端软件，自动加载系统网址，自动填写账户名，采用特殊验证算法验证 USB Key 的身份信息，既大大方便了用户操作，又加强了账号的安全性。系统用户一次性登录后，可以通过中心门户查看所有资源信息，并根据各自的授权访问数字资源站点，还可以查看自己的登录日志，而管理员更可以对用户登录系统、访问数字资源的情况进行详细的统计与分析。该系统已经在江西省吉安市森林公安局进行了推广使用，取得了良好的效果。

[1] 周爱民编著：《高校图书馆信息技术应用实务》，东南大学出版社 2008 年版。
[2] 袁思本："数字图书馆系统的应用与选择"，载《淮海工学院学报》2010 年第 12 期。

第 5 章

文献检索原理与工具

森林公安文献检索是指根据森林公安工作、森林公安研究的需要而获得文献的过程；随着现代信息技术的发展，森林公安文献检索更多是通过计算机技术完成的。森林公安作为林业工作的重要组成部分，其队伍建设与发展不仅是保护森林和野生动植物资源安全、维护林业生产秩序的需要，还是维护林区治安稳定的需要。现代信息技术的飞速发展以及林权制度改革的全面推进，对全国森林公安机关从业人员以及公安院校大学生的信息素质提出了更新、更高的要求。根据国内外研究成果显示，实现信息素质教育的主要途径依然是文献检索教育。因此，本章从文献检索的基础知识、原理和语言、方法、技术等各方面内容进行介绍。

5.1 文献检索基础知识

5.1.1 文献信息功能及其检索的发展

1. 文献信息功能

文献信息是指关于文献的线索和文献中记录着的信息，它的功能主要包括加工、存储、传递、认识、参考、评价这六个方面。

（1）加工功能

文献信息可以被加工处理，通过集中、分类、综合、编辑、整合、比较等方式成为新的文献信息类型或层次。

（2）存储功能

文献信息或加工过的文献信息可以存储在不同的媒介上，成为永久的历史文化遗存的有机组成部分，也可以成为一定时期内的重要档案文件。

（3）传递功能

文献信息可以借助不同的载体传递知识、情报，文献信息本身的信息也可以通过不同的载体、通过一定的主体进行传递。传递功能既可以和加工功能或存储功能一起实现，也可以通过一定主体反复实现。

（4）认识功能

文献信息是主体对客体认识的记录，其中不乏对客观世界的正确认识，不乏对自然规律和科学发现的规律性认识，不乏一些科学的方法和知识信息等，是人类认识自然、总结实践的知识概括，是人类历史文化精神遗产的有机组成部分。文献信息可以帮助人类更好地认识自然和社会，认识他人和自身，认识生命的本质和自然的规律，认识科学的价值和文化的意蕴，认识美的感性、艺术的理性以及哲学的普遍意义。

（5）参考功能

文献信息是科学研究和人类社会继续前行不可或缺的智能资源基础，是拓展新领域、发现新知识、创造新文化的重要信息参考源。文献信息的参考功能正显示和说明了文献信息保存的价值和意义。

（6）评价功能

文献信息在参考功能和认识功能的基础上，还有一个非常重要的功能，即可以对当前信息或某一阶段出现的知识进行判断和评价，对其真实与虚假、先进与落后、正确与错误等问题进行言说。

2. 文献信息检索的发展

文献信息检索的发展经历了萌芽、发展和现代化三个阶段。

（1）学术理论初创的时期

18 世纪中期，人们为了便于进行学术交流和文献信息的交流，不少学术团体先后创办了自己的学术刊物和检索性刊物，如德国 1769 年创刊的《各学院优秀外科论著汇编》，是国外最早创办的一种检索性刊物。

（2）手工检索完善的时期

到 20 世纪中叶，随着科学技术的发展和需要，逐渐形成了较为完善的传统手工检索工具——目录、索引和文摘。

（3）现代化检索手段发展时期

20 世纪 60 年代后，电子计算技术、光学缩微技术和网络通信技术三位一体的现代化文献信息检索手段形成，使文献信息检索发展到了一个新的阶段。

5.1.2 信息检索与文献检索

本书在第 1 章提到文献与信息的区别，同样地，文献检索和信息检索也是两个不同的概念。

1. 信息检索的概念

信息检索是指将信息按一定的方式组织和存储起来，并根据信息用户的需要找到有关信息的过程。其本质是信息用户的检索需求和信息集合的比较与选择，即匹配的过程。广义的信息检索，包括信息存储和检索。狭义的信息检索则仅仅是指检索的过程，即从信息集合中找出所需信息的过程。

2. 文献检索的概念

《中华人民共和国国家标准：情报与文献工作词汇基本术语》给文献检索下的定义是："从存贮的文献中查找出特定文献的过程。"广义的文献检索包括文献的存贮和查找两个过程，狭义的文献检索仅指文献的查找过程。本章主要讨论狭义上的文献检索。文献检索是现代知识急剧膨胀，人们查寻的着眼点更多地指向包含在文献中的知识而不是文献本身，以及计算机使文献处理手段极大增强的产物。

3. 二者之间的关系

信息检索和文献检索是两个不同的概念，它们既有区别，又有密切的联系。由于文献是情报、知识、信息的存储载体，情报、知识、信息一般都不能超越文献这种载体而存在，因此，信息检索一般也都不能超越作为信息载体的文献。信息检索主要是通过文献检索实现的，文献检索是信息检索的一个重要组成部分。

5.1.3 文献检索的类型

1. 根据检索对象划分

文献检索根据其不同的检索对象，可分为文献地址检索、全文检索、事实检索、数据检索。

（1）文献地址检索

又称书目检索，就是利用书目、索引、文摘以及书目数据库等检索工具，查出所需文献线索的检索，它是文献检索的主要类型之一。在有的教科书中，文献检索仅指文献地址检索。在本书中，文献检索取其广义解释，即包括文献地址检索、全文检索、事实检索和数据检索。

（2）全文检索

又称文本检索，就是利用文献汇编、全文数据库等检索工具，直接查出所需文献中有关段落、章节乃至全文的检索，如查找《中华人民共和国合同法》原文。随着机读型文献高密度存储技术和全文数据库编制技术的进步，全文检索的应用范围越来越广，大有取代文献地址检索之势。

（3）事实检索

是以事实为查找对象的检索。"事实"包括概念、思想、知识等，如查什么是"米兰达权利"。

（4）数据检索

又称数值检索，是以数据为查找对象的检索，如查 2003 年全国人民法院办理了多少案件。

2. 根据存储载体和技术手段划分

按照文献存储的载体和实现查找的技术手段，文献检索可分为手工检索和机器检索两种。

（1）手工检索

手工检索是通过检索者对印刷型的检索工具进行手翻、眼看、脑子做出判断而进行的。这种检索方式的优点是检索者可以边查边思考，随时修改检索策略；缺点是效率低。

（2）机器检索

机械检索：利用探针或检索器件，对代表检索标识的穿孔卡片进行选取；

光电检索：把检索标识变成黑白点矩阵或条形码，存储在缩微胶片（卷）上，利用光电效应，通过检索机进行查找；

计算机检索：计算机检索是目前机器检索的主要方式，它是把文献及其检索标识转换成计算机可以阅读的二进制编码，存储在数字载体上，由计算机根据程序进行查找与输出。根据检索者同计算机进行的不同通信方式，计算机检索又可以分为脱机检索、联机检索及多机网络化检索等。

3. 根据检索对象学科划分

按照文献检索对象所属学科，可分为科技文献检索和社会科学文献检索两大类。

（1）科技文献检索

偏重外文文献检索和计算机检索，强调对检索语言，特别是主题语言的理解与运用。因为科技文献的特点是：文献总量多，更新快；对外文文献，特别是英语文献依赖性大；文献类型较简单；文献主题单一；较易实现计算机自动存储和检索；文献数据库数量多。

（2）社会科学文献检索

以中文检索和手工检索为主，在检索方法上更重视分析与判断、各种检索工具的综合运用以及经验的积累。社会科学文献的特点是：文献总量相对少，更新较慢；对外文文献依赖性较小；文献类型和文献主题复杂；较难实现计算机自动存储和检索；文献数据库数量少。

5.1.4 学习文献检索的意义与目的

人类社会已经进入 21 世纪，信息时代已经来临，知识时代初露端倪。在新的时代里，面对汹涌澎湃的信息与知识的浪潮，个人的知识仅仅依赖于长年累月的积累是不能适应时代发展的，而捕捉信息、检索文献的技能显得越来越重要。

教育部早在 1984 年便发文指出：为了跟上科学技术发展日新月异的步伐，适应四化建设的需要，高等学校在给学生传授基本知识的同时，必须注重培养学生的自学能力和独立研究的能力，让学生具有掌握知识情报的意识，具有获取与利用文献的技能，这是培养学生能力的一个重要环节。根据国外的做法和我国部分高校近几年的经验，在高校开设"文献检索与利用"课程很有必要。

2015 年，教育部发布《普通高等学校图书馆规程》，指出高等学校图书馆是学校的文献信息资源中心，是为人才培养和科学研究服务的学术性机构，是学校信息化建设的重要组成部分，是校园文化和社会文化建设的重要基地。其主要职能是教育职能和信息服务职能，应充分发挥其在学校人才培养、科学研究、社会服务和文化传承创新中的作用。图书馆应全面参与学校人才培养工作，充分发挥第二课堂的作用，重视开展信息素质教育，采用现代教育技术，加强信息素质课程体系建设，完善和创新新生培训、专题讲座的形式和内容，采取多种形式提高学生综合素质。

我们将学习文献检索的意义概括为三个方面：①减少查找文献资料的时

间，提高学习和工作效率；②促进不断吸收新知识，改善知识结构，增强竞争能力；③迅速了解相关科学动态，吸收当代研究的最新成果。

进行文献检索教学的目的则包括以下四点：①培养和提高大学生的信息意识，提高捕捉、分析、判断和吸收信息的主动性与自主性；②了解相关专业文献信息的基本知识；③学会常用印刷型检索工具及数据库的使用方法，懂得如何快速有效地获得与利用相关文献；④增强自学能力及研究能力，发挥创造才能。

5.2 文献检索原理和语言

5.2.1 文献检索的基本原理

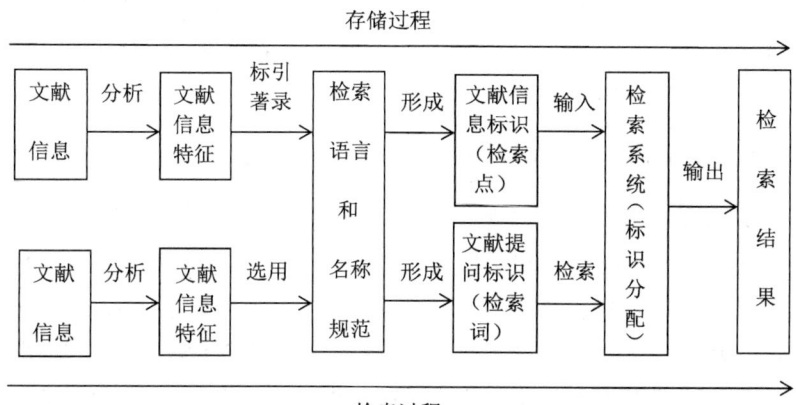

图 5-2-1　文献信息检索基本原理示意图

文献信息检索基本原理如图 5-2-1 所示。

1. 文献检索基本原理

文献检索的基本原理是指研究文献存储与检索的基本原理和方法，实际上就是文献存储和检索的全过程。文献检索对用户而言，就是从文献集合中迅速、准确地查出所需信息的过程。用户根据课题需要，将代表需要查找的检索提问标识与文献库中所存储的文献特征标识进行比较，当文献库中所存储的文献特征标识与检索提问标识相一致，或文献特征标识包含了检索提问标识时，那么具有这些特征的标识就被检出，即是命中的结果。

2. 文献信息检索过程

（1）存储过程

存储过程就是按照检索语言（主题词表或分类表）及其使用原则对原始文献信息进行处理，形成文献信息特征标志，为检索提供经过整序（即形成检索途径）的文献信息集合的过程。具体来说，文献信息的存储包括对文献信息的著录、标引以及编排正文和所附索引等。所谓文献信息的著录，是指按照一定的规则对文献信息的外表特征和内容特征加以简单明确的表述。文献信息外表特征包括文献信息的著者、来源、卷期、页次、年月、号码、文种等。文献信息内容特征包括题名、主题词和文摘。文献信息的标引是就文献信息的内容按一定的分类表或主题词表给出分类号或主题词。

（2）检索过程

检索过程是按照同样的主题词表（或分类表）及组配原则分析课题，形成检索提问标志，根据存储所提供的检索途径，从文献信息集合中查获与检索提问标志相符的信息特征标志的过程。

5.2.2 检索语言的概念及其类型

1. 检索语言的概念

文献信息的加工存储过程一般要经过标引过程，由标引形成相关的索引，根据索引可以构建准确的检索提问。这种满足信息检索需求而创制的用主题词表或分类表等工具来控制的人工标识语言就是检索语言。文献检索语言是一种人工语言，用于各种检索工具的编制和使用，并为检索系统提供一种统一的、作为基准的、用于信息交流的一种符号化或语词化的专用语言。因其使用的场合不同，检索语言也有不同的叫法。例如在存储文献的过程中用来标引文献，叫标引语言；用来索引文献则叫索引语言；在检索文献过程中则为检索语言。

2. 检索语言的类型

（1）按文献信息的特征分类

可分为描述信息内容特征的语言和描述信息外部特征的语言。其中描述信息外部特征的语言包括：题名语言、作者语言、号码语言。

（2）按检索工具编排体系分类

分类语言：是按学科范畴划分而构成的一种语言体系，它集中反映学科的系统性，反映它们的相关、从属、派生等关系，从总体到局部分层、分面展开，形成分类体系。由类目号码及名称作为检索语言，构成分类类目表，如图书分类表、专利分类表用的都是分类语言。

主题语言：是以文献的主题为依据，用语词作为概念表示，将概念表示进行字顺排列，并用参照系统等方法间接显示概念之间的相互关系的一种检索语言。

（3）按检索语言的词汇组配方式分类

先组式语言：在检索实施前已事先组配好的一种检索语言，用户只能用这种已经固定好的检索词组形式去完成检索，它有较好的直接性和专指性，但灵活度差，比如标题词语言。

后组式语言：在检索实施前未事先组配好的、以单元词等形式出现的一种检索语言，在检索时将它们临时组配起来，表达一定的概念，来完成检索。这种后组式提供了灵活的组配方式，在计算机检索中得到广泛应用。

（4）按词汇的类型分类

关键词语言：是非受控语言，是自然语言，直接取自文献的题名、文摘等，或者取自全文，对表达文献主题内容具有实质意义，起关键性描述作用的词汇，不作或极少作词汇控制。除了禁用词，如一些冠词、介词、副词或连词外，凡在概念上有意义的词都可用作关键词，它确保检索用词与文献记录中的词汇完全一致，如"社会主义市场经济体制""民族资本家"。

单元词语言：是一种后组式受控语言，它是一种最基本的、不能再进一步分割的单位词语言，单元词也称元词，它能独立表达某一概念。元词语言是后组语言，它将一些元词在检索执行时组合起来使用，如"书""经济""股票""汽车"。

标题词语言：是一种先组式受控语言，词之间的关系由词表规范表达，词表按字顺编排，也有参照指向，实现相关概念的链接。标题词语言由主标题、副标题、说明语三部分构成，如"安全装置/车辆/专利""农村能源/远景/青海省"。

叙词语言：是一种后组式受控语言，它是为克服单元词与标题词的缺陷而产生的一种较新的、使用较多的检索语言。叙词语言的基本原理是通过概念组配来表达文献主题，以使检索达到更高的专指度，如"社会学""心理学"两个概念组配出"社会心理学"。

（5）按其规范的情况分类

自然语言（非规范语言）：是指取其自然形态，不受控，使用非规范词的语言，或称自由词。自然语言极其丰富、复杂和多样，存在着一词多义、多词一义及词义交叉的现象。常见的有同义词、近义词、同型异义词。

人工语言（规范语言，即受信息检索的控制，使用控制、规范词的语言）：人工语言的规范处理重在两个方面，一是使一个概念只用一个词来表达，这样就避免了多词一义的情况；二是使一个标引词只能表达一个概念，这样就排除了一词多义现象，这时，需要加上必要的限定和注释。

不同种类检索语言之间的关系如图5-2-2所示。

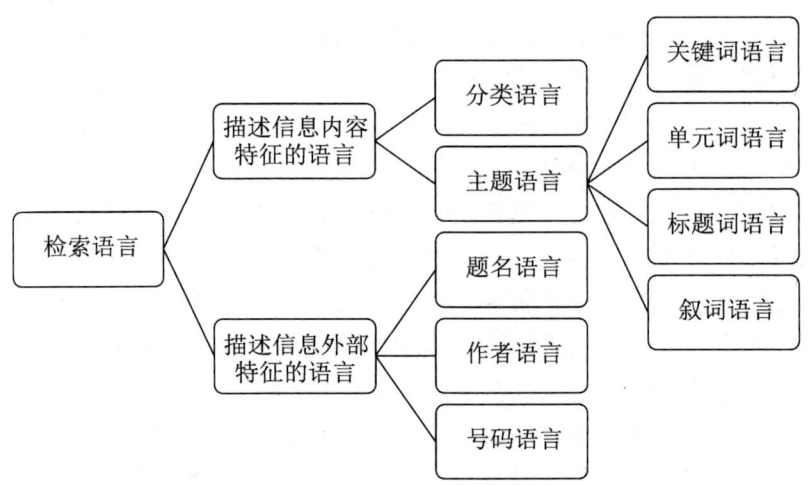

图 5-2-2　不同种类检索语言之间关系图

5.3 文献检索方法、途径和步骤

5.3.1 文献检索的方法

所谓检索方法，就是为实现检索计划或方案所提出的检索目的而采取的具体操作方法或手段的总称。文献信息检索方法有四种：直接检索法、间接检索法、追溯检索法、循环检索法。后三种是文献检索的基本方法，其中间接检索法是最常用的方法。

1. 直接检索法

直接检索法又称直查法，是指不利用检索工具或检索系统，通过直接浏览或查阅原始文献，来获取所需信息的一种检索方法。其优点是能明确判断文献所包含的信息是否具有针对性和实用性；缺点是存在着很大的盲目性、分散性和偶然性，查全率无法保证。如果检索课题单一，文献相对集中，又熟悉原始文献，可用这种检索方法。而对有多个主题、文献离散较大的课题，则难以获得理想的检索效果。

2. 间接检索法

间接检索法又称常用法，是指借助于检索工具或检索系统获取所需信息的一种检索方法。它又分为顺查法、倒查法和抽查法。

（1）顺查法

是指按时间顺序，从过去到现在，由远及近地利用检索系统进行文献信息检索的方法。它适用于普查一定时间的全部文献，查全率较高，并能掌握课题的来龙去脉，了解其研究历史、研究现状和发展趋势，但工作量大，费时较多。例如，已知某课题的起始年代，现在需要了解其发展的全过程，就可以用顺查法从最初的年代开始，逐渐向近期查找。

（2）倒查法

又称逆查法，与顺查法相反，是由近及远，从新到旧，逆着时间的顺序利用检索工具进行文献检索的方法。倒查法的重点是放在近期文献，如果对某一课题的研究已经有一定的基础，只需了解新的发展、成果和动态，就可采用此法，以便最快地获得最新资料。例如，为确认研究成果是否具有创新性的查新检索，就适合采用倒查法。

（3）抽查法

根据检索课题的特点，选择有关该课题的文献发表较多的年代，利用检索工具进行重点检索的方法。它适用于检索某一领域的研究高潮很明显，某一事物出现频率在某一时段很突出的课题。

3. 追溯检索法

追溯检索法又称扩展法、追踪法，是指不利用检索工具，而是利用文献后面所列的参考文献，逐一追查原文（被引用文献），然后再从这些原文后所列的参考文献目录逐一扩大文献的信息范围，一环扣一环地追查下去的方法。在检索工具不齐全或没有合适的检索工具的情况下，采用追溯法能够获得一定数量的相关文献，但容易漏检和误检。

4. 循环检索法

简称循环法，又称分段法、综合法，实际上是上述间接法和追溯法的综合使用。两者相互配合，可以取长补短，取得更好的检索效果。

5.3.2 文献检索的途径

文献检索的途径是进行检索的出发点及路线。一般是指将文献的内容特征和外表特征，按照特定检索原理或排检法编制而成的某种逻辑次序或字顺次序。检索途径主要类型有：

1. 分类检索途径

这是根据所需情报的学科专业特征，及其在特定知识分类体系中的特定位置查询情报的途径。使用的语言是分类语言，使用的检索工具有"分类目录""分类索引"等。用分类途径检索的优点是它能把同一学科的文献集中在一起，便于检索；缺点是新兴学科、边缘学科在分类时往往难于处理。一些百科全书、图书馆的分类目录、多数检索期刊的正文等，都提供有分类检索途径。

2. 主题检索途径

这是根据所需情报的主题特征和主题词的字顺次序查询情报的途径。使用的检索语言是主题语言，使用的检索工具有"主题索引""关键词索引""叙词索引"等。主题途径检索的优点是，它用文字作检索标识，表达要领准确、灵活，能把同一主题内容的文献集中在一起，便于特性检索。一些百科全书和年鉴的辅助索引、图书馆的主题目录、多数检索期刊的辅助索引、计算机检索系统等，都提供有主题检索途径。如果说分类检索是一种单学科的纵向途径，那么主题检索则是一种多学科的横向途径。

3. 题名检索途径

这是根据文献的题名特征查询文献的检索途径。它把文献上记载的书名、刊名、篇名等作为文献存储的标识和情报提问的出发点。使用的工具有"图书书名目录""期刊刊名目录""会议资料索引"等目录或索引。这类检索工具一般都按图书、期刊、资料的字顺编排，多用于查找馆藏图书和期刊。

4. 著者检索途径

这是根据已知著者名称特征查询文献的检索途径。使用的工具有"著者目录""著者索引""专利权人索引"等。用著者途径检索的优点是，通过著者索引可以检索到某著者对某一专题研究的主要文献；缺点是必须预先知道著者姓名，必须配合主题或分类途径使用，才能取得好的检索效果。

5. 号码检索途径

这是根据文献的序号或代码查询文献的检索途径。使用的工具有"专利号索引""报告号索引""标准号索引""登记号索引"等。文献的序号或代码在识别文献时具有明确、简短、唯一的特点，因此，在已知某序号或代码的前提下，利用号码检索途径检索文献比较方便、快捷。

6. 分子式检索途径

这是以化学物质的分子式作为检索标识来查找文献的途径。使用的检索工具是"分子式索引"。从"分子式索引"中查出化学物质名称，然后转查"化学物质索引"。该途径主要在美国《化学文摘》中使用。

7. 引文检索途径

这是根据文献后参考文献或引用文献的特征查询文献的检索途径。例如直接利用文献后的参考文献或引用文献不断地追溯检索旧文献，或利用引文索引循环检索新文献。利用引文检索途径可查询到一系列彼此有一定引证关系的引用文献或被引文献。

5.3.3 文献信息检索的步骤

文献检索工作是根据既定的课题要求，利用检索工具按照一定的方法和步骤把符合需求的文献挑选出来的过程，文献检索是一项实践性很强的活动，它要求检索者善于思考，并通过经常性的实践，逐步掌握文献检索的规律，从而迅速、准确地获取所需文献。文献检索有以下几个检索步骤：

1. 分析研究课题，明确文献需求

课题分析是文献信息检索过程中最重要的环节，能否正确地分析课题，将直接影响检索的质量与效果。当研究课题确定之后，首先要对该课题的研究内容、研究背景、所涉及的学科范围及其相互之间关系进行周密的分析研究，明确该课题所需文献的内容、性质、年限等。在分析课题时，要考虑以下几个问题：

找出课题所涉及的主要内容和相关内容，选取主题词。

根据课题的性质，明确课题需要的文献类型，选择合适的文献类型。例如，要写一个开题报告或研究项目，可考虑研究报告、科技论文、学位论文、会议文献等文献资料；搞某项发明、技术革新时，可从专利文献和标准文献中得到帮助。

确定检索的时间范围。根据研究课题的背景，确定检索的时间范围，对发展较快的研究领域应优先查找最近几年的文献。例如研究电子文件类的课题，在查找文献时应重点关注近几年的文献，因为电子文件是随着计算机和互联网的普及而出现的。

2. 选择检索工具

当检索课题明确以后，就要选择与课题相符、质量较高、检索手段比较完善的检索工具。一般对检索工具的要求是：收录文献资料的专业广、类型齐全、数量大、报道速度快、文摘详细，并附有各种索引。检索时，既要选择专业性检索工具，也要考虑使用综合性检索工具，以获得满意的查全率。注意利用权威性的检索工具，并优先选择机读型检索工具，以争取最佳的检索效率。

3. 确定检索途径

确定检索途径，应根据已知条件，选取最易查获所需文献的途径，例如：若已知文献的著者、号码、分子式和地名等，可利用相应索引查获所需文献，同时，还可通过上述途径间接核准确切的分类号或主题词。

检索工具一般都有多种检索途径，若课题的检索泛指性较高，即所需文献范围较广，则选用分类途径较好。反之，课题检索的专指性较强，即所需文献比较专深，则选用主题途径为宜。

4. 选择检索方法

文献信息检索是根据文献的某种特征，从各个不同的角度进行的。根据文献的不同特征，可以选择不同的方法进行检索。

根据检索条件：检索工具缺乏而原始文献收藏丰富宜用追溯法，有成套检索工具则宜用直接检索法，其查全率、查准率都比追溯检索法高。

根据检索要求：要收集某一课题的系统资料，要求全面，不能有重大遗漏，最好用顺查法；要解决某一课题的关键性技术，不要求全面，只要能解决这个关键问题就行，且要求快、准、针对性强，宜用倒查法，迅速查得最新资料。

根据检索学科的特点：古老学科，开始年代很早，只好用倒查法；新兴学科，起始年代不远，可用顺查法；波浪发展的学科，可选择发展高峰，用循环法。

5. 辨别文献来源

上述检索步骤，其实都是文献信息检索的准备阶段。当通过检索途径查找到与课题相一致的文献时，就要仔细阅读其文摘内容，判定是否切题。如符合检索要求，必须记下篇名、著者、来源、文种等款目。能否获得原始文献，前提是正确识别文献来源。

6. 索取原始文献

查找原始文献是文献检索的最终目的。根据检索到的文献线索，利用各种类型的馆藏目录、联合目录即可查到文献原文。查找原始文献，一般是由近而远，首先从本单位、本地区的文献资源着手，然后利用全国性的文献联合目录。随着计算机网络化的普及，许多文献收藏与服务机构（特别是国家地区级）已建立了馆藏文献信息的数据库，并连入互联网向用户提供文献的查询、传递和共享服务，利用互联网进行文献的查找和获取目前已成为用户方便、快捷地远程获取原始文献的一种发展趋势。例如森林公安高校的文献资源较为专业化，但不一定很全面，相关人士就可以利用文献传递等其他方式获取其未收录文献。

5.4 文献检索技术和工具

5.4.1 文献检索技术

检索技术是指利用现代信息检索系统，如联机数据库、光盘数据库和网络数据库，于检索文献时所采用的方法、策略和检索手段等相关因素的总称。文献信息检索技术经过先组式索引检索、穿孔卡片检索、缩微胶卷检索、脱机批处理检索发展到今天的联机检索、光盘检索、网络检索，其发展经历了由低级到高级的过程，这与以计算机技术和通信技术为代表的现代信息技术的迅速发展是分不开的。现在是联机检索、光盘检索、网络检索并存的时代，本章主要介绍计算机检索技术。

计算机检索技术是用户信息需求和文献信息集合之间的匹配比较技术。由于信息检索提问式是用户需求与信息集合之间匹配的依据，所以计算机检

索技术的实质是信息检索提问式的构造技术。目前，计算机信息检索技术已经从基本的布尔逻辑检索、截词检索、词位限定检索、限制检索、短语检索等发展为高级的加权检索、自然语言检索、视觉检索、模糊检索、概念检索和相关检索等多种技术并存。本章主要介绍常用的布尔逻辑检索、截词检索、词位限定检索和限制检索。

1. 布尔逻辑检索

布尔逻辑检索是指采用布尔逻辑表达式来表达用户检索要求，并通过一定的算法和实现手段进行检索的过程，是现代信息检索系统中最常用的一种方法，也是构造检索表达式最基本、最简单的匹配模式。常用的布尔逻辑运算符有三种，分别是逻辑或"OR"、逻辑与"AND"、逻辑非"NOT"，用这些逻辑运算符将检索词组配构成检索提问式，计算机将根据提问与系统中的记录进行匹配，当两者相符时则命中，并自动输出该文献记录。

（1）逻辑与

用"AND"或"﹡"表示，是一种用于交叉概念和限定关系的组配，它可以缩小检索范围，有利于提高查准率。凡是用 AND 的检索式，AND 两侧的检索词必须同时出现在同一条记录中，该记录才算命中。

比如，我们要检索有关"大气污染控制"方面的资料，其检索式为："air pollution and control"。

（2）逻辑或

用"OR"或"+"表示，是一种用于并列关系的组配，它可以扩大检索范围，防止漏检，有利于提高查全率。凡是用 OR 的检索式，OR 两侧的检索词只要有一个在一条记录中出现，该记录就算命中。

这个算符在检索时一般多用于以下情况。①缩写与全称。如检索有关"聚氯乙烯"方面的资料。检索式："pvc or polyvinyl chloride"。②同义词。如检索有关"建筑物"方面的资料。检索式："building or house"。③化学中化合物的分子式与全称、物质的俗名与学名、元素符号与元素全称等。如检索"沼气"方面的资料，检索式为"甲烷+沼气"。

（3）逻辑非

用"NOT"或"-"表示，是一种排斥关系的组配，排斥关系组配用来从原来的检索范围中排除不需要的概念或影响检索结果的概念。

如检索"不包括核能的能源"方面的资料，检索式为"Energy not Nuclear"。

布尔逻辑运算符可以组配使用，三者的优先顺序在无括号的情况下为 NOT>AND>OR，有括号时括号内的先执行。例：检索"明清小说"的有关信息。关键词：明、清、小说。正确检索表达式："（明 OR 清）AND 小说"；"明 AND 小说 OR 清 AND 小说"。错误表达式：明 OR 清 AND 小说；明 AND 清 AND 小说；明 OR 清 OR 小说；明 AND 清 OR 小说。

此外，在使用布尔逻辑运算符时，英文数据库通常用字母，中文数据库要用符号。例如：英文数据库的检索式为："intelligent robot and control"，中文数据库的检索式为："intelligent robot * control"，均表示查询结果中必须同时包含"intelligent robot"和"control"。

2. 截词检索

截词是指在检索词的合适位置进行截断。所谓截词检索，是指在检索表示中保留相同的部分，用相应的截词符代替可变化部分。允许检索词可有一定范围的变化，这种功能可减少输入步骤，简化检索程序，扩大检索范围，从而节省机时，降低费用，提高查全率。

（1）截词符

不同的数据库有不同的截词符，DIALOG 系统用"?"，ORBIT 系统用"+"，还有的系统用"＄"或"＊"，通常情况下"＊"代表无限截词符，"?"代表有限截词符。

①无限截词符"＊"：在检索词的词干后加一个截词符"＊"，以此表示该词词尾部分可变化的字符位数不受限制。一个无限截词符可以代表 0~N 个字符，一般用在检索词末。用 * 号作为截词符，可将一个单词的不同拼写形式检索出来，如 smok＊将对 smoke、smoky、smoked、smoker 等进行检索。

②有限截词符"?"：一个有限截词符只代表一个字符，一般用在检索词中间，如 smok? 只能检索到 smoke、smoky，检索不到 smoked、smoker；又如 wom? n 可以检出 woman、women。

（2）截断方式

截断方式有后截断（前方一致）、中截断（中间屏蔽）、前截断（后方一致）、前后截断。下面以"?"作为截词符举例说明：

①后截断：是将截词符号置放在被当作检索词的右方，以表示其右方字符可以变化，前方保证一致。如：当用户只知道文献作者的姓而不清楚名时，可在其姓的字后加"?"作姓氏截断，表示方式为"张?"，表示检索所有张

氏作者的文献。

②前截断：是将截词符号放在被当作检索词的左边，以表示左方字符可以变化，后方保证一致。如：用户需要查找有关"化学"方面的文献，其表示方式为"？化学"，表示无论是"无机化学"，还是"有机化学"的文献等都需要。

③前后截断：是在作为检索词的左右两侧同时放置截词符号，以表示检索词两侧可以变化，中间保证一致。如：用户需要查找"教育"方面的文献，其表示方式为"？教育？"，即可检索到"大学教育""中小学教育"和"教育理论""教育方法"等方面的文献。

④中截断：是将截词符放在检索词中间，作为通字符，以表示中间字符可以变化，而两端字符保证一致。如：用户需要查找有关"中国文学作品的写作特点"方面的文献，其表示方式为"中国？写作特点"，即可检索到"中国小说写作特点""中国诗歌写作特点"和"中国戏剧写作特点"等方面的文献。

（3）截词检索注意事项

在使用截词检索技术时应注意以下几点：

在不同的数据库和联机检索系统中，所使用的截词符号没有统一的标准，有的用"？"，有的用"＊"，有的用"#"，有的用"＄"等；

即便常用的"？"和"＊"，在不同的数据库中其用法也是不一定相同的；

在允许截词的检索工具中，一般是指右截词，部分支持中间截词，左截词比较少见；

常用的一些数据库，一般用"＊"代表一个字符串，用"？"代表任意一个字符；

英语单词词尾变化较多，为避免漏检，经常要使用前方一致的截词检索。

3. 词位限定检索

词位限定检索是通过检索式中的专门符号来规定检索词在结果中的相对位置，例如，检索"生物防治"的文献，若用检索式"biological ＊ control"检索，则会将"抑制生物"（control biological）的文献也查出来，这显然不是所需文献，这时就可以采用位置算符来规定检索词的相对位置。大部分通用机检系统均提供该功能，其中功能最为详尽的当推 Dialog 联机检索系统。

另外，通常用半角引号""或半角括号（）来表示两词是作为一个词组来检索的，如：输入"profit and loss"将查找 profit and loss。禁用词（通常为一些虚词，如冠词和连词）不包含在检索范围之内，如：a、about、also、and、any、as、at、be、between、by、both、for、some、so、not、this、with 等将被自动忽略。

4. 限制检索

限制检索也称限定检索或检索限定，泛指检索系统中提供的缩小或约束检索结果的检索方法。主要有以下方式：

（1）字段限制检索

字段限制检索是指限定检索词在数据库记录中的一个或几个字段范围内查找的一种检索方法。在检索系统中，数据库设置的可供检索的字段通常有两种：表达文献主题内容特征的基本字段和表达文献外部特征的辅助字段。基本字段包括篇名、文摘、叙词、自由标引词四个字段；辅助字段包括除基本字段以外的所有字段。

在多数检索系统中，如果用户不对检索式注明字段限定范围，系统会默认在四个基本字段中检索。通常的字段限定范围的大小顺序是：篇名<关键词<摘要<全文。

（2）范围限制检索

除上述限制检索外，计算机检索系统一般还提供了范围限制检索功能，用以对数字信息进行限制检索。如 Dialog（Ondisc）系统、Silver Platter（Spirs）系统、ProQuest 系统均设置了范围限制检索功能。常用检索符有：

：或二包含范围，如出版年 PY=1990：2000、邮政区号 ZIP=02100：02199。

>大于，如公司销售额 SA>500M。

<小于，如研究生申请接受率 PC<50%。

=等于，如波长 WAV=0.000 010 6M。

>=大于或等于，如公司总财产 TA>=500 000 000。

<=小于或等于，如公司雇员数 EM<=9000。

（3）使用复杂检索、二次检索

现在的一些检索系统一般具有复杂检索（如高级检索、专家检索、命令检索、指南检索）功能，它比简单检索功能更完备、精确，不仅可以实现多字段、多检索式的逻辑组合检索，而且对检索的限定更具体、全面，基于字符图形界面的复杂检索系统，十分直观，易于操作。另外，可使用二次检索，可在当前检索结果中进一步检索，如 CNKI 系统、Web of Science 平台均具有此功能。

5.4.2 文献检索工具

1. 文献检索工具的定义

文献检索工具是用以存储和检索文献线索或报道、累积和查找文献线索的工具，它是在一次文献基础上经过加工、整理、编辑而形成的二次文献。一般说来，检索工具应具备以下条件：

明确收录的范围；

有完整明了的文献特征标识；

每条文献条目中必须包含多个有检索意义的文献特征标识，并标明供检索用的标识；

全部条目科学地、按照一定规则组织成为一个有机整体；

有索引部分，提供多种必要的检索途径。

2. 文献检索工具的作用

根据学科和主题集中文献，避免了直接检索的分散性、盲目性和偶然性，从而提高了文献的查全率和查准率。

检索者不必去阅读大量分散的原始文献，而只需查阅原文的具体著录事项，从而提高了检索速度和效率，缩短了检索过程，节省了查找时间。

便于按分类或主题等不同的检索途径灵活多样地进行检索。

检索工具可以用一种语言来收录和报道不同文种的文献，而用户只需掌握一两种主要语言，即可查阅多语种的文献资料，因而避免了用户因语种的限制而漏查一些有重要参考价值的文献，有助于消除语言文字障碍。

3. 检索工具的类型

目前可供人们使用的检索工具很多。按加工文献和处理信息手段的不同可分为手工检索工具、机械检索工具和计算机检索工具；按照载体形式不同可分为书本式检索工具，磁带式检索工具，卡片式、缩微式、胶卷式检索工具；按收录学科专业范围可分为综合性、专业性和专题性检索工具；按文种可分为中文、西文、日文、俄文等检索工具。各种不同的检索工具各有特点，可以满足不同的文献信息检索的需求。其中，按照著录方式划分最能体现检索工具对文献内容提示的深浅程度，体现检索工具的性质。以上是检索工具最主要的划分方法，通常可以分为以下 4 种类型。

（1）目录型检索工具

目录型检索工具是记录具体出版单位、收藏单位及其他外表特征的工具。它以一个完整的出版或收藏单位为著录单元，一般著录文献的名称、著者、出版情况和收藏单位编号等，对出版物内容提示程度较浅，主要用于报道、登记单位出版物出版发行情况和提示其收藏情况，供人们选购、查阅和获取文献信息时使用。目录的种类很多，有图书目录、报刊目录、资料目录，有分类目录、著者目录、书名目录，有国家书目、馆藏目录、联合目录等。对于文献信息检索来说，国家书目、联合目录、馆藏目录等尤为重要。

（2）题录型检索工具

题录型检索工具是以单篇文献为基本著录单位来描述文献外表特征的，无内容摘要，是快速报道文献信息的一类检索工具。它与目录的主要区别是著录的对象不同，目录著录的对象是单位出版物，题录的著录对象是单篇文献。因此，它对文献的提示程度比目录要具体深入。题录的著录项目一般包括题录号、文献题目、作者及工作单位、出处、原文文种、主题词、文中所附图表数及参考文献数等。它具有著录简单、易编制、出版迅速、报道量大等特点，弥补了文摘型检索工具编制较复杂、出版不够及时、收录文献难以全面等方面的不足。

（3）文摘型检索工具

文摘型检索工具是从大量分散的文献中选择重要的部分，以简练的形式做成摘要，并按一定的方法组织排列起来的检索工具。与题录相比，文摘对文献内容的提示程度较题录更深入具体，它不仅描述文献的外表特征，还进一步描述文献的主题内容。文摘的著录项目不仅包括了题录的所有项目，还对文献主题内容进行摘要，即包括文摘号、文献题目、著者及其工作单位、原文出处、原文文种、主题词、图表数和参考文献数、摘要等。此外，一些特种文献还有其特有的著录项目，如科技报告有报告号和入藏号；专利文献有专利号、专利分类号、专利申请号、申请日、公布日等；会议文献有会议名称、会议召开的时间和地点等。这类文献大多数还著录馆藏单位或馆藏代码。

按照文摘的编写人不同，文摘可分为著者文摘和非著者文摘。著者文摘是指原文著者编写的文摘，而非著者文摘是指由专门的熟悉本专业的文摘人

员编写而成的文摘。按文摘摘要的详简程度，又可分为指示性文摘和报道性文摘两种。指示性文摘以最简短的语言写明文献题目、内容范围、研究目的和出处，实际上是题目的补充说明，一般在 100 字左右。报道性文摘以揭示原文论述的主题实质为宗旨，基本上反映了原文的内容、讨论的范围和目的、采取的研究手段和方法、所得的结果或结论，同时，也包括有关数据、公式，一般 500 字左右，重要文章可多达千字。

（4）索引型检索工具

索引型检索工具是根据一定的需要，把特定范围内的某些重要文献中有关款目或知识单元，如书名、刊名、人名、地名、语词等，按照一定的方法编排，并指明出处，为用户提供文献线索的一种检索工具。索引不但应用于各种文献之中，也广泛应用于各种检索工具之中。索引是衡量检索工具的主要标志，无论目录、题录还是文摘型检索工具，如果没有索引，就不称其为检索工具，至少可以说它不是完善的检索工具。检索工具质量的好坏，检索效率的高低，同其索引的齐备完善与否有着密切的关系。索引的种类很多，常用的索引类型有分类索引、主题索引、关键词索引、著者索引等。

［1］秦殿启主编：《文献检索与信息素养教育》，南京大学出版社 2008 年版。
［2］中国国家标准化管理委员会：《文献著录第 1 部分：总则》（GB T3792.1-2009），2009 年版。

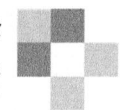

第 6 章
中文电子图书检索

信息技术的发展推动了传统纸质图书的数字化工作，由此产生了大量的电子（数字）图书资源，它们通过互联网进行传播，依靠普通的 PC 机、手机和专用设备为广大的用户提供服务。目前国内提供中文电子图书的服务商和网络站点有数百个，但是从高校等机构单位角度看，中文电子图书的服务商相对比较集中。本章即介绍几个常见的电子图书平台及其具体的检索方法，并在最后概要阐述国内其他电子图书平台的情况。

6.1 超星数字图书馆

6.1.1 超星数字图书馆简介

超星是北京超星公司简称（全称：北京世纪超星信息技术发展有限责任公司），成立于 1993 年，超星公司是国内较早从事纸质资料的数字化以及制作电子出版物的公司之一。超星数字图书馆成立于 1993 年，是国家"863"计划中国数字图书馆示范工程项目，由超星公司与中国国家图书馆联合国内数十家地方图书馆、高校图书馆、出版社共同组建而成。2000 年 1 月在互联网上正式开通，2011 年更名为超星网，截至 2018 年全国用户已超过 8000 家。超星数字图书馆是目前世界最大的中文在线数字图书馆，同时建立健全包括图书、期刊、论文、报纸等多品种多题材的全文数字资源，并在全文资源的基础上进行深化开发，完成了对于电子图书的全文检索、目次检索等多途径和手段深入检索方式，为读者提供了更加方便快捷的图书检索和阅读体验。

经过 25 年的不断积累，超星数字图书馆馆藏电子图书总量在 330 万种以上，涵盖中图分类法 22 个大类，涉及经典理论、哲学、宗教、社科总论、政治法律、军事、经济、文化教育、语言文学、自然科学总论、医药卫生、计算机等多个学科。每年新增图书超过 15 万种。同时，拥有来自全国 700 多家专业图书馆的大量珍本、善本以及民国图书等稀缺文献资源。超星数字图书馆包库网站提供约 140 万册优质图书、热门图书供用户阅读、下载，每天仍在不断增加与更新，丰富的图书资源不仅能够满足用户不同的专业需要，而且能随时为用户提供最新、最全的图书信息。

6.1.2 超星数字图书馆检索

1. 登录系统

超星数字图书馆的网址是 http://www.sslibrary.com。

超星数字图书馆通过以下三种方式为用户提供服务：通过超星数字图书馆读书卡会员站点为读书卡会员提供服务；通过超星数字图书馆教育网镜像站点为高校团体用户提供服务；通过图书馆服务器为高校团体用户提供图书馆本地镜像服务。本节以南京森林警察学院本地镜像服务为例进行介绍。此外，有需要的森林公安警务人员可以联系南京森林警察学院图书馆，在注册账号之后使用 http://login.forest.vpn358.com/index.html 网站访问南京森林警察学院图书馆电子资源访问系统，使用南京森林警察学院订购资源（后文同）。

2. 分类检索

超星数字图书馆对所收录的图书根据《中国图书馆分类法》分为 22 种大类，提供从学科专业角度浏览和选择图书的途径，还可以在该图书分类的范围内进行二次检索。点击主页左侧的图书分类下的类目，即进入分类检索页面，点击一级分类即进入二级分类，依次类推。以检索政治、法律类图书为例，点击主页的政治、法律类目链接得到的检索结果如图 6-1-1 所示。

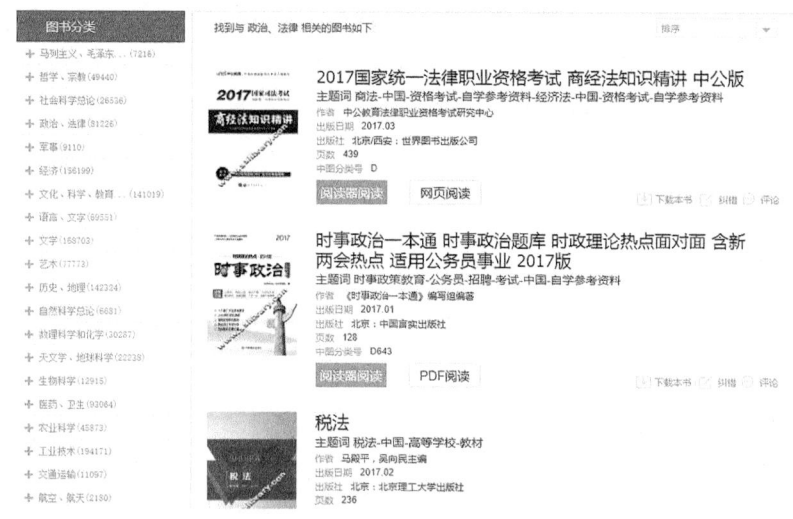

图 6-1-1　分类检索实例

3. 一框式检索

利用超星数字图书馆主页右上方的检索框可以实现对图书的书名、作者、目录和全文的单项模糊查询。对于一些目的范围较大的查询，建议使用该检索方案。以检索书名与"公安院校"有关的图书为例，在主页检索框内输入"公安院校"，检索框下方的检索项选择"书名"，点击检索按钮，得到检索结果。

4. 高级检索

利用高级检索可以实现图书的多条件查询，在首页检索框右侧点击"高级检索"按键即可进入高级检索页面，如图 6-1-2 所示，系统提供了书名、作者、主题词和年代等检索字段。

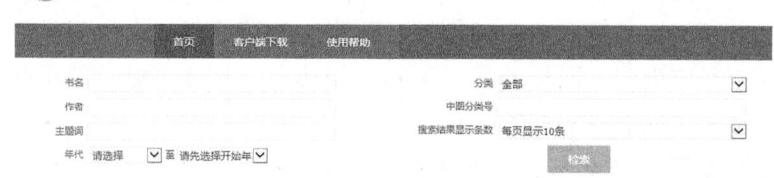

图 6-1-2　高级检索页面

以检索 2010 年至今书名与"森林"有关的政治、法律类图书为例，在书名检索框内输入"森林"，年代选择 2010 至 2018，分类选择政治法律，点击检索按键，得到检索结果如图 6-1-3 所示。

图 6-1-3　高级检索实例

5. 检索结果查看

（1）详细查看结果信息

点击检索列表中书目名称可以查看检索结果的详细情况，页面内容包括书名、主题词、作者、页数、出版时间、出版社、中图分类号、图书简介和图书评论，还可以在页面顶部重新进行高级检索。

（2）图书阅读

获得检索结果列表后，可以对图书进行阅读或下载。有三种阅读方式：PDF 阅读、网页阅读和阅读器阅读，均可阅读图书全文。

点击网页阅读，则在 IE 浏览器中直接打开图书全文，有三种模式：带目录阅读、双页阅读、全屏连页阅读，且可指定阅读页面，点击相应目录页能直接跳转至相应内容。网页阅读时可转至阅读器阅读或下载，超星数字图书馆中部分图书只能选择网页阅读方式。

超星阅览器（SSReader）是超星公司拥有自主知识产权的图书阅览器，是专门针对数字图书的阅览、下载、打印、版权保护和下载计费而研究开发的。利用超星阅览器可以阅读超星数字图书馆里的图书全文，通过阅览器的菜单栏、快捷按钮还可以对电子图书进行标注、文字识别、放大比例、添加书签等操作。

（3）图书下载及打印

超星数字图书馆中的图书只能通过超星阅读器进行下载，点击检索结果中的"下载本书"或在图书阅读页面上点击"下载"按钮，则超星阅读器自动打开并开始下载，并保存在本地书架中。

网页阅读和超星阅读器都支持图书打印，点击网页阅读的工具栏中"打印"按钮，或者在超星阅读器中正在阅读的图书上点击鼠标右键，从弹出的菜单中选择"打印"命令，都可将正在阅读的图书进行打印。

6.2 方正 Apabi 电子图书

6.2.1 方正 Apabi 电子图书简介

北京方正阿帕比技术有限公司是方正集团旗下专业的数字出版技术及产品提供商。方正阿帕比公司自 2001 年起进入数字出版领域，在继承并发展方正传统出版印刷技术优势的基础上，自主研发了数字出版技术及整体解决方案，已发展成为全球领先的数字出版技术提供商。

Apabi 的含义分别代表着 Author（作者）、Publisher（出版者）、Artery（流通渠道）、Buyer（读者，即购买者）及 Internet（网络）。作者、出版社、发行商及读者是传统出版产业链的有机组成部分，也就是说，Apabi 是以因特网为纽带，将传统出版的供应链有机地连接起来，实现完全数字化的出版。Apabi 技术用原版式和流式结合的阅读体验和安全稳妥的版权保护技术，数据挖掘和知识标引等作为自己的核心竞争力。Apabi 在网络上还原了出版流程，可使出版社、报社、杂志社以低成本迅速进入数字出版，网站则可迅速建立数字阅读电子商务平台，图书馆可迅速建成数字图书馆，从而充分发挥各个角色在产业链中的优势和特点，实现多方共赢。

方正电子图书资源库是方正 Apabi 核心的数字内容资源部分，目前方正已经与 450 多家出版社全面合作，在销电子图书近 40 万种，每年新出版电子书超过 12 万种，累计正版电子书近 70 万册，涵盖了社科、人文、经管、文学、历史、科普等各种分类，并与纸质书同步出版。

6.2.2 方正 Apabi 电子图书检索

1. 登录系统

方正电子 Apabi 电子图书依托方正公司全新的数字资源平台（方正阿帕比数字资源平台）提供服务，主要采用本地镜像的服务模式，由具体的文献服务机构决定是否配置域名、公网 IP 以及是否向互联网开放，例如苏州图书馆的方正阿帕比数字资源平台（http://apabi.szlib.com）。

2. 分类检索

方正 Apabi 电子图书将所有的入藏图书按照《中国图书馆分类法》进行了分类，并在分类导航中提供了比较详尽的类目表，检索时只需要在首页左侧点击所需类目名称，即可得到该类图书的书目信息和封面。以检索林业为例，得到的检索结果如图 6-2-1 所示。

图 6-2-1 分类检索实例

3. 一框式检索

系统在首页页面上部提供一框式检索入口，输入检索词即可迅速进行检索。以检索与侦查相关图书为例，在检索框中输入"侦查"，得到的检索结果如图 6-2-2 所示。

图 6-2-2 一框式检索实例

4. 高级检索

点击首页检索框右侧的"高级检索"按钮可以跳转至高级检索页面，使用高级检索可以进行多个检索条件的复合检索，可检索项包括书名、作者、出版社、目录，等等，同时可以对出版时间进行限定。默认检索项为 5 个且不可以更改数量，各检索项之间关系默认为逻辑"与"，可以通过下拉菜单更改。以检索与法律有关的图书为例，在书名检索框内输入"法律"，得到的检索结果如图 6-2-3 所示。

图 6-2-3 高级检索实例

5. 检索结果查看

（1）详细查看结果信息

点击检索列表中书目名称可以查看检索结果的详细情况，页面内容包括书名、其他题名、责任者、出版社、出版日期、ISBN、分类名称、摘要和目录。

（2）图书阅读

用户可以通过移动设备、网页在线阅读或者方正 Apabi 阅读器进行阅读。点击图书详情页中"在线阅读"按钮，即跳转至网页在线阅读，页面如图 6-2-4 所示。

图 6-2-4　网页在线阅读页面

方正 Apabi 阅读器（Apabi Reader）是用于阅读电子书、电子公文等各式电子文档的阅读软件，支持 CEB、XEB、PDF、HTMI、TXT 等多种文件格式。Apabi 阅读器的界面友好，最大限度地保留了传统图书阅读的习惯，可以实现任意翻页、灵活设置书签、添加标注等，读者可以在网站页面进行下载。点击图书详情页的"借阅"按钮，即可打开阅读器进行阅读。

6.3 书生之家数字图书馆

6.3.1 书生之家数字图书馆简介

书生之家数字图书馆由北京书生科技有限公司创办，于 2000 年 4 月正式提供服务。书生之家数字图书馆下设中华图书网、中华期刊网、中华报纸网、中华 CD 网等子网，集成了图书、期刊、报纸、论文、CD 等各种出版物的书目信息、内容提要、精彩篇章、全文等内容。其收录入网的出版社达 500 多家、期刊达 7000 多家、报纸达 1000 多家。每年收录新出版的中文图书 30 000本、期刊论文 60 万篇、报纸文献 90 万篇，各专题均按月更新，每年增加新书约 6 万种，学科门类齐全，可为读者在线阅读电子图书提供便利。

书生之家数字图书馆基本上是 1999 年以后的图书，采用全息技术制作，占用空间小，四级目录导航，提供 CN—MARC 数据套录，可以和国内大部分图书馆自动化系统衔接。书生之家数字图书馆的图书采用全息数字化技术处理，保持了原出版物的全部信息和原始版面，读者可以在线阅览、选取内容编辑、打印，但不支持整本图书下载。利用它的阅读器，可以任意缩放版面显示，并可直接从版面上选取、拷贝文字和图像。

6.3.2 书生之家数字图书馆检索

1. 登录系统

书生数字图书馆针对不同的用户提供不同的服务方式，主要有面向机构用户的"资源门户"和面向公众用户的"书生读吧"。资源门户多以镜像站点形式提供给高校、企事业单位等机构图书馆用户，通过控制 IP 地址的方式来限制访问权限。本节以南京师范大学本地镜像服务为例，对书生之家数字图书馆图书检索主页进行介绍。

2. 分类检索

图书分类表在首页左下方区域，书生之家数字图书馆将全部电子图书分别按《中国图书馆分类法》和书生法分类，在图书分类图标下方可以进行两种分类法的转换。每一大类下划分子类，用户可逐级检索。

3. 基本检索

在书生之家图书馆首页有图书检索框，可以根据图书名称、作者、提要、丛书名称、主题五种途径进行查询。以检索图书名称与公安相关的图书为例，点选检索条的下拉框，选择图书名称检索项，在检索框内输入"公安"，得到检索结果如图 6-3-1 所示。

	图书检索			
图书检索				共有48 条信息
		在此分类中进行检索◆ 图书名称 ∨		检索
您现在的位置-> 根分类				
序号	图书名称	作者	开本	翻看
1	现代公安基层领导学	倪小宇	32	阅读器阅读
2	公安装备与财务管理	王光	32	阅读器阅读
3	公安机关警务督察工作经验..	公安部警务督察局	32	阅读器阅读
4	公安谋略学导论	孙宇	32	阅读器阅读
5	当代公安决策学	孙晓东	32	阅读器阅读
6	邓小平理论与公安工作	卢林方	32	阅读器阅读
7	交通大动脉在呼唤：交通部..	李良君	32	阅读器阅读
8	现代公安科技百题问答	公安部科学技术委员会	32	阅读器阅读
9	公安基础知识考试指南 (公..	朱秀兰	16	阅读器阅读
10	公安学论丛.第1卷	何家弘	32	阅读器阅读
11	公安社会学概论	夏文信	32	阅读器阅读
12	公安司法口才与技巧	胡和平	32	阅读器阅读
第1页/共4页		下页 尾页	跳转到	页 GO

图 6-3-1 基本检索实例

4. 图书全文检索

点击首页"图书"链接，进入图书栏目页，如图 6-3-2 所示，页面提供了图书全文检索、组合检索以及高级全文检索的入口。

图 6-3-2　"图书"栏目页

点击"图书全文检索"链接进入图书全文检索页面，图书全文检索提供在所有分类或选定的分类中，按图书内容或按图书目录进行的查找。以检索图书内容与"森林公安"相关的图书为例，在检索框中输入"森林公安"，如图6-3-3 所示。

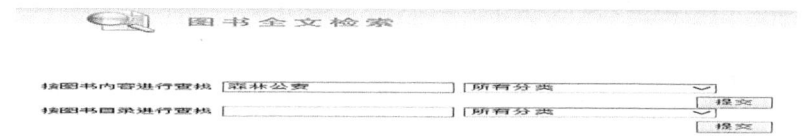

图 6-3-3　图书全文检索实例

点击"提交"按钮，得到检索结果如图 6-3-4 所示。

图书全文检索

图书全文检索		共有57条信息	以下是第 1 — 12 项

序号	图书名称	作者	命中页
1	新编高校招生录取及填报志..		6 88
2	公安机关业务管理与执法实..		8 70 73 99
3	林业法律法规	李艳阳	18 292 356
4	普通高等学校高职高专教育..	袁德宁	168
5	公安法规(下册)	李艳阳	56 103
6	公安机关业务管理与执法实..		70 82
7	公安法律规范(第三册)	郭向东	138 140
8	公安机关业务管理与执法实..		27 30
9	公安法律规范(第二册)	郭向东	15 17
10	公安机关业务管理与执法实..		186 198
11	中国教育管理全集(二十五..	王亮	26
12	最新执法工作手册(二百八..	高俊青	32

		跳转到第 ☐ 页 GO
第1页/共5页	下页 尾页	

图 6-3-4　图书全文检索实例检索结果

5. 组合检索

点击图书页面"组合检索"链接进入组合检索页面,组合检索可以通过图书名称、作者、丛书名称和主题等各个检索入口进行检索,默认检索项为 4 个,各检索项之间逻辑关系为"与",检索项数量不可修改,但可以修改逻辑关系。以检索作者为王杰的与森林有关的图书为例,在图书名称检索框内输入"森林",在作者检索框内输入"王杰",如图 6-3-5 所示。

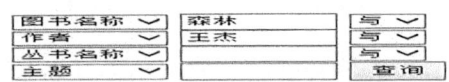

图 6-3-5　组合检索实例

点击"查询"按钮,得到检索结果。

6. 高级全文检索

点击图书页面"高级全文检索"链接进入高级全文检索页面，高级全文检索提供针对所有分类或选定分类图书范围的全文或目录的检索，在检索中除了进行单词检索和多词检索外还支持位置检索和范围检索，读者可以同时对多个检索项进行选择，提高检索的精确性。以检索所有分类中全文与"刑法"有关的图书为例，在单词检索框内输入"刑法"，如图 6-3-6 所示。

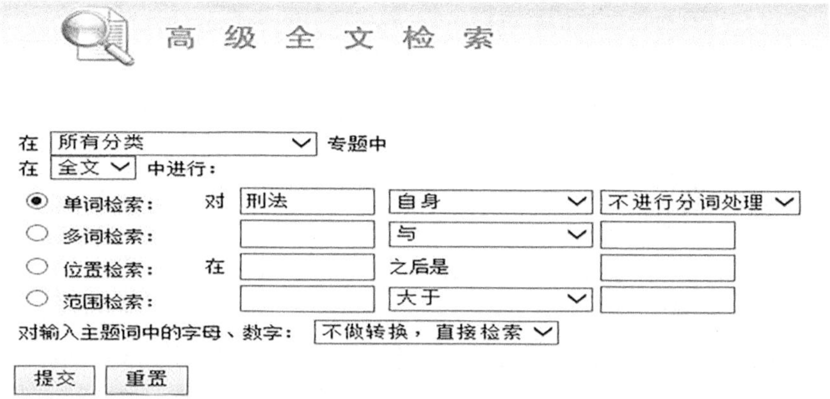

图 6-3-6　高级全文检索实例

点击"提交"按钮，得到检索结果。

7. 高级检索

（1）一站式检索

点击"高级检索"链接可以进入高级检索栏目，默认显示一站式检索页面。

在检索框内输入所需内容即可进行一站式检索，可以选择是否精确匹配。以检索森林公安相关图书为例，在检索框内输入"森林公安"，不选择精确匹配，点击"搜搜看"按钮，得到的检索结果如图 6-3-7 所示。

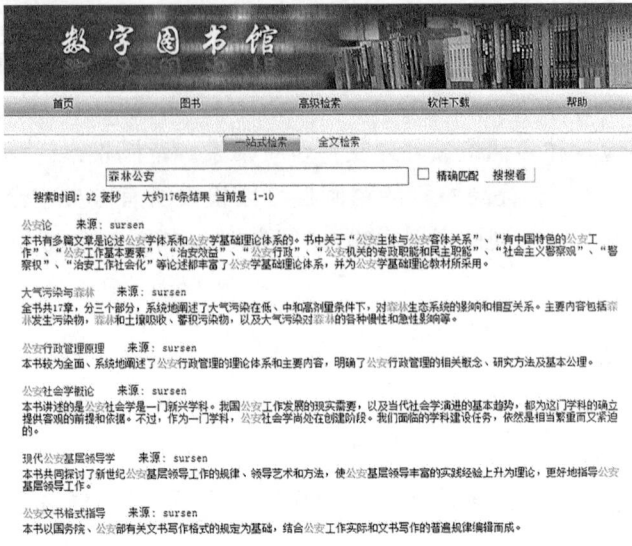

图 6-3-7 高级检索中一站式检索实例

（2）全文检索

在高级检索页面点击"全文检索"链接即可进入全文检索页面，如图 6-3-8 所示。

图 6-3-8 高级检索中全文检索页面

在全文检索页面，可以按内容检索图书和期刊，以检索公安院校相关图书为例，在检索框中输入"公安院校"，在下拉菜单框选择图书，点击"检索"按钮，得到检索结果。

8. 检索结果查看

（1）详细结果查看

检索结果列表显示出命中图书的书名、作者、开本、摘要和评论信息，如图 6-3-9 所示。点击书名，即可阅读图书全文。

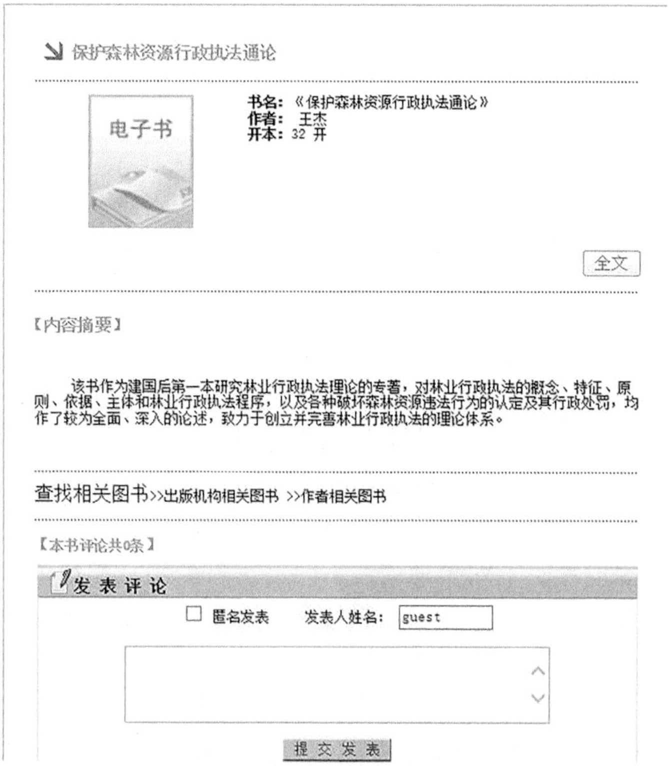

图 6-3-9　图书详情页

（2）图书阅读

由于书生之家的电子图书采用专有格式制作，读者在阅读全文前必须下载与安装书生数字信息阅读器。书生数字信息阅读器可以用于阅读、打印书生电子出版物，包括电子图书、电子期刊和电子报纸等，具有显示、放大、缩小、拖动版面、提供栏目导航、顺序阅读和热区跳转、文字识别及查找等高级功能。

在检索结果列表中点击"阅读器阅读"或者命中页码，或者在图书详情页点击"全文"按钮，此时阅读器启动进行阅读。需要打印时，选中任务栏中的打印按钮，即可打印当前页。

6.4 书香中国

6.4.1 书香中国介绍

1. 中文在线概况

中文在线数字出版集团股份有限公司 2000 年成立于清华大学，以"传承文明"为企业使命，以"文学+""教育+"双翼飞翔为企业发展战略，致力于成为世界级文化教育集团。中文在线以版权机构、作者为正版数字内容来源，进行内容的聚合和管理，向手机、手持终端、互联网等媒体提供数字阅读产品。中文在线是国内最大的正版数字内容提供商之一，拥有数字内容资源超过 400 万种，签约版权机构 600 余家，签约知名作家、畅销书作者 2000 余位，驻站网络作者超过 370 万名。中文在线的数字内容类型覆盖全面，可以满足不同知识层次、不同年龄段、不同阅读目的的各类读者需求。旗下业务有 17K 小说网、四月天文学网、汤圆创作、中文书城、中文游戏、中文光之影、书香中国、中文慧读和晨之科，本章以书香中国为例展开介绍。

2. 书香中国简介

"书香中国"平台积极服务于全民阅读活动的开展，纵贯中小学并延伸至高校及公共图书馆，形成在线教育行业阅读产品全覆盖，先后与部分省市教育厅合作开通了"书香江苏""书香浙江""书香八闽（福建）"等覆盖全省中小学的互联网数字图书馆；在高校领域，中文在线推出了书香校园互联网数字图书馆，清华大学图书馆等高校图书馆已经购买，同时目前已经有 150 多家高校正在开通试用。

6.4.2 书香中国检索

1. 登录系统

书香中国的网址是 http://www.chineseall.cn。中文在线会为不同的机构配置不同的访问二级域名，以开通不同的服务和资源权限。例如，本书以南京森林警察学院开通的书香中国为例，网址是 http://sljc.chineseall.cn/。

2. 图书检索

书香中国首页上部的检索框贯穿部署在所有栏目页上，可为读者提供一框式检索服务，类型可以选择图书或者听书，检索框支持检索式检索。以检索森林公安有关图书为例，在检索框中输入"森林公安"，得到检索结果如图6-4-1所示。

图 6-4-1　一框式检索实例

3. 检索结果查看

（1）详细结果查看

得到检索列表之后点击相应图书名称链接即可进入图书详情页，如图6-4-2所示，页面内容包括书名、作者、出版社、出版日期、内容简介，等等。

图 6-4-2　图书详情页

（2）在线阅读图书

在图书详情页点击"点击阅读"按钮即可在线进行图书阅读，页面如图6-4-3所示。

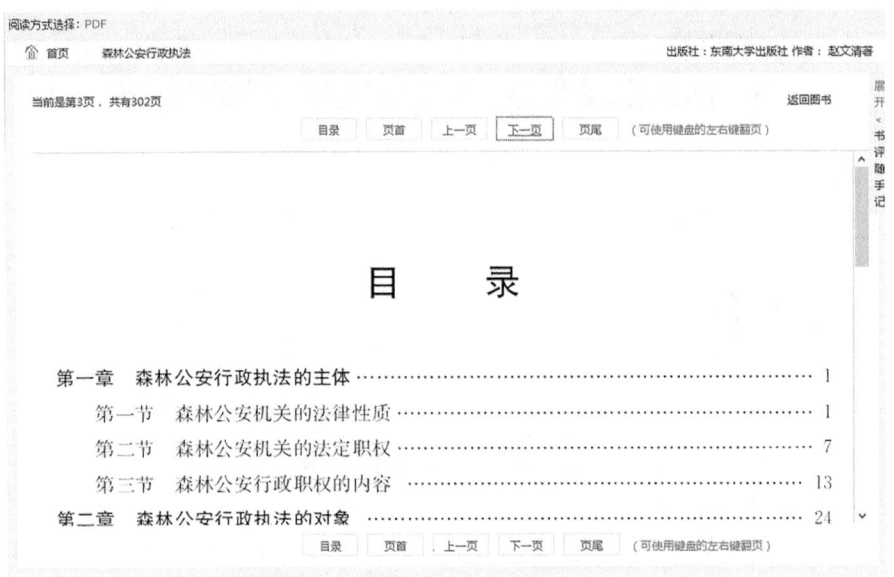

图6-4-3　图书阅读页面

4. 客户端检索与阅读

（1）下载、登录客户端

书香中国为读者提供客户端的服务，即在机构 IP 范围内注册个人账号，点击网站的"客户端下载"链接，下载安装其客户端程序"微书房"（支持 PC 版和手机版），使用个人账号登录，即可在其客户端中进行图书检索和阅读。

图 6-4-4　"微书房"客户端"微书院"窗口

（2）客户端检索图书

登录"微书房"客户端后，点击"微书院"，窗口如图 6-4-4 所示，系统为读者提供图书分类导航和听书分类导航。其中，听书部分主要是有声图书资源，主要包括畅销小说、评书曲艺、综艺娱乐等。读者还可在主窗口检索框中使用关键字进行检索，该检索框支持检索式的使用。

（3）客户端阅读图书

选中目标图书，点击"下载到微书房"按钮，将电子书分类存放到"我的书架"，待下载完毕即可打开阅读，例如在《森林公安机关新录用民警初任培训教材：公安业务分册》的阅读窗口中，读者可以进行文本选择与复制、全文查找、放大缩小等操作。

6.5 其他电子图书检索工具

6.5.1 电子图书专业网站

1. 中国国家数字图书馆

中国国家图书馆是国家总书库，也是国家书目中心、国家古籍保护中心、国家典籍博物馆，履行国内外图书文献收藏和保护的职责，指导协调全国文献保护工作。中国国家图书馆为中央和国家领导机关、社会各界及公众提供文献信息和参考咨询服务，开展图书馆学理论与图书馆事业发展研究，指导全国图书馆业务工作。中国国家图书馆具有对外履行有关文化交流的职能，参加国际图联及相关国际组织，开展与国内外图书馆的交流与合作。其数字图书馆网址是 http://www.nlc.cn，馆藏中文电子图书数据库包括中国社会科学文库、中国历史文献总库·民国图书数据库、科学文库、全宋诗分析系统、全唐诗分析系统、二十五史研习系统等，外文电子图书数据库包括南亚研究回溯数据库、EAI 美国早期印刷品系列、EEBO 早期英文书籍在线、Gale 虚拟参考书图书馆、现代法律之路（GALE）、Emerald 电子丛书、MyiLibrary 电子图书等。首页如图 6-5-1 所示。读者也可以通过国家图书馆的读者门户进行查阅，网址是 http://mylib.nlc.cn/web/guest。

图 6-5-1 中国国家数字图书馆电子图书

2. 书格

书格是一个自由开放的在线古籍图书馆，致力于开放式分享、介绍、推荐有价值的古籍善本，并鼓励将文化艺术作品数字化归档，分享内容限定为公共版权领域的书籍（参照标准为伯尔尼公约）。书格的网址是 https://shuge.org，其首页如图 6-5-2 所示。

　　书格建立于 2013 年 5 月 22 日，它的起源是未曾于 2012 年在豆瓣建立的 PDF 小站（已更名为书格）：一个收集整理散落世界各地的中文古籍或绘画的小站。由于豆瓣小站广播有文字限制以及严苛的审核制度，随着书籍文档增多后的检索分类无法得到解决等问题的出现，书格应运而生。一般情况下书格发布的文件为 PDF 格式（高清彩色），主要语言为中文，也包含部分与中国有关的外文书籍。根据书格公布的数据显示，截止到 2018 年 8 月，书格已经发布超过 1700 套高质量的书籍资源，平均每周发布约 10 部书籍，所有资源大小约 716 G+。

图 6-5-2　书格网站首页

3. 图灵社区

　　北京图灵文化发展有限公司成立于 2005 年 6 月，由人民邮电出版社投资控股，以策划出版高质量的科技书籍为核心业务。图灵社区主要专注于科技书籍的出版，包括计算机、数学统计、科普等领域，提供免费和付费的电子书。用户可以通过网银或者支付宝等方式购买，大部分电子书同时提供了三种阅读方式：在线阅读、MOBI 推送、PDF 下载，部分书籍只提供其中部分格式。其网址是 http://www.ituring.com.cn。

图灵社区的图书分类除了按照常规分类（计算机、科普、设计、高等数学等）外，还可以按不同的标签查找感兴趣的书籍。如果你有更准确的书籍信息（ISBN 号码、作译者、出版日期），通过图灵社区的搜索功能可以精确地找到对应资源。

在用户的个人设置页面中，图灵社区提供了推送邮箱的功能，填写好 Kindle 个人邮箱，如果遇到推送失败的话，可以尝试将 no‑reply＠ituring. com. cn 加入 Kindle 已认可的发件人电子邮箱列表中。

4. 鸠摩搜书

鸠摩搜书是电子书搜索引擎，一个电子书狂热爱好者自建的一个搜索平台，整合了一些电子书资源平台及百度云等免费云盘资源。网站特点是免费、界面干净、海量电子书、文档格式分类。其网址是：https：//www. jiumodiary. com。

5. 好读

好读网站是推广中文电子书的公益网站，是不约而来的一群读友，从 2001 年建站迄今不断努力、不断贡献的成果。提供各类电子书及方便的中文直式阅读软件等，完全免费使用。书目类型主要包括古典作品、绝版的书、不容易找到的好书和读者较少有机会去读的书。其网站是 http：//www. haodoo. net，首页如图 6‑5‑3 所示。

图 6‑5‑3　好读首页

6.5.2 门户网站读书频道

1. 新浪读书

新浪读书是新浪网开发的一款为读者提供小说、历史、传记、励志等多种类型电子书阅读的网站，网址是 http://book.sina.com.cn。

2. 凤凰读书

凤凰读书是凤凰网旗下的一个读书频道，内容包括政史、文艺、社科、财经、生活等多种类型的图书以及作者发表的原创作品，其网址是 http://book.ifeng.com。

3. 网易云阅读

网易云阅读是网易旗下的读书频道，提供包括出版图书以及网络图书、漫画等电子书的阅读及下载，网址是 http://yuedu.163.com。

4. 豆瓣读书与豆瓣阅读

豆瓣读书是豆瓣旗下的读书频道，提供读者用户买书之前选书、读书之后评价书的入口，内容包括图书资讯、新书速递、热门书评，等等，网址是 https://book.douban.com，首页如图 6-5-4 所示。

图 6-5-4　豆瓣读书首页

豆瓣阅读是豆瓣读书推出的服务，旨在更全面、进一步地满足用户需求。豆瓣阅读重点展示原创作品，它们来自直接向豆瓣阅读投稿的个人作者。这些作品题材多样，有小说、美食、科幻、译作等；长短灵活，尤其是短作品，篇幅约在 3 万~5 万字，适合用户利用碎片时间进行阅读。其网址是 https://read. douban. com，内容除了原创作品和电子图书，还有译者项目以及出版与改编等。

第 7 章

中文电子期刊检索

电子期刊是森林公安文献资源的重要形式之一，充分利用电子期刊有助于提高森林公安工作和森林公安研究的效率。科学的检索方法，能够快速获取森林公安工作与森林公安研究所需的信息。随着信息技术的发展和广泛应用，许多大型的信息服务中间商纷纷与电子刊物出版社合作，使综合性的二次文献数据库与一次文献结合起来，为用户提供整合式的服务，从而使电子期刊通过信息服务商提供的检索平台得到充分的利用。本章将主要介绍国内几个具有代表性的电子期刊检索平台及其具体检索方法。

7.1 中国知网中国学术期刊（网络版）

7.1.1 中国知网中国学术期刊（网络版）简介

1. 中国知网基本概况

国家知识基础设施（National Knowledge Infrastructure，NKI）的概念，由世界银行于 1998 年提出。CNKI 工程是以实现全社会知识资源传播共享与增值利用为目标的信息化建设项目，由清华大学、清华同方发起，始建于 1999 年 6 月。在党和国家领导以及教育部、中宣部、科技部、新闻出版总署、国家版权局、国家计委的大力支持下，在全国学术界、教育界、出版界、图书情报界等社会各界的密切配合和清华大学的直接领导下，CNKI 工程集团经过多年努力，采用自主开发并具有国际领先水平的数字图书馆技术，建成了世界上全文信息量规模最大的 "CNKI 数字图书馆"，并正式启动建设《中国知识资源总库》及 CNKI 网格资源共享平台，通过产业化运作，为全社会知识资源高效共享提供最丰富的知识信息资源和最有效的知识传播与数字化学习平台。

2. 中国知网中国学术期刊（网络版）简介

《中国学术期刊（网络版）》是世界上最大的连续动态更新的中国学术期刊全文数据库，是"十一五"国家重大网络出版工程的子项目，是《国家"十一五"时期文化发展规划纲要》中国家"知识资源数据库"出版工程的重要组成部分，由《中国学术期刊（光盘版）》电子杂志社有限公司编辑出版。出版内容以学术、技术、政策指导、高等科普及教育类期刊为主，内容覆盖自然科学、工程技术、农业、哲学、医学、人文社会科学等各个领域。收录国内学术期刊 8000 种，全文文献总量 5100 万篇。产品分为十大专辑（基础科学、工程科技Ⅰ、工程科技Ⅱ、农业科技、医药卫生科技、哲学与人文科学、社会科学Ⅰ、社会科学Ⅱ、信息科技、经济与管理科学），十大专辑下分为 168 个专题。收录年限起自 1915 年，部分期刊回溯至创刊。产品形式主要是 WEB 版（网上包库）、镜像站版、光盘版、流量计费。出版时间分为日出版（中心网站版、网络镜像版，每个工作日出版，法定节假日除外）和月出版（网络镜像版、光盘版，每月 10 日出版）。

7.1.2 中国知网中国学术期刊（网络版）检索

1. 登录系统

中国知网网址是 http://www.cnki.net，用户通过点击"学术期刊"链接进入中国学术期刊（网络版），或者直接输入网址 http://kns.cnki.net/kns/brief/result.aspx？dbPrefix＝CJFQ（该网址截至 2018 年 11 月 20 日有效），默认首页高级检索页，如图 7-1-1 所示。

图 7-1-1　中国学术期刊（网络版）首页

中国知网提供个人账号访问（流量计费）和指定 IP 范围访问（机构用户）两种方式，本书以南京森林警察学院局域网内使用为例。

2. 分类浏览

《中国学术期刊（网络版）》提供了以学科导航为基础的文献导航，通过使用文献导航可控制检索的学科范围，提高检索准确率及检索速度，既可控制检索范围，也可直接查看每个导航类目下的文献。

在选择导航范围时点击全选可一次性选择全部导航类目，点击清除可一次性清除全部所选导航类目；勾选学科名称类目前的方框可将检索范围控制在一个类或多个类中；点击学科名称类目前的加号可进行类目展开。

以浏览"公安工作概论"方面的文献为例，首先点击文献导航栏中"社会科学 I 辑"前的加号进行类目展开，发现子类目"公安"后继续点击前方加号再次展开，发现"公安工作概论"后点击类目名称，在右侧得到结果。

3. 高级检索

中国知网《中国学术期刊（网络版）》默认进入的是高级检索页面，高级检索的功能是在指定的范围内，按一个以上（含一个）检索项表达式检索，这一功能可以实现多表达式的逻辑组配检索。对于命中率要求较高的查询，一般使用该检索方法。

高级检索页面输入的检索条件主要如下：

（1）文章内容关键词：检索的字段包括主题、关键词、篇名、摘要、全文、被引文献、中图分类号、DOI 以及栏目信息。

（2）作者信息：包括作者或第一作者的信息，可以输入作者中文名、拼音、英文名以及作者单位的全称、简称和曾用名作为检索条件。

（3）时间条件：可以选择起止年份、指定期或者不同更新时间作为检索条件。

（4）来源期刊：可以输入期刊名称、ISSN 号或者 CN 号作为检索条件。

（5）来源类别：可以选择全部期刊、SCI 来源期刊、EI 来源期刊、核心期刊、CSSCI、CSCD 中一个或者多个选项作为检索条件，高级检索默认选择全部期刊。

此外，用户也可以通过支持基金进行检索，还可以选择是否包含非学术文献、网络首发、增强出版、数据论文、中英文扩展以及同义词扩展。

高级检索中检索项之间的连接方式共有三种选择：并含、或含、不含，分别相当于逻辑"与"、逻辑"或"和逻辑"非"的关系。设置检索条件时还可以选择精确或者模糊检索，精确检索是指输入的检索词在检索结果字序、字间间隔是完全一样的，模糊检索则是输入的检索词在检索结果中出现即可，字序、字间间隔可以产生变化。

以检索2008年至2018年间主题与"野生动物保护"有关的核心期刊文献为例，检索条件设置和检索结果如图7-1-2所示。

图 7-1-2　高级检索实例

4.专业检索

专业检索比高级检索功能更强大，但需要检索人员根据系统的检索语法编制检索表达式进行检索，因此适用于熟练掌握检索技术的专业检索人员。

（1）专业检索项代码

专业检索可检字段共有19个，其名称及代码详见表7-1-1。

表 7-1-1　专业检索可检字段名称及代码

代码	字段	代码	字段
SU	主题	RF	被引文献
TKA	篇关摘		

续表

代码	字段	代码	字段
TI	题名	RT	更新时间
KY	关键词	YE	期刊年
AB	摘要	FU	基金
FT	全文	CLC	中图分类号
AU	作者	SN	ISSN
FI	第一作者	CN	CN 号
RP	通讯作者		
AF	作者单位	CF	被引频次
JN	期刊名称		

（2）专业检索表达式

专业检索支持布尔逻辑运算，"AND""OR""NOT"三种逻辑运算符的优先级相同；如要改变组合的顺序，请使用英文半角圆括号"（）"将条件括起。此外，逻辑关系符号与（AND）、或（OR）、非（NOT）前后要空一个字节，所有符号和英文字母，都必须使用英文半角字符。

（3）专业检索实例

以检索 2008 年至 2018 年间关键词与"森林保护"有关的文献为例，在专业检索框里输入检索表达式"KY＝'森林保护'"，发表时间选择从 2008 年到 2018 年，来源类别选择全部期刊，如图 7-1-3 所示。点击"检索"按钮即可完成检索过程。

图 7-1-3　专业检索实例

5. 作者发文检索

作者发文检索是通过作者姓名、单位等信息，查找作者发表的全部文献及被下载情况等。检索字段包括作者、第一作者和通讯作者以及作者单位，在检索字段后的检索式输入框中直接输入检索词，点击检索按钮，即可进行检索。两个字段均可以通过点击检索项前方加减号来增加逻辑检索行或减少逻辑检索行，检索者可以根据实际情况进行选择。例如若需要检索南京森林警察学院的发文情况，即在作者单位检索框中输入"南京森林警察学院"，点击"检索"按钮将检索出南京森林警察学院教职员工和学生历年来发表的所有学术论文。

6. 句子检索

句子检索是通过输入两个关键词，查找同时包含这两个词的句子，实现对事实的检索。检索范围可以限定"在全文同一句"或"在全文同一段"，也可以通过检索项前方的加减号选择增加逻辑检索行或减少逻辑检索行。例如，要查找在全文的同一段中含有"森林"和"法律"两个词的句子，设置条件。

7. 一框式检索

一框式检索是检索平台提供统一的检索页面，采取一框式的检索方式，对输入短语经过一系列分析，更好地预测读者的需求和意图，给出更准确的检索结果。中国知网在所有最新版本中（截至 2018 年 10 月）为所有类型数据库产品提供了统一的一框式检索，用户可以方便地在各个数据库产品之间进行切换。

8. 检索结果查看

（1）检索结果列表查看

以"森林公安"为主题的检索结果列表如图 7-1-4 所示，视图模式可以选择列表或摘要，默认以列表显示。用户也可以选择分组浏览，默认显示按照主题浏览，同时还可以按照相关度、发表时间、被引和下载量进行排序浏览。此外，用户可以在检索结果列表上方再次设置检索条件，点击"结果中检索"进行二次或者多次检索，进一步精确检索结果。下文所有检索结果都可参照执行。

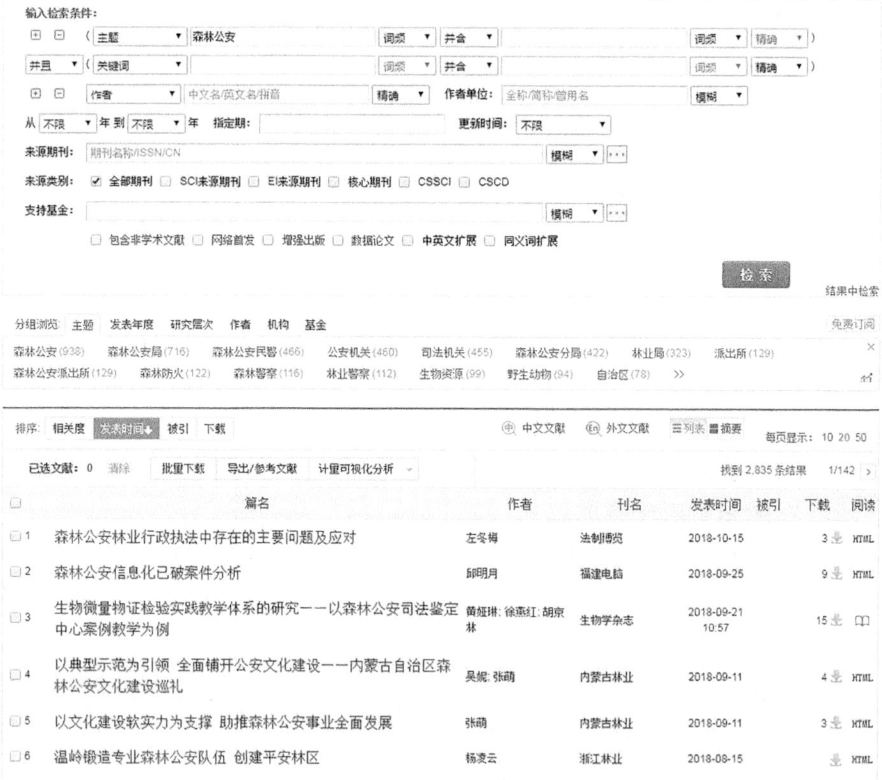

图 7-1-4　检索结果列表

（2）详细查看结果信息

在得到检索结果列表后，点击标题即可打开详细浏览页面，如图 7-1-5 所示，页面内容包括论文名称、作者、作者单位、摘要、关键词、分类号以及期刊名称、ISSN 和论文所处期次。

图 7-1-5　检索结果详细浏览页面

（3）在线阅读与全文下载

在检索结果的列表的最后一列"阅读"栏，通常有绿色的书本图标或者红色的"HTML"超链接，前者可以在线阅读 PDF 文件，后者可以进入 HTML 阅读页直接阅读论文的文本和图片。

系统提供三种途径下载全文：一是从检索结果列表页面，点击题名后对应的下载图标，下载 CAJ 格式全文；二是从详细浏览页面，点击 CAJ 下载图标或 PDF 下载图标，可分别下载 CAJ 格式、PDF 格式全文；三是在知网在线阅读页面点击 CAJ 全文下载或 PDF 全文下载链接进行下载。CAJ 格式需要通过知网提供的 CAJViewer 阅读器打开。

7.2 万方数据中国学术期刊数据库

7.2.1 万方数据中国学术期刊数据库简介

1. 万方数据基本概况

北京万方数据股份有限公司是国内较早以信息服务为核心的股份制高新技术企业，是在互联网领域，以提供信息资源产品为基础，同时集信息内容管理解决方案与知识服务为一体的综合信息内容服务商。公司目前有 6 家股东单位：中国科学技术信息研究所、中国文化产业投资基金、中国科技出版传媒有限公司、北京知金科技投资有限公司、四川省科技信息研究所和科技文献出版社。

万方数据知识服务平台（Wanfang Data Knowledge Service Platform）是由北京万方数据股份有限公司建立的大规模的综合信息资源出版、增值服务平台，该平台集中外期刊论文、学位论文、中外学术会议论文、标准、专利、科技成果、新方志等各类信息资源于一体，资源品种全、品质高、更新快，具有广泛的应用价值。平台提供检索、多维浏览等多种人性化的信息揭示方法的同时，还提供了知识脉络、查新咨询、论文相似性检测、引用通知等特色增值服务。

2. 万方数据中国学术期刊数据库简介

中国学术期刊数据库（China Science Periodical Database，CSPD），期刊资源包括中文期刊和外文期刊，其中中文期刊共 8000 余种，核心期刊 3200 种左右，涵盖了自然科学、工程技术、医药卫生、农业科学、哲学政法、社会科学、科教文艺等各个学科；外文期刊主要来源于 NSTL 外文文献数据库以及牛津大学出版社等国外出版机构，收录了 1995 年以来世界各国出版的 20 900 种重要学术期刊。

7.2.2 万方数据中国学术期刊数据库检索

1. 登录系统

万方数据中国学术期刊数据库网址是 http://www.wanfangdata.com.cn/perio/toIndex.do。也可以在万方数据知识服务平台（http://www.wanfangdata.com.cn），选择"期刊"链接进入。

2. 一框式检索

在万方数据中国学术期刊数据库首页中检索框上方点击期刊标签，根据检索框中的内容可以对论文和期刊进行检索。以检索"森林公安"有关论文为例，在检索框中输入"森林公安"后，点击"搜论文"按钮。

在检索框中输入"森林公安"，点击"搜期刊"按钮，得到检索结果如图 7-2-1 所示。

图 7-2-1　一框式检索搜期刊实例

3. 高级检索

在中国学术期刊数据库首页中检索框右侧点击高级检索，进入高级检索页面。在高级检索页面中，文献类型默认勾选期刊论文；检索信息默认三栏均为主题，可以通过下拉菜单更改，三栏搜索框之间逻辑关系包括"与""或""非"，默认为"与"，可以通过下拉菜单更改，还可以通过检索框前方加减号来增加或减少检索项；发表时间默认为不限。以检索 2015 年至今关于"公安信息管理"的文献为例，分别在两栏主题检索框中输入"公安"和"信息管理"，发表时间选择 2015 年，条件设置如图 7-2-2 所示，点击"检索"按钮后得到检索结果。

| 高级检索 | 专业检索 | | | | | | | ⑦了解高级检索 |

文献类型：　全部　☑期刊论文　□学位论文　□会议论文　□专利　□中外标准　□科技成果　□法律法规　□科技报告　□新方志
清除

检索信息：　＋　－　主题　▽　公安　　　　　　　　　　　　　　　　　模糊　▽
　　　　　　与　▽　主题　▽　信息管理　　　　　　　　　　　　　　　模糊　▽
　　　　　　与　▽　主题　▽　　　　　　　　　　　　　　　　　　　　模糊　▽

发表时间：　2015年　▽　-　至今　▽

检索　检索历史

图 7-2-2　高级检索实例

4. 专业检索

在高级检索页面中点击专业检索标签，可以进入专业检索页面，如图 7-2-3 所示。专业检索的常用检索字段包括主题、题名或关键词、第一作者、作者单位、摘要、基金，等等。检索式由检索字段、冒号、引号和运算符组成，运算符优先级：( ) > not / ^> and / * > or / +。

图 7-2-3　专业检索页面

以检索近十年主题为"森林公安"的国家自然科学基金相关论文为例，在检索框中输入检索式：主题：（"森林" * "公安"） * 基金：（国家自然科学基金），发表时间选择 2008 年至今，点击"检索"按钮后得到检索结果。

5. 检索结果查看

（1）检索结果列表查看

以"森林警察"为关键词检索出的论文结果为例。

页面左侧是检索结果的筛选条件栏，为用户提供学科分类、核心、年份等筛选条件，以帮助用户进一步缩小检索范围，精确检索条件。

页面中间是检索结果列表，用户可以在检索结果中进行二次或多次检索，也可以对排序、显示范围、摘要和标题的视图模式进行选择。此外，用户还可以对检索结果进行导出、收藏和结果分析。以导出和结果分析为例，用户选中检索列表中一个或多个检索结果后点击"导出"按钮，进入结果导出页面，可以对选中结果进行多种格式的复制与导出。

用户点击"结果分析"按钮则会进入结果分析页面，默认对全部检索结果进行年份、作者、学科等内容的分析，用户也可以根据自己需要限定数据范围和时间范围。

页面右侧是与检索关键词相关的研究趋势和相关热词信息，用户可以对研究趋势有直观的感受，同时点击词语就可以进行相关检索。

（2）详细查看结果信息

在得到检索结果列表后，点击标题即可打开详细浏览页面，页面内容包括论文中英文名称、作者中英文名称、作者单位、中英文摘要、中英文关键词、分类号、基金项目以及中英文期刊名称、ISSN 号和论文所处期次、页码。此外，还有论文引文网络、相关主题、相关学者、相关机构等可以查看。

（3）在线阅读以及下载

系统提供在线阅读和下载方式来获取全文，下载可以通过检索结果列表页面，点击文献内容下方的下载按钮，也可以通过详细浏览页面点击题名下方的下载按钮，最后都会跳转至下载页面下载 PDF 格式全文。PDF 格式一般使用 Adobe Acrobat、福昕阅读器、WPS 文字等软件打开，以 Adobe Acrobat Reader DC 为例，下载后阅读页面如图 7-2-4 所示。

图 7-2-4　Adobe Acrobat Reader DC 窗口

7.3 维普中文期刊服务平台

7.3.1 维普中文期刊服务平台简介

1. 维普资讯基本概况

重庆维普资讯有限公司（简称：维普资讯）成立于 1995 年，前身为中国科学技术情报研究所重庆分所数据库研究中心，是中国第一家进行中文期刊数据库研究的机构。

作为中国数据库产业的开拓者和奠基人，维普资讯依托深厚的行业背景、强大的数据加工能力，为我国高等院校、公共文化单位、情报研究机构及个人，提供专业、全面的学术文献资源的数字化应用服务。同时，凭借强大的数据挖掘、数据分析能力，将学术文献资料与应用实践相结合，不仅仅为用户提供优质的学术文献使用体验，更为用户提供集知识发现、知识管理、知识服务于一体的专业信息解决方案。

2. 中文期刊服务平台简介

《中文期刊服务平台》是在《中文科技期刊数据库》基础上研发而来，平台是以中文期刊资源保障为核心，以数据检索应用为基础，以数据挖掘与分析为特色，面向教、学、产、研等多场景应用的期刊大数据服务平台。平台采用了先进的大数据构架与云端服务模式，通过准确、完整的数据索引和知识本体分析，着力为读者及信息服务机构提供优质的知识服务解决方案和良好的使用体验。

中文期刊服务平台期刊总量有 14 600 余种，其中现刊 9456 种，核心期刊 1973 种，文献总量达 6600 余万篇，更新周期为中心网站日更新。学科分类包括医药卫生、农业科学、机械工程、自动化与计算机技术、化学工程、经济管理、政治法律、哲学宗教、文学艺术等 35 个学科大类，457 个学科小类。技术标准上采用百度、淘宝等大型企业共同采用的 Hadoop 架构体系，具有高可靠性、高扩展性、高效性、高容错性，支持云服务架构，同时支持 openURL 国际标准协议。

7.3.2 维普中文期刊服务平台检索

1. 登录系统

维普中文期刊服务平台的网址是 http://qikan.cqvip.com。

2. 一框式检索

在维普中文期刊服务平台首页检索框中选择输入任意字段、题名、关键词、作者等相关检索词即可完成检索，例如选择任意字段，在检索框中输入"公安队伍建设"，得到检索结果如图7-3-1所示。

图7-3-1　一框式检索实例

如图所示，检索结果列表左侧提供检索框以及年份、学科、期刊收录、主题、作者、机构等信息，以便用户进行二次检索。

3. 高级检索

在维普中文期刊服务平台首页检索框右侧点击"高级检索"按钮弹出高级检索页面，以检索近二十年关于"公安院校"的核心期刊文献为例，在题名或关键词检索框内输入"公安院校"，时间限定在1998～2018年，期刊范围选择核心期刊，学科限定默认全选，点击"检索"按钮，即可得到检索结果。

4. 检索式检索

在高级检索页面点击检索式检索标签即可进入检索式检索页面，如图 7-3-2 所示。

图 7-3-2 检索式检索页面

检索式检索的可检索字段一共有 10 个，对应代码如表 7-3-1 所示。检索式检索支持 "AND"（逻辑 "与"）、"OR"（逻辑 "或"）、"NOT"（逻辑 "非"）三种逻辑运算；逻辑运算符 AND、OR、NOT 必须大写，在英文半角状态下输入且前后必须空一格；逻辑运算符优先级为：NOT>AND>OR，可通过英文半角（）进一步提高优先级。英文半角" "表示检索词不做分词处理，作为整个词组进行检索，以提高准确性。

表 7-3-1 专业检索可检字段名称及代码

代码	字段	代码	字段
A	作者	M	题名或关键词
C	分类号	R	文摘
F	第一作者	S	机构
J	刊名	T	题名
K	关键词	U	任意字段

以检索近十年关于"公安院校图书馆"的文献为例，在检索框中输入检索式"M＝公安院校 AND K＝图书馆，"时间限定在 2008~2018 年，点击"检索"按钮，即可得到检索结果。

5. 检索结果查看

（1）检索结果列表查看

以以"森林警察"为关键词的检索结果为例，页面左侧上方是二次检索区，下方是检索结果的筛选条件栏，为用户提供主题、作者、期刊、年份等筛选条件，以帮助用户进一步缩小检索范围，精确检索条件。页面中间是检索结果列表，用户可以对排序、视图模式等进行选择。此外，用户还可以选择一个或多个检索结果对其进行导出题录、引用分析和统计分析。

以题录分析为例，用户选择一个或多个检索结果后点击"导出题录"按钮，即可进入导出题录页面，可执行"导出题录""参考文献""引证文献"等导出操作。

（2）详细查看结果信息

在得到检索结果列表后，点击标题即可打开详细浏览页面，如图 7-3-3 所示，页面内容包括论文名称、作者、机构地区、出处、摘要、关键词、分类号以及相关文献、相关作者、相关机构和相关主题。

图 7-3-3　检索结果详细浏览页面

（3）在线阅读以及下载

系统提供在线阅读和下载来获取全文，均为 PDF 格式，在检索结果列表页面和检索结果详细浏览页面中都有在线阅读和下载按钮，点击在线阅读会跳转至网页 PDF 浏览，点击下载会弹出文件保存对话框。

7.4 人大复印报刊资料库全文数据库

7.4.1 人大复印报刊资料库全文数据库简介

1. 人大复印报刊资料数据库基本概况

人大复印报刊资料数据库由中国人民大学书报资料中心和北成集团联合研制，收录时间范围从 1995 年至今。从全国 4000 多种报刊上选择重要的论文予以复印，分 100 多个专题装订成册、按时连续出版发行，基本上涵盖了哲学、社会科学的各个学科；关于港、澳、台报刊的资料，有"港澳台及海外法学""港澳台经济"等专题。其内容具有一定的学术应用价值，含有新观点、新材料、新方法，或具有一定的代表性，能反映学术研究和实际工作部门的现状、成就及其新发展。

2. 全文数据库简介

全文数据库从全国几千种报刊中精选出人文、社会科学论文的全文，按专题分类编辑。内容囊括了 1995 年以来印刷本《复印报刊资料》百余种专题刊物的全部原文，至 2003 年上半年总计近 20 万篇，并将不断增加。文献归为教育、文史、经济、政治四大类，全文库目录先按年度或季度再按类别编排。每条记录包括文章的题录、文摘、全文和有关著录项。

7.4.2 人大复印报刊资料库全文数据库检索

1. 登录系统

人大复印报刊资料库于 2018 年 3 月正式改版上线，用户可通过以下两种方式访问新版：第一种是直接访问新版地址：http://www.rdfybk.com；第二种是从老版本中的"进入新版"入口访问。新版主页如图 7-4-1 所示，默认显示全文数据库。

图 7-4-1　人大复印报刊资料库全文数据库首页

2. 基本检索

在首页检索框中输入检索信息并选择发表时间即可进行基本检索，以检索"公安院校"相关文献为例，得到检索结果。

3. 高级检索

在首页检索框右侧点击高级检索按键即可进入高级检索页面，如图 7-4-2 所示。

图 7-4-2　高级检索页面

高级检索默认在全文数据库中检索，有两条检索框提供输入，同时加以时间范围的限定。以检索"森林保护"主题相关文献为例，检索结果显示在检索框下方。

4. 检索结果查看

（1）详细查看结果信息

在得到检索结果列表后，点击标题即可打开论文详情页，如图 7-4-3 所示，页面内容包括论文名称、论文全文、作者、作者简介、原文出处、内容摘要、标题注释、期刊名称、复印期号以及关键词，此外还有原文参考文献以及相关文章推送。

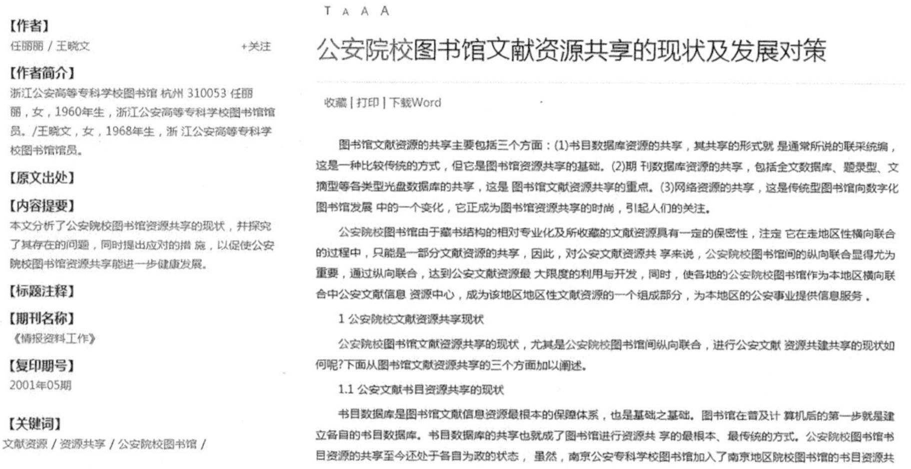

【作者】
任丽丽 / 王晓文　　　　　　+关注

【作者简介】
浙江公安高等专科学校图书馆 杭州 310053 任丽丽，女，1960年生，浙江公安高等专科学校图书馆馆员。/王晓文，女，1968年生，浙江公安高等专科学校图书馆馆员。

【原文出处】

【内容提要】
本文分析了公安院校图书馆资源共享的现状，并探究了其存在的问题，同时提出应对的措施，以促使公安院校图书馆资源共享能进一步健康发展。

【标题注释】

【期刊名称】
《情报资料工作》

【复印期号】
2001年05期

【关键词】
文献资源 / 资源共享 / 公安院校图书馆 /

T A A

公安院校图书馆文献资源共享的现状及发展对策

收藏 | 打印 | 下载Word

　　图书馆文献资源的共享主要包括三个方面：(1)书目数据库资源的共享，其共享的形式就 是通常所说的联机统编，这是一种比较传统的方式，但它是图书馆资源共享的基础。(2)期 刊数据库资源的共享，包括全文数据库、题录型、文摘型等各类型光盘数据库的共享，这是 图书馆文献资源共享的重点。(3)网络资源的共享，这是传统型图书馆向数字化图书馆发展 中的一个变化，它正成为图书馆资源共享的时尚，引起人们的关注。

　　公安院校图书馆由于藏书结构的相对专业化及所收藏的文献资料具有一定的保密性，注定 它在走地区性横向联合的过程中，只能是一部分文献资源的共享，因此，对公安文献资源共 享来说，公安院校图书馆间的纵向联合显得尤为重要，通过纵向联合，使公安文献资源最 大限度的利用与开发，同时，使各地的公安院校图书作为本地区横向联合中公安文献资源 资源的中心，成为该地区地区性文献资源的一个组成部分，为本地区的公安事业提供信息服务。

　　1 公安院校文献资源共享现状

　　公安院校图书馆文献资源共享的现状，尤其是公安院校图书馆间纵向联合，进行公安文献 资源共建共享的现状如何呢？下面从图书馆文献资源共享的三个方面加以阐述。

　　1.1 公安文献书目资源共享的现状

　　书目数据库是图书馆文献信息资源最根本的保障体系，也是基础之基础。图书馆在普及计 算机后的第一步就是建立各自的书目数据库。书目数据库的共享也就成了图书馆进行资源共 享的最根本、最传统的方式。公安院校图书书目资源共享至今还处于各自为政的状态。当然，南京公安专科学校图书馆加入了南京地区院校图书馆的书目资源共

图 7-4-3　论文详情页

（2）全文下载

系统在论文详情页提供全文在线阅读，下载全文的格式包括 PDF 和 WORD，一种途径是通过检索结果列表页面，点击下载栏中的 PDF 或者 WORD 图标进行下载；还有一种途径是通过论文详情页中标题下方的下载按钮进行全文下载。

7.5 中文社会科学引文索引

7.5.1 中文社会科学引文索引简介

中文社会科学引文索引（Chinese Social Sciences Citation Index，以下简称

CSSCI）是由南京大学中国社会科学研究评价中心研制、开发的数据库，用来检索中文社会科学领域的论文收录和文献被引用情况。CSSCI 遵循文献计量学规律，采取定量与定性评价相结合的方法，从全国 2700 余种中文人文社会科学学术性期刊中精选出学术性强、编辑规范的期刊作为来源期刊，收录年限从 1998 年至今。

CSSCI 可以为广大用户提供以下服务：对于社会科学研究者，CSSCI 可以从来源文献和被引文献两个方面向研究人员提供相关研究领域的前沿信息和各学科学术研究发展的脉搏，通过不同学科、领域的相关逻辑组配检索，挖掘学科新的生长点，展示实现知识创新的途径；对于社会科学管理者，CSSCI 可以提供地区、机构、学科、学者等多种类型的统计分析数据，从而为制订科学研究发展规划、科研政策提供决策参考；对于期刊研究与管理者，CSSCI 提供多种定量数据，如被引频次、影响因子、即年指标、期刊影响广度、地域分布、半衰期等，通过多种定量指标的分析统计，可为期刊评价、栏目设置、组稿选题等提供定量依据；CSSCI 也可为出版社与各学科著作的学术评价提供定量依据。

7.5.2 中文社会科学引文索引检索

1. 登录系统

中文社会科学引文索引的网址为 http://www.cssci.nju.edu.cn，CSSCI 数据库面向高校开展网上包库服务，主要通过提供账号和 IP 两种方式控制访问权限。其中，账号用户在网页上直接填写账号密码即可登录进入；包库用户采用 IP 地址控制访问权限，用户直接点击网页右侧的"包库用户入口"进入。CSSCI 主页如图 7-5-1 所示。

图 7-5-1 CSSCI 首页

目前，利用 CSSCI 可以检索到所有 CSSCI 来源刊的收录（来源文献）和引用（被引文献）情况。

2. 来源文献检索

来源文献检索主要是用于检索文献被 CSSCI 收录的情况，用户登录后，默认进入来源文献检索页面。来源文献检索提供多个检索字段，包括篇名、作者、作者机构、关键词等，在检索框中输入内容即可进行检索。以检索篇名与"民法"相关的文献为例，在检索框中输入"民法"，得到检索结果。

3. 被引文献检索

被引文献检索主要用于检索文献的被引情况，在 CSSCI 首页点击"被引文献"标签，进入被引文献检索页面。被引文献检索提供的可检索字段包括被引文献作者、被引文献篇名、被引期刊名称等，在检索框中输入内容即可进行检索。以检索被引期刊名称为"森林公安"的文献为例，在检索框中输入"森林公安"，如图 7-5-2 所示。点击检索框右侧"搜索"按钮，即可得到检索结果。

图7-5-2 被引文献检索实例

4. 高级检索

点击 CSSCI 主页检索框右侧的"高级检索"按钮,可以进入高级检索页面,如图7-5-3所示。高级检索也包括来源文献检索和被引文献检索,打开高级检索页面默认显示来源文献检索。

图7-5-3 高级检索页面

(1)来源文献检索

高级检索中来源文献检索的可检索字段包括中英文篇名、作者、关键词、期刊名称、作者机构,等等,同时提供发文年代、年代卷期、文献类型等条件限定。默认检索项为3个,彼此之间逻辑关系为"与""或",检索项数目不可以进行删减，可以更改逻辑关系以及选择是否精确检索。

以检索近五年南京森林警察学院发表的关于"公安"的论文为例，在篇名检索项的检索框内输入"公安"，在检索项下拉菜单中选择作者机构并在检索框内输入"南京森林警察学院"，发文年代选择从 2013 年至 2018 年，文献类型选择论文，点击"检索"按钮，得到检索结果。

（2）被引文献检索

在高级检索页面点击"被引文献检索"标签即可进入被引文献检索页面，可检索字段包括被引作者、被引文献篇名、被引文献期刊、被引文献细节和被引文献年代，同时提供被引年份、被引文献类型、检索逻辑关系等条件限定。以检索 2003 年以来期刊《森林公安》中姜南作者发表的期刊论文被他人引用的情况为例，在被引作者检索框内输入"姜南"并勾选精确和排除作者自引，在被引文献期刊检索框内输入"森林公安"，被引年份勾选 2003～2018 年，被引文献类型选择期刊论文，如图 7-5-4 所示。点击"检索"按钮，得到检索结果。

图 7-5-4　高级检索中被引文献检索实例

5. 检索结果查看

（1）详细查看结果信息

在得到检索结果列表后，点击标题即可打开详细浏览页面，以来源期刊检索结果为例，页面内容包括论文中英文篇名、作者及机构、文献类型、学科类别、中图类号、基金项目、来源期刊、年代卷期、关键词和参考文献。

（2）在线阅读及下载

系统提供的在线阅读和下载全文都需要依托于百度学术，点击检索结果

列表页面或详细浏览页面中的 PDF 图标可以跳转至相应的百度学术页面，如
图 7-5-5 所示。

图 7-5-5　百度学术对应内容

在全部来源或免费下载中点击"爱学术"，即可跳转至爱学术论文详情页，
可以进行全文阅读或者全文下载。

7.6 全国报刊索引

7.6.1 全国报刊索引简介

《全国报刊索引》创刊于 1955 年，由上海图书馆编辑出版，是国内最早
出版发行的综合性中文报刊文献检索工具。五十多年来，已由最初的《全国
报刊索引》月刊，发展成为集印刷版、电子版以及网站为一体的综合信息服
务产品。

《全国报刊索引》印刷版月刊，分《哲学社会科学版》和《自然科学技
术版》两个版本，每年各出版 12 期，收录了全国包括港、台地区的期刊、报
纸 8000 种左右，两个版本年报道量合计在 40 万条以上，文献内容涉及哲学、

社会科学、自然科学以及工程技术等所有学科领域，包括中央及地方各级政府的重要活动、领导讲话、法规法令、方针政策、社会热点问题，各行各业的工作研究、学术研究、期刊论文、文学创作、评论综述以及国际、国内的重大科研成果等。

7.6.2 全国报刊索引检索

1. 登录系统

系统提供机构和个人用户授权检索服务，个人用户可以通过登录全国报刊索引网站（网址为 http://www.cnbksy.com），注册并订购数据库服务，其主页如图 7-6-1 所示。

图 7-6-1　全国报刊索引主页

2. 一框式检索

在全国报刊索引首页检索框内输入字段名称即可进行检索，在检索框上方是资源类别，包括近代期刊、现代期刊、中文报纸、外文报纸和行名录；在检索框下方是类型，包括正文、图片和广告。以检索正文与"森林公安执法"有关的近现代期刊为例，在资源类别勾选近代期刊和现代期刊，在检索框内输入"森林公安执法"，如图 7-6-1 所示。

点击检索框右侧的放大镜图标进行检索，得到检索结果如图 7-6-2 所示。

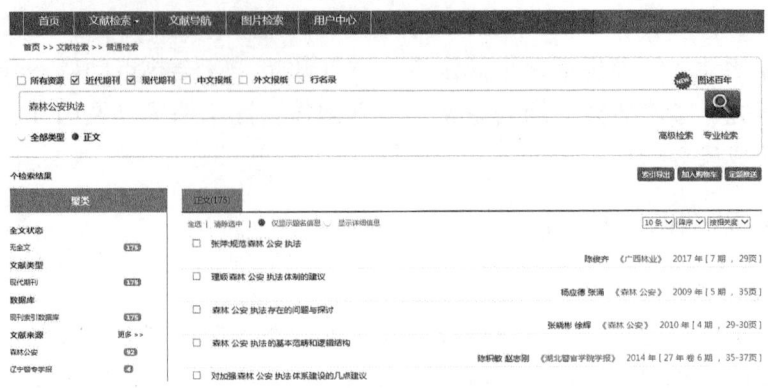

图 7-6-2　一框式检索实例检索结果

3. 高级检索

点击全国报刊索引首页检索框右下方的"高级检索"按键即可进入高级检索页面，如图 7-6-3 所示。

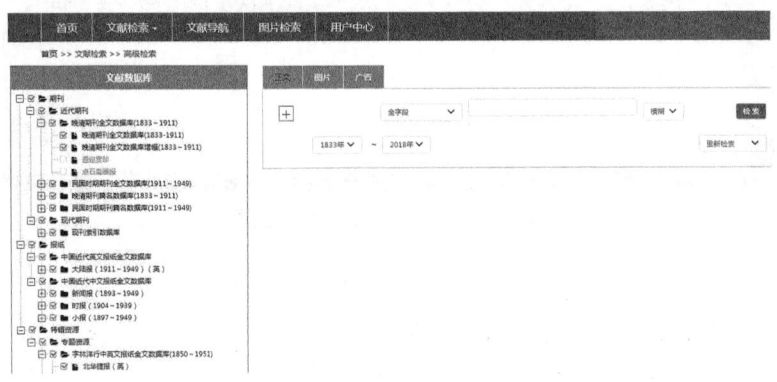

图 7-6-3　高级检索页面

高级检索分正文、图片和广告三类，默认在正文中检索，本节也以正文为例。高级检索默认提供一个全字段检索框，可以通过检索框前方加号增加检索项，可检索字段包括题名、作者、文献来源，等等，在检索框右侧可以选择模糊或者精确检索，在检索框下方有时间范围限定框。以检索到 2018 年与"森林公安"相关的文献为例，在全字段检索框内输入"森林公安"，点击"检索"按钮，得到检索结果。

4. 专业检索

点击全国报刊索引首页检索框右下方"高级检索"右侧的"专业检索"
按键即可进入专业检索页面，如图 7-6-4 所示。

图 7-6-4　专业检索页面

专业检索分正文、图片和广告三类，默认在正文中检索，本节也以正文
为例。专业检索页面由检索式输入框和字段代码表组成，字段代码表在检索
框上方以便用户使用。在条件表达上，"："为检索值条件，"［xxx TO yyy］"
为检索值区间条件；在逻辑运算方面，"NOT"代表逻辑非运算，"AND"代
表逻辑与运算，"OR"代表逻辑或运算，"NOT"优先级最高，"AND"次之，
"OR"最低，"( )"改变优先级。以检索 2008 年至今题名与"公安文化"有
关的文献为例，在检索式输入框中输入 TI：公安文化 AND PD：［2008 TO ＊］，
点击"检索"按钮，得到检索结果。

5. 检索结果查看

在得到检索结果列表后，点击标题即可打开详细浏览页面，页面内容包
括题名、作者、文献来源、出版时间，等等。全文需要在详细浏览页面购买
才可以得到，在检索结果列表中没有下载选项。

7.7　其他电子期刊

7.7.1　龙源期刊网

龙源期刊网作为中文期刊第一网，目前全文在线的综合性人文大众类期

刊品种已达到 3000 种，内容涵盖时政、党建、管理、财经、文学、艺术、哲学、历史、社会、科普、军事、教育、家庭、体育、休闲、健康、时尚、职场等领域，龙源期刊网是龙源创新数字传媒（北京）股份有限公司的官方网站。

龙源的产品与时俱进，有面向传统阅读人群的原貌版；有以 3000 种期刊的数据库内容加工的知识库；而且有针对不同客户的文本版、语音版等多媒体版。根据移动互联网和 3G 时代的特点，推出了手机版和手持阅读器版，2010 年全面推出了 iPad、iPhone 等手持终端的阅读服务。龙源期刊网的网址是 http://www.qikan.com.cn，首页如图 7-7-1 所示。

图 7-7-1　龙源期刊网首页

7.7.2　博看期刊网

博看畅销期刊数据库作为全球第一中文报刊网，收录了 3500 多种畅销期刊，我们经常订阅的杂志几乎都囊括其中。日更新量达 80~100 种，与纸刊同步面世。过刊回溯数据仍供读者查询阅读。博看网提供原貌版、文本版、语音版等多种阅读方式，以满足不同读者的阅读需求，其网址是 http://new.bookan.com.cn/page。此外博看为每个机构创建了虚拟目录路径，例如南京晓庄学院图书馆中博看网址为 http://n.bookan.com.cn/njxzclib/index.html，首页如图 7-7-2 所示。

图 7-7-2　博看期刊网首页

7.7.3 读览天下

　　读览天下 2007 年成立于广州，目前拥有综合性人文大众类期刊品种达 1000 余种，内容涵盖新闻人物、商业财经、运动健康、时尚生活、娱乐休闲、教育科技、文化艺术等领域。读览天下致力于打造全新的、数字出版发行的产业链条，上游面向传媒业和出版业，专门为其提供数字化解决方案，帮助其快速建立从出版到多元发行的数字出版发行平台；下游面向渠道、终端平台及用户，为其提供丰富和原版的杂志、图书内容以及优质的阅读交互体验。

　　读览天下拥有自主研发的 PEP 数字发行系统，与上千家杂志社达成战略合作，为读者提供上万本数字原版杂志，其网址是 http://www.dooland.com。

第 8 章

特种数字文献及其检索

　　特种文献是森林公安工作与森林公安研究中常用的文献资源，充分利用特种文献有助于提高森林公安工作和森林公安研究的效率。科学的检索方法，能够快速获取森林公安工作与森林公安研究所需的信息。特种文献是指有特定内容和用途、出版发行渠道特殊的文献资料。它涉及的内容广泛，类型多样，是人类从事生产和科学研究的真实记录，反映了科学技术的发展水平和动态，因此具有重要的参考价值。特种文献通常包括科技报告、会议文献、学位论文、专利文献、标准文献、档案文献等。特种文献由于其特殊的发行方式，有别于一般的期刊和图书的检索。本章主要介绍了常见的特种文献数据库，如中国知网中国博硕士学位论文全文数据库、万方数据中国学术会议文献数据库等，并介绍了每一种检索工具的检索方法。

8.1 学位论文数据库及其检索

8.1.1 学位论文数据库概述

　　1. 学位论文数据库基本概念

　　学位论文指高等院校或学术研究机构的学生为获得某种学位而撰写的科学论文，包括学士论文、硕士论文、博士论文等。学位论文是经审查的原始研究成果，具有内容专一、阐述详细、见解独到、参考文献比较系统等特点，是科研人员借以了解当前最新学术动态、掌握科技信息、研究学科前沿问题的有效途径之一。学位论文大多不正式出版，而是以打印本的形式保存在规定的收藏地点，因此，其传播和交流受到一定的限制。然而随着信息技术的发展，越来越多的机构开始收藏学位论文的数字版本，并形成数据库通过网络进行传播，读者一般可以通过网络免费检索和下载学位论文的题录或摘要，如果用户在相关数据库权限范围内，可直接链接到所需论文的全文。

2. 常见学位论文数据库

（1）中国知网中国优秀博硕士学位论文全文数据库

该库是目前国内相关资源最完备、高质量、连续动态更新的中国优秀博硕士学位论文全文数据库，收录 1984 年至今全国 384 家博士授予单位（其中"211 工程"院校 110 家）的博士学位论文和全国 547 家硕士授予单位（其中"211 工程"院校 111 家）的优秀硕士学位论文，累积博硕士学位论文全文文献 380 多万篇。按学科划分为基础科学、工程科技、农业科技、医药卫生科技、哲学与人文科学、社会科学、信息科技、经济与管理科学等 10 大专辑、168 个专题，数据每日更新。

（2）万方数据中国学位论文全文数据库

学位论文资源包括中文学位论文和外文学位论文，文献总量 870 多万篇。中文学位论文由国家法定学位论文收藏机构——中国科学技术信息研究所提供，收录自 1980 年以来我国自然科学领域各高等院校、研究生院和研究所的硕士、博士以及博士后论文，年增 30 万篇，涵盖理学、工业技术、人文科学、社会科学、医药卫生、农业科学、交通运输、航空航天和环境科学等各学科领域。外文学位论文收录始于 1983 年，累计收藏 11.4 万余册，年增量 1 万余册。

（3）其他国内外常见学位论文数据库

①CALIS 高校学位论文数据库（http://etd.calis.edu.cn）：由 CALIS 全国工程文献中心——清华大学图书馆组织建设的包括清华大学、北京大学等著名大学在内的百所高校的博硕士学位论文文摘数据库，收录 1995~2008 年的学位论文近 30 万篇。

②国家科技图书文献中心学位论文库（https://www.nstl.gov.cn）：中文学位论文数据库主要收录 1984 年至今我国高等院校、研究生院及研究院所发布的硕士、博士和博士后论文 147 万余篇，每年增加论文 6 万余篇，数据每季更新。

③ProQuest 博硕士论文数据库（http://proquest.calis.edu.cn/）：由美国 ProQuest 公司出版，收录 1861 年以来欧美 700 余所大学及世界其他国家和地区高等院校的博士、硕士学位论文文摘、索引和引文 240 万余篇，缩微胶卷全文 190 万余篇，PDF 格式全文 100 万余篇，每年新增论文 6 万余篇，数据每周更新。

8.1.2 学位论文数据库检索

1. 登录系统

本书以中国知网中国优秀博硕士学位论文全文数据库为例介绍学位论文文献的检索。最新版的中国优秀博硕士学位论文全文数据库的网址是 https://kns.cnki.net/kns/brief/result.aspx？dbprefix＝CDMD，该平台集成了学位论文的检索，如图8-1-1，点击左边的"文献分类目录"，可以进行不同学科主题的学位论文的检索。该数据库有高级检索、专业检索、句子检索、一框式检索4种形式。

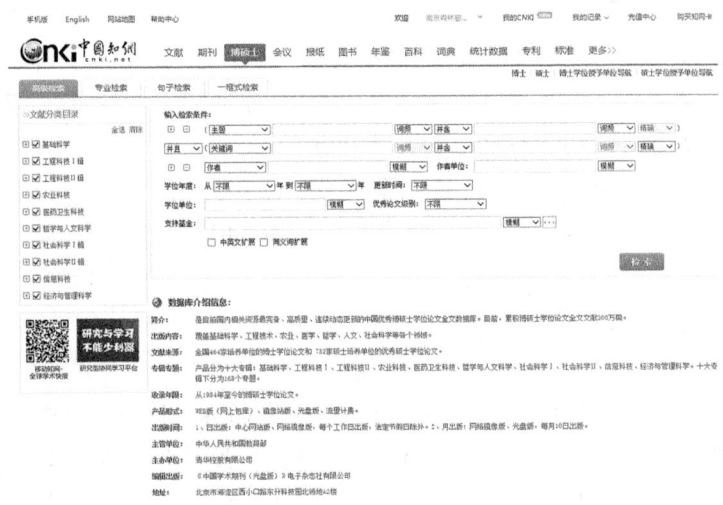

图8-1-1 中国知网中国优秀博硕士学位论文全文数据库首页

2. 检索方法

(1) 一框式检索

如同中国知网的其他数据库检索一样，都可以通过统一检索框进行检索。该检索方式默认检索所有字段，点击鼠标可以选择主题、关键词、题名、全文、作者、导师、第一导师、学位授予单位、摘要、目录、被引文献、中图分类号、学科专业名称作为检索字段。

如以"森林保护"为主题词，搜索学位论文的结果如图8-1-2。页面左侧是检索出的资源类型、学科分类、学位授予单位、关键词等分类导航，右边是检索结果，上部分有对检索结果的不同聚类，有主题、学位授予年度、基金、导师、学科专业、研究层次。检索结果可以按照相关度、出版时间、被引量、下载量、学位授予年度进行排序。点击页面上"阅读"的功能，可以进行在线全文阅读，如图 8-1-3 所示，也可以下载 CAJ 全文和 PDF 全文。

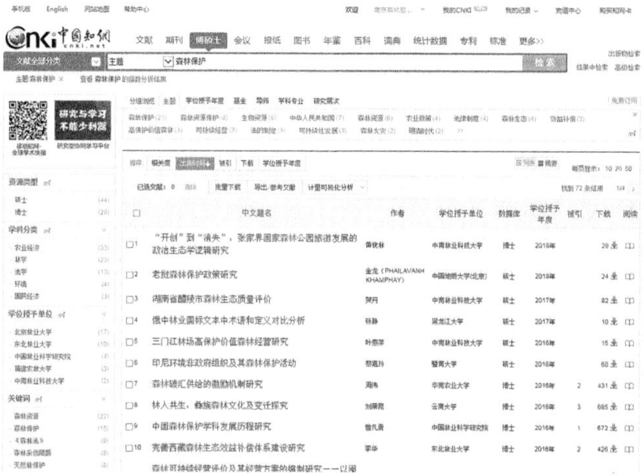

图 8-1-2　中国优秀博硕士学位论文全文数据库检索结果

图 8-1-3　中国优秀博硕士学位论文全文数据库在线阅览

（2）二次检索

为了进一步筛选检索结果，可以运用"结果中检索"的功能。读者可以再次在检索框中输入主题、关键词、导师等检索词，在已经检索出的结果中进行检索，方便读者缩小检索范围。

（3）高级检索、专业检索和句子检索

如同中国知网其他数据库产品一样，也可以进行高级检索、专业检索和句子检索。中国知网的各个子数据库默认进入的都是高级检索页面，如图8-1-1，读者可以构建不同形式的检索式，对不同的检索词进行组合，以实现自己的检索目标。专业检索需要读者自己运用布尔逻辑算法构建检索式，对检索技巧的要求较高，如图8-1-4。句子检索可以检索在全文中、在同一句、同一段话中含有某些检索词的文章，如图8-1-5。

图8-1-4　中国优秀博硕士学位论文全文数据库专业检索

图8-1-5　中国优秀博硕士学位论文全文数据库句子检索

3. 检索结果

点击论文题目，可以打开论文检索结果查看页，如图8-1-6，读者可以获取所有关于当前学位论文的描述信息，可以选择整本下载、分页下载、分章下载或者在线阅读。在该论文的左侧，提供知识节点和知识网络的信息，读者可以点击相关主题进行同主题或者相同机构文献的阅读。页面右上角，可以导出参考文献，对文章加关注、分享文章到社交软件、收藏和打印文章，还可以运用"记笔记"的功能对文章进行标注。页面下方提供引文网络和参考引证图谱，参考引证图谱见图 8-1-7，揭示了该文章的引用与被引用关系，可以进一步扩大阅读范围。

图 8-1-6　中国优秀博硕士学位论文全文数据库检索结果查看

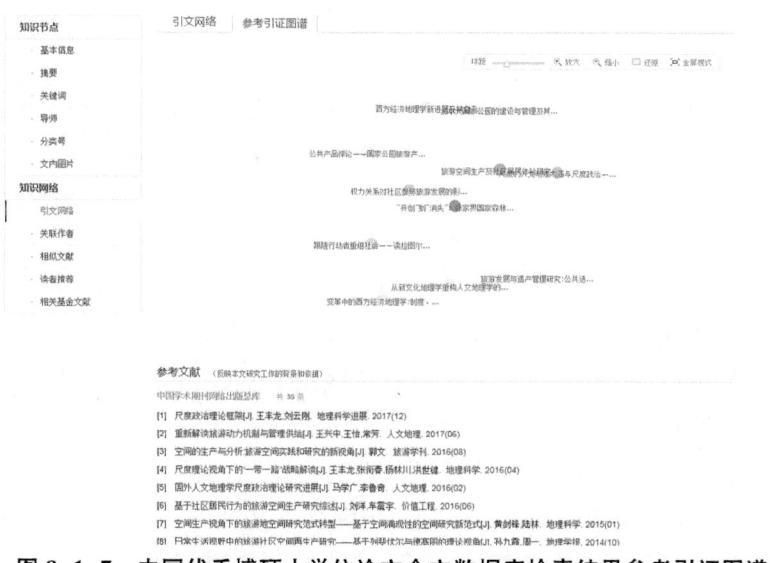

图 8-1-7　中国优秀博硕士学位论文全文数据库检索结果参考引证图谱

8.2 学术会议文献数据库及其检索

8.2.1 学术会议文献数据库概述

1. 学术会议文献基本概念

学术会议是科学工作者进行学术交流、相互学习、相互接触、彼此沟通学术思想、提高学术水平的重要场所。会议文献是学术会议的副产品，是各种学术会议上所发表的论文、报告、讲演等的统称。其主要特点是直接迅速，时效性强，反映新成果较快，质量较高，专业性较突出，往往代表着某一学科或专业领域的最新学术研究成果。它传递新产生的但尚未成熟的科研中的情报，基本上反映了该学科或专业当时的学术水平、动态和发展趋势。会议文献按出版时间的先后，大致有 3 种：会前文献、会间文献、会后文献。其中会后文献通常是会议文献数据库的主要来源，主要是指会议结束后正式出版的会议论文集，也可以是会议录、学术讨论论文集、会议论文汇编、会议报告集等形式。

2. 常见学术会议文献数据库

（1）万方数据中国学术会议文献数据库

该库由中文全文数据库和西文全文数据库两部分构成，内容涵盖人文社会、自然、农林、医药、工程技术等各学科领域。中文会议收录始于 1982 年，收录内容以全国性的学会、协会、研究会组织、部委、高校召开的全国性学术会议论文为主，年收集 4000 多个重要学术会议，年增 20 万篇全文，每月更新；外文会议主要来源于外文文献数据库，收录了 1985 年以来世界各主要学协会、出版机构出版的学术会议论文。

（2）中国知网中国重要会议论文全文数据库

该库的文献是由国内外会议主办单位或论文汇编单位书面授权并推荐出版的重要会议论文。数据库重点收录 1999 年以来，中国科协系统及国家二级以上的学会、协会，高校、科研院所，政府机关举办的重要会议以及在国内召开的国际会议上发表的文献。其中，国际会议文献占全部文献的 20% 以上，全国性会议文献超过总量的 70%，部分重点会议文献回溯至 1953 年。目前，已收录出版国内外学术会议论文集 3 万本，累积文献总量 300 万篇。

（3）其他国内外的常见会议文献数据库和网站

①中国学术会议在线（http：//www. meeting. edu. cn）：是经教育部批准，由教育部科技发展中心主办，面向广大科技人员的科学研究与学术交流信息服务平台。

②国家科技图书文献中心会议文献数据库（https：//www. nstl. gov. cn）：该库收录了 1985 年以来我国各级全国性学术会议论文及世界各主要学会协会、出版机构出版的学术会议论文，学科范围涉及工程技术和自然科学各专业领域，每年新增总计 24 万篇。

③ISI Proceedings（https：//www. proceedings. com）：是美国科学情报研究所（ISI）的会议文献数据库，汇集了世界上最新出版的会议录资料，包括专著、丛书、预印本信息以及来源于期刊的会议论文，可提供综合全面多学科的会议论文资料。

④国际学术会议（http：//www. allconferences. com）：收录了世界范围各学科的学术会议信息预报，可按多项条件检索。

⑤TechCalendar（http：//www. techcalendar. io）：包含高科技领域的国际会议信息，可以按照主题词检索或按照地点和时间浏览。

⑥IEEE Conference（https：//www. leee. org/conferences）：可以查找 IEEE主持的会议消息，包括会议名称、时间、地点、主持人或单位、参加人数、联系人、展览信息等。

8.2.2 学术会议论文数据库检索

1. 登录系统

本书以万方数据中国学术会议文献数据库（简称万方会议论文库）为例介绍会议论文文献的检索。最新版的万方知识服务平台网址是 https：//www. wanfangdata. com. cn/index. html，该平台集成了会议论文的检索，如图 8-2-1，点击"会议"文献类型，即可进行会议论文的检索。点击右下方的"会议"图标链接，可以进入会议论文数据库，如图 8-2-2。

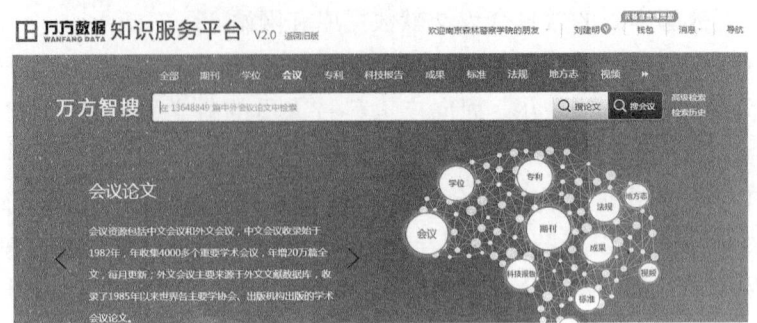

图 8-2-1　万方数据会议论文数据库检索首页

图 8-2-2　万方数据会议论文数据库

2. 检索方法

（1）一框式检索

如同万方数据的其他数据库检索一样，都可以通过万方智搜的统一检索框进行关键词检索。该检索方式默认检索所有字段，点击鼠标可以选择题名、作者、作者单位、关键词、摘要、会议名称、主办单位检索字段，支持经典的检索式检索。

中国学术会议文献数据库可分为搜论文和搜会议两种检索操作，例如以"动物保护"为关键词，搜索会议的结果如图 8-2-3。页面左侧是不同维度的会议分类导航，中间是检索结果列表，右侧是关键词的智能拓展和研究趋势图。读者在检索结果列表中点击主办单位名链接，则可查看该主办单位主办的所有与关键词匹配的相关会议，点击会议名则可查看该会议所有相关的会议论文。搜索以"动物保护"为关键词的论文结果如图 8-2-4 所示，页面布局与会议搜索结果类似。

图 8-2-3　万方数据会议检索结果

图 8-2-4　万方数据会议论文检索结果

（2）二次检索

为了进一步筛选检索结果，读者可以填写标题、作者、关键词、会议名称、起始年和结束年，在检索结果中继续检索。

（3）高级检索和专业检索

如同万方数据其他数据库产品一样，都可以使用万方智搜的高级检索和专业检索功能，只是在高级检索和专业检索时需要选中"会议论文"，高级检索和专业检索的使用可参考本书第7章万方数据中国学术期刊数据库相关章节。

3. 检索结果

打开论文检索结果查看页如图8-2-5，读者可以获取所有关于当前会议论文的描述信息，可以选择下载或者在线阅读，如果注册了个人账号可以进行收藏，也可以导出不同标准的参考文献引用格式，还可以把当前网页的链接分享到万方学术圈、新浪微博、微信、QQ空间、人人网和百度贴吧。页面右侧系统自动推荐了相关主题、相关机构、相关学者，并且允许当前用户为当前论文添加标签。

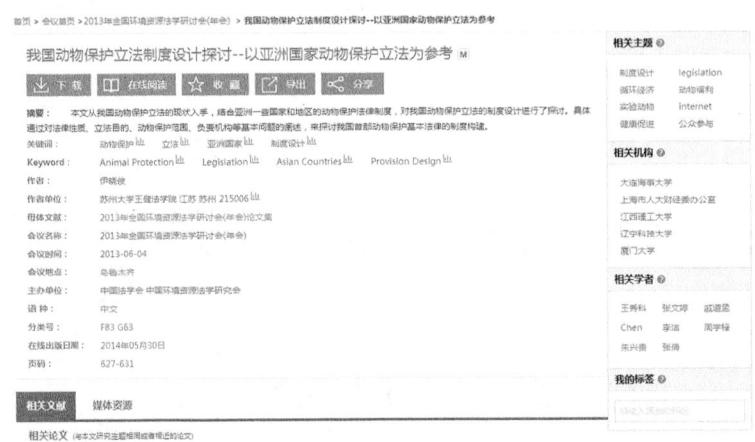

图8-2-5 万方数据会议论文检索结果查看

8.3 专利文献数据库及其检索

8.3.1 专利文献数据库概述

1. 专利文献基本概念

专利文献是实行专利制度的国家及国际性专利组织在专利管理过程中产生的文件及各类出版物的总称。目前，世界上有170多个国家和地区建立并实行了专利制（我国1985年施行《中华人民共和国专利法》），约90个国家和地区及组织用30种文字出版专利文献。根据联合国世界知识产权组织（WIPO）统计，每年世界上诞生的新技术中有90%~95%记载于专利文献中，其中70%的信息不可能从其他技术文献中获得。专利文献按内容可分为两大类：专利文件和专利检索工具。专利文件是指按专利制度在专利申办过程中形成的文件资料，包括专利申请书、专利文摘、专利说明书以及与专利有关的法律文件。专利检索工具指专利公报、专利分类表、专利文摘以及各种查阅专利的目录和索引。

2. 常见专利文献数据库

（1）中国知网中国专利全文数据库

该库包含《中国专利全文数据库》和《海外专利摘要数据库》，主要信息来源是国家知识产权局知识产权出版社，收录从 1985 年至今的中国专利和从 1970 年至今的国外专利，主要的分类法是国际专利分类法（IPC 分类）和 CNKI 168 学科分类。可以通过检索项关键词进行检索，国内专利一次性下载专利说明书全文，国外专利说明书全文链接到欧洲专利局网站。目前，《中国专利全文数据库》共计收录专利 2000 万条，《海外专利数据库》共计收录专利 9000 万条。

（2）万方数据中外专利数据库

该库包括中国专利文献、国外与国际组织专利两部分，内容涉及自然科学各个学科领域，收录了国内外的发明、实用新型及外观设计等，收录范围包括中、美、日、德、英、法、瑞士、欧洲专利局和世界知识产权组织的专利信息数据，收录年限起始于 1985 年，提供专利全文资源。该库采用国际通用的 IPC 国际专利分类法分类，可以通过检索项关键字检索，检索结果按国际专利分类，也可按国家和组织、专利申请的日期自动聚类。目前该库共收录中国专利 1500 万余条，国外专利 3700 万余条，年增 25 万条。

（3）其他国内外常见的专利文献数据库和网站

①中华人民共和国国家知识产权局（http://www.sipo.gov.cn）：其网站收录 1985 年 9 月 10 日以来公布的全部中国专利信息，包括发明、实用新型和外观设计专利，面向公众提供免费的专利检索服务，用户还可浏览到各种说明书全文及外观设计图形。

②中国专利信息网（http://www.patent.com.cn）：是目前国内科技及知识产权领域提供专利信息检索、专利事务咨询、专利及科技文献翻译、非专利文献加工等服务的权威机构。免费会员只能检索中国专利文摘数据库，付费则可下载专利说明书全文。

③国家科技图书文献中心（https://www.nstl.gov.cn）：该中心中外专利

检索提供美国、英国、法国、德国、瑞士、日本、欧洲、中国和世界知识产权组织的专利信息检索服务。

④世界知识产权数字图书馆（http://ipdl. wipo. int）：由世界知识产权组织建立，提供世界各国专利数据库检索服务，其中包括 PCT 国际专利、中国专利、印度专利、美国专利、加拿大专利、欧洲专利、法国专利等数据库。

⑤其他国家和地区的专利数据库：美国科学情报所（ISI）的德温特世界专利创新索引数据库（http://www. webofknowledge. com），欧洲专利局数据库（http://ep. espacenet. com），日本专利局工业产权数字图书馆（http://www. jpo. go. jp），加拿大知识产权局（http://patentsl. ic. gc. ca），韩国知识产权局（http://eng. Kipris. or. kr）。

8.3.2 专利文献数据库检索

1. 登录系统

本书以中国知网中国专利全文数据库为例介绍专利文献的检索。最新版的中国专利全文数据库的网址是 http://kns. cnki. net/kns/brief/result. aspx? dbprefix＝SCOD，该平台集成了专利文献的检索，如图 8－3－1，点击左边的"文献分类目录"，可以进行不同学科主题的专利文献的检索。该数据库有高级检索、专业检索和一框式检索三种形式。

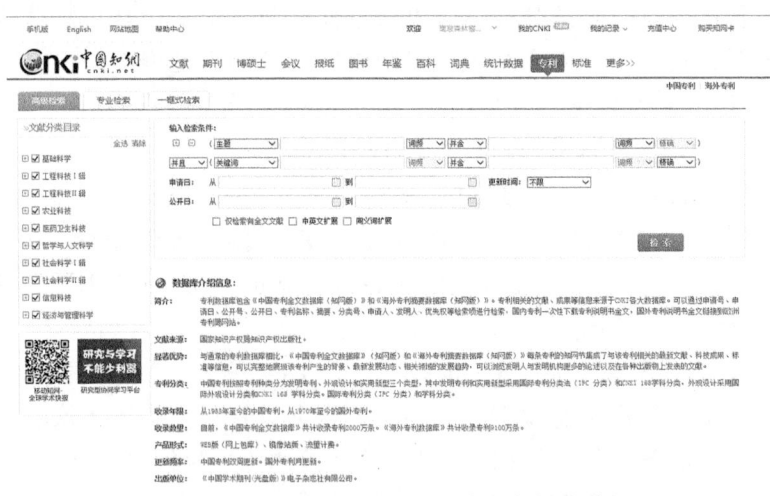

图 8-3-1　中国知网中国专利全文数据库首页

2. 检索方法

（1）一框式检索

该检索方式默认检索所有字段，点击鼠标可以选择主题、关键词、专利名称、全文、申请号、公开号、分类号、主分类号、申请人、同族专利项、优先权、代理人作为检索字段。

如以"森林消防"为主题词，搜索专利文献的结果如图 8-3-2。页面左侧是检索出的资源类型、专利类别等分类导航，右边是检索结果，上部分有对检索结果的不同聚类，有学科、关键词、年等。检索结果可以按照相关度、公开日、申请日进行排序。点击专利名称，进入该专利文献详细介绍页面，见图 8-3-3，提供 CAJ 格式全文和查询法律状态。

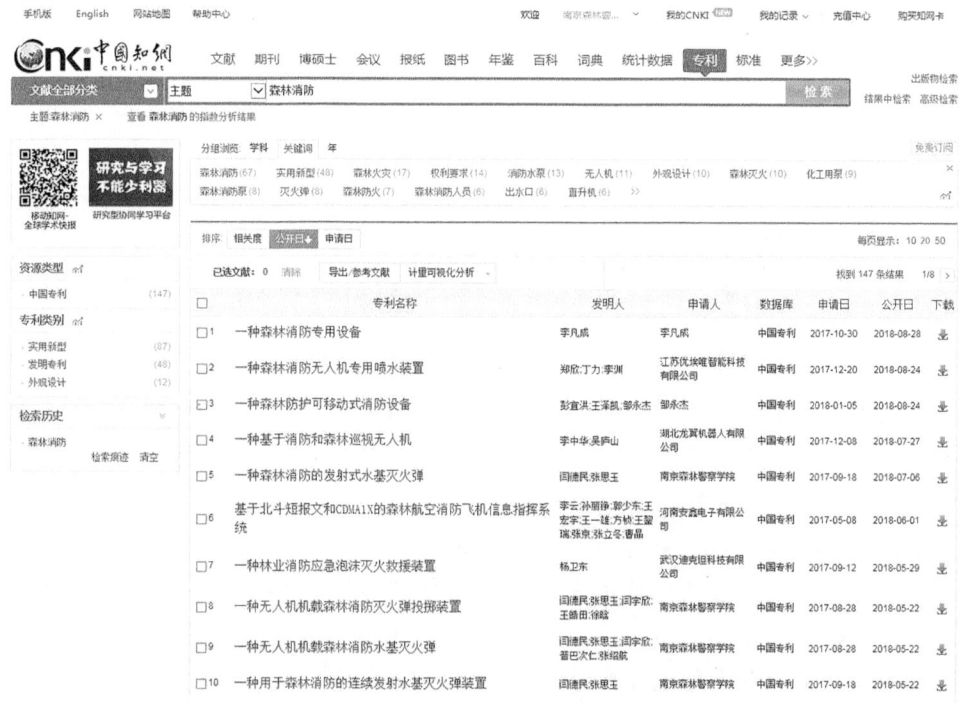

图 8-3-2　中国专利全文数据库检索结果

中国专利数据库（知网版）

一种森林消防专用设备

【申请号】	CN201721412501.6	【申请日】	2017-10-30
【公开号】	CN207768947U	【公开日】	2018-08-28
【申请人】	李凡威	【地址】	112000 辽宁省铁岭市银州区柴河街二十一委小桥子12楼一单元402室
【发明人】	李凡威		
【专利代理机构】	铁岭天工专利商标事务所 21105	【代理人】	新万清
【国省代码】	21		
【摘要】	本实用新型公开了一种森林消防专用设备,有运载设备,运载设备上定位地安装有消防水罐,消防水罐有盛水容器,盛水容器有进水口、出水口、液位计和压力表,盛水容器内有防水胶板,其特征在于:所述的盛水容器器盖密封容器盖,密封容器有进水口,进气口连有空压机,运载设备是升机,消防水罐和空压机安装在直升机仓内;还包括有洒水装置,该洒水装置具有橡胶盘管和安装盘架,橡胶盘管固定在安装盘架上,橡胶盘管一端为进水口,另一端为封闭端,橡胶盘管上周部均布有出水孔,所述安装盘架的大致中心位置装有吊装绳索,所述直升机的底部装有吊装绳索。所述盘索在所述直升机底部的吊架上。本实用利用在森林灭火时能够形成喷淋式灭火效果。		
【主权项】	1.一种森林消防专用设备,有运载设备,运载设备上定位地安装有消防水罐,消防水罐有盛水容器,盛水容器有进水口、出水口、波位计和压力表,盛水容器内有防水胶板,其特征在于:所述的盛水容器器盖密封容器盖,密封容器有进气口,进气口连有空压机,运载设备是直升机,消防水罐和空压机安装在直升机仓内;还包括有洒水装置,该洒水装置有橡胶盘管和安装盘架,橡胶盘管固定在安装盘架上,橡胶盘管一端为进水口,另一端为封闭端,橡胶盘管上周部均布有出水孔,所述安装盘架的中心位置装有吊装绳索,所述直升机的底部装有吊装绳索,吊装绳索中安装在所述直升机底部的吊架上。		
【页数】	10		
【主分类号】	A62C3/02		
【专利分类号】	A62C3/02		

推荐下载阅读CAJ格式全文　　查询法律状态

专利产出状态分析　　本领域科技成果与标准　　发明人发表文献　　申请机构（个人）发表文献　　本专利研制背景　　本专利应用动态　　所涉核心技术研究动态

发明人发表文献　　　　　　　　　　　　中国学术期刊网络出版总库
» 当前没有任何数据

本专利研制背景　　　　　　　　　　　　中国学术期刊网络出版总库
» 当前没有任何数据

本专利应用动态　　　　　　　　　　　　中国学术期刊网络出版总库
» 当前没有任何数据

所涉核心技术研究动态　　　　　　　　　中国学术期刊网络出版总库

期刊文献

[01] 李女敏;.水罐照明车 [J]. 消防科学与技术, 1984.01
[02] 田鹏飞;.石油化工企业消防水罐设计探讨 [J]. 石油化工安全环保技术, 2015.04

图 8-3-3　中国专利全文数据库检索结果细节图

（2）二次检索

为了进一步筛选检索结果，可以运用"结果中检索"的功能。读者可以再次在检索框中输入主题、关键词、专利名称等检索词，在已经检索出的结果中进行检索，方便读者缩小检索范围。

（3）高级检索和专业检索

专利的高级检索和专业检索同知网其他的数据库类似，在此不做过多赘述，高级检索如图 8-3-1，专业检索如图 8-3-4。需要指出的是，读者可以在高级检索页面右上角选择海外专利，可以检索到美国、日本、英国、德国、法国、瑞士、世界知识产权组织、欧洲专利局、俄罗斯、韩国、加拿大、澳大利亚、中国香港及中国台湾地区十国两组织两地区的专利文献。

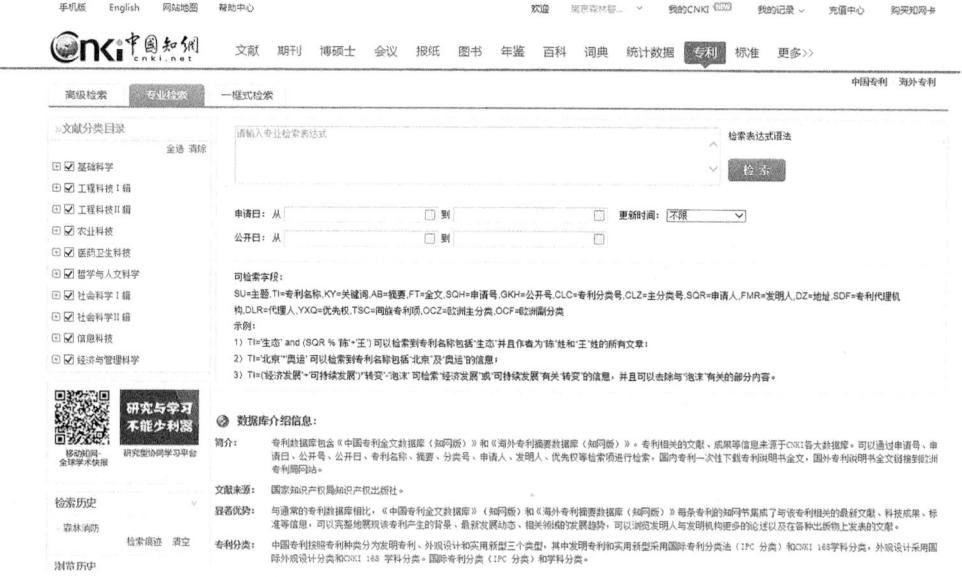

图 8-3-4 中国专利全文数据库专业检索

3. 检索结果

可以对检索出来的结果进行计量可视化分析，对检出的部分或者所有文献之间的关系进行可视化的对比。对检出的文献有总体趋势分析，关键词、学科、专利类别的分布分析，比较分析等，通过计量可视化的方式，展示该主题文献的发展趋势和脉络，为更好研究该主题专利文献提供思路。

8.4 科技报告数据库及其检索

8.4.1 科技报告数据库概述

1. 科技报告基本概念

科技报告是指一项科研成果的最终报告或研究过程中的实际记录，一般由科研机构、政府机构所属的科研单位、专业学术团体及高等院校附设的研究所提供。科技报告作为重要的信息来源，可追溯到第二次世界大战。目前，世界上许多国家都出版有自己的科技报告，例如，著名的美国政府四大科技报告、英国航空委员会报告（ARC）、欧洲空间组织报告（ESRO）、法国国家航空研究报告（RNEAR）、法国原子能委员会报告（CEA）等。科技报告内容新颖广泛、专业性强、技术数据具体，注重详细记录科研进展的全过程，对于交流各种科研思路、推动发明创造、评估技术差距、改进技术方案、增加决策依据等起到了积极的作用。

科技报告按专业名称和内容，可分为科学报告、技术报告、工程报告、调查报告、研究报告、实验报告、生产报告、交流报告等。按科技报告的形式，可分为报告书、技术札记、备忘录、论文、通报、技术译文等。按科技报告所反映的研究进展，可分为初步报告、预备报告、进展报告、中间报告、终结报告等。此外，科技报告还可按密级分为绝密报告、机密报告、秘密报告、非密限制发行报告、非密报告、解密报告。

2. 常见科技报告数据库和网站

（1）万方数据中文科技报告数据库和科技成果

万方数据中文科技报告数据库，收录始于 1966 年，源于中华人民共和国科学技术部，共计 20 000 余份。外文科技报告，收录始于 1958 年，包括美国政府四大科技报告（AD、DE、NASA、PB），共计 110 多万份。万方数据科技成果数据库，系统建于 1986 年，共有约 53 万条记录，涵盖了国内各省、市、部委鉴定后上报国家、科技部的科技成果及星火科技成果，涉及新技术、新产品、新工艺、新材料、新设计等众多学科领域，包括高新技术和实用技术成果、可转让的适用技术成果以及获得国家科技奖励的成果项目。

（2）国研网研究报告数据库

该数据库创建于 1998 年 3 月，是目前国内唯一的"国务院发展研究中心调查研究报告"全文数据库，也是我国著名的专业性经济信息服务平台，由国务院发展研究中心专门从事综合性政策研究和决策咨询的专家不定期发布有关中国经济和社会诸多领域的调查研究报告，汇总了国务院发展研究中心百余位国家级经济专家近 20 年的研究成果。数据库积累了 3000 余期研究成果，覆盖 15 个经济领域，每年出版约 240 期，160 万字左右，不定期出版，网络版每天在线更新。

（3）其他国内外常见科技报告数据库和网站

①中国商业报告库（http://www.infobank.cn）：是中国资讯行的子库之一，收录了经济专家及学者关于中国宏观经济、金融、市场、行业等的分析研究文献，以及政府部门颁布的各项年度报告全文，主要为用户的商业研究

提供专家意见等资讯，数据库每日更新。

②美国政府报告数据库（https：//www. ntis. gov）：由美国国家技术情报社（National Technical Information Service）创建，为题录文摘数据库。该库 90% 的文献是英文文献，主要收录美国政府立项研究及开发的项目报告，西欧、日本及世界各国的科学、技术、工程和商业研究的科学研究报告，以及专利、会议论文、期刊论文、翻译等其他文献。

③其他提供科技报告服务的网站和机构：Economics WPA（由华盛顿大学经济系提供的经济学科的报告），美国商务部 FedWorld 信息网，美国国家经济研究局的研究报告（NBER Working Paper），美国国防部科技报告服务，美国国防技术情报中心报告数据库（STINET）。

8.4.2 科技报告数据库检索

1. 登录系统

本书以万方数据科技报告数据库（简称万方科技报告库）为例介绍科技报告的检索。最新版的万方知识服务平台网址是 http：//www. wanfangdata. com. cn/index. html，该平台集成了科技报告的检索，如图 8-4-1，点击"科技报告"文献类型，即可进行科技报告的检索。点击右下方的"科技报告"图标链接，可以进入科技报告数据库，如图 8-4-2。

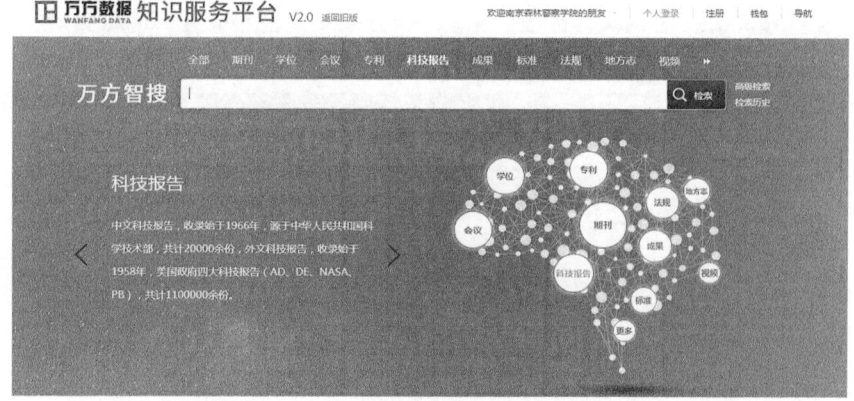

图 8-4-1　万方数据科技报告数据库检索首页

图 8-4-2　万方数据科技报告数据库

2. 检索方法

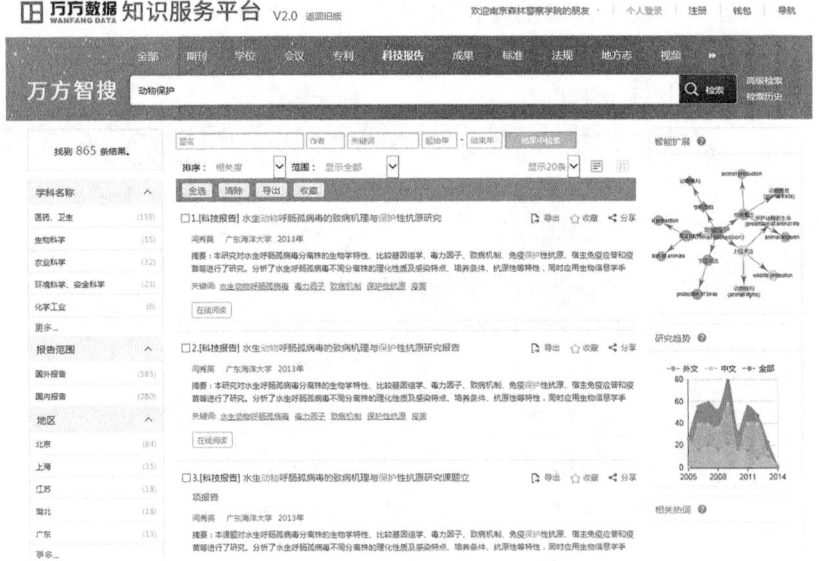

图 8-4-3　万方数据科技报告检索结果

（1）一框式检索

如同万方数据的其他数据库检索一样，都可以通过万方智搜的统一检索框进行关键词检索。该检索方式默认检索所有字段，点击鼠标可以选择题名、作者、作者单位、关键词、摘要、计划名称、项目名称检索字段，支持经典的检索式检索。

国家科技报告服务系统可分为中文科技报告和外文科技报告两个检索库。例如以"动物保护"为关键词，搜索科技报告的结果如图 8-4-3。页面左侧是不同维度的科技报告分类导航，中间是检索结果列表，右侧是关键词的智能拓展和研究趋势图。读者可在检索结果列表中点击机构名称链接查看该机构所有与关键词匹配的科技报告。

（2）二次检索

为了进一步筛选检索结果，读者可以填写标题、作者、关键词和起始年，在检索结果中继续检索。

（3）高级检索和专业检索

如同万方数据其他数据库产品一样，都可以使用万方智搜的高级检索和专业检索功能，只是在高级检索和专业检索时需要选中"科技报告"，高级检索和专业检索的使用可参考本书第 7 章万方数据中国学术期刊数据库相关章节。

3. 检索结果

打开论文检索结果查看页，读者可以获取所有关于当前科技报告的描述信息，可以选择下载或者在线阅读，如果注册了个人账号可以进行收藏，也可以导出不同标准的参考文献引用格式，还可以把当前网页的链接分享到万方学术圈、新浪微博、微信、QQ 空间、人人网和百度贴吧。页面右侧系统自动推荐了相关主题、相关机构、相关学者，并且允许当前用户为当前论文添加标签。

8.5 标准文献数据库及其检索

8.5.1 标准文献数据库概述

1. 标准文献基本概念

标准是为了在一定的范围内获得最佳秩序，协商一致制定并由公认机构批准，共同使用的和重复使用的一种规范性文件（GB/T20000.1—2002《标准化工作指南第1部分：标准化和相关活动的通用词汇》中对"标准"的定义）。标准应以科学、技术和经验的综合成果为基础，并以促进最大社会效益为目的。标准文献一般是指由技术标准、管理标准、工作标准及其他具有标准性质的类似文件所组成的一种特种文献体系，它要与现代科学技术和生产发展水平相适应，并且随着标准化对象的变化而不断补充、修订、更新换代。

标准按其使用范围分为国际标准、区域标准、国家标准、行业（部、学会、协会）标准、地方标准和企业标准；按标准内容分为基础标准、产品标准、方法标准、卫生标准、安全与环境标准、辅助产品标准、原材料标准、管理标准和服务标准；按标准成熟程度分为法定标准和事实标准；按标准法规性分为强制性标准和非强制性标准。

2. 常见标准文献数据库和网站

（1）万方数据中外标准数据库

该库收录了国内外的 37 万多条记录的标准，涵盖了中国标准、国际标准以及各国标准等，综合了由国家技术监督局、建设部情报所、建材研究院等单位提供的相关行业的各类标准题录。具体包括我国发布的全部标准、某些行业的行业标准以及电气和电子工程师技术标准；国际标准数据库、美英德等的国家标准以及国际电工标准；某些国家的行业标准，如美国专业协会标准数据库、日本工业标准数据库等。全文数据来源于国家指定的专有标准出版单位，文摘数据来自中国标准化研究院国家标准馆。

（2）中国知网标准数据总库

该库包含几个分库：《中国标准题录数据库》（SCSD）收录了所有的中国国家标准（GB）、国家建设标准（GBJ）、中国行业标准的题录摘要数据，共计标准约16万条；《国外标准题录数据库》（SOSD）收录了世界范围内重要标准，如国际标准（ISO）、国际电工标准（IEC）等，共计标准约38万条；《国家标准全文数据库》收录了由中国标准出版社出版的国家标准化管理委员会发布的所有国家标准；《中国行业标准全文数据库》收录了现行、废止、被代替以及即将实施的行业标准。标准的内容来源于中国标准化研究院国家标准馆，相关的文献、专利、成果等信息来源于 CNKI 各大数据库。

（3）其他国内外常见标准文献数据库和网站

①中国标准服务网（http：//www.cssn.net.cn）：由国家标准化管理委员

会、中国标准化研究院标准馆共同主办，它可提供标准的检索、代译、有效性确认、标准查新以及多种标准数据库产品，能提供大量有关标准的期刊论文，标准信息及时、全面，检索功能强大。

②国际化标准组织（https://www.iso.org）：International Organization for Standardization，简称 ISO，成立于 1947 年，现有 157 个成员方。ISO 网站可检索该组织颁布的所有标准，并提供在线订购全文服务。其为用户提供快速检索、高级检索和浏览检索三种方式。

③国际电工委员会（http://www.iec.ch）：International Electrotechnical Commission，简称 IEC，成立于 1906 年，目前有 60 多个成员国，是世界上成立最早的国际标准化组织，负责编制出版电气、电子及相关技术的国际标准。进入标准检索界面，提供快速检索和高级检索两种检索方式。

④国际电信联盟（http://www.ituchina.cn）：International Telecommunication Union，简称 ITU，起源于 1865 年成立的国际电报联盟，1932 年改现名。ITU 是主管信息通信技术事务的联合国机构，其成员包括 192 个成员方和 700 多个部门成员及部门准成员，负责制定国际电信行业的相关国际标准及行业规范。ITU 提供中文、英文、法文、德文等多语种网页，提供简单检索和高级检索。

8.5.2 标准文献数据库检索

1. 登录系统

本书以中国知网标准数据总库为例介绍标准文献的检索。最新版的中国知网标准数据总库的网址是 http://kns.cnki.net/kns/brief/result.aspx?dbprefix=CISD，该平台集成了标准文献的检索，如图 8-5-1，点击左边的"文献分类目录"，可以进行不同学科主题的标准文献的检索。该数据库有高级检索、专业检索和一框式检索三种形式。

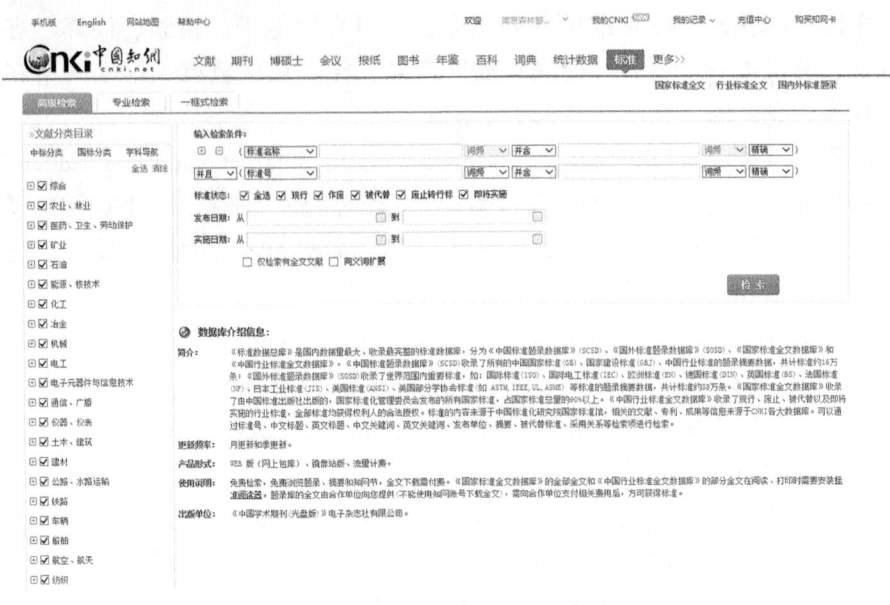

图 8-5-1　中国知网标准数据总库首页

2. 检索方法

(1) 一框式检索

该检索方式默认检索所有字段，点击鼠标可以选择主题、关键词、标准名称、全文、标准号、发布日期、实施日期、发布单位名称、出版单位、中国标准分类号、国际标准分类号、起草人作为检索字段。

如以"森林消防"为主题词，搜索标准文献的结果如图 8-5-2。页面左侧是检索出的资源类型、学科分类、学位授予单位、关键词等分类导航，右边是检索结果，上部分有对检索、结果的不同聚类，学科、年、研究层次，检索结果可以按照相关度和更新日期排序。

图 8-5-2　中国知网标准数据总库检索结果

（2）二次检索

为了进一步筛选检索结果，可以运用"结果中检索"的功能。读者可以再次在检索框中输入主题、关键词、导师等检索词，在已经检索出的结果中进行检索，方便读者缩小检索范围。

（3）高级检索和专业检索

专利的高级检索和专业检索同知网其他的数据库类似，在此不做过多赘述，标准的高级检索如图 8-5-1，专业检索如图 8-5-3。

图 8-5-3　中国知网标准数据总库专业检索

3. 检索结果

点击检索出的标准题名，可以打开标准文献检索结果查看页，读者可以获取所有关于当前标准文献的描述信息，可以选择全文下载。

8.6 年鉴文献数据库及其检索

8.6.1 年鉴文献数据库概述

1. 年鉴文献基本概念

年鉴是以全面、系统、准确地记述上年度事物运动、发展状况为主要内容的资料性工具书，是汇集一年内的重要时事、文献和统计资料，按年度连续出版的工具书。它博采众长，集辞典、手册、年表、图录、书目、索引、文摘、表潜、统计资料、指南、便览于一身，具有资料权威、反应及时、连续出版、功能齐全的特点。年鉴属信息密集型工具书，具有资料翔实、反映及时、连续出版等特点。

年鉴分为综合性年鉴和专科性年鉴两类。综合性年鉴反映各个学科或行业的信息，我国出版的综合性年鉴较多，例如《中国百科年鉴》《哈尔滨年鉴》《上海年鉴》等。专科性年鉴专门报道某一个学科或行业的信息，如《中国经济年鉴》《中国统计年鉴》《中国林业年鉴》等。年鉴还有国际性的、区域性的、地方性的年鉴，如《世界粮农组织生产年鉴》《联合国教科文组织统计年鉴》等。若要检索各类统计资料，统计年鉴最有权威性；若要检索某类工业企业的人员、各种产品的产销数据、重要研究成果或产品的进出口等各类事实和数据，可以在专科性的年鉴中检索。

2. 常见年鉴文献数据库和网站

（1）中国知网中国年鉴网络出版总库

该库是目前国内最大的连续更新的动态年鉴资源全文数据库，内容覆盖基本国情、地理历史、政治军事外交、法律、经济、科学技术、教育、文化体育事业、医疗卫生、社会生活、人物、统计资料、文件标准与法律法规等各个领域。年鉴内容按行业分类可分为地理历史、政治军事外交、法律、教育等 16 大类，地方年鉴按照行政区划分类可分为 34 个省级行政区域。该库收录 1949 年至今的中国国内的中央、地方、行业和企业等各类年鉴的全文文献共 2231 种、16 447 本、3132 万篇。

（2）中国知网中国经济与社会发展统计数据库

该库是目前国内最大的连续出版的以统计年鉴（资料）为主体的数值型数据库，收录了 1949 年以来国民经济核算、固定资产投资、人口与人力资源、人民生活与物价、各类企事业单位、政法与公共管理等各个领域和国民经济各行业的各类统计年鉴（资料）和最新经济运行数据。统计年鉴整刊资源按行业分类可分为 18 个领域（行业），地方统计年鉴整刊资源按照行政区划分类可分为 39 个跨省市地区或省级行政区域。各类统计图表均提供 Excel 格式，提供基于 160 余万统计指标、超过 800 万个时间序列数据的数据挖掘分析平台和超过 2.2 亿笔数据的数值搜索平台。

（3）其他国内外常见年鉴文献数据库和网站

①中国统计信息网（http://www.tjcn.org）：由中国国家统计局主办，提供各类全国性、地区性、行业性统计公报，另外还介绍统计机构、统计动态、统计标准、统计制度、统计知识等。

②中国统计年鉴（http://www.stats.gov.cn/tjsj/ndsj/）：是国家统计局编印的一种资料性年刊，用于全面反映中华人民共和国经济和社会发展情况。

③中国资讯行（http://www.infobank.cn）：大部分数据收录自 1995 年以来国家及各省市地方统计局的统计年鉴及海关统计、经济统计快报、中国人民银行统计季报等月度及季度统计资料。

④《世界概况》（The World Factbook）：又译为《世界各国纪实年鉴》，由美国中央情报局（CIA）出版，发布世界各国及地区的概况，如人口、地势、政治及经济等各方面的统计数据，每年更新一次，在 CIA 网站（https://www.cia.gov）的 Library 栏目下可查询下载。

⑤Infoplease Almanac（https://www.infoplease.com/almanacs）：是《咨询年鉴》的网络版，它集成了《哥伦比亚百科全书》《韦氏大学词典》等年鉴、地理资料、词典方面工具书的内容，通过一个统一的搜索引擎来检索，也可按照大类或单词索引进行浏览。

8.6.2 年鉴文献数据库检索

1. 登录系统

本书以中国知网中国年鉴网络出版总库为例介绍年鉴的检索。最新版的中国知网中国年鉴网络出版总库的网址是 http://kns.cnki.net/kns/brief/result.

aspx？dbprefix＝CYFD，该平台集成了年鉴的检索，如图8-6-1，点击左边的"文献分类目录"，可以进行地域导航、行业导航和专辑导航。该数据库有高级检索、专业检索和一框式检索三种形式。

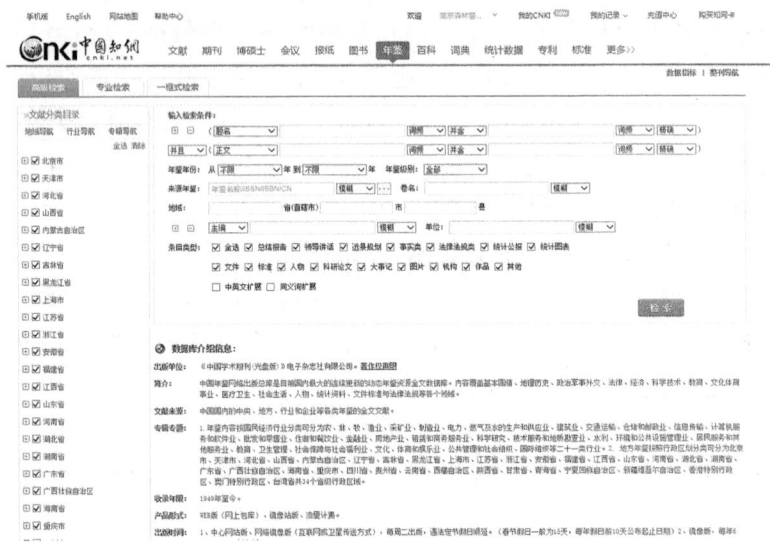

图8-6-1　中国知网中国年鉴网络出版总库首页

2. 检索方法

（1）一框式检索

该检索方式默认检索所有字段，点击鼠标可以选择正文、题名、出版者、年鉴作为检索字段。如以"正文＝森林消防"作为检索式，检索年鉴的结果如图8-6-2。页面左侧是检索出的年鉴名称、条目类型分类导航，右边是检索结果，上部分有对检索结果的不同聚类，可以按照学科、年鉴年份、地域和年鉴级别聚类，检索结果可以按照年鉴年份、相关度和下载量排序。

（2）二次检索

为了进一步筛选检索结果，可以运用"结果中检索"的功能。读者可以再次在检索框中输入正文、题名、出版者、年鉴等检索词，在已经检索出的结果中进行检索，方便读者缩小检索范围。

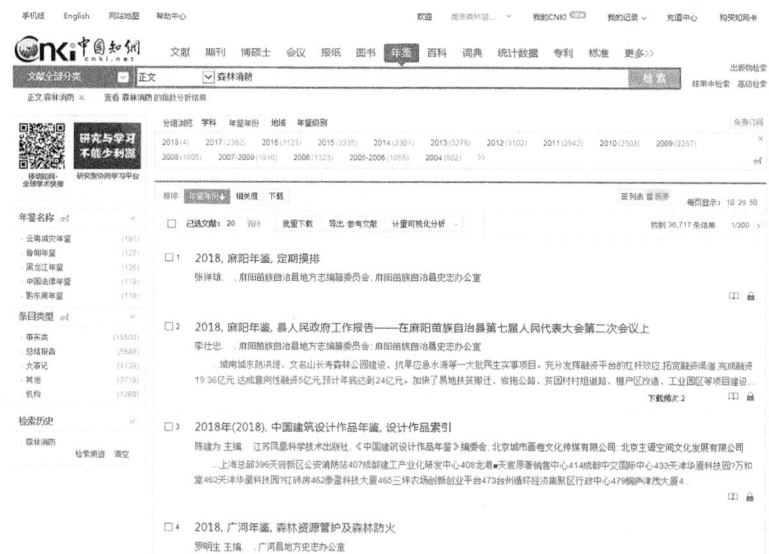

图 8-6-2　中国知网中国年鉴网络出版总库检索结果

（3）高级检索和专业检索

年鉴的高级检索和专业检索同知网其他的数据库类似，在此不做过多赘述。高级检索如图 8-6-1，专业检索如图 8-6-3。

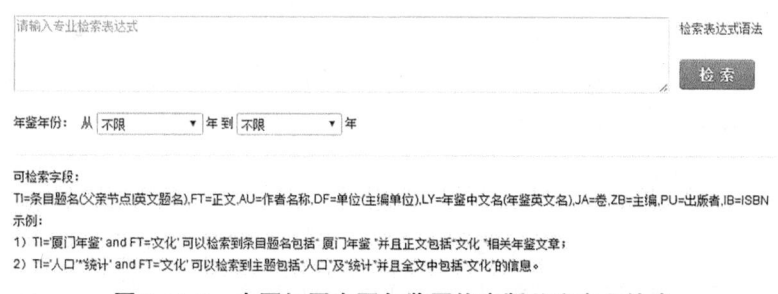

图 8-6-3　中国知网中国年鉴网络出版总库专业检索

3. 检索结果

点击检索出的年鉴正文题名，可以打开年鉴结果查看页，读者可以获取所有关于当前年鉴文献的描述信息，可以选择 CAJ 或者 PDF 格式下载。页面左边有该年鉴文章的知识节点和知识网络，可以了解该年鉴的详细信息，也可以根据相似文献等进一步扩大阅读范围。页面右边显示该文章出自的年鉴名称和图片，方便读者了解文章出处。

8.7 其他常见特种文献数据库

8.7.1 网络百科全书

1. 中国大百科全书网络版

《中国大百科全书》由中国大百科全书出版社出版，是我国第一部具有权威性、国际性、包罗古今中外知识同时突出中国内容的现代综合大百科全书。全书共 74 卷、77 859 个条目、5 万余幅图片，按照 66 个学科或知识领域分卷排列，最后一卷是总索引。中国大百科全书网络版（即中国大百科全书数据库）以《中国大百科全书》和中国百科术语数据库为基础，是目前国内唯一的百科全书式的，具有权威性、系统性、准确性和完整性的可升级性知识集成型资源数据库，采用国内最好的中文检索平台作为检索引擎，提供完善的检索手段，体系结构先进、功能强大，适用于各类局域网镜像服务。

2. 不列颠百科全书在线

不列颠百科全书在线（Encyclopedia Britannica Online）又称为大英百科全书在线，它是大英百科全书的网络版，网址是 https://www.britannica.com。它整合了三部百科全书，拥有文章、传记、图解、地图、统计图、动画、影片等多种类型文献，收录范围广泛覆盖各个领域。不列颠百科全书在线提供了浏览与基本检索功能，用户还可以对检索结果进行评论或者提出建议，共享到用户指定的博客或者网站之中。

8.7.2 在线工具书类

1. 中国知网网络工具书总库

该库是精准、权威、可信且持续更新的百科知识库，简称《知网工具书库》，网址是 http://gongjushu.cnki.net/rbook/。它集成了近 200 家知名出版社的近 4000 余部工具书，类型包括语文词典、双语词典、专科辞典、百科全书、图录、表谱、传记、语录、手册等，约 1500 万个条目，70 万张图片，所有条目均由专业人士撰写，内容涵盖哲学、文学艺术、社会科学等各个领域，支持关键词和检索式、通配符检索。

2. 网络汉语词典

汉典（http://www.zdic.net）是一个面向广泛受众、含有丰富及有益内容的教育和信息网站。汉典始建于 2004 年，是一个有着巨大容量的字、词、词组、成语及其他中文语言文字形式的免费在线辞典，支持拼音、部首查字和关键词索引与检索。汉典收录了 75 983 个汉字、361 998 个词语、短语和词组，以及 32 868 个成语的释义。另外，汉典网站还收录了古籍、诗词书法等方面资料供用户检索查询，实用附录栏目则收集了计量单位简表、二十四节气表、常用标点符号用法简表、汉语拼音方案、中国历史重要大事年表等实用性的内容。

3. 在线英语词典

翻译软件技术的发展模糊了传统词典和在线翻译的界限，在线的英语词典已经不仅仅是简单的传统印刷词典的数字化，而是具备了词典查找、智能翻译等功能。例如，网易有道出品的有道词典（http://dict.youdao.com/）是全球首款基于搜索引擎技术的全能免费语言翻译软件，为全年龄段学习人群提供优质顺畅的查词翻译服务。国外的著名的英语词典也推出了网络版本，例如剑桥词典（https://dictionary.cambridge.org/zhs/），牛津英语大辞典（http://www.oed.com/），一般都支持词条检索及布尔逻辑关系和通配符等检索方式。

4. 图录类网站

图录包括地图、历史图谱、文物图录、艺术图录、科技图谱等，主要用图像或附以简要文字，以反映各种事物、文物、人物、艺术、自然博物以及科技工艺等形象的图谱性资料。例如：著名建筑物网站（http://www.greatbuildings.com/gbc.html）集结了世界上约 1000 座著名建筑物的详细文字信息和图像数据，时间跨度从古至今，用户可以根据建筑物的名称、建筑师的姓名、地名特征进行检索。艺术图像博物馆（http://www.amico.org/library.html），收录了近 10 万份数字化艺术作品的图像，作品的文化地域范围覆盖五大洲，作品形式丰富，可按创作者、题名、日期、主题进行检索。

第 9 章

外文文献检索及获取

外文文献也是森林公安工作与森林公安研究中常用的一种文献资源，恰当利用外文文献有助于提高森林公安工作和森林公安研究的效率。科学的检索方法，能够快速获取森林公安工作与森林公安研究所需的信息。当前，我国总共出版期刊约 1 万种，学术期刊约 6000 多种，每年出版图书 20 多万种。但是放到国际视野下，比例只占较小的一部分，尤其是高质量学术期刊和图书领域方面，我国与世界发达国家还有一定的差距。世界上一些著名的出版集团和文献服务商为外文数字文献的传播搭建了桥梁，例如 Springer、EBSCO、ProQuest、Elsevier、ISI 等。本章以高校常见的 EBSCO、Springer、Web of Science 等几个外文文献数据库和国内著名的外文专题数据库服务商北京国道公司的产品为例，介绍外文文献资源的收录情况和检索方法。

9.1 EBSCO 数据库

9.1.1 EBSCO 数据库简介

1. EBSCO 概况

EBSCO 是目前世界上最大的提供学术文献服务的专业公司之一，也是全球最早推出全文数据库在线检索系统的公司之一，提供数据库、期刊、文献订购及出版等服务，总部在美国，在全球 22 个国家设有办事处。开发了 300 多个在线文献数据库产品，涉及自然科学、社会科学、生物医学、人文艺术等多学科领域，提供 100 多种全文数据库和二次文献数据库。EBSCO 数据库在中国大陆地区有近 600 家高校订户，北京大学、清华大学、上海交通大学、西安交通大学、北京交通大学、复旦大学、中国人民大学、中国科学院、中国社科院、中国国家图书馆、上海图书馆、浙江图书馆、天津图书馆均为 EBSCO

数据库的用户。

2. 综合学科学术文献大全（ASC）

综合学科学术文献大全（Academic Search Complete，ASC）是综合学科参考类全文数据库（Academic Search Premier，ASP）的升级版本，是当今世界最大的多学科学术期刊全文数据库。这个数据库几乎覆盖了所有的学术研究领域，主要为社会科学、人文科学、教育学、计算机科学、工程学、物理学、化学、语言学艺术、文学、医学、种族研究及妇女研究等。ASC 收录年代从 1887 年至今，包含 17 000 多种期刊的索摘，8900 多种全文期刊，其中 7700 多种为同行评审（peer-reviewed），还包括 800 多种非期刊类全文出版物（如书籍、报告及会议论文等），还有 1400 种全文期刊提供可查找引文参考的功能。

3. 商管财经学术文献大全（BSC）

商管财经学术文献大全（Business Source Complete，BSC）是商管财经全文数据库（Business Source Premier，BSP）的升级版本，是世界上最大的全文商业数据库。涵盖商业相关领域之议题，如财务金融、经济、银行、国际贸易、管理、业务营销、商业理论与实务、房地产、产业报导等。BSC 收录年代从 1886 年至今，现收录 6300 多种期刊索引及摘要，其中 3700 多种全文期刊（1900 多种为 peer-reviewed 同行评审）。另外，BSC 中包括近千种书籍专著，超过 110 万份的企业背景介绍，1200 多种国家经济报告，8200 多份行业报告，10 500 多份对全球知名企业高层管理人员以及财经分析家的访谈录，2600 多份市场研究报告，4200 多份 SWOT 分析等。BSC 还特别收录了伯恩斯坦金融数据、晨星基金股票分析出版品、非英语系国家的商学文献资源、美国会计师协会出版品、特别收录哈佛大学知名教授的 57 段研讨会视频等独家财经文献。

9.1.2 EBSCO 学术资源检索平台使用

南京森林警察学院购置了 EBSCO 学术资源检索平台 ASC 和 BSC 两个产品，由北京中科进出口有限责任公司运行服务，同时赠送了 Regional Business News、MEDLINE、ERIC 等 10 个数据库。本书以 EBSCO 学术资源检索平台为例简要介绍 EBSCO 数据库的检索方法。

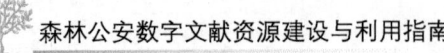

1. 登录系统

（1）登录 EBSCOhost

EBSCO 的网址是 http://search. ebscohost. com/，一般采用指定 IP 范围授权访问的方式提供服务。用户点击网址进入首页。

（2）选择数据库

默认情况下，EBSCO 学术资源检索平台选择了所有的数据库，读者可根据需要点击"选择数据库"进行勾选，以实现多数据库同时检索，如图 9-1-1 所示。

选择数据库 ?

详细视图 (包含标题列表) **选择其它 EBSCO 服务**

☑ 全选/撤消全选　注：选择全部数据库进行搜索可能会延长响应时间。

[确定]　[取消]

☑ Regional Business News

☑ MEDLINE

☑ ERIC

☑ Newspaper Source

☑ GreenFILE

☑ European Views of the Americas: 1493 to 1750

☑ Library, Information Science & Technology Abstracts

☑ Teacher Reference Center

☑ eBook Collection (EBSCOhost)

☑ EBSCO eClassics Collection (EBSCOhost)

☑ OpenDissertations

☑ Business Source Complete

☑ Academic Search Complete

[确定]　[取消]

图 9-1-1　选择 EBSCO 数据库

2. 检索选项设置

点击"检索选项"，如图 9-1-2 所示。可选择检索模式和扩展条件、限制结果、特殊限制条件等，以更加精确地检索目标数据。

图 9-1-2　EBSCO 检索选项设置

3. 简单检索

检索平台默认提供简单检索，在检索输入框中输入关键字，也可以输入词组，关键词或词组之间可用布尔逻辑算符（and、or、not）链接组成检索表达式，输入的字越多，检索就越准确。如检索美国的高等教育的情况可以用"advanced education and American"这一表达式来检索。输入关键字时，检索框会列出与输入内容相关的关键字提示，输入完毕，点击"检索"按钮，就会有检索结果出来。

4. 检索结果查看

（1）结果列表查看

结果列表页中间是检索结果主窗口，分别提供了检索结果项的标题及其链接、卷期目次、主题限定、文摘内容、主题和全文下载链接，所有结果支持分页显示。

（2）详细记录查看

点击标题链接进入详细记录查看页面，如图 9－1－3 所示。点击左侧"PDF 全文"可以下载文件，中间主窗口部分可以查看作者、来源、主题语、作者提供的关键词字、NAICS/行业代码、摘要、作者单位、ISSN、DOI、入藏编号、数据库等详细信息，右侧是 EBSCO 为读者提供的打印、电子邮件、保存、引用、导出、添加注释等工具按钮。

5. 高级检索

点击"高级检索"进入高级检索页面。在检索框中根据需要选择检索字段，输入检索词，使用逻辑算符，进行逻辑组配。充分利用检索框下的各项选择可以使检索更准确。字段主要包括：TX（所有文本）、AU（作者）、TI（标题）、SU（主题语）、SO（来源）、AB（摘要）、IS（ISSN）、IB（ISBN）、KW（关键词）、SU（主题词）、AN（访问编号）、GE（地理名称）。如检索时不限定字段，基本检索的结果是在所有字段中进行检索，否则就在限定检索词字段进行字段检索，例如：如果要检索发表在"Beijing Review"中的文章，要求篇名中出现"anti-terrorism"，那么可以构造以下检索提问式"ti：anti-terrorism and so：Beijing Review"。在 EBSCO 中检索近期与关键词相关的论文，可以使用检索式"DT 数字 and Keyword"，其中数字表示最近多少日。

图 9-1-3　EBSCO 详细记录页

6. 精确检索

为了使检索结果更符合用户需要，在检索结果界面上提供了精确检索（Refine Search），相当于二次检索，其作用是在当前检索基础上修改检索式或添加辅助选项再次进行检索，在基本检索和高级检索中都能选用精确检索。精确检索主要通过点选结果列表页两侧的精确检索条件实现。

（1）结果列表左侧

在结果列表左侧，读者可以查看当前的布尔逻辑/词组，可以设定限制、出版日期、来源类型、词典词语标题、主要标题主题、出版物、出版者、公司、语言、性别、年龄、地理学、NAICS 行业、University、数据库跨库范围等，以进行进一步的结果筛选。

（2）结果列表右侧

检索结果页右侧输出了与检索关键字相关的公司信息、公司概况、相关图像、参考书库等。精确检索结果出来后，点击"PDF 全文"可下载全文。

7. 其他服务

（1）翻译和朗读服务

EBSCO 为部分的论文提供翻译和朗读服务，可以使用检索式"Keyword and FM T"，其中 FM 代表的是提供论文朗读服务，T 即 Translate 代表翻译。出现"HTML 全文"的链接即翻译服务，进入论文详细信息查看页后点击

"Listen"编的播放按钮可听全文朗读音频，在翻译选项中选中翻译语种即可获得翻译服务。

（2）个人账号服务

EBSCO支持个人账号的个性化服务，用户可以在指定的IP范围内免费注册个人账号，注册账号后可以通过邮件订阅关注期刊的最新发刊情况，保存个人的检索历史，使用"文件夹"功能分类组织自己阅读的文献，还可以共享检索的结果，本书不一一列举。

9.2 SpringerLink 数据库

9.2.1 SpringerLink 数据库简介

1. SpringerLink 概况

德国斯普林格（Springer-Verlag，Springer）出版社以出版学术性出版物而闻名于世，它也是最早将纸本期刊做成电子版发行的出版商。SpringerLink是全球最大的在线科学、技术和医学（STM）领域的学术资源平台（http://link.springer.com）。Springer出版1900多种经同行评议的学术期刊，拥有大部分自1997年以来已出版的期刊内容。SpringerLink的在线回溯期刊数据库提供自第一卷第一期起的所有期刊。通过SpringerLink的IP网关，读者可以快速地获取重要的在线研究资料。SpringerLink数据库的数字文献资源可通过图书馆联盟、原文传递等方式获取。

2. SpringerLink 收录情况

SpringerLink系统提供电子期刊和电子图书的在线服务。目前，Kluwer出版社已被Springer收购，Kluwer出版社的电子期刊也被收录在SpringerLink系统中。SpringerLink系统收录了2638种期刊（全部为同行评议期刊，且提供全文）、47 747种图书、1493种丛书、195种在线参考工具书和24 654种标准。Springer已经出版超过161位诺贝尔奖得主的著作。目前，SpringerLink为全世界600家企业客户、超过35 000个机构提供服务。SpringerLink根据收录资源涉及的学科范围，将这些电子全文资源划分成14个学科，分别是：建筑与设计、行为科学、生物医学与生命科学、商业和经济学、化学和材料科学、计算机科学、地球和环境科学、工程学、人文、社会科学和法律、数学和统

计学、医学、物理学和天文学、程序员与应用计算。此外，还有 2 个特色图
书馆，即中国在线科学图书馆和俄罗斯在线科学图书馆。

9.2.2 SpringerLink 数据库检索

1. 登录系统

SpringerLink 新平台网址是 http://link.springer.com，于 2012 年 11 月启用
（2013 年 3 月 31 日旧平台停止使用）。已获 SpringerLink 授权的团体用户主要
通过 IP 自动识别的方式登录 SpringerLink，对所有电子出版物进行浏览、检索
和查阅文章标题、文摘。未获 SpringerLink 授权的用户可以访客的身份进入系
统，免费获得资源的目录和文摘信息，可以向开通原文传递服务的学校申请
获取原文。

2. 浏览

SpringerLink 数据库可按学科浏览。单击首页左侧的学科名称，便显示出
该学科期刊列表，还可以选择子学科进一步限定期刊范围，在页面右侧单击
期刊名称查看详细信息。SpringerLink 首页中，浏览分为学科浏览（页面左上
方框和右下方下拉菜单）、文献类型浏览（学科浏览下面方框）和出版物类型
浏览（页面脚注部分左侧"Our Content"）。

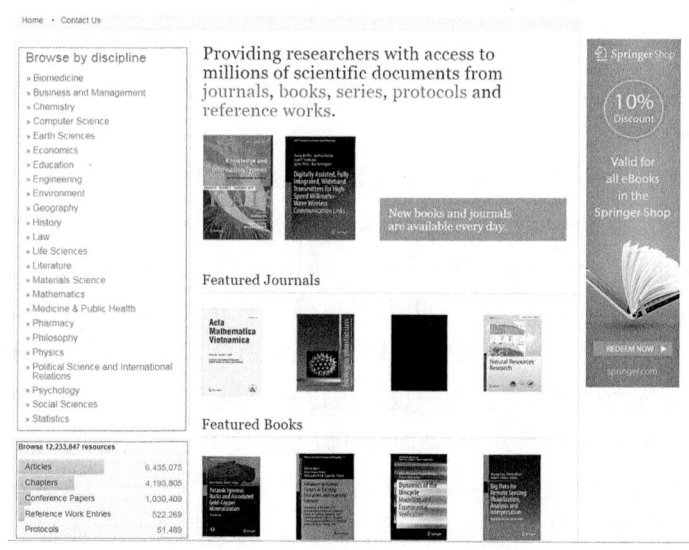

图 9-2-1　SpringerLink 浏览页

如果知道期刊（或图书、丛书、参考文献）的名称，想看其中的某一册，可用题名浏览方式。本书以期刊为例进行说明，如图9-2-1所示。

（1）进入浏览界面

从SpringerLink首页左下方"Our Content"下，选择Journals，进入期刊浏览界面。期刊的浏览界面与SpringerLink的简单检索界面一致，采用标签的方式"within Journal"在检索结果页面中显示。如已知所查刊物名称，即可在检索框中输入期刊名称。

（2）期刊浏览

新平台取消了原先按字顺浏览的方式，而采用按学科浏览的方式，在左侧二次限定检索结果区域进行选择。通过学科分类，缩小浏览期刊的范围，浏览的结果也会以标签的形式显示。点击浏览具体某刊物页面后，还能够检索或浏览该刊物的卷期号、文章名称、作者、期刊描述等信息。

3. 简单检索

在主页面"Search"输入框中输入检索词/词组，点击搜索图标进入篇（或章节）名检索结果列表界面，默认情况下显示所有的搜索结果，按相关性排序。用户也可点击检索结果页面左侧的相关按钮，按照内容、学科、子学科、语言等聚类选项，分别优化检索结果。读者可以进行二次检索，并可以对结果按学科、出版年、作者、语言进行筛选。

4. 高级检索

在SpringerLink主页上单击选择按钮，选择"Advanced"进入高级检索界面，如图9-2-2。

在高级检索界面的一个或多个检索词输入框中键入检索词，对检索条件（如with all of the words, with the exact phrase, with at least one of the words, without the words, where the title contains, where the author/editor is, show documents published等）进行限定，可达到精确检索的目的；多个检索条件（检索词输入框）之间的逻辑关系为"与"（AND）。取消"Include Preview contains"后面方框内的"√"，用户也可限定在该机构的访问权限内检索。相关限定内容的检索词可以是一个单词也可以是多个单词。在默认情况下，显示所有的搜索结果。相关操作说明如下：

点击上述检索结果列表页面中的篇名可进入该篇文章的详细信息页面。

页面最上方的蓝色条状框提供PDF和HTML（有的只有1种）全文格式

链接，且一直显示（即使页面向下卷动）。

点击 "Supplementary Material" 按钮将会以列表形式在下方显示补充材料（如果有）。

点击 "References" 按钮可查看这篇文献的参考文献列表。

点击 "About this Article" 按钮可查看这篇文章的外部著录信息。

页面右侧，提供了论文度量（Article Metrics，如 Altmetrics 得分等数据）、分享、导出参考文献等按钮。

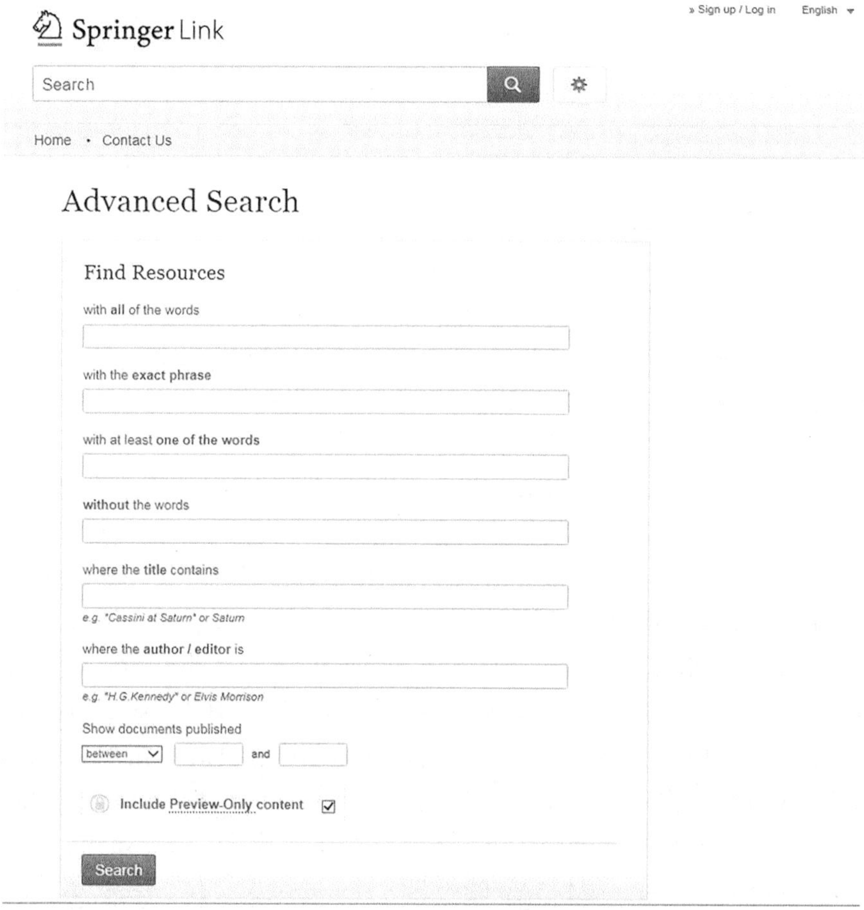

图 9-2-2　SpringerLink 高级检索页

9.3 Web of Science 平台（SCI）

9.3.1 Web of Science 平台简介

1. ISI 与 SCI

美国科学情报所（Institute for Scientific Information，简称 ISI，也称美国科技信息所）著名的科学引文索引数据库（Science Citation Index，SCI），历来被公认为世界范围最权威的科学技术文献的索引工具，能够提供科学技术领域最重要的研究成果。SCI 引文检索的体系更是独一无二，不仅可以从文献引证的角度评估文章的学术价值，还可以迅速方便地组建研究课题的参考文献网络。发表的学术论文被 SCI 收录或引用的数量，已被世界上许多大学作为评价学术水平的一个重要标准。关于 SCI 的详细情况请读者参看本书第 18 章国际期刊等级的相关内容。

2. Web of Science 平台

Web of Science 平台（简称 WOS）是 ISI 基于 WEB 开发的产品，是全球最大、覆盖学科最多的综合性学术信息资源及多功能的研究平台，涵盖了自然科学、社会科学、艺术和人文科学等领域的高品质、多样化的学术信息，并配以强大的检索和分析工具。该平台以 ISI 的 Web of Knowledge 作为检索平台，包括了著名的三大引文索引和两个化学数据库：Science Citation Index Expanded（SCIE，1900 年至今）、Social Sciences Citation Index（SSCI，1956 年至今）和 Arts & Humanities Citation Index（A&HCI，1975 年至今）；Current Chemical Reactions（CCR，1986 年至今）和 Index Chemicus（IC，1993 至今），其中 SCIE 是 SCI 的网络版数据库。Web of Science 40 多年严格一致的选刊标准，精选 9000 多种核心学术期刊，数据回溯自 1900 年以来 100 多年的科技文献及其影响，独特的引文检索可轻松地追溯课题的起源、发展和相互关系，强大的信息分析和引文报告功能分析绩效、把握趋势，Email 和 RSS 定制主题及引文跟踪服务随时把握最新研究动态，可以一次点击链接全文、馆藏，基于 ISI Web of Knowledge 平台，提供有效的研究工具——全文链接、结果分析、信息管理、格式论文，提高效率，激励创新。

9. 3. 2 Web of Science 平台检索

1. 登录系统

Web of Science 的网址是 http://webofknowledge.com，系统默认的 WOS 首页是跨库检索界面（可提供简体中文界面），Web of Science 数据库检索主页面进入时提供 "More Search Fields（全面检索）" 和 "Search（简易检索）" 两种检索方式，可以通过 "What databases and searching" 选择数据库，登录该网站后选择 Web of Science 产品进入科学引文索引检索主页，最后可以向开通原文传递服务的学校申请获取原文。

2. 简易检索

在 "Enter a Topic" 文本框内输入检索词可直接进行简易检索。简易检索的结果显示控制在 100 条以内。注意，在 ISI 的数据库中，机构名称和地名通常采用缩写的形式，具体规定可参考 Corporate & Institution Abbreviations（公司和学会名称及缩略语对照表）、Address Abbreviations（地址及缩略语对照表）和 State/Country Abbreviations（州/国家地区名称及缩略语对照表）。

3. 全面检索

单击 "More Searchfield（全面检索）" 按钮，如图 9-3-1。"全面检索" 共有 "GENERAL SEARCH（一般检索）" "CITED REF SEARCH（引文检索）" "STRUCTURE SEARCH（结构检索）" "ADVANCED SEARCH（高级检索）" 4 种检索方法。

"Author Finder（著者检索）"：检索词形式为姓氏的全拼、空格、名（包括中间名）的首字母缩写，如果仅输入姓氏感觉检索范围太大时，可以同时输入名，建议用位置算符连接姓和名。

数据库选择：Citation Database（引文数据库）和 Chemistry Database（化学数据库）两大类，引文数据库包括 SCIE（科学引文索引）、SSCI（社会科学引文索引）和 A&HCI（艺术与人文科学引文索引）3 个基础数据库，化学数据库分为两个子库 CCR（当前化学反应）和 IC（化学索引），提供查找化学文本及子结构的数据库。

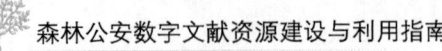

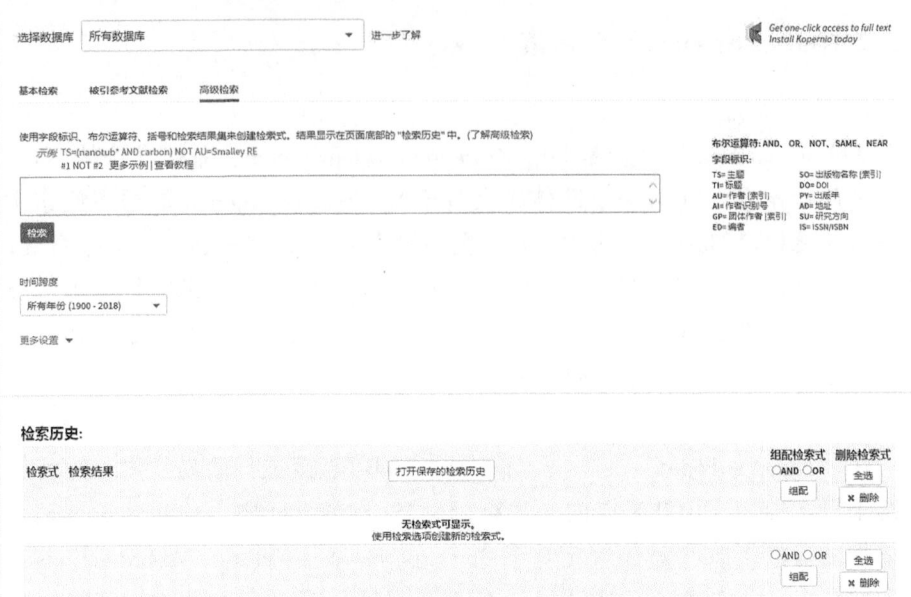

图 9-3-1　Web of Science 平台全面检索页

4. 检索结果

（1）目录检索结果

Web of Science 检索结果的"Search Results-Summary（目录检索结果）"显示了检索方法、检索时使用的检索条件、检索出的总页码数及检索出的记录数。显示的顺序用户可按"SORT by（排序）"按钮调整，默认显示结果为该排序方式，时间越近，排序越靠前，检索结果最多提供 1000 条记录。

（2）文摘检索结果

在目录页单击文献篇名进入 FULL RECORD（文摘）显示方式。文摘包含完整录信息，如文献篇名、著者、原载刊物名称、卷（期）、页码、时间、文献类型、语种、文摘摘要、Author Keywords（著者关键词）、全部的著者地址、Keywords Plus（增补关键词）、所有引文记录、出版物信息、相关链接及该文摘在检出结果中的位置等。

（3）早期参考文献

在 Web of Science 文摘检索结果的界面上，有 2 个有关引文的显示，一个是"Cited References（早期参考文献）"，另一个是"Times Cited（近期引文）"。单击"Cited References（早期参考文献）"链接，可得到该文献著者撰写论文时所列的所有参考文献的著录，单击"Find Related Records（查找相关记录）"可找到相应的早期引文参考文献目录。

（4）近期引文

Times Cited 又称 CITING ARTICI. ES（近期引文）。"近期引文"是另一个引文显示，列出引用该篇论文的所有文献的总数，单击这一链接，可得到这篇文章被别人引用的相关文献的目录。

（5）同期引文

从文摘页面或早期文献目次表上单击"Find Related Records（查找同期引文）"链接到"RELATED RECORDS（同期引文）"，该页面列出了用户看到的同期的共享参考文献。列出共同引用同一篇或几篇论文的所有文献，利用相关记录，可查找当时的文献。

（6）结构检索结果

STRUCTURE SEARCH（结构检索）有化学反应（默认显示）和化合物 2 个检索结果。化学反应检索结果显示化学反应信息，化合物检索结果显示化合物信息。点击"Go to Compound Results（指向化合物检索结果）"按钮和"Go to Reaction Results（指向化学反应检索结果）"按钮可在两者之间切换。

9.4 Compendex 数据库（EI）

9.4.1 Compendex 数据库介绍

1. Compendex 与 EI

工程索引（EI）是由美国工程师学会联合会（American Association of Engineering Societies，简称 AAES）于 1884 年创办的历史上最悠久的一部大型综合性检索工具。EI 在全球的学术界、工程界、信息界中享有盛誉，是科技界共同认可的重要检索工具，关于 EI 的详细介绍请参考第 18 章国际主要期刊定级工具相关内容。

EI 数据库分光盘版和网络版，Compendex 是美国工程索引 EI 数据库的网络版，是全世界最早的工程文摘来源。Compendex 收录年代自 1969 年起，涵盖 175 种专业工程学科。其目前包含 1100 多万条记录，每年新增的 50 万条文摘索引信息分别来自5100种工程期刊、会议文集和技术报告。Compendex收录的文献涵盖了所有的工程领域，其中大约22%为会议文献，90%的文献语种是英文，也是目前全球最全面的工程检索二次文献数据库，它收录了7 000 000多篇论文的参考文献和摘要。

2. Compendex期刊来源

Compendex来源期刊有全选期刊、选择期刊和扩充收录期刊，其区别如下：

（1）全选期刊：即核心期刊，Compendex数据库收录重点是下列工程学科的期刊：化学工程、土木工程、电子/电气工程、机械工程、冶金、矿业、石油工程、计算机工程和软件。目前，核心期刊约有1000种；每期所有论文均被录入Compendex。

（2）选做期刊，有选择地收录，包括：农业工程、工业工程、纺织工程、应用化学、应用数学、应用力学、大气科学、造纸化学和技术、高等学校工程类学报等领域的期刊。Compendex只选择性收录主题范围有关的文章。目前，选做期刊约1600种。

（3）扩充期刊，它只收录题录（EI Page One）。EI Compendex期刊的扩充版收录约2800种期刊。1999年收录我国期刊156种；近几年来已经进行了分化，少数提升为选做期刊，部分则不再收录。

9.4.2 Compendex数据库检索

1. 登录系统

Compendex数据库的登录网址是 https://www.engineeringvillage.com，用户可以使用Openathens账户、Elsevier账户登录，如用户所在的机构已购买Compendex电子资源的服务，可在机构范围内免费阅览电子资源，也可以向开通原文传递服务的学校申请获取原文。

2. 检索条件设置

登录后进入快速检索界面。

（1）检索条件设置：指定检索关键字和关键字出现的字段（全文、标题、摘要等），以及每个独立检索条件之间出现的逻辑关系（与、或、非等）。

（2）检索条件添加：添加检索条件，单击"×"按钮删除检索条件。

（3）显示结果过滤：根据条件显示检索结果，例如按照文献类型（期刊、学位论文等）、子库类型、日期、语言等。

（4）检索方式：分为快速检索、专家检索和叙词检索。快速检索是默认的检索方式，用户选择字段后输入检索关键词，并可增加新的检索窗口通过逻辑运算符进行组配检索；专家检索允许用户将检索词限定在某一特定字段进行，同时可以使用逻辑算符、括号、位置算符、截词符和词根符等。用户也可使用逻辑算符同时在多个字段中进行检索；叙词检索限定用户根据站内提供的《工程信息叙词表》的规范词进行文献针对性较强的检索。

3. 对检索结果进行查看和过滤

Compendex 数据库根据用户提供的检索条件显示检索结果，如图 9-4-1 所示。

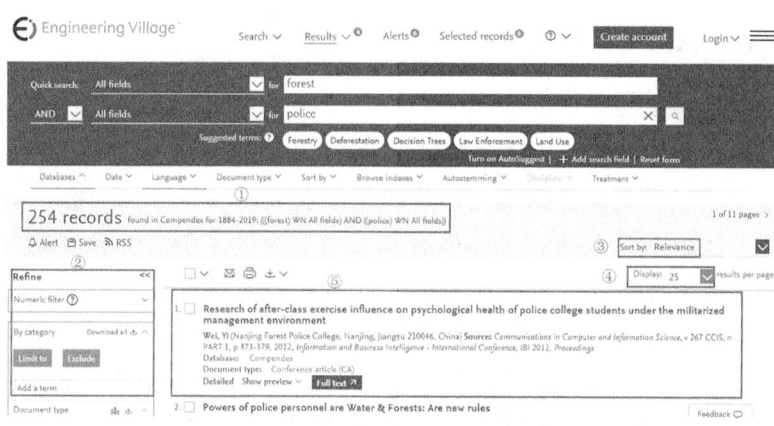

图 9-4-1　Compendex 检索结果

（1）结果汇总：包括符合检索条件的结果总条目数和对应的专家检索结果逻辑表达式。

（2）检索限定条件：用户可以设置在既定的检索条件基础上新增某些条件。

（3）分类和排序：检索结果按照哪种条件排序，默认按照相关度进行降序排序。

（4）每页显示条目数：定义 Compendex 数据库分页显示每页的检索结果条目数。

（5）检索结果条目：列出了每条检索结果文献的标题、作者信息、文献类型等。

4. 查看详细记录

点击其中某一条结果进入详细信息页，可以看到该文献更加详细的信息，"Abstract" 标签页是文摘显示格式界面，列出文献的题录、摘要、受控词等，"Detail" 标签页是全纪录显示格式界面，列出了该文献更加详细的文献信息。

5. 获取全文

用户通过单击 "Full Text" 按钮来获取全文。浏览器重新打开一个窗口并在数秒内重定向到一个可以获取该文献的链接。链接重定向到了 Springer 数据库中该文献的下载页面，单击 "Download book PDF" 按钮即可获取该文献。

9.5 ProQuest EBC 平台

9.5.1 ProQuest EBC 平台简介

1. ProQuest 概况

ProQuest 公司，起源于 1938 年由 Eugene B. Power 创立的 University Microfilms（UMI），公司为全球大学、政府机构、公共图书馆、商业客户提供增值信息服务，致力于向全球读者提供真实、可信的学术资源，为研究人员作出更大的科研成果提供支持。例如 ProQuest 系列学术数据库（包括 PQDT 全球博硕论文数据库、ABI 经济管理商业期刊数据库等）、Dialog、Ebook Central、RefWorks、Pivot、Chadwyck-Healey、UMI、eLibrary、SIRS、CultureGrams，以及 Ex Libris 系列图书馆管理系统等。资源类型包含：全球独特、不易获取的珍贵原始档案、英美政府文献、全球顶级高校博硕士学位论文、著名学术期刊文献、具有历史价值的文献资料、古典书籍、重要的国际报刊及电子书等。ProQuestd 的产品在中国大陆地区有 500 多家高校、科研机构、公共图书馆、企业、医院、国际学校等订户，其中包括清华大学、北京大学、北京师范大学、中国人民大学、上海交通大学、中国国家图书馆、中国科学院、中国社会科学院等。

2. ProQuest EBC 平台

ProQuest Ebook Ebook Central 平台（简称 ProQuest EBC），由原 EBL、Ebrary、MyiLibrary 三大电子书平台合并而成，是全球最大的学术电子书检索平台，可为图书馆用户提供各个学科、类型的电子书资源以及订购方案。平台上可提供全球 1000 多家著名大学出版社、专业出版商、学术出版机构出版的超过 100 万种电子书，45% 以上的书目是最近五年出版的，内容覆盖科学、技术、医学、生命科学、计算机科学、经济、商业、文学、历史、艺术、社会与行为科学、哲学与教育学等学科领域。其电子书涉及 20 种语言，覆盖英语、德语、法语、西班牙语、葡萄牙语、阿拉伯语、加泰罗尼亚语、意大利语、丹麦语、荷兰语、瑞典语、捷克语、拉丁语、俄语、中文等。EBC 平台提供了灵活的电子书订购方案，可直接购买、按学科专辑订购或采用 DDA 用户驱动短租或购买等。

9.5.2 ProQuest EBC 平台检索

1. 登录系统

ProQuestEBC 平台的网址是：http://ebookcentral.proquest.com/auth/lib/ * ****，其中 *****是订购机构的 Site ID 代码，例如南京森林警察学院的登录地址 http://ebookcentral.proquest.com/auth/lib/forestpolice ，平台采用指定 IP 范围授权访问的方式提供服务，可借助机构 VPN 实现远程访问。Ebook Central 在设计时充分融入了移动化理念，支持平板电脑或手机访问网站，下载电子书以供离线阅读。图9-5-1 为平台的首页，顶部提供了一框式检索的检索框和高级检索、浏览主题的链接。

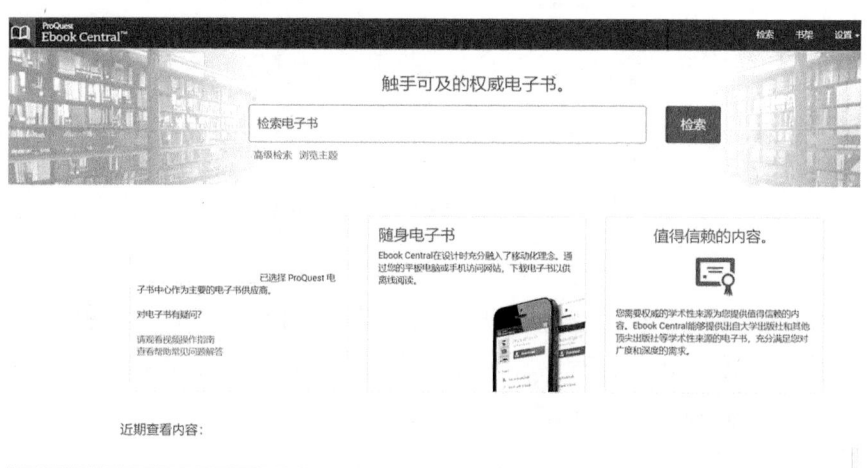

图 9-5-1　ProQuest EBC 平台首页

2. 简单检索

在检索框中输入关键词，点击页面检索按钮，可执行简单检索。简单检索支持关键词检索、词组检索（使用英文双引号" "）、词间逻辑关系可用布尔逻辑算符（and、or、not）进行定义。如直接输入 forest management 等同于 forest and management，表示检索关键词 forest 和 management，如果需要精确检索词组，那么需要执行" forest management"。

3. 高级检索

高级检索页如图 9-5-2，用户可以通过填写检索词、选择检索字段、选择逻辑关系完成一个较复杂的检索策略，在字段下拉菜单中提供了关键词、文本全文、题名、丛书题名、作者、出版社、ISBN 号、BISAC Code、BISAC Subject Heading、美国国会图书馆 LC 主题词、美国国会图书馆 LC 索书号、杜威十进分类号、Ebook Central 主题字段进行检索，可以进行出版年、语种、下载格式等限制。

图 9-5-2　ProQuest EBC 高级检索

4. 浏览主题

用户可以按照学科主题进行浏览。ProQuest EBC 所设定的学科主题包括综合、科学技术、艺术、商业、教育、健康与医学、历史与政治、法律、文学与语言、宗教与哲学、社会学。

5. 检索结果

（1）检索结果页

在检索结果页，用户可按照命中图书、章节进行查看，可按照相关性、出版时间、题名、投稿者、出版社进行排序，可使用出版年份、主题、语言、作者精炼检索结果。系统还为用户提供了整本借阅、在线浏览、目录、添加到个人书架的功能按钮。

（2）电子书页

点击具体的电子书书名链接可查看可用性（使用权限）、目录与参考书目信息，同时也提供了在线阅读、整本借阅（完全下载）、添加到书架、分享图书链接、引用图书、章节保存成 PDF 文件及在线阅读的功能按钮。

6. 电子书的阅读

（1）在线阅读电子书

点击在线阅读后，可针对电子书进行在线阅读，选题提供了若干针对当前电子书在线操作的按钮，主要包括权限详情、目录浏览、查看标注、书中检索以及整本借阅、保存成 PDF、复制、打印、添加到书架、分享链接、生成引文、颜色标注、笔记、页签、放大、缩小等工具。

（2）ProQuest EBC 电子书的下载

ProQuest EBC 提供电子书的整本下载（整本借阅）和章节下载、打印（保存为 PDF），但需要用户创建 ProQuest EBC 个人账户，登陆之后系统会在页面上显示整本下载（实际为整本借阅）和章节下载（实际为保存成 PDF），并在右方会显示使用限制。按章节下载和以 PDF 格式打印都需要选择具体的页码或者当前章节，但在整本下载（实际是整本借阅）时系统会自动提示需要完成的 3 个步骤，包括设备选择（笔记本电脑或台式电脑，iOS 设备，安卓设备，其他设备）、阅读软件 Adobe Digital Editions 安装提示、下载信息及时间设置（主要是借阅天数）。需要说明的是，整本借阅生成的 .acsm 文件需要使用 Adobe Digital Editiaons 阅读器打开，借阅天数到期后借阅文件将会失效。

9.6 SpecialSciDBS 专题数据库

9.6.1 SpecialSciDBS 简介

1. 国道数据概况

国道数据是北京中加国道科技有限责任公司的注册商标，也通常用来代表公司，它是国内领先的特色专题数据资源开发供应商，也是数字化教学解决方案服务商，开创了第一家网上数据库超市和全球知名的 MeTeL 高校课程资源平台，面向科研、教学、情报机构提供在线服务。公司成立于 1999 年，总部位于"中国硅谷"——中关村，在大洋洲悉尼、北美洛杉矶、渥太华相继建立了合作办事机构，在南京、郑州、西安、杭州、广州、长沙、重庆等国内省会城市建有办事处和客户服务中心。国道数据开发出了中文、外文两大系列专题数据资源产品，基于互联网媒体化、阅读移动化、教育学习慕课化、大数据盛行推出了机器学习、数据深度分析、知识发现、学术社交、自主学习等智慧平台。

2. SpecialSciDBS 数据库

SpecialSciDBS（国道外文专题数据库）是国内最大的外文专题数据库平台，由北京中加国道科技有限责任公司开发运行。该平台现有全文数据 3200 余万篇，涉及专题 70 余个，年更新量 100 余万篇。其中外文环境专题库全面整合了环境科学技术的国际学术资源，收录全文文献 57 万多篇；外文农业专题库整合了世界上主要发达国家和地区的 1000 多种农业科技文献，收录全文文献 90 多万篇。这些外文专题库的内容涉及全球气候变暖、大气环境与大气污染、水污染与废水管理、固体废物管理、土壤污染、农业与生态环境、湿地与生物多样性、污染控制技术与清洁生产、环境管理与环境政策、计算机技术与环境、环境影响评价、农业工程、林业工程、林学、园艺、农艺与作物科学、动物科学、畜牧学等方面的最新发展方向和研究成果。SpecialSciDBS 摒弃传统出版业重理论轻应用的观念，倡导外文文献资源理论性与应用性并重。文献类型涉及论文、报告、电子图书、课件、会议记录、议题议案、白皮书、专栏专题、法规标准、新产品介绍等 10 余种，收录年限从 1990 年至今，语种为英文，数据逐日更新，文件统一采用 PDF 格式。

9.6.2 SpecialSciDBS 检索

1. 登录系统

国道外文特色数据库网址是 http://www.specialsci.cn，采用指定 IP 范围授权访问方式，本书以南京森林警察学院图书馆购买的产品为例，在学校校园网 IP 范围内打开数据库，高级检索界面如图 9-6-1 所示。首页顶部提供快速检索的检索框，导航栏提供了专题库的服务项目，中间主体部分是学科专题的封面介绍，下部则提供管理文献类型分布图、数据年份分布图和发布机构排名图3个图标，鼠标靠近时系统显示相关统计信息。

2. 检索方法

（1）快速检索

在首页快速检索区可输入检索内容，快速检索，输入中文检索内容，系统会提示相应的英文检索词，用户可选取英文内容进行检索。

检索结果列表页显示了当前关键词、命中记录的数量、检索耗时。列表部分展示文献相关信息，包括学科、详细信息浏览页链接、文献预览链接、评价/勘误链接和收藏的链接。侧边栏可实现二次检索，可以通过设定检索范围、关系和二次检索的内容来进一步精确检索结果。同时，系统还为用户提供动态目录、文献的年际分布、相关研究机构等相关统计分析结果。

（2）高级检索

在高级检索页面，用户可通过多个字段项及逻辑运算符的组合，实现条件复杂的文献检索，精确定位所需查找的文献。高级检索界面如图9-6-1所示，高级搜索说明如下：

①每个输入框的操作规范：请输入英文检索词（不支持输入中文），一次输入2个检索词支持AND/OR逻辑关系，半角空格分隔默认是"并且"（AND）的逻辑关系，半角双引号" "内为词组短语；

②可选检索项：全文、标题、著者、机构、主题词、描述、集合名、系列号，外加年份范围和文献类型，具体每个检索项的含义，可参考系统的"使用指南"；

③检索项关系：高级检索是支持同时对多个检索项，按照"并且、或者、不包含"逻辑关系，区分单词及词组，并可设定年限与文献类型，勾选所需专题库的检索方式；

④文献类型：默认是"全部选择"状态，但支持读者自由选择。

图 9-6-1　高级检索界面

（3）专业搜索

专业搜索可通过操作符、搜索项、搜索词的组合，构造较复杂的检索语句，达到快速精确定位检索内容的检索效果，检索技术可参考本书第 5 章，但是系统的检索语句构造与标准的检索式有所区别。如需查找标题中包含"fire management"，作者为"Kelly Grogan"，发布年份为"2018"年的英文文献，使用专业检索时，构造专业检索语句，即可实现精准检索。

SpecialSciDBS 专业检索的检索项字段区分大小写，主要有 ti（标题）、au（著者）su（主题词）、og（机构）、yr（年）、ds（描述）、ft（全文）、sn（集合名）、no（系列号）、dt（文献类型）。其中文献类型的值采用中文首字母缩写来表示，例如新产品资讯的值是 XCPZX，其他的值主要是专栏评述（ZLPS）、议题议案（YTYA）、法规标准（FGBZ）报告类（BGL）、会议记录（HYJL）、机构出版物（JGCBW）、学术论文类（DZQKL）、其他技术文档（QT）、教学材料（JXCL）、专利（ZL）。

SpecialSciDBS 数据库的专业检索语句构造还需要注意以下事项：

①每行只能输入一条搜索条件；

②在检索项与搜索词之间，使用"＝"分隔，检索项与"＝"之间不能有空格；

③搜索某一年文献时，使用 yr＝dddd 格式，如 yr＝2006；

④搜索年的范围时，使用 yr＝［1990 TO 2011］格式，中间的 TO 要大

写，不能使用"-"或"NOT"操作符；

⑤半角双引号内的多个词，表示是一个不可分割的短语，如" space shut-
tle"；

⑥不支持输入中文搜索词；

⑦可以组合多个搜索条件，各条件间用半角空格分隔。

3．其他功能

（1）各种导航及电子杂志

通过浏览学术导航、分类导航、机构导航、奖项导航、电子杂志、年度
综述等，读者可发现学科内研究的前沿热点、相关的学术研究机构、最新科
研成果及学科发展动态，从而利于把握研究方向。

（2）国道查重

国道查重系统基于 Turnitin，操作简单，检测精准、无痕，可以免注册迅
速提交、完成检测，快速准确地检测出论文中不当引用、过渡引用甚至是抄
袭、伪造、篡改等学术不端行为，通过对论文的相似性检测，系统可自动生
成细致的检测报告，有效避免学术不端行为的出现。

第 10 章

林业与公安特色资源检索

森林公安工作与森林公安研究离不开林业与公安特色资源；快速获得所需的林业与行业特色资源，对于森林公安工作与森林公安研究非常关键。森林公安涉及林业与公安两个行业，森林公安数字文献资源检索与利用除了面向传统高校图书馆馆藏的数字文献资源，还需要面向林业与公安特有的数字文献资源。林业方面主要是中国林业科学院主办的中国林业信息网、林业专业知识服务系统等，公安方面主要是北大法意网、月旦法学知识库等法学数字文献数据库以及专门针对警察行业应用的昆廷外文警察资源、国道公安学科建设数据库、行业高校自建数据库、公安信息网搜索引擎。

10.1 中国林业信息网

10.1.1 中国林业信息网简介

中国林业信息网由中国林业科学研究院林业科技信息所建设和管理，于1996 年开通服务，经过多年建设已成为国内林业行业中信息量最大、涵盖面最广的权威性行业网站。网站数据资源以林学、林业工程及相关学科的科学数据和文献资源为主，拥有 80 多个具有自主知识产权的林业科技信息数据库群，包括国内外林业科技文献、图书、科技报告、博硕士论文、政策法规、林业科技成果、林业专利、标准、实用技术和科技动态等信息资源，累计数据量达 1000 多万条，数据每日更新。多年来，组织制定了林业数据采集与数据库建设的标准和规范，数据分类指标体系，建立了以共享为核心的管理制度和数据质量保证体系。网站采取公共用户、手机实名注册用户、入网用户和局域网授权 IP 用户 4 类进行分级分类管理。手机实名注册用户可免费开放检索和浏览网上 80% 的林业数据资源。网站机构用户包括国家林业局（现为国家林业和草原局）、中国林业科学研究院、北京林业大学、南京林业大学、东北林业大学、中南林业科技大学、南京森林警察学院各省林科院等，基本覆盖了我国主要林业主管部门、林业高等院校和科研机构。

表 10-1-1　中国林业信息网主要数据资源

序号	类别	资源名称	序号	类别	资源名称
1	专利	中国林业专利	24	监测数据	中国森林资源
2		世界林业专利	25		中国湿地资源
3	报告	林业行业报告	26		中国荒漠化数据
4		世界林业报告	27		中国石漠化数据
5	标准	中国林业标准	28		中国大熊猫数据
6	成果	国外林业标准	29	统计数据	中国林产品贸易
7	文献	林业科技成果	30		自然保护区数据
8		林业获奖成果	31		世界森林资源
9		林业统计信息	32		世界森林碳汇
10		林业馆藏文献	33		世界林产品贸易
11		中国林业年鉴	34		国际重要湿地数据
12		林业科技期刊	35	林业百科	林业主题词
13		中文期刊论文	36		林业术语
14		中文会议论文	37		木本植物名录
15		中文学位论文	38		林业科普
16		外文期刊论文	39	特色资源	中国树种资源
17		外文会议论文	40		国家林木良种名录
18		外文学位论文	41		自然保护区名录
19		林业图书书目	42		国际重要湿地名录
20	动态	世界林业动态	43		林业学科资源
21		林业行业动态	44		授权植物新品种
22	法规	国外林业法规	45	专家机构	林业科技专家
23		林业法律法规	46		中国林业机构

10.1.2 中国林业信息网检索

1. 登录系统

中国林业信息网网址是 http://www.lknet.ac.cn/，主要面向机构用户指定 IP 范围内访问，检索方式有浏览、单库检索、跨库检索 3 种。

2. 浏览

打开中国林业信息网主页后，点击导航条第 2 个栏目"元数据"进入元数据浏览页面（图 10-1-1），可以浏览中国林业信息网所有数据库资源。

左侧为元数据字段浏览，点击"数据库名"可以按数据库名称顺序浏览，点击"主题分类"可以按数据库主题分类浏览，点击"项目名称"可以按数据库建设项目名称分类浏览，点击"全部记录浏览"则按系统默认的元数据更新顺序浏览。

中间为数据库资源的展示列表，点击数据库名称可以查看数据库详细介绍。

右侧为数据库资源的分类导航，可以按资源导航、标准专利、特色资源、林业成果、法律法规、林业术语、林业动态、植物资源、统计数据、实用技术、林业论文、林业图书、外文资源、机构名录、青藏高原 15 个类别进行分类浏览。

图 10-1-1　中国林业信息元数据浏览页面

3. 单库检索

（1）数据库列表

打开中国林业信息网主页后，点击导航条第 3 个栏目"自建数据库群"，进入中国林业信息网所有自建数据库资源展示列表，点击自己感兴趣的数据库进入单库检索页面。例如，点击"中国林业专利全文库"，进入中国林业专利全文库单库检索页面。

（2）全文检索

点击左侧"全文检索"，进入中国林业专利全文库的全文检索页面，用户只需要在全文检索词的输入框内输入检索词即可。如果输入多个检索词，则需要选择检索词之间的逻辑关系。用户还可以选择全文检索的字段范围，在用户不做选择的情况下系统默认为所有字段的全文检索。

（3）组合检索

点击左侧"组合检索"，进入中国林业专利全文库的字段组合检索页面，用户在各个字段的输入框内输入检索词并选择字段之间逻辑关系即可。

4. 跨库检索

打开中国林业信息网主页后，用户可以在 Lknet 搜索框内进行全网站的跨库检索，既可以选择自己感兴趣的数据类别，包括新闻、图片、术语、网络资源进行跨库检索，也可点击"更多"进行全网站数据库的跨库检索（图 10-1-2）。

图 10-1-2　中国林业信息网 Lknet 搜索框

图 10-1-3　全网跨库检索页面

以"森林消防"为例，检索全网相关数据资源，从 Lknet 搜索框内点击"更多"进入全网跨库检索页面（图 10-1-3）。在检索框内输入检索词，如果用户希望全网跨库检索则勾选"全部选中"，如果用户希望自定义跨库检索也可以任意勾选多个数据库。"森林消防"的全网跨库检索结果页面见图 10-1-4。

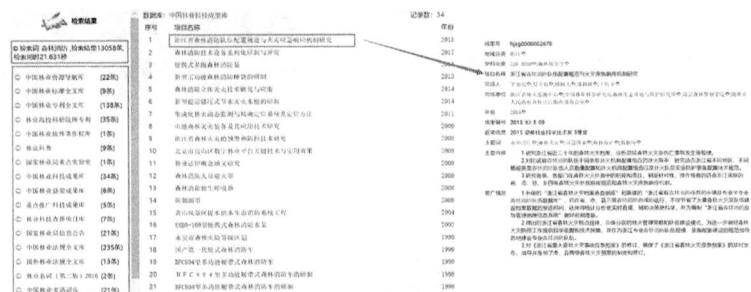

图 10-1-4　全网跨库检索结果页面

除了简单地输入检索词进行全文跨库检索，还可以使用表达式进行全文跨库检索，在检索框中输入检索表达式，检索关系中选择"表达式检索"即可，读者可以参考第 5 章文献检索技术相关内容。

10.2 林业专业知识服务系统

10.2.1 林业专业知识服务系统简介

林业专业知识服务系统是中国工程科技知识中心的林业分中心，由中国林业科学研究院林业科技信息研究所承建的林业科技大数据平台，2017 年正式开通运行。林业专业知识服务系统围绕国家林业科技创新和科技发展战略需求，充分利用大数据、虚拟化、云计算、数据挖掘和可视化技术，开展林业信息资源组织、知识挖掘、关联打通和数据可视化等关键技术研究，以林业元数据知识仓储为基础，整合林业行业丰富的科学数据和信息资源，建成林业科技大数据平台。平台提供深度搜索、学科导航、知识链接、可视化分析、知识图谱等服务功能，实现基于语义关联的知识发现服务，提供全面、便捷、智能的多维度林业知识服务，将为用户从整体上掌握学术发展趋势，洞察知识之间错综复杂的交叉关系，发现高价值学术文献，激发创新灵感提供高效而权威的学习和研究工具。林业专业知识服务系统的数据资源量超过1000 多万条，提供网站端服务、移动端服务和微信公众号推送服务。网站采取公共用户、手机实名注册、入网用户和局域网 IP 用户 4 类进行分级分类管理。公共用户为尚未注册的临时用户，无需登录，可检索、浏览各类林业数据资源的概览，共享网上 30% 的数据资源；手机实名注册用户可免费开放检索、浏览网上 80% 的林业数据资源；手机实名注册用户可付费成为入网用户，共享网上 100% 的林业数据资源；团体入网的局域网 IP 用户，系统会自动检测并登录，共享网上 100% 的林业数据资源。

10.2.2 林业专业知识服务系统检索

1. 登录系统

林业专业知识服务系统网址是 http://forest.ckcest.cn/，主要面向机构用户指定 IP 范围内访问，检索方式有统一检索、高级检索、数据分析 3 种。

2. 统一检索

打开林业专业知识服务系统主页后，页面顶端为统一检索框（图 10-2-1）。以"森林消防"为例，在搜索框内输入检索词，并在检索框左侧选择需要检索的资源类型，包括动态、法规、成果、专利、标准、报告、文献、特色、专家、机构、百科，如果用户不做选择则系统默认为从网站全部数据资源中进行检索。"森林消防"的统一检索结果页面见图10-2-2。

图10-2-1　林业专业知识服务系统统一检索框

左侧为所有检索结果的聚类展示，用户可以根据资源类型、学科分类、年份、关键词、责任者、机构来进一步筛选自己感兴趣的数据资源。

中间为检索结果的展示，包括检索结果、可视化分析和知识图谱3个栏目。默认显示"检索结果"栏目内容，展示所有检索结果的年代分布图以及检索结果的列表显示；点击"可视化分析"，展示所有检索结果的可视化分析结果，包括学科分类统计、资源类别统计、学术趋势分析、机构发展趋势分析、学者发展趋势分析、相关词趋势分析，以饼状图、柱状图和曲线图方式展示；点击"知识图谱"，展示所有检索结果的知识图谱分析结果，包括主题词、相关关键词、相关作者、相关机构、相关知识点、著者合作关系、机构合作关系。

右侧为与检索词相关的数据资源的展示，包括相关检索词云、相关专家、相关报告、相关动态、相关机构。

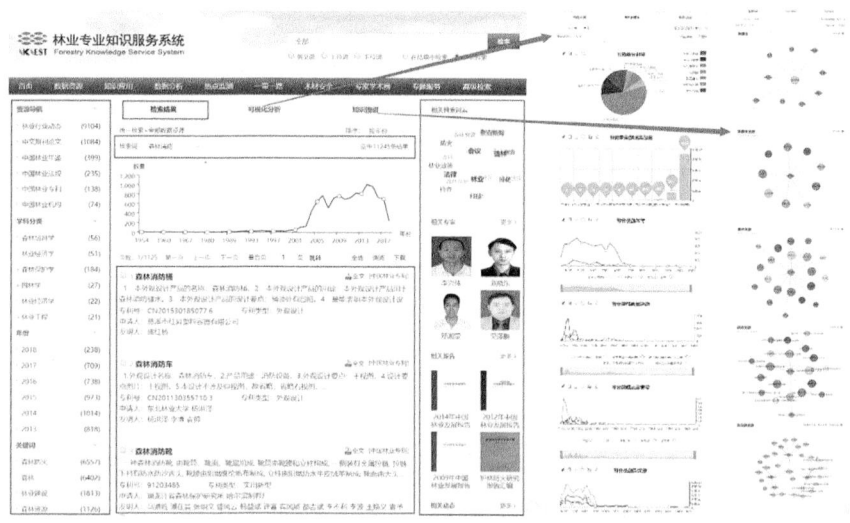

图 10-2-2 统一检索结果页面

统一检索后可以进一步对检索结果进行二次检索，在检索结果页面顶部的搜索框中输入检索词，选中"在结果中检索"，点击检索即可。

统一检索后还可以通过林业专业知识服务系统主题词表来进一步扩大或缩小检索范围，在检索结果页面顶部的搜索框中输入检索词，根据检索需求选中"同义词""上位词""下位词"其中一个，同时选中"重新检索"，点击检索即可。

3. 高级检索

打开林业专业知识服务系统主页后，点击导航条的"高级检索"链接进入高级检索页面。高级检索模块可以对林业专业知识服务系统所有数据资源或者任意多个数据资源进行字段组合检索和全文检索。组合检索字段包括标题、作者、机构、摘要、全文、年份，组合检索字段数量用户可以自定义增加或减少，组合检索字段的逻辑关系包括与、或、非 3 种。以"森林消防"为例，标题字段输入"森林消防"，机构字段输入"南京森林警察学院"，年份选择 2010~2017 年，3 个字段之间的逻辑关系选择"与"，数据资源点击"全部选中"，点击检索，检索结果页见图 10-2-3。

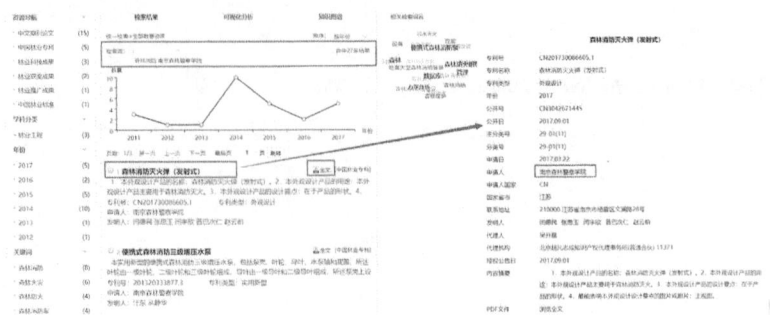

图 10-2-3　高级检索结果

4. 数据分析

打开林业专业知识服务系统主页后，点击导航条的第 4 个栏目"数据分析"进入数据分析页面（图 10-2-4）。

页面左侧为数据资源展示，包括中国森林资源、中国湿地资源、中国荒漠化数据、中国石漠化数据、中国大熊猫数据、自然保护区数据、世界森林资源、世界森林碳排放、世界林产品贸易和国际重要湿地数据，用户可以选择感兴趣的数据资源进行检索和分析。

页面右侧为检索框及检索结果展示，检索字段包括类别、区域和年份，检索结果以地图、柱状图、曲线图和数据表的形式展示。

以"中国森林资源"检索为例，用户在数据分析页面左侧选择"中国森林资源"，在检索框的类别下拉框中选中"森林覆盖率"，区域下拉框中选中"全国"，清查次数下拉框中选中"第八次"点击检索，即可获取第八次全国森林资源清查的森林覆盖率数据及分析图表。

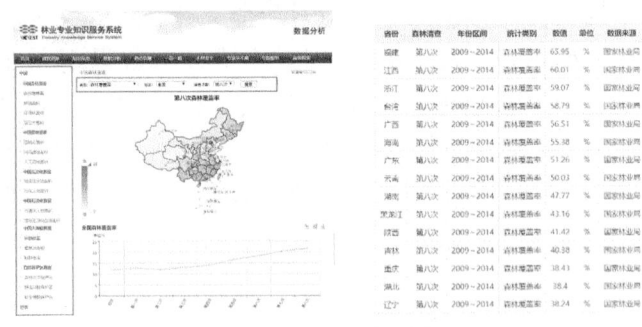

图 10-2-4　数据分析

10.3 北大法意网

10.3.1 北大法意网简介

北京法意科技有限公司创立于 2003 年 1 月，由北京大学参股，简称"北大法意"。公司长期致力于法律应用软件开发，获国家高新技术企业和软件企业认证，并被评为北京市自主创新企业。北大法意创造性地整合了法律知识体系与计算机技术，成功研发了"法规案例互动检索""法律信息自动分析引擎""法律行业知识库""企业法律风险管理体系"等多项核心专有技术，并先后推出了"北大法意网"等多套产品，为法律行业和企业法务部门提供了完备的产品服务和坚实的工作平台。

中国法律资源总库是北大法意网的重要资源库，是教育频道的一个子系统，是面向法学教育行业的专项门户网站，主要包括以下七大子库。

1. 法律法规数据库

法律法规数据库涵盖大陆（内地）法规库、香港法规库、澳门法规库、台湾法规库、外国法规库、国际条约库、古近代法规库、立法资料库、法规解读库等。每日在线更新 200 部以上大陆（内地）法律法规，全年更新数在 10 万部以上。

2. 司法案例数据库

司法案例数据库涵盖中国大陆（内地）案例库、香港案例库、澳门案例库、台湾案例库、外国案例库、国际案例库、仲裁案例库、精品案例库等。其部分数据来源于最高人民法院公报、最高人民检察院公报、审判指导参考、审判案例要览、法院案例选编等权威案例出版物，还有部分来源于最高人民法院网站，具有极强的审判指导意义及参考研究价值。

3. 合同范本

合同范本库收录由法意专业编辑精心挑选、推荐的 300 余类合同的范本模板，为用户签订、起草、审核合同提供高质量的文本内容支持，具有实用价值。

4. 法律文书

法律文书库收录各类现行有效的法律文书，文书格式规范、分类科学，更新及时，支持多方式快速检索。

5. 法学论著

法学论著库收录包括各类法学丛刊论文、网络论文、法学专著、学位论文等索引，为用户提供学术参考。

6. 法学辞典

法学辞典库以音序或学科分类为索引，尽可能囊括法学学科的专业词汇及其释义，通过对法律专业词语的解释，帮助用户深入了解法条的内涵和外延。

7. 法律资讯

法律资讯库收录有最近发生的或发现的，具有为受众及时知晓意义的法制信息。主要涵盖两大部分，一类是指有关立法、司法、执法、守法等有关的法律活动，另一类是指社会各行各业、社会生活等各方面与"法"有关的新闻报道。

10.3.2 北大法意网检索

1. 登录系统

本书以南京森林警察学院图书馆订购的北大法意网中国法律资源库为例，主要面向机构用户指定 IP 范围内访问，其网址是 http://www.lawyee.org，首页如图 10-3-1 所示。

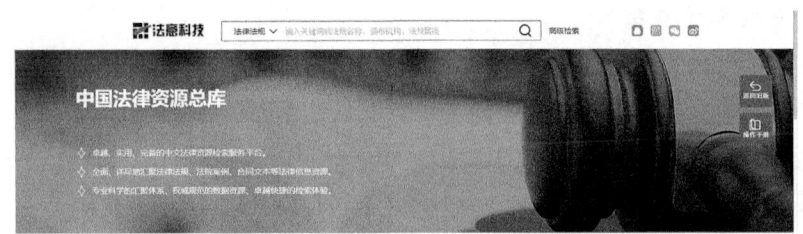

图 10-3-1　北大法意网首页

2. 检索方式

（1）快速检索

首先选择"法律法规""司法案例""合同范本"等任意一个子库，在检索框中输入检索词，单击"检索"按钮检索。例如，在"法律法规"子库中输入"森林公安"关键词。

（2）二次检索

当一次检索后的数据还不够精确时，可以继续在检索框输入合适的关键词，在前一次检索结果中检索，层层递进、继续追踪。二次检索结果与快速检索界面中同时输入两个关键词和用空格隔开两个词的效果相同。例如，在检索框中输入"湖北省"，检索结果如图 10-3-2 所示。

图 10-3-2　二次检索结果

（3）引导检索

检索结果列表页的左侧提供多种引导树的检索，点击即可展开，以法律法规和司法案例库为例，说明如表 10-3-1 所示。

表 10-3-1　引导检索示例说明

大陆（内地）法律法规库	中国大陆（内地）司法案例库
➢　层级引导 按法规层级，从宪法法律到行政法规、司法解释各级法规分级引导，提供更精确的法规层级检索。	➢　案由引导 提供了民经、刑事、行政、知识产权、海商和国家赔偿 6 大数据分类，提供共 5000余个案由，最大限度满足用户的案由检索需求。
➢　机构引导 提供法规机构引导树，能够实现通过引导树查询到从中央到地方的各个机构颁布的法律法规及规范性文件。	➢　法院地域引导 按照现有的法院层级，从最高院到各省、地、市、县、区实现逐级展示效果，可任意检索某一级（个）法院审理的案件信息。

（4）高级检索

点击高级检索，下拉信息项显示高级检索条件，组合输入更多检索条件，点击确定，实现精确检索，如图10-3-3。大陆（内地）法律法规库高级检索提供包括法规标题、发文字号、颁布机构、颁布日期等多个检索项进行检索。中国大陆（内地）司法案例库高级检索提供包括标题、案号、案由、审理法院、文书类型、判决时间等多个检索项。

图10-3-3 高级检索

3. 检索结果

（1）结果列表页

检索结果左侧是层级引导栏，右侧是分页删除的结果列表，检索关键词高亮显示。法规列表页展示法规名称、颁布机构、发文字号、颁布时间、生效时间；案例列表页展示内容为案由、判决时间、案号、审理法院。系统显示了检索条件（即已经检索过的关键词），随着继续检索，检索条件会继续增加，用户可以点击"×"删除某一个检索条件，系统会刷新显示剩余检索条件检索的结果。

（2）详细结果查看

点击检索结果标题链接查看详细的检索结果内容。在顶部，系统提供了当前结果的全文关键词检索功能，检索结果高亮显示。右侧的快接工具按钮会随着结果类型（来源于不同子库）的不同而有所变化，例如概要、目录、解读、配套、援引等。

10.4 月旦知识库

10.4.1 月旦知识库简介

月旦知识库由台湾元照出版公司制作推出，为台湾地区最大社会科学学术精品库之一，以台湾独特学术精品特色资源著称，子库包括各类核心期刊、专论、学者论文集、裁判汇编、词典、教学课件、博硕士论文部分全文及索引、题库讲座等子库，是难得同时集合期刊、论著、博硕士论文、教学课件于一库的平台，超过 50 万条全文数据，运用智能型跨库整合交叉比对查询，资源每日更新。

涉及学科包括职业科学（工商、公管、法律、公安、金融、保险、财税、教育、新闻、会计、图书馆学、体育）、社会科学（人类学、心理、文化研究、史地、社会学、经济、语言）、人文与艺术（人文、文学、宗教、哲学、区域研究、艺术）、应用科学（工程、建筑、医护卫生）、形式科学（计算机、数学、统计）等多学科领域。

10.4.2 月旦知识库检索

1. 登录系统

月旦知识库的网址是 http://www.lawdata01.com.cn，一般采用指定 IP 范围授权访问的方式提供服务。用户点击网址后进入首页，如图 10-4-1 所示。

图 10-4-1　月旦知识库登入后首页

2. 检索说明

在月旦知识库搜寻需要的资料，网页上方所提供的检索功能是不可或缺的帮手，其提供了 3 种检索方式，能够更有效率地使用。

3. 简易查询

简易查询为全文检索之预设检索方式，因此只要在全文检索后方之方框内键入检索字词，如作者姓名、关键词、期刊名称等皆可，再按检索框后方 GO 的按键，即可立即执行简易查询功能。

简易查询是范围最广的查询方式，所有检索结果将于整合查询结果下方呈现资料比数。如果要于此处再限缩检索范围，例如只想查询"期刊"部分资料的话，只要点选所有结果后方的"期刊"，即可将期刊部分相关资料筛选而出。检索结果如图 10-4-2 所示。

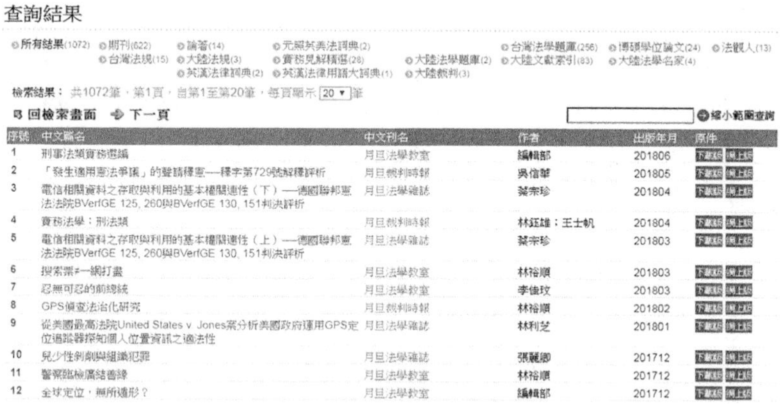

查询结果

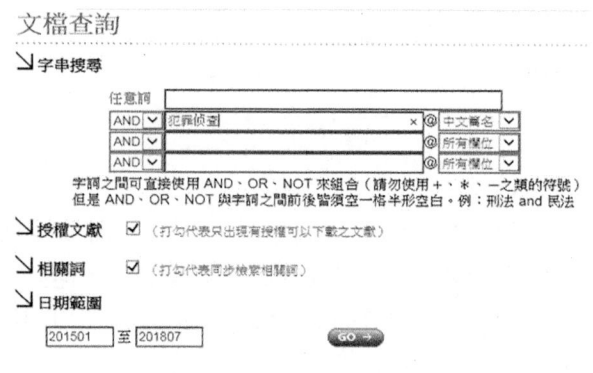

图 10-4-2　检索结果列表

点击中文篇名会进入详细记录页，月旦知识库提供全文"下载版""线上版"两种阅览方式，提供计算器及手机浏览阅读。在命中区块出现检索词前后部分内容，供读者判断文档是否为需求内容，并提供该篇作者近两年其他著作。

4. 文档查询

依使用者需求限定字段查询（布尔逻辑），如作者、主题、出版者、特定时间范围等，更精确缩小范围查询。如果对于要搜寻的资料对象，如某位作者或关键词等已有特定方向时，使用进阶查询将是最有效率的查询方式。例如，于字串搜寻栏位内键入"犯罪侦查"，并设定搜寻范围为"中文篇名"（亦即以文章名称为范围检索），按下 GO 按钮后，即可进行查询。如图 10-4-3所示。

图 10-4-3　文档查询功能

（1）以"犯罪侦查"为例，选择全文检索，不限定字段。

（2）勾选"授权文献"检索，只会出现有全文档可以下载之文献。

（3）勾选"相关词"，经过知识加值，与"犯罪侦查"相关概念之文献，也会出现。

5. 指令查询

指令查询主要是以输入"字段"的方式进行查询。其中最常见的，是以"逻辑算符"亦即将欲查询的两个关键词以 AND、OR 或 NOT 等指令加以连结而进行搜寻，也就是通常我们所说的检索式。常用的字段包括：TI 题名/篇名、AB 摘要、AU 作者、FT 全文、KW 关键词、YR 出版年月、SO 刊名。例如，名以"警察"为开头的资料检索式为：TI＝警察＊。读者可以参考第 5 章文献检索技术相关内容。

图 10-4-4　指令查询功能

6. 下载与浏览

月旦知识库的文件下载时需要进行确认，阅读时需要专用浏览器 HyViewReader 的支持，请用户务必先行下载安装该阅读器，才能打开阅读月旦知识库的文献文档。月旦知识库其他子库的检索方法类似，本书不再赘述。

10.5 昆廷外文警察资源

10.5.1 昆廷外文警察资源简介

重庆昆廷科技有限公司是一家专门从事科技信息与软件技术研究开发、推广应用及增值服务的高科技企业，主要致力于数字信息资源的深度挖掘和分析利用。自 2010 年公司成立以来，公司业务已涉及知识网络传播、文献资料的数字化、软件产品研发以及基于电子信息的多种个性化服务。

外文警察资源检索系统（KPS）是重庆昆廷科技有限公司针对全国公安院校的实际学科设置和外文资源利用需求，有针对性开发的外文资源整合检索服务系统，可对外文警察相关专业期刊、学位论文、图书等资源进行整合、检索和服务。同时系统可以根据公安院校的实际发展需求，整合内容可进一步拓展到理工农医社各个学科的外文资源，能够有效地解决公安院校外文资源整合利用问题。

截至 2018 年 7 月，南京森林警察学院图书馆购置的外文警察资源检索系统（KPS）可检索外文期刊 139 种，涉及消防管理、治安管理、刑事科学、司法、法医学、犯罪学、计算机信息技术、恐怖主义等多个学科方向。

10.5.2 昆廷外文警察资源检索

1. 系统登录

KPS 系统采用局域网镜像的方式提供服务，截至 2018 年 7 月，其南京森林警察学院局域网的网址是 http://p-8001.192.168.128.202/，系统首页如图 10-5-1。系统首页提供了功能页面切换链接，可跳转至其他资源类型和其他功能页面。在检索框区域，用户可以直接通过任意字段或指定字段（题名、关键词、ISSN 等）进行资源检索，可选择高级检索进行多条件逻辑组配检索。用户还可以通过资源类型切换链接在资源类型切换区域选择资源类型（期刊、图书、学位论文等）。

图 10-5-1　KPS 系统首页

图 10-5-2　KPS 系统期刊导航

2. 期刊导航

（1）期刊导航

如图 10-5-2 所示，可根据期刊重要性（SSCI、EI 等）和中图分类法进行筛选期刊，同时也可以通过刊名、ISSN 进行检索查找期刊。

（2）期刊浏览

如图 10-5-3，分为期刊信息、卷期导航、文献浏览、文献的操作等。

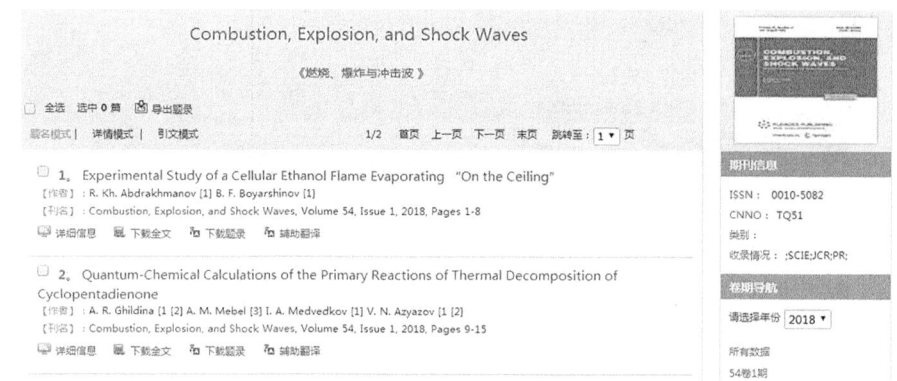

图 10-5-3　KPS 系统期刊浏览

①文献浏览模式：题名模式只显示题名、作者、刊名信息，详情模式只显示题名、作者、刊名、摘要信息，引文模式只显示引文信息。

②卷期导航：卷期导航可导航至该本期刊对应年份的所有文献信息，选择相应卷期文献进行相关的操作。

③文献操作：读者可以点击查看期刊详细信息，下载当前文献全文或者题录，还可以使用系统提供的翻译功能把题录文摘翻译成中文进行阅读。

3. 文献检索

（1）文献快速检索

可以对文献的题名、关键词、文摘、ISSN、出版年、卷、期、DOI、中文题名、中文刊名、中文关键词等任何字段来进行检索。系统支持在当前结果中进行二次检索。

（2）高级检索

是多条件逻辑组配检索（并且、或者、不包含三种关系），缩小期刊查找范围。例如检索有关"fire"关键词的文献即可在文献浏览区显示所有包含"fire"关键词的文献，点击相应文献浏览即进入文献相关操作。

（3）检索结果

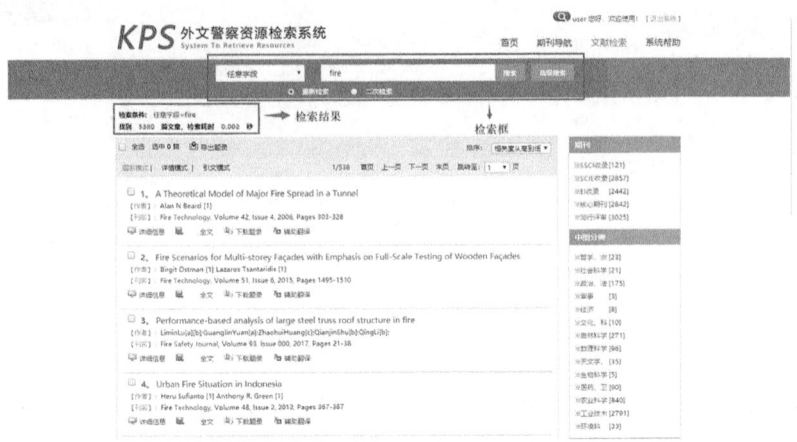

图 10-5-4　KPS 系统文献检索

检索结果如图 10-5-4，系统提示当前检索条件、找到的文章数量和耗时。系统提供下载题录、获取全文、辅助翻译的操作，并且详细显示文章的标题、作者、作者机构、刊名、页码、年卷期、关键词和文章的摘要等。点击"详细信息"链接，可查看当前文献的所有信息。

10.6 国道公安学科建设数据库

10.6.1 公安学科建设数据库简介

公安学科建设数据库是北京中加国道科技有限责任公司（简称国道数据）的专题外文数据库，全面整合了与公安学科相关的外文优质学术资源，系统性强，完整度高。全库收录专题资源全文文献 211 000 余篇，教学课程 250 余门，教学课件等 8700 余个，教材教参 1500 余种，国际学术会议 170 余个，涉及学术期刊 490 余种。其中，博硕学位论文 5500 余篇，会议论文 9000 余篇，各种资源定期更新。特色资源主要包括：

①公安专题资源：主要包括治安学、侦查学、国内安全保卫、公安管理学等外文资源内容，以可视化图表呈现资源结构，一目了然。可视为图表包括：文献年份分布图，专题子类分布图，文献类型分布图，机构发文比例

图等。

②期刊论文：收录外文公安权威完整期刊，便于筛选及检索。

③学位论文：精选世界名校学位论文，提供学科导航和地域导航。

④教参图书：收录学科常用教材，提供热门教材和新书推荐。

⑤教学课程：收录名校课程，提供分类及院校导航。

⑥会议交流：提供国际知名会议预告及已召开会议的会议资源。

10.6.2 公安学科建设数据库检索

1. 登录系统

公安学科建设数据库系统网址是 http://gongan.specialsci.cn，采用制定 IP 范围授权访问方式，首页如图 10-6-1 所示，包含整个数据库的导航栏、检索区以及各模块推荐资源。

图 10-6-1　公安学科建设数据库首页

2. 快速检索

首页及其他单库页面均可实现快速检索。在首页检索区域，库别选"全部"或单选一个其他库别，下方输入检索内容，点击"跨库检索"按钮即可实现快速跨库或单库检索，检索结果如图 10-6-2，系统显示子库名称、标题、摘要等信息，点击标题链接可以查看详细内容。

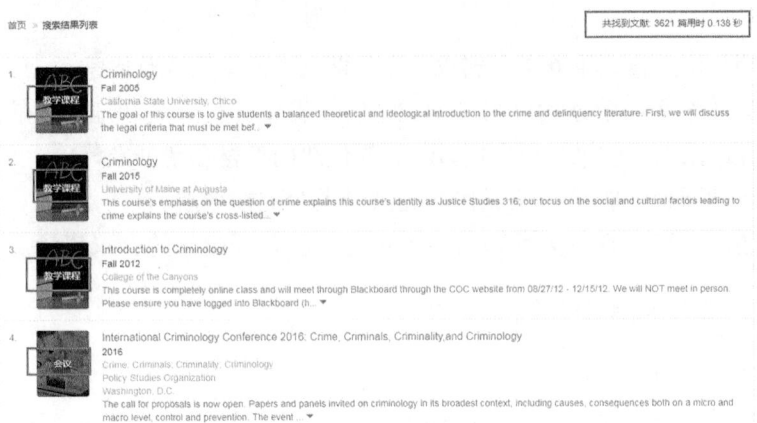

图 10-6-2　跨库快速检索结果

3. 高级检索

首页及其他导航页面均可实现高级检索，点击"高级检索"按钮，如图 10-6-3 所示。

图 10-6-3　跨库高级检索选项

4. 检索结果查看

公安学科建设数据库的检索结果支持在线查看和下载阅读两种方式，PPT、DOC 等格式可以在线浏览或者下载镜像阅读，PDF 文件可以预先查看标引信息、在线预览以及镜像下载。

10.7 行业高校自建库

10.7.1 森林公安特色数字资源平台简介

森林公安特色数字资源平台是南京森林警察学院图书馆若干年来各类科研项目形成的成果，也有来自于公安高校图工委联合制作的电子期刊全文资源，所有数据库最终通过 TPI6.5 系统进行网络发布，并且只限于南京森林警察学院校园网范围内访问使用。

1. 中英文公安期刊全文数据库

分为中文公安期刊全文数据库和英文公安期刊全文数据库，由中国人民公安大学图书馆牵头、公安高校图工委主要成员单位参与制作，收录了近年来有关公安工作方面的学术论文等数字文献资源。

2. 森林公安教学参考案例数据库

该库是南京森林警察学院图书馆主持的"基于'TPI'的教学参考案例数据库构建与研究"项目的成果，整合集成了分散于不同媒体载体类型和不同种类的公安案例数据资源，提供网上浏览、导航、查询和全文服务。

3. 消防科学专题数据库

该库是南京森林警察学院图书馆承接的江苏省高校文献信息保障工程二期子项目"高职高专信息共享"工程项目之一，包含法律法规、专利文献、标注文献、期刊论文、特色书目、消防案例、消防产品共 7 个子库，数据量3.6 万条。

4. 森林公安教育资源数据库

该库是南京森林警察学院图书馆主持的国家林业局 2007 年重点科学技术项目"森林公安数字化教育资源管理调度系统开发与应用"的主要成果之一，包含电子图书、期刊论文、标准、专利、领导讲话、森林防火文件、森林公安文件、特色案例共 8 个子库，数据量 1.1 万余条。

10.7.2 森林公安特色数字资源平台检索

1. 登录系统

森林公安特色数字资源平台只针对南京森林警察学院校园网 IP 范围内读者提供服务,截至 2018 年 7 月系统网址是 http://192.168.128.209,打开后如图 10-7-1 所示。

图 10-7-1 森林公安特色数字资源平台首页

2. 平台检索

(1) 检索方式

平台检索就是跨库检索,输入子库共有的字段关键词,执行检索。

首先,选择检索字段,可选的关键词有题名、关键词、摘要。

其次,跨库检索范围,即选择在哪些子库中进行检索。

最后,输入关键词,点击"检索"按钮。

例如,选择"题名"字段在全库范围内检索"森林防火",结果如图 10-7-2 所示。

图 10-7-2　跨库检索结果

（2）检索结果

图 10-7-3　检索结果详细查看

在检索结果页中，左侧显示的是当前所跨的子库，右侧是分页显示检索结果列表。

列表中显示的是题名、作者、发表时间以及来源。读者可以自由选择排序方式（记录号或者发表时间），选择查看方式（列表或者摘要）。

在检索结果页中读者可以再次选择字段、跨库，并且选择精确还是模糊方式（默认是精确）来进行关键词检索。

点击题名链接打开详细查看页，如图 10-7-3，读者可以查看所有字段信息息，并且选择全文下载或者在线浏览。一般 PDF 文件需要安装插件才可以在线浏览。

3. 子库检索

在平台首页的数据库列表中，选择具体的子库可进入子库页面，例如以教学参考案例数据库为例。

（1）分类导航

图 10-7-4 中，左侧是检索导航，读者可以选择分类导航的类型。

①案件类别主要有：刑事案件、治安案件、行政案件、民事案件和侦破纪实。

②文献类型主要有：图书、期刊、报纸、公安文书、内部资料、法院文书、网络资源。

点击导航名称链接，则右侧检索结果列表显示所有当前分类下的文献。

（2）关键词检索

读者可以先勾选分类导航中的分类类型（默认检索是在所有类型中检索），然后再在检索框中输入关键词进行检索，这样可以在更明确的范围内增加检索结果的准确性。如图 10-7-4 所示。

在列表页中，显示的字段与平台检索略有不同，例如文献类型、文献来源、发布时间及下载链接。点击题名可进入详细查看页，与平台检索结果查看相似，在此不做赘述。

图 10-7-4　分类+关键词检索结果

10. 8 公安信息网搜索引擎

10. 8. 1 公安信息网搜索引擎简介

本书第 3 章对公安信息网内的数字文献资源分布情况进行过介绍，考虑到保密规定、使用权限等方面的因素，本书不对公安机关内网站点、公安高校内网数字图书馆、公安业务系统展开介绍，而是重点介绍公安信息网搜索引擎（简称公安搜索引擎）的相关背景和使用方法。

公安机关在开展信息化建设过程中围绕各类业务工作建立了大量的信息系统和数据库，同时也建设了宣传公安工作、进行业务交流的各级各类网站，这些网站每天都发布大量的警务新闻、工作动态、通知通报、警情警讯等网页信息。为发挥公安信息网网页信息的作用、促进信息资源共享、方便网页信息的查找，公安部在"金盾工程"一期项目中建设了公安信息网搜索引擎及其信息检索系统，对公安网上海量非结构化信息的搜集、分析、存储管理并提供检索，实现了公安网页信息的快速检索和综合应用，为全警提供了统一、灵活、便捷的网页信息检索工具。当前的公安信息网搜索引擎由 TRS 公司、中科软公司负责技术支持，优化了数据采集与加工、数据分类和标引，还进行了排序优化、焦点推送、专题推送、分类检索、搜索纠错等检索服务优化，同时具备了向其他应用系统提供数据检索的功能，以满足其他应用系统调用网页数据和全文检索功能的需求。目前，公安搜索引擎已经成为公安信息网上最繁忙的系统之一，被普遍链接到各级公安机关门户网站，被越来越多的公安业务系统所应用，成为公安机关各业务部门开展工作必不可少的信息化手段。

10. 8. 2 公安信息网搜索引擎使用

1. 系统登录

公安搜索引擎的公安网内网域名是 www. ssyq. ga，登录系统后，如图 10-8-1 所示。

默认首页是网页类型的检索，系统从上往下分别是：

（1）LOGO 区：系统的 LOGO 图片，表明系统的性质。

（2）关键词检索区：根据用户输入的关键词，进行全库检索。

（3）热点检索区：系统自动提示热点检索词汇，用户直接点击进行检索。

（4）分类检索区：按照系统已经分好的类目进行检索。

（5）尾标区：提供系统帮助、意见反馈和旧版入口的链接，显示网站资源、网页资源和图片资源的数量，提示本系统的责任单位和技术支持单位。

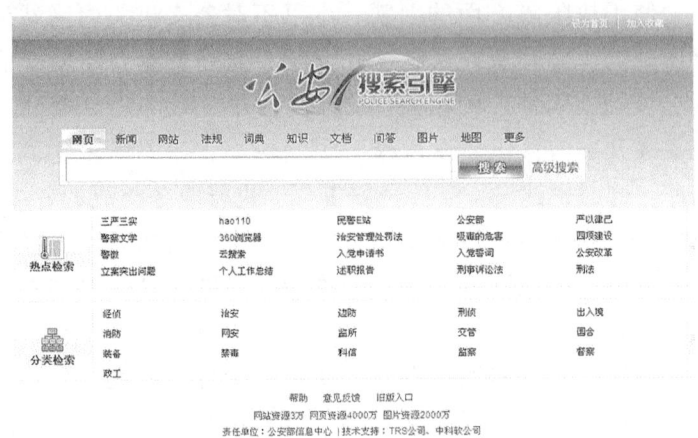

图 10-8-1　公安搜索引擎首页

除了网页检索类型，系统还提供了新闻、网站、法规、词典、知识、文档、问答、图片、地图等类型的检索，点击"更多"查看更多的公安搜索引擎服务项目，如图 10-8-2。

图 10-8-2　公安搜索引擎更多的服务项目

2. 检索方法

（1）热点检索

大量用户在搜索过程中会积累一些比较多的检索词，系统会自动把当前用户检索比较多的词汇形成热点词汇，以列表方式显示在热点检索下方，用户只要单击某词汇即可进行该词汇的检索。

（2）分类检索

分类检索是按照公安工作领域进行分类，用户一层层点击分类关键词，完成分类检索。例如，在首页点击"治安"，分类检索进入"治安"的二级分类，再点击"防爆巡逻"，则搜索引擎将搜索以"巡逻防爆"为关键词的网页。

（3）关键词检索

按关键词进行全文检索，并提供多种运算符检索。例如，检索"森林公安"关键词，用户可选择排序方式、全文或者标题检索，可以查看检索耗时，如果关键词在百科知识中收录，则将在检索结果区域提示当前关键词的百科知识信息。用户还可以输入新的关键词，点击"在当前结果中检索"按钮进行二次检索，进一步筛选检索结果。

（4）高级检索

提供更丰富的检索方式，使检索结果更符合用户的需求。用户对检索结果、关键词位置、地区、排序、时间和综合分类指定进行选择设定，进一步细化检索条件，以加强检索结果的准确性。

（5）检索结果联想

公安搜索引擎采用智能算法，在网页检索的结果中会根据"关键词"进行相关联想，并向用户推荐结果。以"森林公安"为关键词，系统推荐与之相关的文档信息，并推荐与关键词相关的其他搜索关键词链接。

3. 其他检索类型

（1）新闻、网站、法规、词典、知识、文档、图片、地图检索

主要检索与关键词相关的新闻类型信息，其首页提供新闻首页、焦点新闻、协查通报、工作动态、治安形势、警情分析共 6 个板块的最新信息，并在右侧提供了近期热点检索词汇检索链接。网站、法规、词典、知识、文档、图片的检索方法类似，地图功能类似百度地图，用来检索目标地址，并可以生成导航线路，如图 10-8-3 显示的是江苏省公安厅到南京森林警察学院的线

路图。

图 10-8-3　地图检索

（2）问答

如果检索不到理想的结果，用户可以通过"问答"功能提出问题，等待管理员和其他用户的回答。如图 10-8-4，用户可以看到以往的问答内容，查看热门问答和推荐社群，并点击"我要提问"按钮提出自己的问题等待回答。

图 10-8-4　用户问答

第 11 章

互联网资源检索

在信息时代，互联网资源也是森林公安工作与森林公安研究中利用率非常高的一种文献资源形式。研究和学习互联网资源的检索方法，能够提高森林公安工作与森林公安研究的效率。与传统时代有限的信息量相比，信息爆炸时代具有信息量大、种类多、内容冗杂等特点。随着信息爆炸时代的到来，互联网资源检索成了信息量增长到一定规模时候的必然需求。目前，基于WWW技术的互联网资源检索是网络共享信息资源的主要方式，其中既有像百度、谷歌这样的免费搜索引擎，也有搜索引擎提供的有偿服务，还有超星公司提供的收费检索产品，另外学术机构或组织的开放获取平台也是互联网数字文献的有效获取途径。本章主要介绍了目前主流的互联网资源检索产品以及它们的使用方法。

11.1 互联网概述

11.1.1 互联网基本概念

1. 互联网的定义

互联网（Internet），又称网际网络，或音译英特网，是网络与网络之间所串连成的庞大网络，这些网络以一组通用的协议（TCP/IP 通信协议）相连，形成逻辑上的单一巨大国际网络。通常 Internet 泛指互联网，而 Internet 则特指因特网。这种将计算机网络互相联结在一起的方法可称作"网络互联"，在这基础上发展出的覆盖全世界的全球性互联网络称为互联网，即是互相连接一起的网络结构。

从物理拓扑上看，网络互联可以定义为在网络通信协议控制下，由若干服务器、终端设备、数据传输设备和通信控制处理设备所组成的集合，其中数据传输控制设备可以将本身所处的网络与其他网络进行互联。从用户的角度看，互联网为所有人发布和传递有效的信息，把人与人高效、快速、便捷地连接起来。

2. 互联网的发展

互联网的发展主要经历了三个阶段：第一阶段从 1969 年到 1994 年，这段过程被称为互联网应用的实验阶段；第二阶段从 1995 年到 2001 年，这段时间互联网在发展过程中经历了一段全球化的"网络泡沫"并且破裂；第三阶段从 2001 年至今，互联网泡沫破裂之后，互联网领域进入良性的发展阶段，网络的规模不断扩大，技术不断更新，用户数也逐渐增长。

3. 中国互联网发展现状

当今中国互联网发展相当成熟，骨干网已经形成。据中国互联网络信息中心（CNNIC）发布的第 41 次《中国互联网络发展状况统计报告》（2017年）显示：截至 2017 年 12 月，我国网民规模达 7.72 亿，手机网民规模达 7.53 亿，互联网普及率为 55.8%；我国搜索引擎用户规模达 6.40 亿，使用率为 82.8%；手机搜索用户数达 6.24 亿，使用率为 82.9%；中国网站数量为506 万个，CN 域名网站 270 万个。

4. 互联网未来发展趋势

随着网络技术的更新迭代，网络带宽的增大，网络节点设备的处理能力增强。在未来的十年内，互联网未来的发展有如下的趋势：

互联网的全球用户数量将不断增多；

互联网在全球的分布和使用范围将不断增大；

万物互联将会成为未来互联网的主题；

互联网数据传输量以数量级增长；

互联网走向无线化；

将出现更多基于云平台技术的服务项目；

互联网的管理将更加自动化、智能化。

"互联网+"是未来互联网发展的一个重要方向，它是"互联网+各个传统行业"，是指利用信息通信技术以及互联网平台，让互联网与传统行业进行深度融合，创造新的发展生态。"互联网+"代表一种新的社会形态，即充分发挥互联网在社会资源配置中的优化和集成作用，将互联网的创新成果深度融合于经济、社会各领域之中，提升全社会的创新力和生产力，形成更广泛的以互联网为基础设施和实现工具的经济发展新形态。

11. 1. 2 互联网基础知识

1. IP 与域名

IP（Internet Protocol）意思是"网络之间互连的协议"，是为计算机网络相互连接进行通信而设计的协议。任何厂家生产的计算机系统，只要遵守 IP 协议就可以与因特网互连互通。目前常用的 IP 协议是 IPv4 版本，地址长 32 比特，用"点分十进制"表示，格式为"a. b. c. d"。但是全球可用的 IPv4 资源已经几乎枯竭，IPv6 版本的协议作为下一代 IP 协议，可以解决网络地址资源紧缺问题，也能解决多种接入设备连入互联网的障碍问题，地址长度为 128 比特，使用"冒分十六进制"表示法，格式为 X：X：X：X：X：X：X：X。

域名（Domain Name），是由一串用点分隔的名字组成的 Internet 上某一台计算机或计算机组的名称，是与 IP 地址相对应的、具有层次结构的互联网地址表示，用于在数据传输时标识计算机的电子方位（有时也指地理位置，地理上的域名，指代有行政自主权的一个地方区域）。域名服务是通过一套域名管理系统（Domain Name System，DNS）来实现的，在互联网里 IP 地址和主机名称的联系就存储在 DNS 系统里，网络内机器的域名结构是：主机名. 机构名. 网络名. 最高层域名。

2. WWW

WWW 是环球信息网的缩写，（亦作"Web""WWW""'W3'"，英文全称为"World Wide Web"），中文名字为"万维网""环球网"等，常简称为 Web。分为 Web 客户端和 Web 服务器程序。WWW 可以让 Web 客户端（常用浏览器）访问浏览 Web 服务器上的页面。是一个由许多互相链接的超文本组成的系统，通过互联网访问。在这个系统中，每个有用的事物，称为一样"资源"；并且由一个全局"统一资源标识符"（URI）标识；这些资源通过超文本传输协议（Hyper Text Transfer Protocol）传送给用户，而后者通过点击链接来获得资源。

互联网上 WWW 的服务主要通过 Web 服务器来提供，Web 服务器也被称作 WWW 服务器、网站服务器、应用服务器，它将使用超文本标记技术编写的文档进行组织，并保存在本地的存储器中，为用户提供访问和信息浏览等服务。

3. HTTP 与 HTTPS

HTTP (Hyper Text Transfer Protocol，超文本传输协议) 是互联网上应用最为广泛的一种网络协议，是用于从 WWW 服务器传输超文本到本地浏览器的传输协议。它包含命令和传输信息，可以使浏览器更加高效，使网络传输减少。所有的 WWW 文件都必须遵守这个标准。迄今为止，随着 HTTP 协议的不断完善，其不仅可用于 Web 访问，也可以用于其他因特网、内联网应用系统之间的通信，从而实现各类应用资源超媒体访问的集成。

HTTPS 是以安全为目标的 HTTP 通道，在使用 HTTP 协议通信的时候通过 SSL (Secure Sockets Layer，安全套接层) 认证服务器和客户端一起确保通信数据的完整性、安全性。SSL 有两个主要作用：一是建立一个信息安全通道，来保证数据传输的安全，防止数据被窃取或篡改；二是确认客户端和服务器的真实性，确保数据发送给正确的服务器和客户端。现在它被广泛用于互联网上安全敏感的通讯，例如交易支付方面等。

11.2 百度搜索

11.2.1 百度搜索引擎简介

百度搜索 (https://www.baidu.com/) 是全球最大的中文搜索引擎，2000年1月由李彦宏、徐勇两人创立于北京中关村，致力于向人们提供"简单，可依赖"的信息获取方式。"百度"二字源于中国宋朝词人辛弃疾的《青玉案》诗句"众里寻他千百度"，象征着百度对中文信息检索技术的执着追求。百度作为全球最大的中文搜索引擎，其采用了先进的搜索技术，智能化的中文语言处理技术，有较高的搜索准确率，可以保证高效地搜集互联网信息，构建大规模的索引库。很多国内的主要门户网站的搜索引擎使用百度的搜索技术，例如搜狐、搜狗等。

根据百度公司发布的公告，配合工信部整治、净化网络环境的行动，百度搜索引擎采用了各类先进的搜索算法，旨在过滤百度搜索结果里的恶意网站、低俗内容、版权侵犯、垃圾页面、窃取用户信息的网站和信息。截至2018年，百度的引擎算法主要有：天网算法、绿萝算法、石榴算法、闪电算法、清风算法、飓风算法、蓝天算法、冰桶算法等。

百度搜索的产品系列主要有：

百度人工翻译：权威精准人工翻译；

百度音乐：搜索、试听和下载海量音乐；

百度地图：搜索功能完备的网络地图；

百度传课：百度在线教育平台。

11.2.2 百度搜索引擎使用

1. 普通检索方法

（1）模糊搜索

通常情况下，用户打开百度首页（https://www.baidu.com/），在检索框中直接输入关键词，点击"百度一下"进行检索，例如"森林公安"关键词的搜索结果，百度默认搜索标题和内容包含"森林公安"关键词的网页。但是，百度一般会通过智能算法对关键词进行语义识别和自动拆分。仍以"森林公安"为例，首先是标题或正文完全匹配"森林公安"关键词的结果，其次是包含"森林"和"公安"（相当于"森林"和"公安"间插入空格或通配符"＊"）两个关键词的结果。

（2）精确搜索

又称"不拆分关键词搜索"，可以在关键词两端加英文双引号，百度将在网页中搜索标题不拆分关键词的结果，以"公安改革"为例，如图 11-2-1。

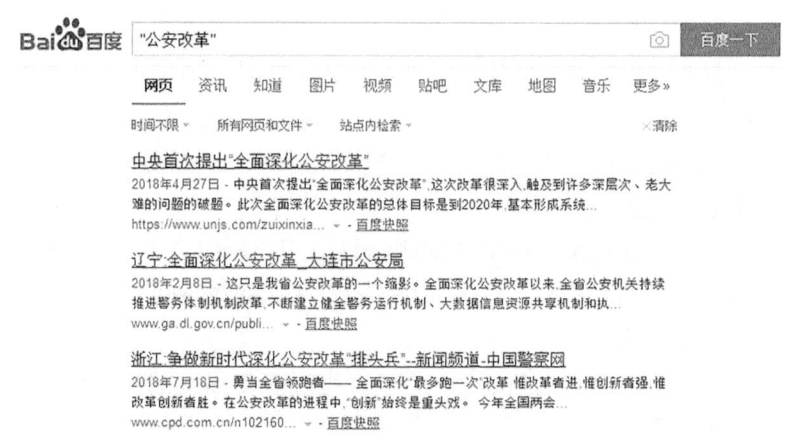

图 11-2-1　百度"公安改革"精确搜索结果

（3）搜索工具使用

百度搜索引擎提供过滤功能，用户可根据自己的需求对搜索结果进行过滤从而缩小搜索范围。过滤的条件有按照时间（只显示某段时间内，例如一周、一天、一个月或者指定的时间段），按照文件格式（pdf、docx、txt）。

2. 搜索引擎命令搜索

百度检索框检索支持检索式（参考本书第 5 章），还有搜索引擎特有的检索命令。

（1）将搜索范围限定在网页标题中

检索式"intitle：森林公安"，即搜索网页标题含有"森林公安"的字段。

（2）将搜索范围限定在站点中

检索式"site：（slga. forestry. gov. cn）森林公安"，意思是：在指定的站点中（这个站点就是 site 后面的网站）搜索含有"森林公安"的内容。

（3）将搜索范围限定在 url 链接中

检索式"森林公安 inurl：forestpolice"，意思是：在站点的 url 中搜索含有"forestpolice"的网页中搜索含有"森林公安"的内容。

（4）类型搜索或称为格式搜索

使用特定的"原词"＋"关键词"，例如只搜索风景图片的搜索命令为"image：风景图片"，或者只是搜索备案文件的文本搜索命令为"doc：备案文件"。

3. 百度图片搜索方式

（1）加载图片搜索

点击"百度一下"搜索按钮左边的照相机图标，则可进行图片搜索。百度提示加载图片的方式是：粘贴图片网址、拖拽、本地上传。如果搜索结果不理想，可以在检索框加入与图片相关的描述信息，进行更精确的搜索。

（2）手动框选搜索

搜索引擎会推荐对该图的最佳猜测结果，用户可以点击"手动框选"，框选要识别的区域，进一步缩小图片识别范围，获得更精确的搜索结果。

4. 搜索引擎设置

用户打开百度搜索右上角的"设置"，可以获得高级的搜索引擎应用。

（1）搜索设置

用户可以设置自己的偏好，例如是否开启根据检索框中文字进行预测、选择每页显示搜索结果条目数、搜索结果语言种类等，如图 11-2-2 所示。

图 11-2-2 搜索设置详细内容

（2）高级设置

用户可以定义自己搜索的条件，对搜索结果进行过滤，缩小搜索范围，从而更加精确地进行搜索。例如包含（不包含）关键词、文档格式、关键词出现位置、指定搜索网站等，功能和前文提到的搜索工具类似，如图 11-2-3 所示。

图 11-2-3 高级搜索详细内容

（3）隐私设置

百度搜索引擎默认记录用户的搜索历史，容易泄露个人隐私，用户可以通过"隐私设置"按钮关闭记录功能。

5．搜索结果

（1）搜索结果排序

百度搜索的结果按照多个因素的不同权重进行综合评分，根据这些评分从高到低进行排序。影响搜索引擎结果排序的因素，随着算法和机器学习技术的不断发展更新，并没有一个确切的维度和答案。其可能的排序参考的因素如下：

用户相关度：主要包括关键词在网页中出现的位置、频次（密度）。

内容时效性：新闻网站有较高的权重，主要考虑的是时间和内容是否紧贴热点。

内容质量：即内容能为用户产生的价值，百度会过滤掉没有时效性或被算法判定为营销内容的结果，即便是内容发布在门户网站上，也不会受到靠前的搜索结果推荐。

用户参与度：用户的阅读、点击、转评赞等互动行为构成百度资讯指数的基础，用户对网页内容的参与度越高，搜索引擎认为其重要程度和受欢迎程度越高。

相关网页数量：通过其它网页产生的关联越多，尤其是外部网页指向页面的锚文本数量、质量等，仍是搜索引擎判定网页价值的指标之一。

网页质量：包括内容质量、浏览体验、PC 和移动端的访问速度等，百度综合为内容所在落地页的评价。

关键词竞争度：也指关键词热度，指该关键词在百度搜索的热度和收录的相关网页、新闻数量。

（2）相关结果推荐

百度搜索引擎会根据用户搜索的关键词进行联想和大数据分析，推荐可能关联的相关人物、词汇，或根据统计的热搜排行榜推荐与关键词有关联的词条。

11.3 百度文库

11.3.1 百度文库简介

百度文库是百度发布的供用户在线分享文档的平台。百度文库的文档由百度用户上传，需要经过百度的审核才能发布，百度自身不能编辑或修改用户上传的文档内容。用户可以在线阅读和下载这些文档。百度文库的文档包括教学资料、考试题库、专业资料、公文写作、法律文件等多个领域的资料。百度用户上传文档可以得到一定的积分，下载有标价的文档则需要消耗积分。

当前平台支持的主流文件格式包括：doc（docx）、ppt（pptx）、xls（xlsx）、pot、pps、vsd、rtf、wps、et、dps、pdf、txt 。

百度文库平台于 2009 年 11 月 12 日推出，2010 年 7 月 8 日，百度文库手机版上线。2010 年 11 月 10 日，百度文库文档数量突破 1000 万。2011 年 12 月文库优化改版，内容专注于教育、PPT、专业文献、应用文书四大领域。2013 年 11 月正式推出文库个人认证项目。截至 2014 年底拥有超过 1 亿份文档，内容涵盖基础教育、资格考试、人文社科、IT 计算机、自然科学等 53 个行业，超过 2600 家机构入驻，每天吸引 4000 万用户，全国 800 余万教师通过百度文库分享教育资源，目前百度文库已经与多省、市、校已有的信息平台融合。

11.3.2 百度文库检索方法

1. 登录系统

百度文库网址 https://wenku.baidu.com/，用户可以从百度搜索首页点击更多产品链接选择进入。在检索框内输入关键词后单击"搜索文档"按钮，即可获得搜索结果。检索框下方的导航栏提供了百度文库资源的分类、精品内容推荐等下拉框。首页的左边的栏目是百度文库文档资源的不同分类以及分类下的子类。中间的幻灯片链接是一些广告、推广以及搜索热度高的电子文献资源。

2. 百度文库的检索

（1）关键词检索

百度文库为用户提供不同文档类型资源，主要有 DOC、PPT、TXT、PDF 和 XLS 格式，如需搜索某个 TXT 类型的文档，可在检索框下选择文档类型。

（2）检索结果

以"森林公安"为例，在检索框输入关键词，检索结果如图 11-3-1 所示。

图 11-3-1　百度文库关键词搜索结果

　　用户可以对结果的范围、格式、排序进行重新设置，以缩小搜索范围，增加结果精确度。另外，百度文库还会为用户推荐与输入关键词相关的检索关键词，帮助用户联想相关内容。

　　（3）查看结果详情

　　点击具体搜索结果的条目链接，可以查看原文详情，例如点击"森林公安局政府信息公开工作总结"链接，如图 11-3-2 所示。

图 11-3-2　百度文库检索结果查看

　　百度文库资源一般需要付费下载，百度文库提供如下三种购买渠道：

　　用户个人需要下载大量百度文库内的资源，可以考虑开通百度文库 VIP

账号，实现无限量的免费下载。

用户偶尔使用百度文库资源的话，可以按照单次下载支付费用。

用户所在机构购买百度文库数字资源的服务后，用户在机构范围登录百度账号即可免费下载百度文库资源。

3. 百度文库使用技巧

当用户急需某些内容的文档，却又在互联网上搜不到相应的下载时，便可以在百度文库发布悬赏任务。这时，系统会自动将悬赏展示在百度文库中，吸引众多网友为你出谋划策，提供资源。其步骤如下：

单击百度文库主页的"悬赏文档"按钮，进入悬赏页面，用户填写悬赏的内容并设置相关选项，单击"发起悬赏"即完成，具体的填选项目如下：

文档标题：填写要检索的文档名称。

具体要求：填写希望的书籍格式、内容、作者（译者）等。如果还有其他额外的要求，也可以在这里一并说明。

所属分类：要检索的书籍的分类，选择正确的分类，可以更快地获得想要找的文档。

悬赏期限：考虑到一些文档的时效性（例如考试类，或者工作需要的期限等），通常发布者会为悬赏设定一个截止期限。

赏金：如果有用户帮助找到了目标文档，悬赏发布者打算支付的积分。

当有人找到需要的文档时短信通知用户：如果希望第一时间接收到通知，则可以在这里勾选后，再在出现的编辑框中填入悬赏发布者的手机号码。

以上各项填写好后，点击下方的"发布悬赏"即可。

11.4 百度学术

11.4.1 百度学术简介

百度学术搜索是百度旗下的提供海量中英文文献检索的学术资源搜索平台，于 2014 年 6 月初上线。涵盖了各类学术期刊、会议论文，旨在为国内外学者提供最好的科研体验。其收录了包括知网、维普、万方、Elsevier、Springer、Wiley、NCBI 等 120 多万个国内外学术站点，索引了超过 12 亿学术资源页面，建设了包括学术期刊、会议论文、学位论文、专利、图书等类型在内的 4 亿多篇学术文献。成为全球文献覆盖量最大的学术平台，在此基础上，构建了包含 400 多万个中国学者主页的学者库和包含 1 万多个中外文期刊主页的期刊库。以上强大的技术和数据优势，为学术搜索服务打下了坚实的基础，目前每年为数千万学术用户提供近 30 亿次服务。

百度学术目前提供两大类服务：学术搜索，支持用户进行文献、期刊、学者三类内容的检索，并支持高校以及科研机构图书馆定制版学术搜索；学术服务，支持用户订阅感兴趣的关键词、收藏有价值的文献、对所研究的方向做开题分析、进行毕业论文查重、通过单篇购买或者文献互助的方式获取所需文献、在首页设置常用数据库方便直接访问。

百度学术的优势在于它在各文献网站中架设起了错落有致的桥梁，使得用户可以快速找到自己需要的文献资料，极大地降低了搜索的成本；而对于专业学术网站，丰富的内容也找到了最大化的输出渠道。而且百度学术搜索全面融合了互联网最优质的数据与应用内容，极大地提升了用户学术搜索体验，为学术型网站铺设了服务普通大众的全新通道。

11.4.2 百度学术检索方法

1. 登录系统

百度学术网址 http://xueshu.baidu.com/，用户可以从百度搜索首页点击更多产品链接选择进入，首页如图 11-4-1。

图 11-4-1　百度学术主页

百度学术主页正中央的是检索框，最常见的用法就是在检索框内输入关键词，单击"百度一下"按钮，就会弹出搜索的学术结果。

检索框下面是数据库导航栏，百度学术默认地添加一些国内外知名电子资源供应商的图片超链接，如果用户希望访问某一个电子资源网站可以直接点击该图片链接。用户也可以根据自己的喜好，通过单击数据库导航栏的"+"按钮添加额外或删除已有的电子资源超链接。

主页最下面的工具栏内包含百度学术提供的关于学术资源的各类服务，例如查重、订阅、购买等。用户可以根据自己的需求进行选购或免费使用。

2. 百度学术的检索

（1）关键词检索

在百度学术搜索页面里面的检索框输入关键词，以"森林火灾"为例，可以从检索结果看到大量包含该关键词的学术成果。检索的结果可以按照语言、相关性、被引用量和时间降序进行排列。

（2）结果筛选

如果想进一步缩小范围，百度学术提供了筛选功能。可以根据期刊名、领域、核心刊物、发表时间、机构、关键词、作者等条件进行筛选，这样用户可以更高效地定位到目标资源。

（3）关联信息查看

在搜索的结果内，可以通过点击搜索结果某个条目内的作者姓名查看该条目作者的其他学术著作；单击期刊名称可以查看该条目所刊登期刊的各项信息；单击数据库名称可查看该条目在其数据库中的详细信息。如图 11-4-2 是结果来源为《世界林业研究》期刊的相关信息。

图 11-4-2　百度学术检索结果来源

（4）结果详情查看

在百度学术检索结果查看的详情页面中，百度学术为用户提供了学术文献的简介，包括论文题目、文献来源、作者、摘要、刊登杂志等，用户可以收藏、引用、分享该学术论文。百度本身并不提供下载，而是挂载了该文献在主流数据库中的下载路径链接，如有免费下载则提供，还提供求购全文的操作。另外，结果查看页还提供管理相似文献、参考文献、印证文献的查看链接，并且在页面右侧提供了年度引用和研究热点分析情况查看。

3．百度学术的个性化服务

（1）收藏功能

百度学术提供资源收藏功能，用户在百度学术资源里面浏览到自己感兴趣的论文，可以添加到收藏目录里面，以方便电子文献的阅读。其具体的操作方法如下：

首先要使用百度账号成功登录百度学术，进入某个百度学术搜索结果的详细页面，单击标题下方菜单栏内的"收藏"按钮，如收藏成功则"收藏"按钮的字样变成"已收藏"，用户在单击变成"已收藏"字样的按钮后，即可进入"我的学术"页面，其中包含已收藏的学术论文。用户亦可给已收藏的条目添加标签进行分组。

（2）订阅功能

百度学术搜索提供定制化服务，用户可根据自己感兴趣的关键词设定订阅信息的推送，以便跟踪某个领域的最新学术研究动态。当用户采用订阅服务后，首先需要通过自己的百度账号登录百度学术主页，单击首页底部下方的"订阅"按钮，可以看到与已经添加的关键词有关的学术动态，这些订阅的内容将发送到指定邮箱。

11.5 集成检索

11.5.1 读秀和百链检索

1．读秀和百链简介

读秀全称读秀中文学术搜索，是超星公司开发的中文数字文献资源集成检索产品，是一个由海量全文数据及资料基本信息组成的超大型数据库。读秀为用户提供深入到图书章节和内容的全文检索，部分文献的原文试读，以及高效查找、获取各种类型学术文献资料的一站式检索，提供周到的参考咨询服务，是一个真正意义上的学术搜索引擎及文献资料服务平台，其可申请图书馆文献传递的数据量达到 310 万册。

百链云图书馆是超星公司推出的新一代图书馆资源解决方案及共建共享方案，它内容丰富的全文资源，可为读者提供资源补缺服务。通过对元数据仓储数据与用户本地资源分布建立定位链接，能够完成学术资源的一站式检索，能够实现本馆与其他馆的互联互通、共建共享，最终通过原文链接和云服务模式，帮助读者找到、得到所需资源。其包含学术文献资源 5.3 亿篇、中文期刊 8660 万篇、中文报纸 12 350 万篇、外文期刊 18 523 万篇、开放学术资源 4200 万篇，平均每天以 10 万条索引的速度更新。

2. 读秀和百链检索

由于二者有一定的互通性，本书以读秀中文学术搜索为例，介绍集成检索工具的使用。

（1）登录系统

读秀：http://www.duxiu.com/。

百链：http://www.blyun.com/。

如果用户所在的单位机构已经购买了超星读秀和百链的服务，可以在指定范围内免费访问站内资源。个人用户需要填写相关信息注册并登录才能访问站内资源。

（2）资源检索

选择文献类型（图书、期刊、会议……），在检索框中输入查询词，点击"中文搜索"或"外文搜索"按钮，查找中文和外文文献，如图 11-5-1 所示。页面左侧提供条件筛选（聚类），对搜索结果按类型、年代、学科等进行分类；页面中间是搜索结果列表，显示搜索结果文献相关信息和获取途径，用户可根据自身需求选择语言、排序方式等；页面右侧的相关信息栏目显示检索词相关的百科、研究点等内容。用户也可以通过"高级搜索"功能，设定更加具体的检索条件，例如关键词、年代、作者等，缩小检索范围进行更精确的检索，也可以通过"在结果中搜索"进行二次检索。

图 11-5-1　读秀检索页面

（3）原文资源获取

在搜索结果页面选择需要的文献，进入详细页面，可看到文献相关信息，包括作者、出版日期、页码等。页面右侧"获取途径"栏目列出了获取文献的途径，如图 11-5-2 所示。

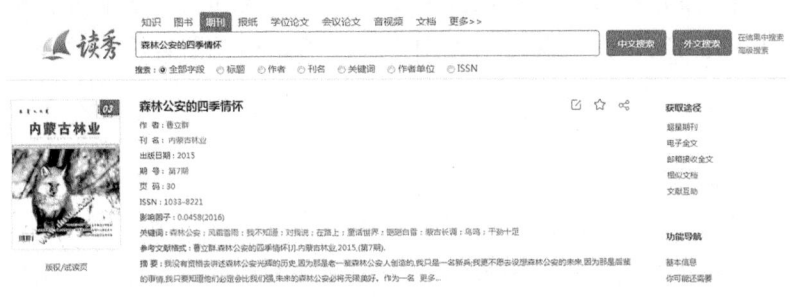

图 11-5-2　资源详细信息页面

如果有"本馆全文链接"，可直接点击进入图书馆数据库的详细页面阅读和下载全文；没有"本馆全文链接"的文献，点击"邮箱接收全文"方式共享获取。进入"全国图书馆参考咨询服务平台"页面，填写邮箱地址和验证码，点击"确认提交"。一段时间后查看填写的邮箱，会收到指定的文献。

知识、图书、报纸等其他类型文献的检索与上文类似，本书不再一一介绍。

11.5.2 超星发现系统检索

超星发现系统已在第四章有基本介绍，在实际使用中超星发现系统分为 2 个版本：个人用户体验版（http://www.chaoxing.com/）主要用于中文学术发现服务的个人体验；正式商用版（http://www.zhizhen.com/）主要面向高校等机构用户、个人认证账户和发现卡用户提供完整的发现服务。本书以正式商用版本为例，介绍超星发现系统的检索方法。

1. 登录系统

在超星发现首页的检索框内输入关键词，单击"检索"按钮即可获得相关的各种类型文献，可以使用高级检索功能指定详细具体的检索条件，缩小检索范围以便更精确地检索。

超星发现的检索界面左侧提供条件筛选（聚类），对搜索结果按类型、语言、年代和学科等进行分类；页面中间是搜索结果列表，显示搜索结果文献相关信息和获取途径，用户亦可设置检索结果排序方式；高级检索功能根据用户指定的检索条件提供更细粒度的检索，专业检索栏目在高级检索的页面内，用户可以使用专业检索指定检索条件，检索式的使用方法请详见第五章相关章节；页面右上角的可视化按钮链接帮助用户进入学术辅助系统，显示和关键词相关的知识点、机构、作者关联图和文献资源发展趋势。

进入某检索结果的详细页面可看到文献的详细信息，包括题名、作者、出版日期、作者单位、摘要等信息。获取方法包括：图书试读、电子全文（连接到优选的数据商）、文献传递（邮箱接收全文）。

2. 超星发现可视化功能

超星根据用户搜索的关键词提供知识点、作者和机构关联图，可视化图右侧显示与其相关的文献资源，如图 11-5-3 所示，不同类型关联图的主要功能如下：

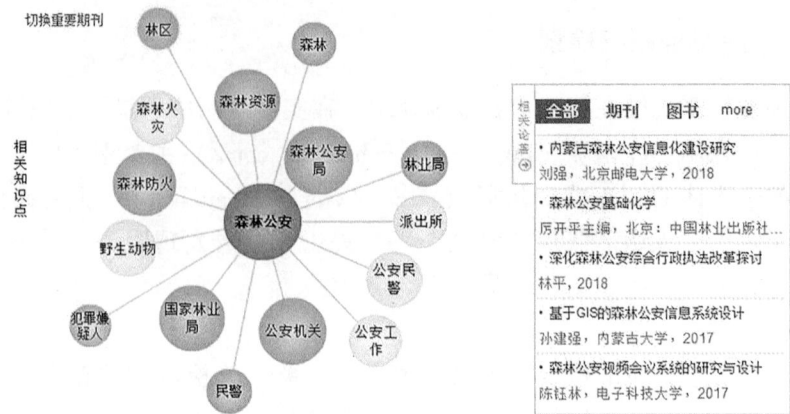

图 11-5-3　超星发现可视化功能

知识点关联图：查询词所关联的学科与领域，查询词可以是作者、领域、学科、机构、词语，右侧展示相关的论著。点击某领域则会进入该领域的关联中。更好地展示知识与知识之间的关联。

作者关联图：可以查看作者与作者之间关联、领域与作者之间关联、机构与作者之间关联等。点击其他作者名字可以进入到该作者关系图中，可以查看与上一位作者或者查询词之间的关联等。

机构关联图：可以展示机构与机构关联、作者与机构关联、领域与机构关联等，右侧展示相关论著。点击某机构可以进入该机构的关系图中。

3. 超星发现多主题对比

在可视化页面点击右上角的多主题对比按钮，进入多主题对比页面，可以进行单位、作者、标题内容等年份发展趋势对比，如图 11-5-4 所示。

图 11-5-4　超星发现多主体对比

　　可视化图还包括各频道检索量统计，图书、期刊、学位论文、会议论文、专利、标准、报纸等学术趋势图。趋势图可以选择指定的年代展示，并且提供数据的导出功能。

11.6 开放获取资源检索

11.6.1 中国动物主题数据库

1. 中国动物主题数据库简介

　　中国动物主题数据库是由中国科学院动物研究所和中国科学院昆明动物研究所主持，联合成都生物所、上海植物生理生态研究所共同建设，对中国科学院"十五"信息化专项的建库成果进行了整合与更新，增加了部分动物类群和区域的特色数据库，建立了基于 Web Service 的多个子库联合查询和基于 Web GIS 的物种地理分布查询的信息展示平台。中国动物主题库的原始数据主要来源于文献、专著和已经结题的研究报告，经过专家组反复论证，确定了数据结构和标准规范。所有数据均由动物学专家审核确认后收录到数据库中，数据质量得到了保障，是目前国内动物学领域规模最大、权威性最强的数据库服务系统。

　　其包含若干个子库：脊椎动物分类代码数据库、动物物种编目数据库、动物名称数据库、《中国动物志》出版与编研信息数据库、濒危和保护动物数据库、中国昆虫新种数据库、中国昆虫模式标本数据库、动物研究专家数据库、中国动物志数据库、中国动物图谱数据库、中国蜜蜂数据库、中国隐翅虫名录数据库、云南鸟类数据库、中国灵长类物种及文献数据库、中国两栖爬行动物数据库、中国直翅目昆虫数据库、中国鸟类数据库、中国内陆水体鱼类数据库、西南县级脊椎动物分布名录、西南保护区脊椎动物分布名录、云南蝴蝶分布名录、云南森林昆虫分布名录。

2. 中国动物主题数据库检索方法

（1）登录系统

中国动物主题数据库网址是 http://www.zoology.csdb.cn/，首页如图 11-6-1。

图 11-6-1　中国动物主题数据库首页

（2）子库导航功能

网站提供"数据库导航"菜单，用户可以根据需要选择点击进入相应数据实体页面，用户也可以通过网站顶端的导航栏的"查找数据库"菜单找数据库或者查看数据库目录。数据实体页面以表格形式罗列数据内容，并提供针对该实体的联合查询功能。如要进一步查看某一条记录，只要点击"详细"

链接即可进入详细信息页面进行浏览，如图 11-6-2 所示。

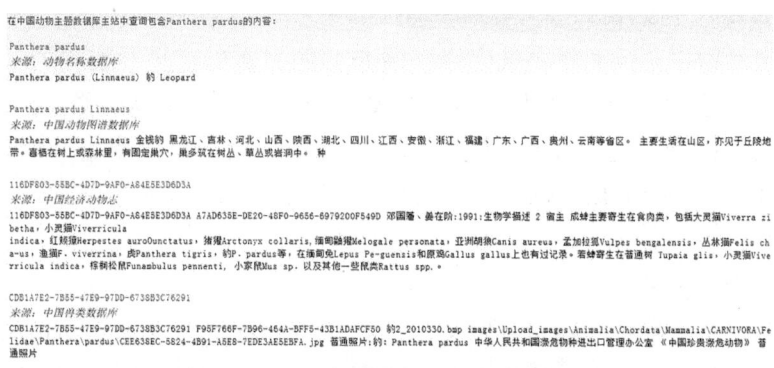

图 11-6-2　中国动物主题数据库子库导航功能

（3）全站关键词检索

用户可以在菜单栏内的"数据检索"下拉列表里面点击"全站检索"，可以进入数据检索页面，然后在输入关键词后单击"站内检索"按钮，即可在全库的范围内查找和关键词相关的各个子库的动物资源信息。检索结果会分不同子库进行分段显示，如图 11-6-3。

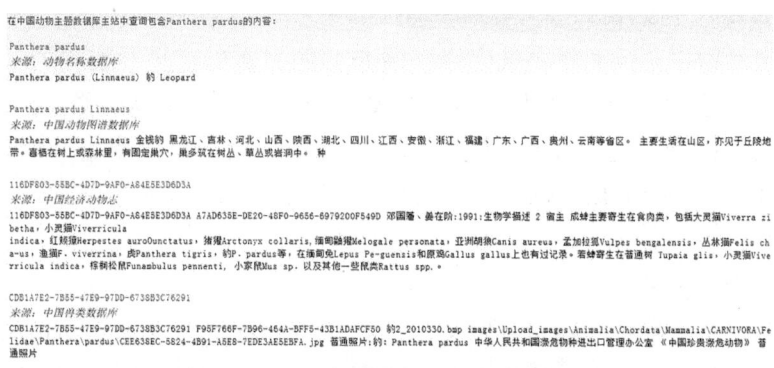

图 11-6-3　全站检索结果分子库显示

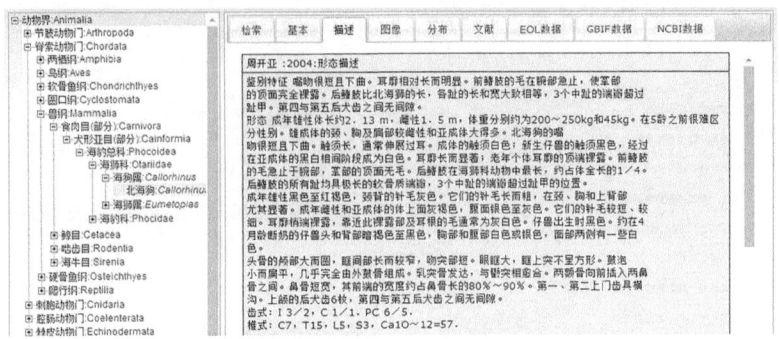

图 11-6-4　中国动物主题数据库分类树

（4）分类树——专业检索功能

分类树检索是针对生物分类领域的特性而建设的快捷、高效、专业的信息检索功能，该站点内若干个子库提供该功能。以"中国动物志数据库"为例，用户从数据集导航栏点击相应链接即可进入分类树检索界面，只要展开分类树查找到并点击感兴趣的节点，信息展示页就会将相关信息列出，如图 11-6-4 所示。

（5）高级检索和地图检索

点击"检索"的标签链接，用户可以在当前数据库中进行关键词检索，还可以进行高级检索（拉丁学名、中文名、俗名、异名、分布地、生境组合检索）和地图检索（在我国地图上点击查看链接）。

3. 其他辅助检索功能

（1）特殊中文字

中国动物主题数据库提供生僻字服务功能，通过首页导航栏的"数据检索"下拉列表内的"特殊中文字"链接打开。用户可根据生僻字的 Unicode 编码、汉语拼音、偏旁部首、笔画数进行查询。用户可以使用"辅助列表"内提供的拼音列表、Unicode 列表、偏旁部首列表的内容作为生僻字的辅助查询条件。

（2）名称解析

当用户从文献中阅读到一段包含动物拉丁名称的信息却不知道其包含的动物拉丁文全称时，可以使用名称解析服务获取到信息中完整的动物拉丁名称，以及该物种的属、种等信息。例如在输入框输入包含"人类"的拉丁文全称"Homo sapiens"的字符串，单击"解析"按钮后，可以看到解析成功后的结果。

11.6.2 中国科技期刊开放获取平台（COAJ）

1. 中国科技期刊开放获取平台介绍

中国科技期刊开放获取平台（China Open Access Journals，COAJ）是由中国科学院主管，中国科技出版传媒股份有限公司主办，北京中科期刊出版有限公司承办的一个开放获取、学术性、非营利的科技文献资源门户。其前身是中国科学院科技期刊开放获取平台（CAS-OAJ），于 2010 年 10 月上线运行。在 CAS-OAJ 的基础上，COAJ 作为新闻出版改革发展项目库入库项目，将建设成为一站式的中国科技期刊 OA 集成平台和门户，集中展示、导航中国开放获取科技期刊，强化科技期刊的学术交流功能，提升中国科技期刊的学术影响力，引领中国科技信息的开放获取。COAJ 内的期刊资源按照收录的完整性分为不同等级：

A：本站全文——即时开放，本地化展示期刊信息、论文摘要信息和全文。期刊论文在网络公共领域里可以被免费获取，允许任何用户阅读、下载、打印、检索、超级链接该文献，用作软件的输入数据或其他任何合法用途。

B：本站全文——延迟开放，本地化展示期刊信息、论文摘要信息，但需推迟一定时间（如一个月、一年）本地化展示论文全文。其余同"本站全文-即时开放"。

C：本站摘要——链接全文，展示期刊信息和论文摘要信息、链接至期刊网站浏览或下载全文。

D：本站期刊基本信息-链接期刊网站，展示期刊基本信息，有关论文的信息和全文，需链接至期刊网站进行查询。

2. COAJ 的检索

（1）登录系统

中国科技期刊开放获取平台网址是 http://www.oaj.cas.cn/，首页如图 11-6-5。

图 11-6-5   中国科技期刊开放获取平台首页

（2）期刊检索

在首页"期刊检索"标签内输入检索条件，单击"搜索"按钮，即可出现符合检索条件的期刊。可以看到站内收藏的符合主管单位是"中国科学院"的所有期刊文献。用户可以使用搜索结果列表上方的筛选栏对搜索结果进行过滤以减小搜索范围。

单击检索结果，可以查看该期刊的详细信息和其收录的学术论文。如图11-6-6所示。

图 11-6-6   期刊包含学术论文列表

单击某一篇学术论文，可查看论文的详细信息以及下载链接。

（3）论文检索

在首页点击"论文检索"标签切换到按照论文条件搜索页面，输入检索条件，单击"搜索"按钮，即可出现符合检索条件的论文列表，具体下载方法与上文提到的方法类似。

11.6.3 开放获取期刊目录（DOAJ）

1. 开放获取期刊目录介绍

开放获取期刊目录（Directory of Open Access Journals，简称 DOAJ）是由瑞典隆德大学图书馆 2003 年 5 月推出的开放获取期刊的检索系统。目前该系统可提供 4503 种开放获取期刊的访问，其中 1737 种支持文章级检索，涉及各个学科领域，收集论文量达 332 262 篇。该系统提供刊名检索、期刊浏览以及文章检索等功能。DOAJ 按期刊的学科主题分为 17 类，包括农业与食品科学、艺术与建筑、生物与生命科学、商业与经济学、化学、地球与环境科学、一般工程、健康科学、历史与考古学、语言与文学、法律与政治科学、数学与统计学、哲学与宗教、物理和天文学、科学综合、社会科学、技术和工程。

2. 开放获取期刊目录检索方法

（1）登录系统

DOAJ 的网址是 https://doaj.org/，选择导航栏的"Search"标签卡进入搜索页面。如图 11-6-7 所示。

图 11-6-7　DOAJ 搜索页面

（2）文献检索

检索框包含若干个显示选项："×"用于清空所有搜索条件；数字表示搜索结果每页显示的条数；箭头表示按照升序或者降序排列。

通过下拉列表选择按照何种条件排序（相关度、日期、标题等），如图11-6-8所示。

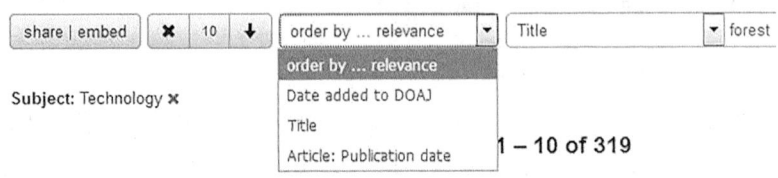

图 11-6-8　DOAJ 搜索结果显示排序设置

用户也可以指定关键词出现的位置（标题、摘要、全文等）作为搜索条件，如图11-6-9所示。

图 11-6-9　DOAJ 搜索结果条件设置

用户也可以使用左边的条件选择器对搜索结果进行过滤。从上到下的条件分别是：期刊或论文、学科种类、是否有 DOAJ 标识、何种期刊授权以及文献使用的语言。一般来说使用学科种类进行过滤的方式最为常见。

单击其中某条搜索结果，如图11-6-10所示。进入详细信息界面后，可以看到文献资源的各项信息，包括标题、学科类别、作者信息、出版社、出版时间、发表的杂志名称、ISSN 等，其中右侧菜单栏内的 "Full-text formats available" 字段显示了当前文献可供获取的格式。用户可以单击页面左下角的 "Full Text" 链接跳转到可提供当前文献全文下载的页面。

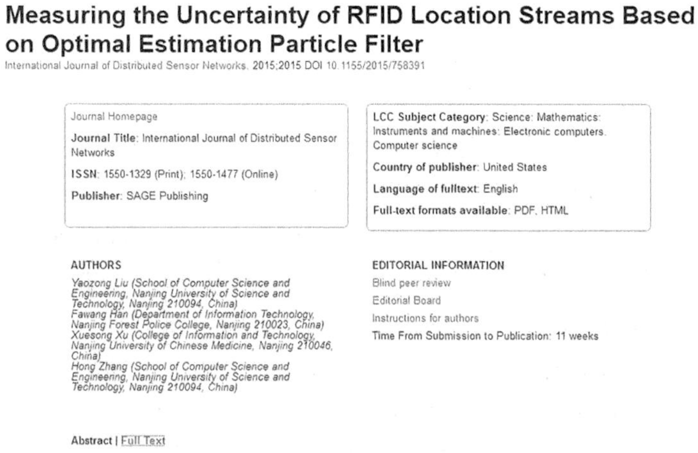

Measuring the Uncertainty of RFID Location Streams Based on Optimal Estimation Particle Filter

International Journal of Distributed Sensor Networks. 2015;2015 DOI 10.1155/2015/758391

Journal Homepage

Journal Title: International Journal of Distributed Sensor Networks

ISSN: 1550-1329 (Print); 1550-1477 (Online)

Publisher: SAGE Publishing

LCC Subject Category: Science: Mathematics: Instruments and machines: Electronic computers. Computer science

Country of publisher: United States

Language of fulltext: English

Full-text formats available: PDF, HTML

AUTHORS

Yaozong Liu (School of Computer Science and Engineering, Nanjing University of Science and Technology, Nanjing 210094, China)
Fawang Han (Department of Information Technology, Nanjing Forest Police College, Nanjing 210023, China)
Xuesong Xu (College of Information and Technology, Nanjing University of Chinese Medicine, Nanjing 210046, China)
Hong Zhang (School of Computer Science and Engineering, Nanjing University of Science and Technology, Nanjing 210094, China)

EDITORIAL INFORMATION

Blind peer review

Editorial Board

Instructions for authors

Time From Submission to Publication: 11 weeks

Abstract | Full Text

图 11-6-10　DOAJ 搜索结果全文查看

　　森林公安文献综述是根据森林公安工作或森林公安研究的需要，在检索、阅读一定数量森林公安文献后形成的文献资源利用成果。文献综述报告通常为从事某项科研对相关文献资料的归纳和整理，以了解课题相关技术原理和发展趋势，明确自身的科研方向、内容以及技术路线。文档和报告能力是科研工作的基本能力，写作综述报告是一项重要的学术训练。综述的过程其实就是文献阅读、脉络梳理、观点总结的过程，综述报告的质量直接影响并决定研究能否顺利完成以及论文质量之高低。本章围绕综述报告的基本概念、特点和分类、写作方法以及具体实例进行阐述，以期从文献利用角度梳理与综述报告相关的若干问题。

12.1 综述报告的概念和作用

12.1.1 综述报告的概念

1. 综述报告的定义

　　综述报告包括两种类型，一种是学术论文组成的文献综述，一种是综述类文章。通常来说，文献综述是经过科学研究，论述研究成果，主观性较强，可以选择对自己论点有利的论据；而综述类文章则是涵盖了学科总结报告、专题总结报告、年度总结、年度进展报告等，形式较为宽泛。两种类型各有侧重。从内容上看，学术论文组成的文献综述是科研成果的高级表达形式，突出的是它的学术性；而一般报告类综述是科研成果的一般表达形式，其更加侧重于资料性。无论哪种类型，综述报告都是信息研究成果的一种，是对某一课题的大量有关资料进行归纳、整理、分析、加工、综合而成的研究报告，其浓缩了大量原始文献的相关内容，使之更加集中化、系统化，并使读者能用较少的精力和时间，对与课题有关的问题有系统而明确的了解。

综述作为一种书面论证，指在前人研究的基础上，对一定时间范围内某一学科或专题的原始文献中有价值的内容进行系统、全面的综合性分析与研究后，深入归纳整理出来的综合性论述。它能使读者以较少的精力、较短的时间、提纲挈领地对某一方面研究状况建立起较为完整而系统、明确的概念，使其概括性地了解某领域研究的历史、现状、内容、意义、发展水平与未来趋势等。综述相当于研究论题的历史地图，撰写综述就是勾画出研究论题相关的代表性成果，并对此作出评述以给予其相对客观公正的坐标，借此建立自己的问题框架体系进而说明解决的关键问题与所带来的意义。值得注意的是，综述不仅仅是简单地以一系列总结的形式描述他人已发表的文章或著作，而应采用批判讨论的形式，展现出作者的深刻见解及不同的论点、理论和方法。综述应是相关文献的综合与分析，并时刻与作者研究的目的和理由相连。

2. 与论文引言的区别

综述报告与论文的引言部分不同。一般来说，论文的引言部分一般包括这样两层意思：一是"立题"背景，说明论文选题在本学科领域的地位、作用以及目前研究的现状，特别是研究中存在的或没有解决的问题。二是针对现有的研究状况确立拟要解决的问题，从而引出下文。引言要求用开门见山的方式引起读者注意与思考，而综述部分是要求对此研究主题的特定领域中国内外相关研究动态，以及权威学者所思考与研究过的信息成果等内容进行系统的展现、归纳和评述。它一般包括两个要素：其一，该选题的研究现状；其二，客观评价前人研究成果，尤其是指出目前存在的问题。综述有着循环复杂的结构，勾勒出论文的概念轮廓或理论轮廓；它反映出论题的复杂性、研究对象的复杂性、作者所属的领域以及作者在该领域中的批判性思维，因此具有相关性、概括性、批判性。

12.1.2 综述报告的作用

综述报告在申请学位论文、申请基金项目、撰写研究计划或资助申请、描述或阐释研究现状、寻找研究方法和新课题、寻求科研伙伴以及满足个人的研究兴趣等方面都具有不可或缺的实用价值：综述报告主要有以下几种作用。

1. 有利于研究者形成问题意识，导出研究问题

问题意识对于学术研究具有举足轻重的作用，没有问题，就不会有学术研究的发端。通过对相关领域的文献资料进行认真仔细的研究，对新成果、新方法、新技术、新观点的综合分析和评述，绘制研究问题的路线图以凸显实施的研究计划在问题领域中的位置与价值或给读者呈现较为清晰的研究历程，可以帮助研究者找到自身研究的兴趣点，并为其提供进行新的研究可能的启发，以此与学科领域短板相结合后找到研究问题，并建立起解决问题的研究框架，使研究者获得研究计划的原创性所在以及发掘新的研究方法、思路，从而确定研究方向，形成具有研究价值的、创新性的课题，避免重复。

2. 有利于系统全面地了解研究领域全貌，进一步继承前人的研究成果，保持该领域的持续性发展

结前人之果，帮助研究者搞清所研究问题的"出身"，明确来龙去脉，这既是对他人劳动成果的尊重，更是对学者研究功底的考验。《大学》中讲"物有本末，事有始终，知所先后，则近道矣"，只有明晰研究课题的发展路线，才能继续探求该课题的发展前景。莱布尼兹总结的学术原则说："研究旁人的创造发明方法是成为成功的创造者的前提。"人们总是在前人思考过的地方，才会发现重新思考的空间。继承前人的研究成果，实质上就是对本领域研究脉络的梳理，是学术研究连续、不间断持续发展的保证。

3. 有利于保证学术研究的开放性，使学术研究与时俱进

学术研究从来就是开放的，最终都要为人类的生存发展而服务，但人类的生存发展状况日新月异，每天都在面对新问题、新情况带来的新挑战，这就要求学术研究必须保持开放性。在综述中，研究者通过对现有相关文献的仔细梳理，将该研究领域发生的新问题、新情况加入到综述中，并得出解决新问题的指导性意见，或从前人的研究成果中形成合理的解决新方法，进一步保证学术研究与时俱进，维护其效用。

4. 有利于指导研究内容、判断研究价值、增加投稿命中率

综述报告将研究者研究的问题放于历史的视角并限制在一个合理的范围，利用广泛的参考材料评估研究前景、提出问题并确定进一步研究的领域，最后针对这个问题进行分析和解决。这样，既可以避免没有必要的重复工作，同时将作者的发现与已有的研究成果联系起来，进一步指导研究内容。同时，综述有助于研究者与读者迅速对该项研究的价值予以有效的判断，对研究者

提高投稿命中率也具有一定帮助作用。

5. 有利于回溯检索，导读原文

由于科学技术的迅猛发展，研究者要全部阅读研究领域的相关文献，时间和精力都难以满足。而通过文献综述，可以帮助研究者与读者在较短的时间内了解有关领域的发展情况、发展趋势，节省大量的时间，同时能够快速检索原文，找到研究出处。

12.2 综述报告的特点和分类

12.2.1 综述报告的特点

1. 综合性

综合性是指关于某一领域的研究在内容方面应涵盖古今中外所有的文献，尤其是对该领域发展起着重要作用的文献，研究者要通过吸收这些文献，尽可能地把前人在该研究领域的所有重要研究成果都予以体现或呈现出来。切忌只是叙述或引用作者认为正确、赞同或喜欢的观点，也切忌只是叙述或引用该领域知名学者或某个学派的成果。综述要"纵横交错"，既要以某一专题的发展为纵线，反映当前课题的进展；又要从本单位、省内、国内到国外，进行横向的比较。通过综合分析、归纳整理、消化鉴别，综述材料才能更加精练、明确、有层次和有逻辑，进而把握该研究专题发展规律和预测发展趋势。现有文献种类繁多，每种文献的作用和地位各有差异，所以综述中常用的和比较受研究者青睐的文献集中于书籍、论文、期刊等几种文献。

2. 客观性

客观性指的是研究者要忠实于原始文献的数据、观点、结论等信息，即实事求是地面对前人的研究成果。在分析某一研究领域的文献时，研究者必须从研究角度出发，仔细分析文献所表述的观点、思想与论述问题的角度，并且能够用自己的语言进行阐述。客观性主要有两种体现：一是现有文献研究成果客观存在并有一定数量；二是每种文献中作者的观点与思想是客观存在的，不能被他人曲解。基于这两种原则，在撰写综述报告时只有遵循客观性，才能使研究具有科学性和原创性。

3. 评述性

评述性是指研究者对前人的研究成果进行客观、全面、深入、系统的分析，分析论述其研究成果、存在问题和发展趋势，充分反映研究者的观点和见解，并与综述的内容构成整体。收集整理文献只是写作文献综述的前提，其主要目的是为评述做准备，只有评述有理有据，论述才能以理服人。叙述与评论旨在理清某研究领域或学科专业发展的脉络或发展特点，为后续研究做好铺垫。一般来说，综述应有研究者自己的观点，否则就不能称为综述，而是专业手册或讲座了。

4. 前瞻性

学术研究的意义就在于，通过研究可以不断提高人们认识事物的能力，进而了解某一事物发展的特点和规律并预测其发展趋势。综述不是写学科发展的历史，而是要搜集最新资料，获取最新内容，将最新的信息和科研动向及时传递给读者。因此，综述报告的写作不仅是对前人研究成果进行总结与概括，更需要研究者通过分析研究，找到目前该领域存在的盲区与缺失，为进一步开展研究提供理论依据和事实基础。因此，综述报告是一种为后续研究提供参考的重要材料，不仅能够不断完善现有理论，更能为实践提供行动指南，从中可以找寻到未来发展的规律。

5. 继承性

继承性体现在文献"综"的方面。综述就是不断在继承中发展，在继承中批判，在继承中创新。因为文献是进行科研的物质载体，所以文献综述的撰写基于过往大量的文献，之后的研究都是对前人研究的延续或补充，因此，继承性成为文献综述的一大特点。同时，继承性当中同时蕴含着研究中不可缺少的创新性。只有将更多"新"的东西蕴含于研究之中，才算是真正意义上的继承，否则只能称为低水平高重复的文字泡沫。

12.2.2 综述报告的分类

根据搜集的原始文献资料数量、提炼加工程度、组织写作形式以及学术水平的高低，综述可分为归纳性综述、普通性综述和评论性综述三类。

（1）归纳性综述

归纳性综述是指研究者将搜集到的文献资料进行整理归纳后按一定顺序进行分类排列，使它们互相关联，前后连贯，进而撰写的具有条理性、系统性和逻辑性的学术论文。它能在一定程度上反映出某一专题、某一领域的当前研究进展，但很少有作者自己的见解和观点。

（2）普通性综述

普通性综述系具有一定学术水平的研究者在搜集较多参考资料的基础上撰写的系统性和逻辑性都较强的学术论文，文中能充分表达出研究者的观点或倾向性。此类综述对从事该研究专题、该研究领域工作的读者有一定的指导意义和参考价值。

（3）评论性综述

评论性综述指根据某一技术成就或研究成果以及现在的水平和问题进行对比分析并作出评价，进而提出合乎逻辑的、具有启迪性的看法和建议。此类综述的撰写要求较高，往往能对所讨论学科的进一步发展起到引导作用，因此具有一定的权威性。此类综述能够为决策者制定决策提供参考，帮助研究者快速选择研究方向和课题，或帮助技术人员确定技术路线和初步计划等。

根据写作目的和收集资料情况的不同，通常可以将综述报告分为以下四种：

（1）动态性综述

动态性综述指的是某一研究领域或专题在某一阶段的发展动态与研究情况。按照其自身的发展阶段，由远及近地介绍该领域代表人物的学术观点、代表论文、主要研究进展等，包括发展现状和发展趋势，全面、充分反映某一特定阶段内的重要成就。

（2）成就性综述

成就性综述指的是对研究领域内某一学科或某一课题的新成就按研究成果分门别类地进行叙述，如新理论、新观点、新发明、新方法、新技术、新进展等。因为侧重点在"新"，所以虽然研究成果时间跨度短，但却能引起国际、国内同行的关注，从而加入该方面研究。如研究者能及时加以整理，将国际、国内有重大成就的新成果写成综述向同行报道，就能起到借鉴、启示和指导的作用。此类综述实用性较强。

（3）争鸣性综述

争鸣性综述指研究者对某一领域或某一专题学术观点上存在的分歧进行分类归纳和综合，并按前人的不同见解分别叙述。叙述中可表述研究者倾向性的意见。此类综述要注意将原文观点和研究者的观点严格区分开。

（4）简介性综述

简介性综述指的是研究者按研究内容特点介绍原文献所论述的事实、数据、论点等，一般不加以评述。此类综述适用于学术、技术问题的概要介绍，尤其适用于某些刚发现但尚无定论的问题。

12.3 综述报告写作的基本方法

12.3.1 综述报告写作的过程

无论是学术性的文献综述，还是一般性的综述类文章，其写作的基本方法都可以相互借鉴与参考。综述报告的撰写是推进性的，很多学者对综述报告的撰写过程都提出了自己独特的看法，例如，劳伦斯·马奇和布伦达·麦克伊沃将综述的撰写过程分为六个步骤，其中每一步的工作都为下一步打下了基础。本章节对综述撰写过程进行了进一步整合与细化，如图 12-3-1。

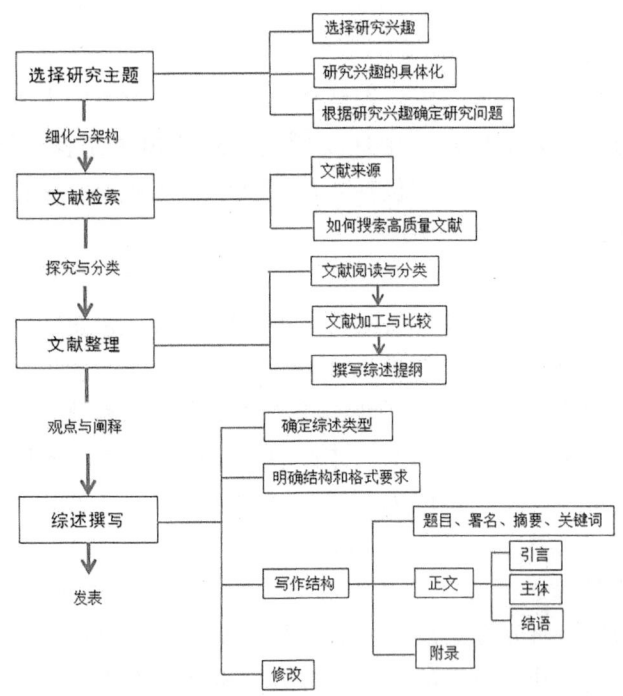

图 12-3-1 综述报告撰写过程

综述撰写可分为选择研究主题、文献检索、文献研究、综述撰写四个步骤。

1. 选择研究主题

（1）问题意识

研究者应该培养自己的"问题意识"，对日常生活或研究领域中的感兴趣的问题进行具体化，但"问题"应该是"具有理论意义的问题"，而不仅仅是制度和法治层面的问题。

（2）问题聚焦

研究者的研究兴趣往往包括了过多的研究对象，必须通过简化和选择后才能设定一个可以明确解析的研究对象。例如，研究者想要研究转变经济发展方式背景下的高校创新创业教育问题，首先需要选择一定地域下的一定数量的样本高校作为研究对象，才能进行进一步的调查研究。

（3）问题视角

一个可研究的课题应该是研究者在拥有一定学科领域的专业基础知识后，从相关的学术讨论或辩论中产生或从学术作品中衍生出来的。研究者在进行选题时，必须注意选题要反映学科的新成果、新动向，且不能过大或过小。选题过大，可能会由于研究者自身知识结构、时间、精力等因素所限而难于驾驭；选题太小，研究者难于发现各事物之间的有机联系。

2. 文献检索

梁启超曾说："资料，从量方面看，要求丰备；从质的方面看，要求确实。所以资料搜罗和别择，实占全工作十分之七八。"可见文献搜集与检索在研究中的重要性。收集文献可以是手工检索，即将自己阅读的专业期刊上相关文献做成读书笔记卡片，也可以用计算机检索的方法，通过各种检索工具如文献索引、论文期刊检索获得，也可以从综述性文章、著作等的参考文献中查到有关的文献目录。

具体的文献检索方法在本书检索篇中已经做了具体介绍，这里不再赘述。在撰写综述报告前，文献检索要注意以下几点：

（1）检索文献的标准

论述是否有理有据；作者研究思路与成果在研究领域是否具有重大影响力；研究成果被引用程度；研究成果在研究领域是否具有重要意义；作者研究思路是否严谨并具有逻辑性等。

（2）文献资料的特性

首先，确定研究主题后就应该着手文献检索工作，确保及时性，很多文献往往过目即逝，再想搜集会存在一定的难度；其次，无论横向还是纵向，文献资料都必须具有一定的广度；最后，文献资料的主要价值就在于其独创性，这是不断推动各个领域研究的主要因素。真正有价值的文献能让研究者对研究问题产生新的思路与观点。

（3）重视英文资料利用

由于我国当前在诸多科技领域仍然落后于世界发达国家，与中文文献相比，外文文献无论从数量上还是质量上都占有优势，所以必须在思想上充分认识到外文文献的重要性，有效利用外文数据库，了解学习研究领域的最新思想与成果。

3. 文献研究

运用检索方法与检索工具查到所需文献后，研究者要对文献进行浏览阅读，随时做好读书笔记，进而分类、比较、研究，去发现关于研究主题、研究领域已经取得了哪些认知，一方面训练自身的阅读水平与概括总结能力，另一方面为撰写综述提纲奠定基础。文献研究要注意以下几点：

（1）文献阅读

研究者可以根据自身需要，对文献进行泛读或精读。一般而言，泛读主要用于阅读文献的摘要、引言与结论以了解全文的大致内容，从而决定文献是否可用。若要仔细了解文献的目的、方法、结论等内容，那么适合运用精读的阅读方法。不同类别的文献也有不同的阅读方法。通常对于没有接触过的陌生研究领域的文献资料，研究者可以先看中文与英文综述，其次看中文和英文硕博论文与期刊文献。

（2）文献分类

对于所查找的文献资料，研究者阅读时要做好笔记，如做摘要、批注、札记、卡片等，详细、系统地记录各个文献中研究的问题、目标、方法、结果和结论。也要按照一定的标准对文献进行分类，以便后续研究使用。可以参考以下标准：①按学科领域分类；②按学术观点、学术流派分类；③按问题研究的历史发展阶段分类；④按研究程序或研究方法的运用分类等。通过对文献的分类与归纳，可以使资料内容系统化并产生初步判断，形成初步构想。

（3）文献加工与比较

其一，对文献的观点按照一定的原则或方法进行整理、陈述，使之系列化、条理化。提炼观点时，要力求做到准确无误，不片面理解。其二，对不同的观点进行合理的分析、比较和评论。分析、比较和评论时要保持思维的自主性和独立性，做到客观公正，既要肯定优点，又要指出不足，不可吹毛求疵。对于不同或矛盾观点的分析和评论，要注意选择合适的视角，注意其不同的原因，不可根据自己的喜好而滥加褒贬。

4. 综述撰写

（1）撰写综述提纲

通过对文献内容的综合分析，研究者可以进一步确定论证方法，合理安排综述的层次结构，进而拟定文献综述的提纲。提纲要缜密，条理清楚，紧扣主题，重点在于确定综述引言的内容及正文的逻辑结构、各级标题，并且要把相关的文献资料标录在相应的标题之下，方便写作时查找和引用。最后，研究者还需要进一步检查文献资料是否充分、观点与材料是否一致、各部分是否具有逻辑关系，若存在问题，必须及时进行调整和补充。

（2）正式撰写综述

研究者初步构建了综述纲要，为综述撰写打下了最关键的基础部分。接下来，研究者应该基于综述纲要，写出一份初步的草稿，进一步增进自身对研究主题的理解；然后对草稿进行一系列的审核与修改，直至综述内容能够为他人所理解。具体的综述撰写结构和方法将在下一小节作详尽阐述。

12.3.2 综述报告的写作结构

因文献综述需要向读者介绍与研究主题有关的详细资料、动态、进展、展望及对以上内容的评述，因此综述的格式相对多样，但一般而言，文献综述通常包括六个部分：题目、摘要、引言、主体、总结和参考文献，其中正文包括引言、主体和总结。撰写综述时作者需要首先确定综述类型，然后按照正文部分拟写提纲，再根据提纲进行具体阐述。

1. 题目

综述报告的题目，范围可大可小，大可以大到一个领域、一个学科；小可以小到一种研究方法、一种观点等。但不论范围大小，作为整篇文章的题目，必须具有极强的概括性，准确反映文章的主体内容。

2. 摘要

摘要是整篇文章的高度浓缩，包括作者的研究目的、方法、结果和结论，具有独立性和自明性，并且拥有与文献同等量的主要信息，可以使读者快速了解综述的研究内容、性质和结论，是对综述的概括性陈述。同时，摘要的索引是读者检索文献的重要工具。摘要质量的高低，直接影响着文章的被检索率和被引频次。

3. 引言

引言部分主要说明文献综述写作的目的，介绍主要概念、定义以及综述的范围（涉及问题的范围），扼要说明所选主题的历史背景、发展过程、研究现状、争论焦点、应用价值和实践意义等，使读者对正文主体有初步印象。篇幅一般在 300 字左右。

4. 主体

主体是综述的核心部分，包括综述的主要内容，可根据时间的顺序对文献进行综述，也可对不同的问题、不同的观点进行综述。在写作过程中，作者应按照综述提纲，对文献进行整合、分析、比较、对照，阐明有关问题的研究历史、现状和发展方向，有层次地逐步由浅入深、由远及近地论述，找出已解决的问题和尚存的问题，重点阐述对当前的影响及发展趋势，这样不但可以使研究者确定研究方向，而且便于读者了解该研究的切入点。

主体部分主要有三种明确的写法，分别为纵式、横式、纵横结合式。

（1）纵式

"纵"指的是"历史发展纵观"。它主要围绕某一研究主题，按照时间先后顺序或主题本身发展层次，对其历史演变、当前状况、趋向预测作纵向描述，从而勾画出该主题的来龙去脉和发展轨迹。例如，儒家文化的发展历史按照时间脉络可以总结为：①"百家争鸣"和儒家思想的形成；②两汉时期与魏晋隋唐儒学；③宋明理学时期；④明清之际活跃的儒家思想；⑤近现代发展起来的新儒学；⑥改革开放以来新儒家代表人物与思想。

纵式写法要脉络分明，即对研究主题在各个阶段的发展动态作简要描述，详略得当。有些研究主题时间跨度较大，研究成果多，所以作者在描述时必须抓住具有创造性、突破性的成果作详细介绍，而对一般性、重复性的资料就从简从略，同时也要避免孤立地按照时间顺序罗列事实，把综述写成"大事记"或"编年体"。

（2）横式

横式写法指的是对研究专题在国际和国内的各派观点、各家之言、各种方法、各自成就等加以描述和比较，主要适用于成就性综述和争鸣性综述。通过横向对比，既可以分辨出各种观点、见解、方法和成果的优劣利弊，又可以看出国内水平与国际水平之间的差距，对研究者起到借鉴、启示和指导作用，进而进行针对性研究。

（3）纵横结合式

纵横结合式指在同一篇综述中，同时使用纵式和横式写法，即写历史背景时采用纵式写法，写目前研究现状时采用横式写法。通过纵横结合的方法，能够全面系统地认识某一研究专题的发展方向和前景，进而作出较为可靠的趋向预测，为新的研究工作提供突破口或研究依据。通常学位论文的综述多采用此类写法。

无论采用哪种写法，作者都必须全面系统地搜集研究资料，通过透彻分析和恰当整合，层次分明、条理清楚、客观公正地如实反映研究发展历史与现状，做到语言简练，详略得当。

5. 总结

总结部分是对文献中所阐述的主要内容与观点进行概括，指出在研问题与前期相关研究的关联性，强调最希望读者了解和接受的内容，使读者既能认识问题的过去和现在，又能展望未来，由此提出研究问题或研究假设。

6. 参考文献

作为最后一部分内容，参考文献仍然是综述报告中的重要组成部分，因为参考文献是撰写综述的基础，它不仅表示作者尊重被引证者的劳动及表明文章引用资料的根据，更重要的是使读者在深入探讨某些问题时，为其提供查找相关文献的线索，因此必须要认真对待这一部分内容。参考文献的编排应该条目清楚、查找方便、内容准确无误。

12.3.3 综述报告的写作原则

1. 选用最新、最经典、最权威的文献资料

搜集文献应尽量全面，并且注意采用最新、最经典、最权威的文献资料，掌握全面、大量的文献资料是写好综述的前提。"最新"指的是近几年来（一般要求是最近 3~5 年）的文章；"最经典"指的是在中外历史文化发展过程

中，那些经历了历史和社会的检验的世界名著等，主要为书籍；"最权威"是指当下某个研究领域内最有影响力和最知名的国内外学者、专家和教授的著作、论文、会议论文等各类文献资料，主要以学术论文为主。

此外，在搜集到的文献中可能出现观点雷同的情况，或者不同文献内容在可靠性及科学性方面存在着差异，因此在引用文献时应注意选用代表性、可靠性和科学性较好的文献，最好是先进国家、权威机构、核心期刊或专业学术性期刊上的一次性文献。

2. 忠实文献内容

综述撰写过程中，某些作者为了多快好省地发表论文，会出现对文献资料收集不全或者并没有对文献资料中的观点真正理解的情况下就开始写作的现象，严重违背了研究中的客观性和实事求是原则。综述报告的意义在于将现有研究领域或研究专题的相关信息进行加工，而非作者原创。因为综述写作中作者会加入自己的分析与评论，因此在撰写时要注意分清作者自己的观点与文献表达的观点，不能随意篡改文献的内容，更不能把作者自己的观点凌驾于文献资料之上。

3. 注重"综""述"结合

由于在实际的研究中，存在重"综"轻"述"或重"述"轻"综"的认识误区，因此使用文献时要注重"综""述"结合。对所引述文献应做提炼、分析，有述有评，尽量避免对所引述文献只做一般性简介。"综"要求收集资料的范围要广，不能仅限于中文论著，重要的外文文献也要囊括其中。综述是作者对文献进行综合分析后，经过重新组织整合写出来的文章，因此，"述"不是文献内容的简单罗列和堆积，更不能大段抄录或翻译，而应该用作者自己的语言条理化、系统化地表达出来。只有在"综"字上下足功夫，才能在"述"的层面走出狭隘与偏见。

4. 时刻牢记读者意识

所谓读者意识，就是写作过程假想读者对象，写作过程倾诉或交流的目标人群。作者在创作过程中始终存在着"隐在读者"，这一"读者"存在于作者创作的任何一个环节。综述主要供高校、科研机构、研发中心、期刊社、企事业单位等相关人员阅读，具有特殊的读者群体特征，因此作者撰写综述时就需要特别注意和考虑到该群体的文化需求，换位思考，通过理性分析和对比分析，站在读者的角度阅读自己写出的文献综述，进而为综述的修改找到方向，不断地提高自己的论文质量和水平。

12.4 综述报告写作的具体实例

12.4.1 案例 1：公安队伍正规化建设研究综述

《公安队伍正规化建设研究综述》一文发表于《北京警察学院学报》2016 年第 3 期，原文收录在中国知网中。通读此文可发现，作者对公安队伍正规化建设研究的进程、内容等部分进行了整理归纳，前后逻辑连贯，条理清晰，清楚地反映了目前公安队伍正规化建设研究的相关情况，属于典型的普通性综述报告。

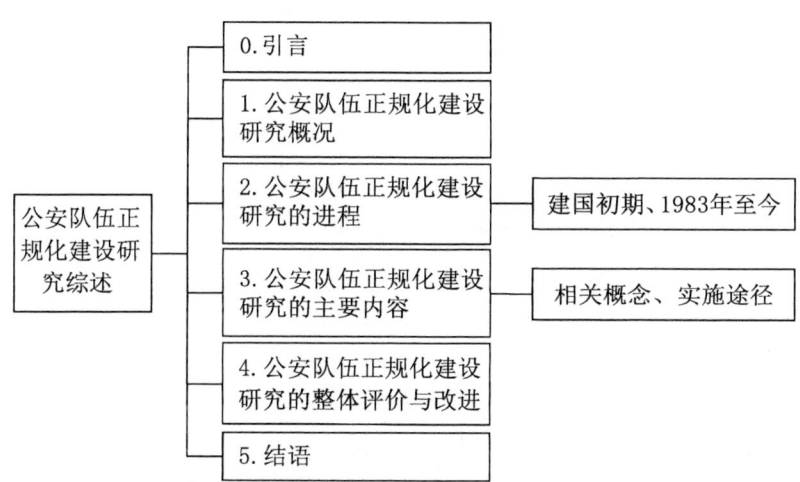

图 12-4-1　《公安队伍正规化建设研究综述》逻辑思路

1. 逻辑思路

《公安队伍正规化建设研究综述》逻辑思路如图 12-4-1 所示。

2. 报告概况与引言

由图 12-4-2 可知，该综述格式正规，题目、作者、摘要及关键词十分明确，读者可以一目了然地明白作者研究的问题。引言部分如图 12-4-3，简单描述了公安队伍正规化建设的研究背景与现状，并说明了当前该主题研究中存在的问题，为正文内容的撰写打下基础。

公安队伍正规化建设研究综述

赵泽锦

（中国人民公安大学，北京 100038）

摘 要： 公安队伍正规化建设研究历来是公安队伍建设研究的重点，对正规化建设的研究进行总结有着重要意义。我国公安队伍正规化建设的研究进程可以分建国初期理论研究滞后于实际阶段、1983 至1992 年分析探索奠定基础时期、1992 至 2002 年理论研究系统发展阶段、1992 年至今多样化研究不断深入阶段四个阶段。面对党和国家的新要求，人民群众的新期待，新时期公安队伍正规化建设研究应当：探索理论研究的新方向，加强对正规化建设整体观念的研究，统筹协调基础信息化、警务实战化、执法规范化、队伍正规化四者之间的相互关系。

关键词： 公安队伍；正规化建设；研究综述

中图分类号： D631.1   **文献标识码：** A   **文章编号：** 2095-5758（2016）03-0067-06

图 12-4-2 《公安队伍正规化建设研究综述》开头

引言

公安队伍正规化建设的概念自正式提出之后，对公安队伍正规化建设的相关研究在不断深入，一些学者对于公安队伍正规化建设的理论依据、含义、内容、实现途径等方面进行了分析和论证，从整体上推动了公安队伍正规化建设的研究进程；另一些学者通过对公安队伍正规化建设某一具体方面进行分析研究，丰富了公安队伍正规化建设研究的内容；一些地方公安机关对本地区公安队伍正规化建设的经验进行总结，为公安队伍正规化建设研究积累了丰富的素材。然而无论是理论方面的研究还是基层经验的总结，对公安队伍正规化建设研究还存在许多的疑问和不足。本文拟从研究概况、研究进程、研究的主要内容等几个角度对目前公安队伍正规化建设研究做出评价，并对未来的研究方向进行展望。

一、公安队伍正规化建设研究概况

对于公安队伍正规化建设所需要的文献，本文主要通过在中国知网上查找相关的文献进行研究。在中国知网上按主题搜索"公安队伍正规化建设"

的所有文献，找到自 1985 年至 2014 年的有关文献414 篇，其中期刊有关文献 140 篇，其中《公安队伍正规化建设综述》一篇（朱献洲 2010），找到博硕士文献 48 篇。对于找到的所有相关文献及历年的变化用图表表示如下，其中横坐标为年份，纵坐标为数量。

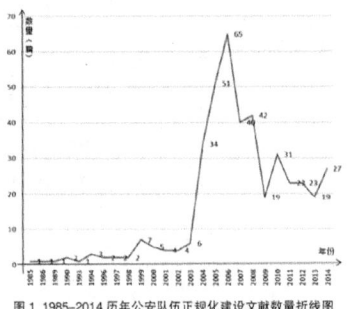

图1 1985-2014 历年公安队伍正规化建设文献数量折线图

图 12-4-3 《公安队伍正规化建设研究综述》引言

3. 报告正文

引言部分之后为综述的正文部分，如图 12-4-4。

（1）作者通过对查找到的 1985 年至 2014 年的有关文献进行阅读、整理、分类，简要介绍了公安队伍正规化建设的研究概况，并运用图表使期刊文献内容的分类一目了然。而后作者综合各类文献，将现有的公安队伍正规化建设的研究分别从理论研究、方法途径及各地方公安机关的基层正规化工作总结三个方面对众多学者的研究进行了概况总结。

（2）作者运用纵式写法，按照"建国初期——1983 年至 1992 年——1992 年至 2002 年——2002 年至今"这样的时间顺序阐述了公安队伍正规化建设的研究进程，并对有关公安队伍正规化建设研究的文献进行了分类，概括总结了不同时期相关学者的研究内容，客观公正地如实反映了公安队伍正规化建设的发展历程。

（3）作者对文献资料进行了横向梳理，将公安队伍正规化建设研究的主要内容分为三个方面进行阐述，即"公安队伍正规化建设的理论依据、公安队伍正规化建设的含义、公安队伍正规化建设的实施途径"，在总结学者研究成果的同时，结合实际提出了研究中存在的问题与不足。通过对研究概况、研究进程、研究的主要内容等几个角度的阐述，作者对目前公安队伍正规化建设研究做出了评价，并对未来的研究方向进行了展望，提出了作者本人对公安队伍正规化建设研究的改进思考。

（4）作者在结语部分高度概括了本文的主题内容，展现了公安正规化研究取得的阶段性成果，也简明扼要地指出了当前正规化建设研究工作遇到的瓶颈，提出正规化研究亟需解决的问题。

4. 参考文献

本篇综述报告共参考文献 40 篇（图 12-4-5），主要用到的参考文献类型如下：专著［M］，会议论文集［C］，报纸文章［N］，期刊文章［J］，学位论文［D］，报告［R］，标准［S］，专利［P］，论文集中的析出文献［A］。纵览整篇综述，作者搜集了大量的文献资料并对其进行了整理与分类，在综合众多学者的思想与观点的基础上，对所引述文献做了提炼、分析，有述有评，真正做到了"综""述"结合。

析，本文认为公安队伍正规化建设理论上在新中国成立后就已经开始了，并取得了一定的成效，为公安机关以后的正规化建设奠定了一定的基础，但却因1966年开始的"文革"而遭到破坏。但是学术界对于公安队伍正规化建设的研究却是晚于实际的实施情况，即当时虽然有了实践中的正规化落实措施，但却并没有系统性论述正规化的研究，是理论研究落后于实际实施的阶段。

（二）1983年至1992年——分析探索奠定研究基础阶段

学者张昭端在《关于公安队伍正规化建设的几个问题》一文中在总结正规化建设的发展历程时认为，公安队伍正规化建设是在1983年召开的全国公安改革工作会议上第一次明确提出。[32]以公安队伍正规化建设问题的正式提出为起点到1992年，在这期间，学界对于公安队伍正规化建设的研究处在分析摸索为系统研究奠定基础阶段。如朱国玉的《试论从严治警》[12]研究了从严治警对于公安队伍管理的重要意义，文章虽然没有阐述公安队伍正规化建设的有关问题，但其内容涉及公安队伍正规化建设的队伍管理。这期间大多数涉及公安队伍正规化建设的研究文章，总体上是将正规化作为一种目标提出并为正规化建设寻找逻辑上的合理性，是为后来正规化理论的系统提出奠定基础阶段。

（三）1992年至2002年——系统理论研究分析发展阶段

学者孙晓东在《浅议公安队伍正规化建设的成就与存在的主要问题和对策》[8]一文中通过总结当时正规化建设过程中的经验和存在问题，开宗明义地指出公安队伍正规化建设是一项系统工程，并系统地阐述了他对于公安队伍正规化建设内涵的理解、实现途径等问题的认识。这一阶段的学界对于公安队伍正规化建设研究主要是提出理论上的依据和支持，并且对正规化的内涵做出较为完善和系统的解释，对正规化的目标提出具体可行的实施途径。在这一阶段以论证公安队伍正规化建设应具有的内涵和实现途径为主，是公安队伍正规化建设研究系统理论的分析发展阶段。

（四）2002年至今——多样化研究不断深入阶段

自2002年以来，对公安机关正规化建设研究在已有的基础之上不断向着细化、深化、多样化的方向发展，其中对于正规化的多样化研究显著增加，比如李建平、郭强在2007年[33]以及福建省永安市公安局课题组在2010年[34]都提出过将ISO9001质量管理体系中的现代先进管理理念和方法引入公安队伍正规化建设；学者冯威在《"三E"原则——公安队伍正规化建设的新视角》[35]中从"三E"原则出发，提出公安队伍正规化建设的视线应集中于公安行政管理的理念、范围、方式和绩效评价的调整之上。陈德祥在《在职民警培训正规化建设若干思考》[36]中讨论在职民警培训对公安正规化建设的重要意义；孙娟、崔嵩在《以警务标准作业程序为基石推进公安队伍正规化建设》[37]中指出构建警务标准作业程序体系是公安队伍正规化建设的基石等等。在这一阶段研究者们通过对前一阶段研究成果的总结和积累，从不同的角度通过引入新的概念或者通过扩展正规化建设的外延实现研究的创新，使得正规化研究的多样性不断增强。

三、公安队伍正规化建设研究的主要内容

通过对搜集到的文献的纵向梳理，本文对有关公安队伍正规化建设研究的文献进行了分类，并梳理出公安队伍正规化建设研究的历史进程；而通过对所搜集到的文献进行横向梳理，可以将关于公安队伍正规化建设研究的主要内容分为以下几个方面。

（一）公安队伍正规化建设的理论依据

为什么要进行公安队伍正规化建设是研究正规化问题的研究者首先要面对的问题，学者张光、杨建和在《关于公安队伍正规化建设若干问题的探讨》[38]中提出了正规化建设的五点客观必然性，主要观点包括市场经济的建立、法治国家建设的必然性以及公安机关所具有的特点和性质等致使公安队伍正规化建设成为一种客观必然的选择。而如今正规化建设已经有三十多年的发展，对于现在的时代背景下为何还需要正规化建设，需要新的理论依据的研究成果出现。

（二）公安队伍正规化建设的含义

最初提出公安队伍正规化只是一种目标式的口号，经过不断的发展和完善，学者们对于公安正规化作出了较为完善的解释，形成了公安队伍正规化建设的含义和内涵。学者于兆麟在《浅论加强公安机关正规化建设的意义》[39]中依据正规化的提出背景及实现目标定义了公安机关正规化建设的含义。学者孙晓东[8]详细列举了正规化应该在哪些

图12-4-4 《公安队伍正规化建设研究综述》正文

究的内在逻辑关系，发挥正规化研究的基础作用。因正规化研究工作相对于其他三个方面的研究较早，可以为其他三项建设的研究工作提供参考借鉴。同时正规化建设研究应该形成自身的共识，以正规化研究工作的共识推动形成四个方面建设的整体共识，共同推动深化公安改革的步伐。

五、结语

正规化建设因为正规化研究的开展而取得了阶段性的实际效果，比如建立了初步的公安队伍正规化法律法规体系，公安基层基础设施建设、有关公安的外观标识建设都已经达到了对人民群众深入人心的效果，"三基工程"效果显著，"四统一五规范"工程基本实现，公安基层正规化进步最为明显等等。然而当现实中的正规化进程遇到困难时，正规化建设的研究工作也遇到了瓶颈。如何不断更新公安队伍正规化建设研究的观念，实现理论研究上的突破，为下一阶段公安改革提供新的理论依据支撑是目前正规化研究亟需解决的问题。

参考文献：

[1] 陈耀才，王英斌. 谈坚持从严治警的重要性 [J]. 中国人民公安大学学报：社会科学版 .1985(4):18-19.
[2] 朱国玉. 试论从严治警 [J]. 公安大学学报 .1986(4): 43-47.
[3] 冯双平. 强化警队管理是公安正规化建设的重要手段 [J]. 公安研究 .1996(6):24-26.
[4] 王建中. 对公安队伍正规化建设的思考 [J]. 河南警官学院学报 .1998(4):19-20.
[5] 冯双平. 试论人民公安机关的正规化建设 [J]. 北京警院学刊 .1998(2):1-6.
[6] 孙晓东. 浅议公安队伍正规化建设的成就与存在的主要问题和对策 [J]. 上海公安高等专科学校学报 .1999(4):10-14, 21.
[7] 张兆瑞. 论加强公安队伍正规化建设 [J]. 山东警察学院学报 .1999(1):28-31.
[8] 王文宏. 试论公安队伍的正规化建设 [J]. 上海公安高等专科学校学报 .2004(3):43-47.
[9] 赵春. 公安队伍正规化建设的作用及意义 [J]. 公安研究 .2005(2):39-44.
[10] 詹伟，刘姗姗，焦子春. 我国公安队伍正规化建设的理论渊源及发展方向初探 [J]. 公安教育 .2006(6):10-14.
[11] 郑晓东. 公安队伍正规化建设的思考 [J]. 法制与社会 .2014(13):140-141.
[12] 蔡诚. 建立公安教育体系培养大批又红又专的公安专门人才 [J]. 高教战线 .1985(1):5-7, 13.
[13] 李翠红. 公安队伍正规化建设与 21 世纪公安高等教育

思想的转变 [J]. 辽宁警专学报 .1999(1): 9-11.
[14] 邹林斌，美颖婧. 公安高等教育是公安队伍正规化建设的必由之路 [J]. 云南警官学院学报 .2006(1): 1-4.
[15] 王丰，华道金. 正规化建设视野下的公安高校职能 [J]. 湖北警官学院学报 .2007(4):62-65.
[16] 郭宏. 寻求公安院校教管最佳融合点促进队伍政治性和正规化建设 [J]. 公安教育 .2014(12):50-53.
[17] 张顺荣. 关于基层公安队伍正规化建设的思考 [J]. 公安教育 .2005(11):7-10.
[18] 王万民. 基层公安队伍正规化建设的途径和方法 [J]. 公安教育 .2006(7):39-41.
[19] 沈奕霞. 试论基层公安队伍正规化建设 [J]. 广州市公安管理干部学院学报 .2006(3):3-7.
[20] 周桂琴. 谈基层公安队伍的正规化建设 [J]. 公安教育 .2007(11); 15-19.
[21] 韩龙云. 浅议基层公安队伍正规化建设 [J]. 公安教育 .2009(10):19-21.
[22] 李雨人. 论基层公安队伍的正规化建设 [J]. 法制与社会 .2012(32):151-153.
[23] 路德坤. 发展警察文化造就二十一世纪强大公安队伍的战略思考——警察文化与公安队伍正规化建设 [J]. 警学研究 .1996(3):10-11.
[24] 伍晓阳. 用公安文化统领公安队伍正规化建设 [J]. 广西警官高等专科学校学报 .2005(2):20-26.
[25] 许国华. 公安辅警队伍正规化建设实证研究——基于人际关系的理论 [J]. 贵州警官职业学院学报 .2013(6):117-122.
[26] 许国华，许国华. 对公安辅警队伍正规化建设的实证研究——以新公共管理为视角 [J]. 湖北警官学院学报 .2012(6):130-132.
[27] 卢炳柿，高林. 小处人手 大处着眼 不断推进队伍正规化建设——关于漳州市公安局开展队伍正规化建设的调查 [J]. 公安大学学报 .1999(5):55-57.
[28] 黄明. 建设正规化公安队伍的基础工程——创办公安基层所队长学校的实践与思考 [J]. 公安大学学报 .2005(5):11-15.
[29] 丁继刚. 以强化管理为切入点推进公安队伍正规化建设 [J]. 公安大学学报 .2000(4):79-81,90.
[30] 陈新夜，陈泽重，谢晓颖. 杭州交警队伍正规化建设的实践与思考 [J]. 公安学刊 .2007(4):93-96.
[31] 程沛华. 标准引领 信息支撑 文化塑造——江苏省南通市交巡警支队深入推进队伍正规化建设 [J]. 道路交通管理 .2013(3):50-51.
[32] 张昭瑞. 关于公安队伍正规化建设的几个问题 [J]. 公安研究 .2004(6):62-65.
[33] 李建平，郭强. ISO9001 质量管理体系与公安正规化建设——以杭州市公安局经济技术开发区分局为例 [J]. 公安研究 .2007(1):84-86.
[34] 福建省永安市公安局课题组. ISO9000 标准质量认证体系在公安队伍正规化建设中的运用 [J]. 公安研究 .2010(5):77-80.
[35] 冯威. "三 E"原则——公安队伍正规化建设的新视角 [J]. 贵州警官职业学院学报 .2008(4)94-96.

图 12-4-5　《公安队伍正规化建设研究综述》参考文献

12.4.2 案例 2：公共管理研究领域中的社会网络分析

《公共管理研究领域中的社会网络分析》一文发表于《公共行政评论》2014 年第 6 期，原文收录在中国知网中。本文作者通过对国内外相关文献的回顾和梳理，以公共管理领域的社会网络分析研究为分析对象，以研究主题和研究贡献为回顾要点，试图构建一个公共管理领域内的社会网络分析研究的文献综述框架，以期探索拓展公共管理学研究和应用的新方向并对学科发展起到启示和指导的作用，具有一定的实用性，兼具了评论型和成就型综述的特点。

1. 逻辑思路

本文逻辑思路如图 12-4-6 所示。

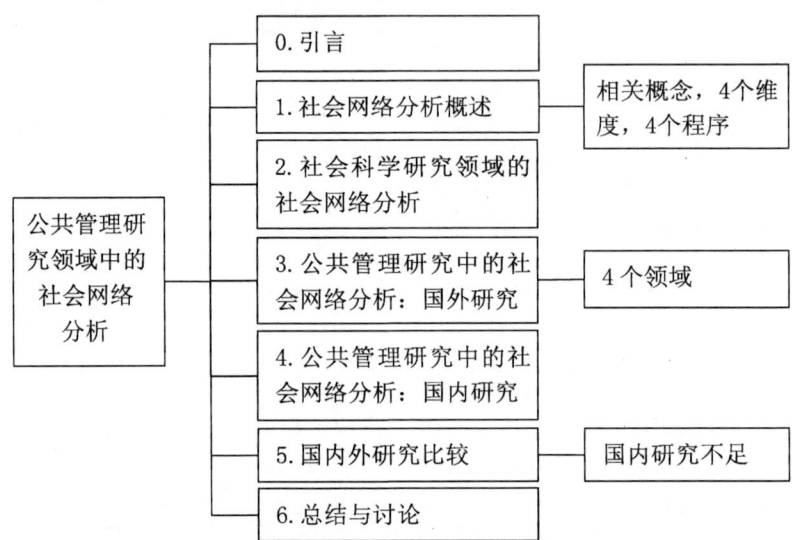

图 12-4-6　《公共管理研究领域中的社会网络分析》逻辑思路

2. 报告开头与引言

通过阅读我们可以发现此文结构标准，内容丰富而完整。标题明确表述了作者的研究内容；摘要部分点明了文章的写作背景、内容与目的；引言部分按照时间顺序简要介绍了社会网络思想的发展历程及公共管理学的发展，引出下文作者构建的公共管理领域内社会网络分析研究的文献综述框架。如图 12-4-7、图 12-4-8、图 12-4-9 所示。

公共管理研究领域中的社会网络分析

康 伟 陈 茜 陈 波[*]

【摘要】公共管理学科当前正处在充分吸收新科学研究成果、探索与公共管理研究对象相适应的理论和研究方法的发展阶段。从社会网络视角研究公共组织的结构和关系特征，探析无标度等特征的公共管理意义，不仅可以丰富社会网络分析的理论功能，而且可以加强公共管理研究的量化分析和实践应用价值。论文通过回顾和梳理国内外相关文献，将公共管理领域内的社会网络分析研究归纳为政治参与和公共政策、公共危机治理和信息传播、公共资源治理和公共服务提供、社会组织和社区治理及其他，分领域对研究主题进行综述，对国内外研究现状与问题进行比较分析，旨在更好地把握公共管理领域内的社会网络分析研究动态，进而创新发展我国公共管理领域的研究成果。

【关键词】社会网络分析 公共管理 文献综述

【中图分类号】C93 - 06 【文献标识码】A

图 12-4-7 《公共管理研究领域中的社会网络分析》开头

西方社会网络思想起源于古典社会学家埃米尔·涂尔干（Emile Durkheim）的社会结构分析和功能主义（奇达夫，2007）。而社会网络作为一种理论视角，则始于二十世纪二、三十年代。1940 年，英国人类学家拉德克利夫-布朗（Radcliffe Brown）首次使用"社会关系网络"（Network of Social Relations）来描绘社会结构，以"相对非技术化的形式"体现了社会网络的思想（Milgram，1967：60 - 67）。后来由于图论、数学、统计学、概率论的不断发展，中心性、结构洞等社会结构概念不断被学者们创造出来。1977 年，巴里·韦尔曼（Barry Wellman）发起并组建了国际性社会网络分析组织（International Network for

图 12-4-8 《公共管理研究领域中的社会网络分析》引言 1

Social Network Analysis，INSNA），这一专业性国际学会的成立标志着社会网络分析范式的正式诞生。1998 年，沃茨和斯托盖茨（Watts & Strogatz，1998）建立了小世界网络模型。1999 年，巴瑞伯斯和艾尔伯特（Barabdsi & Albert，1999）构建了无标度网络模型。2002 年，社会网络和社会关系成为美国管理学年会的主题。由此意味着社会网络分析（Social Network Analysis，SNA）在世界范围内进入到繁荣发展时期。我国自 20 世纪 80 年代以来，尤其是近十年间也涌现出一系列多学科的社会网络分析研究成果，其中包括一些文献研读之作，如，张存刚等（2004）的《社会网络分析——一种重要的社会学研究方法》、张闯（2011）的《管理学研究中的社会网络范式》、黎耀奇等（2013）的《社会网络分析在组织管理研究中的应用与展望》等。

作为管理学门类中的一个年轻学科，公共管理学科历经数次研究范式的转换、学科的整合及边界的讨论等过程，获得了快速的发展。2012 年末在广东顺德召开了"21 世纪中国公共行政学"研讨会，形成了包括"应根据我们关心的重大问题，探索和发展最适合的研究方法；应充分吸收新科学的研究成果，掌握与理论相适应的研究方法；应高度重视网络社会以及大数据时代来临对公共行政实践的影响，高度重视大数据对社会科学研究方法的影响"等若干共识。在上述背景下，本文全面检索并分析了国内外相关文献，以公共管理领域的社会网络分析研究为分析对象，以研究主题和研究贡献为回顾要点，试图构建一个公共管理领域内的社会网络分析研究的文献综述框架，以期丰富公共管理研究的定量方法，探索拓展公共管理学研究和应用的新方向。本文的主要内容围绕四个方面展开阐述：①社会网络分析及相关理论概述；②社会科学领域中的社会网络分析；③公共管理领域的社会网络分析国内外研究成果综述及比较；④回顾发现及讨论。

图 12-4-9　《公共管理研究领域中的社会网络分析》引言 2

3. 报告正文

该篇综述正文部分不仅框架结构完整，文字表述也体现了作者对大量的文献资料进行了阅读、分类、整合与凝练。

以图 12-4-10 所示段落内容为例，作者并没有将查找的文献内容简单堆砌，而是在对文献资料进行阅读分类整合的情况下，通过理解将社会网络理论成果分成 5 个方面，并对各方面代表学者的观点进行简要说明，让读者清晰、快速地了解管理学领域中社会网络理论的研究成果。

管理学领域。20 世纪 90 年代以来，随着动态复杂环境对管理提出的新挑战，社会网络理论与方法开始进入管理学视野（姚小涛、席酉民，2008）。成果主要集中在以下几方面：①组织管理研究。即利用社会网络分析对组织管理的各个层次进行分析（张树人等，2006），揭示组织网络形成的原因及组织网络间的互动性关系。②创新管理研究。即将传统计量经济学与案例研究和社会网络分析方法结合起来，研究网络中互动节点间关系的改变以及网络结构特征对创新以及其他组织问题的影响（邵云飞等，2009）。③企业管理研究。即将企业成长同社会网络理论相结合，运用社会网络分析探讨和分析企业组织结构的优化、企业战略联盟的合理性、中小企业的启动与发展以及电子商务运营等管理问题（姚小涛、席酉民，2004）。④教育管理研究。即将教育理论与社会网络理论结合起来，运用社会网络分析解决合著研究、虚拟学习社区（张豪锋等，2009）、教育技术应用以及网络教研等实际问题。⑤公共管理研究。即将社会网络分析方法广泛应用于社会管理、公共危机管理、公共政策制定等各个领域，利用定量分析和定性分析相结合的方法分析网络中的节点位置及相关关系，进而为改善和解决公共管理领域中的现存问题提供思路。

图 12-4-10 《公共管理研究领域中的社会网络分析》示例段落

4. 参考文献

本文的参考文献将近 100 篇，主要是公开出版的著作和公开发表的论文，但是所发表刊物并未要求按照标准参考文献格式进行标注，如图 12-4-11 所示。

张树人、刘颖、陈禹（2006）. 社会网络分析在组织管理中的应用. 中国人民大学学报，3：74 - 80.

张豪锋、李瑞萍、李名（2009）. QQ 虚拟学习社群的社会网络分析. 现代教育技术，12：80 - 83.

朱庆华、李亮（2008）. 社会网络分析法及其在情报学中的应用. 情报理论与实践，31（2）：179 - 183.

朱正威、石佳（2013）. 重大工程项目中风险感知差异形成机理研究——基于 SNA 的个案分析. 中国行政管理，11：106 - 112.

张学波、郑志华（2009）. 协作知识建构的社会网络分析. 开放教育研究，15（4）：43 - 47.

Alexander, D. & Lewis, J. M. & Considine, M. (2011). How Politicians and Bureaucrats Network: A Comparison Across Governments. *Public Administration*, 89(4): 1274 - 1292.

Adler, P. S. & Goldoftas, B. & Levine, D. I. (1999). Flexibility Versus Efficiency? A Case Study of Model Changeovers in the Toyota Production System. *Organization Science*, 10(1): 43 - 68.

Anderson, J. G. & Jay, S. J. (1985). The Diffusion of Medical Technology: Social Network Analysis and Policy Research. *The Sociological Quarterly*, 26(1): 49 - 64.

Barabási, A. L. & Albert, R. (1999). Emergence of Scaling in Random Networks. *Science*, 286 (5439): 509 - 512.

图 12-4-11 《公共管理研究领域中的社会网络分析》参考文献

12.4.3 案例 3：十九大报告的科技创新思想——"新时代中国特色社会主义思想" 首届智库论坛综述

《十九大报告的科技创新思想——"新时代中国特色社会主义思想"首届

智库论坛综述》一文发表于《中国科技论坛》2018 年第 1 期，原文收录在中国知网中。

不同于上述两个案例，该综述报告是一般性综述类文章，属于普遍意义上的专题总结报告，是典型的归纳性综述。此文简明扼要地介绍了在"新时代中国特色社会主义思想"首届智库论坛上，与会专家从不同方向和角度，就现代化经济体系中科技创新的地位和作用、建设具有全球影响力的科技创新中心、世界级创新型企业的创新能力提升、新时代创新和创业政策设计、深化体制改革等关键问题展开的探讨与成果，并对与会专家的报告内容进行了总结，阐明了此次论坛的举办意义。

1. 逻辑思路

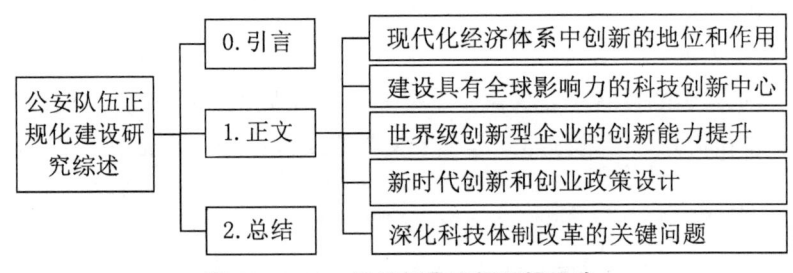

图 12-4-12　综述报告实例逻辑思路

2. 报告开头与正文

十九大报告的科技创新思想
——"新时代中国特色社会主义思想"首届智库论坛综述

都超飞[1]，袁健红[2]

(1. 东南大学马克思主义学院，江苏　南京　211189; 2. 东南大学中国特色社会主义发展研究院，江苏　南京　210096)

摘　要：十九大报告提出，创新是引领发展的第一动力，是建设现代化经济体系的战略支撑。中国特色社会主义进入新时代，在全面建成小康社会的决胜期要继续坚持创新发展理念，坚定实施创新驱动发展战略，加快建设创新型国家。与会专家就如何建设成为世界科技强国等一系列重大问题展开了讨论，提出要始终坚持创新是引领发展的第一动力，坚持创新驱动发展战略；建设具有全球影响力的科技创新中心，要不断深化科技体制改革，强化基础研究；要建设世界级的创新型企业，激发企业的创新动力；要培育良好的创新文化，营造良好的创业环境。

关键词：十九大；新时代；科技创新思想；创新型国家；会议综述

中图分类号：F204　文献标识码：A

图 12-4-13　综述报告实例开头

以图 12-4-13 所示段落内容为例，与学术性综述格式相同，该文结构标准且完整，在此不再赘述。

图 12-4-14 为此文的引言与正文的部分摘录。通过引言部分，读者可以了解在党的十九大报告中科技创新在社会发展中的重要地位和作用这个大背景下，参加此次论坛的各界专家学者的不同研究成果。正文分别从五个方面阐述了不同学者的报告内容，本文此处仅摘录第一方面的部分内容。作者运用极具概括性的语言，简洁明了地在每段介绍了专家的报告成果，充分体现了该学科综述报告的专业性与学术性。

2017 年 11 月 19 日，由东南大学主办、东南大学中国特色社会主义发展研究院承办、江苏省宏观经济学会协办的"十九大报告的科技创新思想"学术研讨会暨东南大学"新时代中国特色社会主义思想"首届智库学术论坛在南京举行。东南大学中国特色社会主义发展研究院是江苏省首批重点高端智库，本次论坛吸引了来自中国科学技术发展战略研究院、国务院发展研究中心、东南大学中国特色社会主义发展研究院、北京科学学研究中心、上海市科学学研究中心、江苏省宏观经济学会、厦门市产业技术研究院、亨通集团、徐工集团、光明日报社、新华日报社、江苏卫视等国内知名高校、研究机构、企业、媒体的专家学者出席研讨会。时任东南大学党委书记易红、江苏省人大常委会副主任邢春宁、江苏省科技厅厅长王秦、光明日报社副总编李春林到会致辞。本次论坛以"十九大报告的科技创新思想"为主题，与会学者就现代化经济体系中科技创新的地位和作用、建设具有全球影响力的科技创新中心、世界级创新型企业的创新能力提升、新时代创新和创业政策设计、深化体制改革等关键问题进行了广泛和深入的探讨。

1　现代化经济体系中创新的地位和作用

党的十九大报告强调了科技创新在建设社会主义现代化强国中的重要地位和作用，提出"创新是引领发展的第一动力，是建设现代化经济体系的战略支撑"[1]。与会代表高度认同这一论断，并提出自己的见解。

中国科学技术发展战略研究院副院长武夷山认为，十九大报告提出加快建设创新型国家，就加强基础研究提出了明确任务部署，加强基础研究是中国实施创新驱动发展战略的迫切要求，是实现创新型国家和世界科技强国建设目标的必然选择，政府要有耐心地加大对基础研究的经费投入。而中国基础研究经费虽然在 2016 年占研发经费比例达 5.2%，投入规模仅次于美国、日本、法国，位居世界第四位，也取得了很多成果，但是中国基础研究经费投入还是存在问题：一是投入规模不足，跟世界前三个国家相比差距还相当大；二是投入强度不高，世界主要发达国家基础研究占研发经费的比重普遍处于 15%～30%；三是来源结构单一，多数创新型国家基本形成以政府为主、企业、大学和非营利部门共同支持基础研究的多元化投入格局，而中国的基础研究经费来源就是靠政府，特别是中央财政的投入。因此，中国在基础研究经费方面应该做到：第一，强化对基础研究的顶层设计和前瞻部署，坚持面向世界科学前沿和国家重大需求，坚持鼓励自由探索和目标导向相结合；第二，构建基础研究多元投入体系，要继续加大中央财政对基础研究的投入，提高稳定支持的力度；第三，构建稳定性经费与竞争性经费的合理配置机制，在加强竞争性项目经费投入的同时，加大对开展基础研究的基地和人才队伍的稳定支持。

东南大学经济管理学院党委书记仲伟俊认为，强调在研究创新驱动经济发展的机理和路径的同时更应该重视创新在推动社会进步中的作用，重大科学研究往往是社会需求拉动的，自然科学基础研究很大程度上依赖社会科学基础研究，其中发表论文数量、质量与基础研究水平的关联、科技成果转化等一系列问题影响研究人员的耐心。

北京科学学研究中心主任张士运认为，十九大报告提出了两个阶段的目标，即到 2035 年要基本实现社会主义现代化，到 2050 年把中国建设成为富强、民主、文明、和谐、美丽的社会主义现代化强国，而实现社会主义现代化强国最重要的任务是成为世界科技强国，创新在科技强国中的地位和作用不言而喻。

东南大学中国特色社会主义发展研究院副院长袁红英认为，在创新发展新理念指导下，中国深入实施创新驱动发展战略，已经取得了重要进展和成就，主要体现在三个方面：一是在科技创新水平方面，中国实现从跟踪为主到跟跑、并跑、

图 12-4-14　综述报告实例引言与正文

3. 结尾与参考文献

图 12-4-15 为此文的结语与参考文献。结语部分分别从国家宏观布局与微观企业两个层面分析，阐述了在新时代发展背景下，高度重视以科技创新为核心的全面创新的重要性，并提出了在深化科技体制改革的同时，如何正确处理政府与市场的关系。通篇综述内容完整，架构清晰，使读者能够短时间内获取大量信息，快速了解此次研讨会的研究成果和学科发展前景。

品原型这方面我们的能力比较欠缺。从科学到技术就需要基础研究形成一些重大的突破。针对江苏的情况，他认为除了经费投入外，江苏高校基础研究的成果与江苏产业发展关联契合度不高，这需要通过政策设计和制度安排等相关措施进行破解。

最后，东南大学中国特色社会主义发展研究院院长郭广银教授为会议做了精彩总结。她再次强调了十九大报告中科技创新思想的六个方面，并着重对第六个方面创新文化做了自己的解读。她认为，第一，创新文化的内容是比较广泛的，其核心应该是求真的科学精神。当代中国进入新时代，建立创新型国家，倡导创新型文化，就是要弘扬科学精神和求真的精神，培养科学的思维方式，从而激起全社会创新的热情。第二，创新文化可以为科技创新营造良好的外部环境。自由探索的精神，这是创新文化的内在要求。倡导创新文化也是在构建一种容忍失败、包容创新的社会机制，这就为创新活动奠定了良好的社会文化基础。第三，创新文化可以作为科技创新的价值导向，科技的确也是双刃剑，在特殊情况也可能会带来坏的一种可能性，良好的创新文化崇尚理性，基本的价值导向是向善、向上，应该构建有利于科技创新的文化。第四，培养造就人才。一

6 　总结

在当前中国经济发展由高速度向高质量转变的新征程中，创新成为引领整个社会发展的第一动力，成为构建现代化经济体系的战略支撑。对此，与会专家形成高度共识。加快创新型国家建设，必须高度重视以科技创新为核心的全面创新。从国家宏观布局上，重点把北京和上海建设成为具有世界影响力的科技创新中心，支持江苏省等其他创新基础好、创新优势明显的省份建设各具特色的产业科技创新中心。从微观企业层面，要进一步重视实体经济的发展，重点打造世界级的创新型企业，为中小型创新企业的发展提供良好的创新创业氛围，构建有浓度的创新生态系统。深化科技体制改革，正确处理政府与市场的关系，一方面，要把创新作为最重要因素之一纳入到顶层设计之中，纳入到地方政府和企业的发展战略和政策当中去，形成自上而下的压力；另一方面，主动引导广大人民进行创新和创业，将创新文化真正融入到中国民族的血液之中，转化为人们的价值追求、情感认同和行为习惯，产生自下而上的动力。唯有如此，整个社会的创新文化才能形成起来，成为新时代中国特色社会主义文化的重要组成部分，不断推动中国经济社会的高质量发展。

参考文献：

[1] 习近平. 决胜全面建成小康社会，夺取新时代中国特色社会主义伟大胜利——在中国共产党第十九次全国代表大会上的报告 [M]. 北京：人民出版社，2017：31.
[2] 以系统化思维加强科技创新步伐 [N]. 新华日报，2017-11-29(17).
[3] 马名杰. 从追赶到前沿：新时代创新型国家建设的重大课题 [N]. 中国经济时报，2017-12-01(01).

图 12-4-15　综述报告实例结语与参考文献

结合以上三个案例，我们在阅读优秀的文献综述时，不仅是在了解该研究主题和研究领域的相关成果，也是在学习标准的写作格式与框架，更要理解作者写作时的逻辑思维与思考模式，揣摩作者是如何整合文献资料并做提炼分析的。只有通过不断的阅读、思考与写作练习，才能逐渐掌握撰写综述报告的方法，写出令人满意的综述报告。

第 13 章

学位论文

13.1 学位论文的基本概念

13.1.1 学位论文的定义

学位论文是指为了获得所修学位，按要求被授予学位的人所撰写的论文。一般有比较严格的字数和格式要求，内容也比较多，尤其是其中的观点、论据逻辑层次也比一般论文复杂，因此学位论文是全面反映学位申请者的科学研究能力和学术水平的重要标志。学位论文的质量高低用于衡量作者的对专业知识的理解能力、理论水平和科学研究能力。同时学位论文的质量高低还和作者的文字功底、逻辑能力、写作素养、写作能力和培养有很大的关系。

13.1.2 学位论文的特点

学位论文的基本特点代表着对学位论文的多项要求和评价标准，具体特征如下：

1. 科学性

科学的定义是"通过研究或时间获得的知识"或者"通过科学方法测试和获得的关于物理世界的常规规律和普遍真理的知识"。在学术领域，科学被划分为自然科学（研究物理，自然世界）和社会科学（研究人类行为和社会系统）。

学位论文的科学性表现在：学位论文一定要基于某些理论，也需要经得起推敲和验证，但是可以部分重复。其论文选题、内容贴近实际，有一定的原创性，采用研究和论证的方法科学、合逻辑；运用的理论正确。各项试验数据真实；提出的新的概念、判断、创新点、结论、模型正确且有逻辑性。

同时揭示了客观事物的本质和规律；论文创新点符合实际性、真理性要求，且文章的表述严谨。

2. 专业性

根据《中华人民共和国学位条例》中的规定，关于学士、硕士、博士学位论文都设有所属的学科，即学位论文的专业性。学位论文的内容，必须符合所属学科的研究领域范围。学位论文的专业性，表现在四个方面：本学科研究领域；学科交叉研究领域；本学科理论、方法的移植运用；参加导师科研项目所形成的论文。

3. 理论性、逻辑性

学位论文是科学理论的系统组成，它包括科学的知识体系、理论体系、方法体系和结构体系，是对学位申请者的综合培养结果的评价与总结，是学习过程的总结和升华，是由内到外的分析、论证过程，是数学分析对物理概念的诠释过程，也是用实验数据对理论创新有力佐证的过程，还具有抽象性、真理性、逻辑思维统一性的特征，体现了严谨、科学的逻辑思维体系。简而言之就是学位论文中要表达的学术观点要严谨准确、言简意赅，推理合乎逻辑。

4. 价值性

毕业论文需要在学术上（理论上）解决了专业上某方面的问题，有一定的学术价值或者应用价值，或在实践上解决了某些具体问题。为了保证学术论文的价值性，论文选题要有意义，论据要真实，论证方法要科学严谨、结论要有说服力，提出的创新点要有针对性。

5. 规范性

学位论文与其他文献相比，有更多的章节要求和逻辑层次。为了方便分类、指导和管理，其内容组成和格式结构有明确的要求，一般包括标题、中英文摘要、关键字、绪论、正文、本章小结、结论、参考文献、附录等部分。论文结构需要符合规范、研究方法要科学、观点要明确、论据要充实、阐述要明确且有鲜明的创新点。

6. 可读性

比起学术论文，学位论文的篇幅大、描述详实、理论性强、创新点多，阅读起来比较晦涩难懂。所以学位论文的文字需要做到文字通顺、言简意赅、图表清晰、计算准确、逻辑鲜明、条理清晰、概括性强，让学位论文变得稍微通俗易懂。

13.1.3 学位论文的评价

1. 学位论文评价的方式与目的

（1）学生自我评价

学生在撰写论文的过程中，就要依据有关学位论文所提出的要求、标准和论文指导老师的要求。在论文初稿完成后，要运用这些要求、标准对学位论文进行通读、检查、校对、评价。学生在这个过程中，发现论文存在的不足以及对其产生的反思，从而进一步对论文进行修订、提高论文的质量。一般来说，学生不会将没有经过自我评阅和检查的论文初稿匆忙提交给论文指导老师评阅和修改。

（2）学位论文指导老师的评价

学位论文指导老师对学位论文评价的目的，就是为了指导学生按照学位论文的要求，修改学位论文，保证学位论文的质量。这是在学生创作论文中，对初稿修改中，保证学位论文的质量。这是在学生创作论文中和修改中，对学位论文做的"建设性、指导性的评价"。这一块并没有特定的要求和形式，但它是论文指导过程中的必要一环。在学位论文完成后，答辩前，论文指导老师需要对学生的论文做出总结性、概括性的评价，写出正式的论文评语并给出是否允许学生参加答辩的决定，这个评价按照规定是必须有的。

（3）专家评价

在论文答辩之前，由所在的学科负责单位（学院或者教研室）请若干位专家对学位论文进行评价，给出评语或者对论文的建议。综合各位专家的意见，根据论文的质量和评价结果，决定学生的论文是否可以参加答辩。

（4）答辩委员会的评价

在学生的论文走完流程后，终于进入论文答辩过程。答辩委员会对论文本身的撰写水平，逻辑严谨程度以及创新能力，综合答辩时学生的表现，给出评价，写出评语。评语里面包括该论文是否符合学位授予要求，是否通过答辩，以及是否建议授予学位等。

2. 学位论文的评价标准

《中华人民共和国学位条例》和《中华人民共和国学位条例暂行实施办法》对学位论文做出了指标性的要求与原则性的规定。这是对学位论文进行评价的有效法律依据。

除了满足上述法律依据外，不同的高校结合自身办学的特色和情况，制定了本校的相关学位论文的评价标准，作者给出如下若干参考标准，以便论文指导老师可以掌握论文评价标准，并给出针对性的指导方案。一般论文的评价标准如表13-1-1所示，评价项目如下：

- 论文选题所研究的理论意义、实用价值。
- 论文对本学科及相关学科领域国内外发展状况和学术动态的了解程度。
- 论文提出的创新点所具有的价值。
- 论文的理论基础扎实程度，专业知识解决具体问题的能力，研究方法是否科学等。
- 论文规范性与学风严谨性，包括逻辑思维是否缜密、表达是否准确和格式是否规范。
- 论文原创性的成功评价。
- 论文中不太完善、需要修改或者进一步研究的地方以及相关建议。
- 是否满足国家规定的对学位论文的要求与是否达到优秀毕业生论文的要求。

表 13-1-1 一般论文的评价标准

论文题目		优秀	良好	一般	较差
学科（专业）					
评议项目	评价要素	优秀	良好	一般	较差
论文选题与文献综述	研究的理论意义、实用价值； 对本学科及相关学科领域国内外发展状况和学术动态的了解程度。				
创新性及论文价值	论文提出的新见解、新方法所具有的价值； 论文成果对技术进步、经济建设、国家安全等方面产生的影响或作用。				
基础知识和科研能力	论文体现的理论基础的扎实程度； 本学科及相关学科领域专门知识的系统性； 分析问题、解决问题的能力； 研究方法的科学性，是否采用先进技术、设备、信息等进行论文研究工作。				

续表

论文题目					
论文规范性 与学风严谨 性	引文的规范性，学风的严谨性； 论文语言表达的准确性、逻辑的严密性、书写格式 及图表的规范性。				
总体评价 给出百分制总评成绩 （90~100 为优秀；75~89 为良好；60~74 为一般； 59 分及以下为较差）	评价分数： 评价等级：				
是否同意答辩	□同意答辩（90~100 分） □修改后直接答辩（75~89 分） □修改后重新送审（60~74 分） □不同意答辩（≤59 分）				
熟悉程度	□很熟悉　　□熟悉　　□一般				

13.2 学位论文的种类划分

13.2.1 根据国家学位资历划分

1. 学士论文

学士论文是合格的本科毕业生撰写的论文。毕业论文应反映出作者能够准确地掌握大学阶段所学的专业基础知识，并学会综合运用所学知识进行科学研究的方法，对所研究的题目有一定的心得体会，论文题目的范围不宜过宽，一般选择本学科某一重要问题的一个侧面或一个难点，选择题目还应避免过小、过时和过长。

2. 硕士论文

硕士论文是攻读硕士学位研究生所撰写的论文。它反映出作者广泛而深入地掌握专业基础知识，具有独立进行科研的能力，对所研究的题目有新的独立见解，论文具有一定的深度和较好的科学价值，对本专业学术水平的提高有积极作用。

3. 博士论文

博士论文是攻读博士学位研究生所撰写的论文。它要求作者在博导的指导下，能够自己选择潜在的研究方向，开辟新的研究领域，掌握相当渊博的本学科有关领域的理论知识，具有相当熟练的科学研究能力，对本学科能够提供创造性的见解，论文具有较高的学术价值，对学科的发展起着重要作用。

13.2.2 按照研究方法和领域划分

1. 按照研究方法分

学位论文可分理论型、实验型、描述型三类。

（1）理论型论文

理论型论文是作者针对本学科专业范围内的某一课题，通过严密的理论推导和理论分析，将感性认识上升到理性认识，对研究成果进行理论概括和总结，提出自己的思想、主张、观点和见解的论文。

（2）实验型论文

实验型论文是作者为检验某一科学理论或假说，或为创造发明，或为解决实际问题，有计划、有目的地进行科学实验，然后以书面表述形式如实地将实验过程和创造性成果加以归纳分析，并且向社会公布。

（3）描述型论文

描述型论文是指通过概念、判断和推理等逻辑形式，结合描述、比较、议论、说明等表达方式，分析事物、阐明事理，以达到作者阐述自己的新观点和新见解，对新发现的事物或现象进行研究而获得科研成果的一种论文。

2. 按照研究领域分

学位论文可分人文科学学术论文、自然科学学术论文与工程技术学术论文三大类，这三类论文的文本结构具有共性，而且均具有长期使用和参考的价值。论文的具体详细分类请参考中图分类法。

3. 学术论文和学位论文的区别

学位论文为说明作者的知识程度和研究能力，一般都较详细地介绍研究课题的研究历史和现状、研究方法和过程等。而学术论文大多开门见山，直切主题，一般仅在引言部分对论题的背景等进行简单的描述，并以注解或参考文献的方式列出。

学位论文中一些具体的计算、实验、推导等过程要求写得比较详细，而学术论文一般只给出计算、实验、推导的主要过程和结果。

学位论文比较强调文章的系统性和完整性，而学术论文是为尽快公布研究成果，强调文章的学术性和应用价值。

13.3 学位论文写作的基本步骤

13.3.1 学位论文的组成结构

1. 标题

标题又称题目或题名。标题是以最恰当、最简明的词语反映论文中最重要的特定内容的逻辑组合。论文题目是一篇论文给出的涉及论文范围与水平的第一个重要信息，因而必须考虑到有助于选定关键词和编制题录、索引等二次文献可以提供检索的特定实用信息。曾经有人描述其重要性，用了下面的一句话：论文题目是文章的一半。对论文题目的要求是：准确得体；简短精炼；外延和内涵恰如其分；醒目。

2. 摘要

摘要是对设计（论文）的内容不加注释和评论的简短陈述，其作用是不阅读论文全文即能获得必要的信息。摘要应包含以下内容：从事这一研究的目的和重要性；研究的主要内容，指明完成了哪些工作；获得的基本结论和研究成果，突出论文的新见解；结论或结果的意义。论文摘要虽然要反映以上内容，但文字必须十分精炼，内容亦需充分概括，字数不可太多，一般论文摘要在 150~300 字。学位论文有时候被用于国际交流时，还会添加外文（多用英文）摘要。

3. 论文关键词

关键词要从论文的题名、摘要和正文中选取出来的，是对表述论文的中心内容有实质意义的词汇。关键词是用作机系统标引论文内容特征的词语，便于信息系统汇集，以供读者检索。每篇论文一般选取 3~8 个词汇作为关键词，另起一行，排在"摘要"的左下方。

4. 目录

一般说来，篇幅较长的毕业论文，都设有分标题。设置分标题的论文，因其内容的层次较多，整个理论体系较庞大、复杂，故通常设目录，一般放置在论文正文的前面。

5. 引言

引言也叫绪言、绪论。引言的主要内容包括以下几个方面：简要说明研究工作的主要目的、范围，即为什么写这篇论文以及要解决什么问题；前人在本课题相关领域内所做的工作和尚存的知识空白，作简要的历史回顾和现在国内外情况的横向比较；研究的理论基础、技术路线、研究或实验方法和手段，以及选择特定研究方法的理由；预期研究结果及其意义。

6. 正文

正文是论文的核心部分，是作者学术水平和科研成果的具体反映和体现。在这部分对所研究的课题应作充分、全面、有说服力的论述，提出有创造性的见解。按研究方法划分有：理论型论文、综述型论文、描述型论文、实验型论文、设计型论文。文科一般选择前三种形式去撰写毕业论文，理、工科对于这五种形式都可选择。

（1）理论型论文的正文结构

这类论文运用的主要研究方法是理论证明、理论分析、数学推理等。理论型论文具体又可分成两种：一种是以客观事物和现象的调查、考察所得到的观察资料以及有关文献资料数据为研究对象，其研究方法是对有关资料进行分析、综合、概括、抽象，通过归纳、演绎、类比，提出某种新的理论和新的见解；另一种是纯粹以抽象的理论问题为研究对象，它们或者证明某一定义、定理，或者分析某种理论的意义或局限，作出修正、补充和质疑，或是研究某种理论的运用等，论文是通过严密的理论推导或数学运算来获得研究结果。常见的结构形式有：

①证明式，即给出定理、定义，然后证明；

②剖析式，即将原理或理论分解为一些方面，逐项研究；

③运用式，即先给出公式、方程或原理，然后进行计算推导，最后运用于实例进行测定。

（2）综述型论文的正文结构

综述型论文，即评述型论文。这类论文运用的主要研究方法是对所综述资料进行分析、综合、概括。它以阅读、观察、调查所得的资料和文献资料为研究对象，通过归纳、演绎、类比等方法，达到让读者了解某一学术研究成果的性质、规模、进程、状态和发展趋势的目的。其学术价值主要在于为理论界提供学科前沿的最新动态、学术信息和系统的学术资料。其常见的结构形式有：

①时间式，即以时间先后和事物发展过程为顺序的结构

②空间式，即以事物的方位和构成部分为顺序的结构。

③归类式，即以事物的性质、内容归类为顺序的结构。

④现象本质式。即先摆出观察的现象和有关资料，然后进行分析，找出本质和规律。

（3）描述型论文的正文结构

这类论文运用的主要研究方法是描述、比较和说明，论文的重点放在资料的搜集、挖掘、整理、鉴别、描述、说明和解释上。它的研究对象是具有重要科学价值，新发现的某一客观事物或现象。天文、生物、地质、文学等领域中都有这类论文。这类论文要求描述精确、细致，善于抓住特征进行比较，要进行必要的理论分析，以得出有价值的结论。

描述型论文的正文部分大都有描述和讨论两部分。描述部分的主要内容有：新属种的名称、产地、形态特征、生活环境、分布等。讨论部分的主要内容是进行比较分析，即与相邻近的属种进行比较，说明它们的主要区别，指出新属种的意义和价值。

（4）实验型论文的正文结构

这类论文运用的主要研究方法是设计实验、进行实验研究和对实验结果的分析。实验型论文又有两种情况：一是以介绍实验本身为目的，正文就是实验内容，结果包含在实验过程中，没有讨论部分，或者只是讨论各种条件对实验的影响；二是以对实验结果的讨论为主要目的，通过对实验结果的分析，研究客观规律。实验型论文的正文部分一般有材料和方法、实验结果、分析和讨论三个部分。在具体写作时，有时把实验方法和实验结果合为一个部分，有时把实验结果和分析讨论合为一个部分，有时只需要实验结果和分析讨论，有时只需要实验方法和实验结果。

（5）设计型论文的正文写作

这类论文运用的主要研究方法是设计工艺流程或生产设备，在设计过程中形成最佳方案，并对这一最佳方案进行全面论述。尽管具体设计的内容各不相同，表达的形式却是相同的，一般都由设计说明书和设计图组成。设计类说明书主要包括设计的依据、方案分析与论证、主要部分的计算分析结果、

结构和系统的工作原理说明、设计的优缺点及总结。工艺类说明书主要包括工艺方案的分析、比较、选择，工艺规程的制订、工艺方案所需的工艺装备设计及计算说明、工艺专题分析（如加工精度分析、经济性分析和生产效率分析等）、设计的特点及总结。论文的正文中经常会出现图表等内容，图的种类主要有：条形图、圆形图、线形图、流程图、构造图、示意图、框图、地图、照片、记录图等。

7. 结论

结论又称结束语，是理论分析或实验结果的逻辑发展，是整篇论文的结局。它主要是对正文分析、论证的问题加以综合性的概括和总结，从而推导出的结论。可以在结论中提出建议、研究设想、仪器设备改正意见、尚需解决的问题等。

撰写结论时应注意以下几点：

①结论要简单、明确，措辞应严密，且又容易被人领会；

②结论应反映个人的研究工作，属于他人已有的结论要少提；

③要实事求是地介绍自己的研究成果，切忌言之浮夸，在逻辑推断不够缜密的时候应留有余地。

8. 参考文献

参考文献是在学术研究过程中，对某一著作或论文的整体的参考或借鉴。征引过的文献在注释中已注明的，不再出现于文后参考文献中。按照 GB/T 7714-2015《信息与文献 参考文献著录规则》的定义，文后参考文献是指："为撰写或编辑论文和著作而引用的有关文献信息资源。"本书第 18 章将对参考文献的标准格式及其使用做详细阐述。

9. 致谢

致谢是指对课题研究和论文写作中给撰写者有很大帮助（如审题、审稿、指导、修改、提出意见建议、提供有关资料）的导师或其他有关师友公开表示谢意的文字，以示对别人劳动的尊重，也是一种谦逊品质的体现。致谢部分作为真实的情感流露要写得实事求是，而不是夸大和赞美。

10. 附录、注释

附录、注释为非必写要素，视情况而定。

（1）附录

附录是指论文中有些内容与正文关系密切，而这部分内容又有相对的独立性，若列入正文中，又往往影响正文叙述的条理性和连续性，因而将其附加在正文之后作为附录，以帮助读者阅读，掌握正文中的有关内容；还有一些是指附于文后的有关文章、文件、图表、公式等与论文的阅读有密切关系的资料。设计型论文中的设计图纸可置于正文中，也可集中放在附录里。

（2）注释

注释是作者对论文中的有些字、词、句加以必要的解释和注明来源出处。它与参考文献是有所不同的。注释分为两类：一类是论文作者对文章中的一些字、词、句所作的解释、说明或补充，以便读者对被注释的对象有更好的理解；一类是对引文的来源出处所作的说明（尤其是有关的数据和图表的来源），以表示对他人劳动成果的认同与尊重，借以增强资料的可信度，也便于读者查对原文。注释的具体方法和分类如表13-3-1所示。

表 13-3-1　注释的方法与分类

注释方式	注释方式的含义	说　明
夹注	夹注，也叫"文中注""段中注"或"行中注"。就是在要注释的字、词、句后加以括号，在括号中写明注文（如作者、著者或文章名称、出版事项、页码）。一篇论文的"夹注"不能太多，太多不仅会影响文章结构的美观，读者阅读起来也吃力，甚至还会产生误解，认为论文作者是用别人的观点代替自己的论证。	夹注有三种情况：一是采用间接引语，如引用某作者文章的观点、意见或提法，这时可以在引语后面注明作者的姓名及该引语文章发表、出版的年份；二是直接引语，在引语后注明出处；三是对文中某个词语作简要说明或者标出其另外一种提法或说法。
脚注	脚注，也叫"页下注"或"页末注"。就是在所要解释的对象的页码下端加注。一页中只有一段引文的，在引文末段的右上角注上"注"字样。引文在两段以上的，则要标明序号，必须以页为单位。其写法格式，与"夹注"一样。	这种方式在毕业论文写作中用得最多。
尾注	尾注，也叫"篇末注"。就是将注释全部集中于文章的末尾。但一定要在被注释对象后面加上①、②、③或（注1）、（注2）、（注3）字样的注码。	这种方式在毕业论文写作中不常用。

13.3.2 学位论文的写作准备

1. 选题

（1）选题的原则

选题可以规划文章的方向、角度和规模，弥补知识储备的不足。合适的选题可以保证写作的顺利进行，提高研究能力。同时选题能够决定毕业论文的价值和效用，是确定研究方向的重要突破口，它标志着具体的研究的开始。为了避免麻烦，作者必须把握选题的一些原则。

①必要性原则：理论联系实际，注重现实意义

所谓论文的实用价值，就是指我们选的题目，应是与行业发展密切相关、为行业内人士所关心的问题，特别是行业内技术或者观点最新动态发展方向的问题。这类问题反映该领域发展的重点和热点，是与行业相关产业的未来发展趋势息息相关的。有现实意义的题目大致有三个来源：一是领域内急需解决的重大理论和具体方法等问题；二是本地区、本部门、本行业在工作实践中遇到的理论和现实问题；三是作者本人在学习、工作实践中提出来的理论和现实问题。

②创新性原则：勤于思索，刻意求新

第一，从观点、题目到材料直至论证方法全是新的。这类论文价值大，但写作难度也很大。选择这一类题目，作者须对某些问题有相当深入的研究，且有扎实的理论功底和写作经验。对于毕业论文来讲，限于条件，选择这类题目要十分慎重。

第二，以新的材料论证旧的课题，从新的情况变化或新的释义提出新的或部分新的观点、新的看法。

第三，以新的角度或新的研究方法重做已有的课题，从而得出全部或部分新观点。

第四，对已有的观点、材料、研究方法提出疑问，虽然没有提出自己新的看法，但能够启发人们重新思考问题。

以上四个方面并不是对"新意"的全部概括，但只要能做到其中一点，就可以认为文章的选题有了新意。

③可行性原则：尊重可行性原则，做到难易适中

第一，知己知彼，量力而行。首先，要充分预估自身知识储备情况和分

析问题的能力。题目尽可能定得小一些但是要抓住重点，把论文需要研究的某一细节问题说深说透。其次，在选题时要尽可能选择那些能发挥自己的专长、学有所得、学有所感的题材。最后要确认资料来源是否可靠。

第二，难易适中，大小适度。首先，选题要难易适中，一旦盲目动笔可能会中途写不下去，更换题目重新撰写会造成时间、精力的浪费。其次，题目的大小要适度。一般来说宜小不宜大，宜窄不宜宽。最后选题还应注意千万不能盲目选并不了解或没条件研究但时兴的问题。

第三，发挥自己的兴趣爱好和专长。论文的写作是创造性劳动的过程。对研究的课题有无兴趣，兴趣的程度如何，是一个重要的因素。感兴趣的选题会激发作者内在的潜力和动力，因此论文创作的效率，专心程度会大大提高。此外，还需要考虑论文指导老师的专长，如果选题和指导老师研究方向、擅长领域一致会促进论文撰写的进程且降低难度。

（2）选题的具体方法

①从文献资料中去寻找

第一，浏览捕捉法。将阅读所得到的方方面面的内容，进行分类、排列、组合，从中寻找问题、发现问题，将自己在研究中的体会与资料分别罗列并加以比较，发掘出自己的不同观点。在此基础上，经过反复思考并及时捕捉住自己的新观点，再作进一步的思考整理，明确选题的目标。

第二，追溯验证法。先有设想并在资料阅读中加以验证。先把自己想研究的问题以及相关的问题先记下来，通过从书籍、学术期刊、互联网上寻找有关问题的研究现状和同行专业人士的想法结合自己的想法来确定选题。

②从自己感兴趣的课程中寻找

一般来说，毕业论文都需要学生根据所学专业课程的内容选定题目。因为学生熟悉自己所学课程的知识与专业的历史变革、研究现状、学科问题以及凸显的问题。在熟练掌握专业技术的基础上，需要作者开动脑筋，发现和提出问题。

③从热门话题和人们关注的焦点问题上选题

此类问题的研究和解决有巨大的现实意义和价值，往往意味着良好的社会效益和经济效益。优势有三：第一，普遍被人们关注，作者容易激发更多的人去阅读；第二，热门问题容易在各类媒体上获取文字、数据等各类资料；第三，作者可以实地考察获取第一手资料。

④从冷门问题以及学科交叉上进行选题

某些研究领域的冷门和空白，是由于事物发展本身，或者人们认识局限性造成的，例如学科的交叉部分。这些地方非常需要研究人员去开垦和耕耘。对此类问题的选题要做到大胆设想但是要求证谨慎。此类选题学以致用，如果有专家的指导，会是一个很好锻炼自身能力的机会。

2. 搜集资料

选好了毕业论文的题目，必须进行理论准备，否则积累资料、形成论点和论据都会迷失方向。毕业论文撰写前的理论准备是积累资料的向导。毕业论文撰写前的理论准备是形成论点和论据的必要条件。以森林公安的论文为例，需要掌握林学、治安学、侦查学、刑事技术法学以及涉及现代化犯罪手段的信息安全等学科的基础知识，还要掌握研究这些学科所必须具备的方法论知识。

积累的资料主要有以下几方面：统计材料、典型案例、经验总结，等等，国内外对有关该课题学术研究的最新动态、边缘学科的材料、名人的有关论述，有关政策文献等，搜集论文作者当时所处的社会、政治、经济等背景材料，应注意资料的适用性、全面性、真实性、新颖性和典型性。

资料搜集的来源主要是学校图书馆，一般来说，除了传统的纸本印刷书刊，学校图书馆会订购若干个电子资源供应商的数字资源库，这些数字资源包含各层次学术期刊上的论文，或者985、211、甚至国外著名院校的每年优秀毕业论文，还有各种各样的特种文献、专题数据库，例如截止到2017年底，南京森林警察学院图书馆的各类数据库总量达到了50余个。这些数字资源库内的文献有非常好的理论和应用价值，建议作者在撰写学位论文之前，可以利用学校购置的电子资源，在校园网范围内免费搜集、阅读此类的电子资源并进行对比和归纳总结，拟出自己的标题、提纲和创新论点。另外，学校的教务部门、院系和图书馆一般也都会收藏本校的学位论文，作者可以参考同一或者相关专业的学位论文，博众人之所长，发掘出不同的观点。

3. 梳理思路

（1）形成论点和论据

由于人的认识不可能一次性完成，即使一种新观点出现，当时看来是完善的，但随着时间的推移，人们认识水平的提高总会发现原有观点的不足之处，所以，可以说，绝大部分已有的研究成果都给后世留下了补充性的研究课题。补充性论点是对前人研究成果的肯定与发展，而匡正性论点则是对已有研究成果的否定与纠正。这种匡正性论点包括两个方面，一方面是对通说（即流行的说法或观点）的纠正，另一方面是对新出现的某种观点不足之处的纠正。

（2）拟定结构提纲

要有全局观念，从整体出发去检查每一部分在论文中所占的地位和作用。从中心论点出发，决定材料的取舍，把与主题无关或关系不大的材料毫不可惜地舍弃，尽管这些材料是煞费苦心，费了不少劳动搜集来的。同时要考虑各部分之间的逻辑关系，并有机地过渡和铺垫，使每部分之间不显得那么唐突和割裂，同时又每章特色鲜明，围绕中心论点，层层递进。

13.3.3 学位论文的写作方法

1. 撰写论文的总体原则

（1）理论客观，具有独创性

文章的基本观点必须来自具体材料的分析和研究中，所提出的问题在本专业学科领域内有一定的理论意义或实际意义，并通过独立研究，提出了自己一定的认知和看法。

（2）论据翔实，富有确证性

论文能够做到旁征博引，多方佐证，所用论据自己持何看法，有主证和旁证。论文中所用的材料应做到言必有据，准确可靠，精确无误。

（3）论证严密，富有逻辑性

作者提出问题、分析问题和解决问题，要符合客观事物的发展规律，全篇论文形成一个有机的整体，判断与推理言之有序，难以驳倒。

（4）体式明确，标注规范

论文必须以论点的形成构成全文的结构格局，以多方论证的内容组成文章丰满的整体，以较深的理论分析辉映全篇。此外，论文的整体结构和标注要求规范得体。

（5）语言准确，表达简明

论文最基本的要求是读者能看懂，因此，要求文章想得清，说得明，想得深，说得透，做到深入浅出，言简意赅。

2. 各型论文撰写的一般方法

（1）理论研究型论文

①复习、归纳在校所学习课程的理论要点及精髓，找到自己最感兴趣、但又可能存在疑问的理论点，作为研究的初步方向。

②查阅国内外对自己的疑问点是否已经存在研究的成果。

③归纳、比较国内外已有研究成果的要点，分析这些研究成果、思想是否已经解决自己存在的理论疑问。

④提出自己的对疑问点解决的主要观点、主要思想与线路。

⑤以自己的主要观点为核心，构建新的理论、思想体系或相关理论模型。

⑥证明新的理论、思想、模型的合理性、对解决社会经济及管理实践指导的可行性。

⑦新的理论、思想、模型应用证明范例测试结果。

（2）应用研究型论文

①在熟悉和掌握所学习基本理论的基础上，观察、了解不同条件下的客观现象。

②找出宏观或微观社会的客观现象、问题与社会、经济、技术发展不相适应的主要问题。

③分析宏观或微观社会的客观现象、问题与社会、经济、技术发展不相适应的主要问题的原因。

④确立解决这些问题的指导思想、基本理论依据。

⑤提出解决这些问题的方法、路径或控制方案。

（3）实验型论文

①在熟悉、掌握相关理论知识的基础上，根据组织管理活动的社会热点，选择研究的方向或典型区域、典型组织。

②科学地设置选择热点需要调查了解的主要问题、指标及调查的方案。

③实地采样、调查获取尽可能详细的原始资料或其他方式获得第一手资料（包括数据、文字资料、询问资料、问卷回收资料等）。

④运用统计、技术、经济的方法对所获取资料进行科学的分析。

⑤运用相关理论进行分析并作出判断。

⑥提出调查的结论并分析总结出在一定范围（区域、专业、时期、时间）内对组织管理活动具有指导普遍意义的思想、方法与措施建议。

13.4 学位论文写作的具体范例

13.4.1 学位论文选题分析

1. 范例来源

本章节以一篇南京森林警察学院 2013 级毕业生的应用研究型学位论文《浅谈 Wi-Fi 在侦查中的应用》为例，描述了 Wi-Fi 技术的基本原理与其应用的优势，结合侦查学中已有的技术，发现了 Wi-Fi 在侦查中的可行性和可操作性，为侦查工作提供了新思路、新途径。

该论文的作者在选题的时候，以在大学课堂里面侦查学和课外学习 Wi-Fi 技术原理相关课程的为基础，结合 Wi-Fi 技术的各项优势，受其在商业上的成功应用的启发，提出了 Wi-Fi 技术在公安侦查领域的观点，且从理论上证明了其可行性和可操作性。

2. 选题原则分析

选题符合论文的必要性原则：由于目前 Wi-Fi 的使用非常广泛，选题提出了 Wi-Fi 技术对于侦查手段的改进，该选题所基于的背景广泛存在，对于哪些侦查手段的改进非常明确，降低了嫌疑目标追捕、电子物证、案件串并的难度。有非常好的应用价值，符合选题"理论联系实际，注重现实意义"的必要性原则。

论文符合一定的创新性原则：作者选题新颖，把 Wi-Fi 技术融入了侦查手段和侦查流程中，使论文有一定的跨学科性，吸引读者的眼球，让读者耳目一新。

作者选题时也考虑了可行性原则：作者本科的专业是侦查学，因此作者依据自己在所学习的侦查学理论，传统的侦查手段（现场勘验、调查走访等）以及其他新型侦查手段（如视频、微信），结合自己在对于无线网络的过硬基础知识和操作经验，在自己擅长的领域挖掘出了可以作为毕业论文选题的题材，实现了学科交叉。

该选题的范围大小适中，把"Wi-Fi 技术在侦查中的应用流程"作为论文的重点，以如何通过 Wi-Fi 技术解决侦查上的具体问题作为切入点，结合自己在侦查学方面扎实的基础知识，确定了大小合适、不超出自己能力范围、自己擅长领域的选题。

13.4.2 学位论文结构设计分析

论文的章节设计，必须紧扣 Wi-Fi 技术和侦查学。为此作者设计出了该学位论文的结构，并在正文中展开说明。论文的目录如图 13-4-1 和图 13-4-2 所示。

图中带圆圈的数字说明如下：

①Wi-Fi 可应用于侦查中的技术特点。

②Wi-Fi 在哪些方面为侦查提供依据。

③Wi-Fi 在侦查中的应用价值，作者归纳总结出若干个具体表现。

④论文的重点和创新点，并通过具体实例叙述得深入浅出。

⑤提出自己研究的不足之处，并对该研究的总结和展望，以便后人做更深入的研究。

图 13-4-1　学位论文《浅谈 Wi-Fi 在侦查中的应用》目录 1

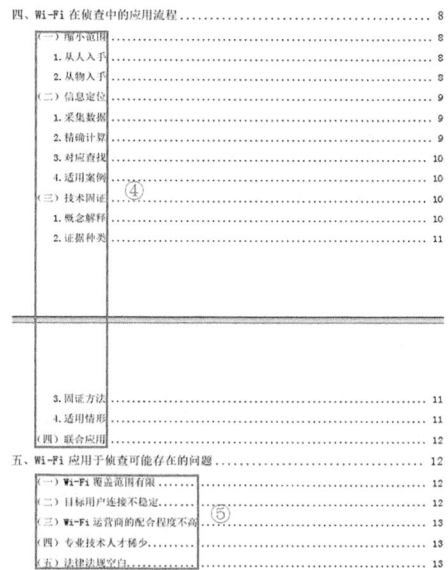

④

⑤

图 13-4-2　学位论文《浅谈 Wi-Fi 在侦查中的应用》目录 2

　　序言中，论文的作者介绍了当前 Wi-Fi 技术得以广泛使用这一背景，以及传统侦查手段对于犯罪的无力这一没有解决的问题，随后提出了 Wi-Fi 技术得以解决哪些侦查环节上的问题，并开始逐渐引出全文，如图 13-4-3 所示。

序言

　　今天，Wi-Fi 几乎已经遍布我们生活的每个角落。小至家庭，大到商场，都有 Wi-Fi 覆盖，一些城市甚至已实现全城无线网络覆盖，此外，一些重要路段还有公安机关专门设置的 Wi-Fi 热点，从点到线再到面，Wi-Fi 的分布范围越来越广。这为已经习惯于使用手机、平板电脑等移动电子设备进行网上交流、买卖交易的人们提供了随时随地即可享用的无线网络。相比起 3G、4G、局域网，Wi-Fi 这一新兴的移动互联网入口，拥有着更为庞大的潜在用户群，蕴藏着极其丰富的信息资源，为此，商家们争先开发 Wi-Fi 服务以取得更大的市场。这给公安机关的侦查工作带来了新启示：在各种犯罪盛行但传统侦查手段日显无力的今天，Wi-Fi 具有的侦查价值似乎并不亚于商业价值。侦查手段需要与时俱进，而 Wi-Fi 技术在一定程度上就可以弥补传统侦查手段某些方面的不足，事实上，Wi-Fi 在定位目标、跟踪赃物、技术取证等侦查环节确实发挥着重要作用。本文就如何利用 Wi-Fi 技术开展侦查工作，拓宽破案渠道，作进一步探讨和分析。

图 13-4-3　学位论文《浅谈 Wi-Fi 在侦查中的应用》序言

第一章中介绍的 Wi-Fi 有覆盖范围广、传播速度快、波段使用完全开放、组网便捷等特点，都跟后面章节介绍的侦查依据、侦查手段有很大的关联，如图 13-4-4。因此，第一章关于 Wi-Fi 技术的介绍为后面其在侦查学中的应用这一论文主要内容起到引导和铺垫的作用。

一、Wi-Fi 概述

随着无线网络技术的发展和普及，Wi-Fi 源源成为了居民日常生活的一部分。智能手机、平板电脑、笔记本电脑等已成为新时代人类的生活必需品，而人们也习惯于将这些移动电子设备通过Wi-Fi 接入 Internet 进行上网活动。因此，人们在离不开网络的同时，也已经离不开 Wi-Fi，这使得 Wi-Fi 技术及其应用得到了空前发展，尤其是倍受商家的青睐。Wi-Fi 技术在生活和商业领域的普及给侦查工作带来了启示；在传统侦查手段有待更新的今天，把 Wi-Fi 应用于侦查是与时俱进的一种新举措。下面就 Wi-Fi 技术以及为何"将Wi-Fi 应用于侦查"作一介绍。

（一）Wi-Fi 的概念

Wi-Fi 是 wireless fidelity 的缩写，翻译成中文即"无线保真"。作为一种无线联网技术，Wi-Fi 在无线网络领域又被称为"无线相容性认证"，通常利用无线电波来连接网络，能够实现对这种无线电波的设备有很多种，目前被普遍使用到的是无线路由器，移动电子设备通过访问WLAN 来实现上网时，就安装好的无线路由器上是 WLAN 的重要组成部分之一。倘若无线路由器又连接了一条 ADSL 线路或者别的上网线路，那么这就成了我们常说的"热点"，一般情况下，被连接到的无线局域网在被访问时都需要密码，但有的也是对外开放的。而这种无线局域网（即免费的Wi-Fi）允许任何在 WLAN 覆盖范围内的设备连接网络。除此之外，Wi-Fi 还是一个品牌的名称，由 Wi-Fi 联盟持有。而 Wi-Fi 联盟又是一个商业联盟，它维护有 Wi-Fi 的商标，负责 Wi-Fi 认证与商标授权的工作，因此 Wi-Fi 也被认为是一种商业认证。

将Wi-Fi 应用于侦查，也就是 "Wi-Fi 侦查"，是一种新型的侦查手段。Wi-Fi 侦查"就是指侦查主体在案件侦查过程中，利用 Wi-Fi 技术的特点与优势，结合侦包技术、数据挖掘技术、情报获取和分析技术、电子固定等技术手段，严格按照法定程序，获取并分析电子信息，隐过后排除无关信息，确认并固定与案件相关的线索信息，最后对这些电子证据加以技术固定，从而查处犯罪的一项重要的侦查手段。

（二）Wi-Fi 的特点

1. 覆盖范围广

在中国网民对使用 Wi-Fi 上网的强大需求牵引下，Wi-Fi 几乎遍布我们生活的每个角落。如今，挑家换户都安着了路由器，有了各自的家庭网络；机场、咖啡厅、餐饮、酒店等具有流量价值的商业领域还开始为客户提供免费 Wi-Fi；同时，公安机关在一些重要路段路口、公交站台也布置了无线网络。另外，Wi-Fi 的无线电波覆盖半径可以达到100 来左右，虽然 Wi-Fi 发射功率不高，但穿透一般的墙壁和楼层是基本不可问题的。这一优势也让 Wi-Fi 争取到了越来越多的用户，覆盖范围也越来越广。

2. 传播速度快

无线路由器的传输速率由其所支持的协议决定，当前绝大多数路由器都支持无线 11n 模式，传输速率可达 300mbps。而且，近期许多路由器厂商推出了一种新型路由器——11ac无线路由器，据说这种 11ac 无线路由器支持双频段（即 2.4GHz 和 5GHz 的混合频段），传输速率竟达到1000mbps，连接这种路由器的网速之快可想而知。

3. 频段使用完全开放

通过 Wi-Fi 接入 WLAN 所使用的频段都是全球开放使用的频段，即"ISM"，使用该频段的客户无需任何许可就能自由使用该频段上的服务，属于全球通用、标准统一。由此可见，Wi-Fi 技术相比其他无线网络技术使用门槛更低，这也是 Wi-Fi 能在短时间内得到广泛普及的原因之一。

4. 组网简便

Wi-Fi 是一项无线技术，因此，组建网络时我们就可以省去布线这一繁琐的步骤，既缩短了安装时间，又降低了安装成本。只需一个或者多个无线接入点（即"无线 AP"，简称"无线热点"）就可以满足一定范围内的上网需求。一般的家庭或是企业内部组网，仅需安装一个路由器即可实现；接连上 Wi-Fi 的移动终端电子设备（包括手机、笔记本电脑、PDA、打印机等）在无线覆盖范围内都能上网；而商场等大型公共场所则精若干路，因为此类场所场地较大，一般采用"AC+AP"的方案来管理 Wi-Fi。其中，AP 全称为 Access Point，翻译成中文就是无线接入点，连接着无

图 13-4-4　《浅谈 Wi-Fi 在侦查中的应用》第一章（节选）

第二章中，作者撰写了 Wi-Fi 技术在侦查中独特的价值和作用。从不同类型的参考文献，以及对自身所处的社会环境中进行提炼和分析，概括出了 Wi-Fi 技术的普及性、丰富性和简捷性，且在后续章节把详细描述这些特性和在侦查中的作用，如图 13-4-5。

二、Wi-Fi 在侦查中应用的依据

随着科技和社会的快速发展，犯罪形势和手段也在不断变化发生，犯罪正逐渐向集团化、智能化、高科技化、数据化、流窜化、职业化方向发展，一些传统的侦查措施已经愈来愈难胜任新型犯罪的侦查工作了，有时甚至会拖延侦查破案，成为影响办案效率的因素。因此，借助新科技新装备，开辟新的侦查阵地，转变侦查思维、创新侦查模式，变革侦查方法，从而提高侦查效率已是当务之急。目前，侦查人员正逐渐朝目光移向 Wi-Fi 技术来为侦查提供崭新的思路与手段，且这在实践中已有了成功的先例。Wi-Fi 之所以能在众多技术中脱颖而出被应用到侦查中去，正是因为它在侦查领域有着独特的价值和作用。

（一）普及性

Wi-Fi 除了网速快以外，费用低的优点也为其争取到了庞大的用户群体（尤其是未来潜在用户），人们在付费的海游数据和免费的无线网络之间往往会选择后者。Wi-Fi 也因此成为了商家争取市场的重要"武器"，运用到各种行业当中。大到商场、学校、机场、酒店、办公楼、小到咖啡厅、餐厅，普通家庭，甚至是移动的火车、轮船、汽车，Wi-Fi 几乎无处不在，覆盖面积十分之广，随之远还是个新兴的名词——"无线城市"，北京就是打造"无线城市"的成绩喜为突出的城市，Wi-Fi 构建起来的立体式全域无线网络，几乎覆盖了城市的每个角落，若

（二）丰富性

在这个网络技术风行的时代，人们的上网活动信息很容易被当作一些高科技新技术所截获，Wi-Fi 技术就是其中之一。连接了 Wi-Fi 的用户，就好像是走进了一个房间，而房间里这安装着一个隐恶的摄像头，无论用户做了什么、说了什么，它都会进行 360 度全方位监控，让用户的活动信息暴露无遗，而用户却毫无察觉。但俗话说得好，Wi-Fi 这一特点已被不法分子看中了。最近时有犯罪分子通过伪造 Wi-Fi 热点监取他人网上银行账号和密码的事件出现。可见，利用 Wi-Fi 截获的信息不仅仅是密码等大量关于用户的相关信息（如照片等），还可以被获取各类信息，甚至包括 QQ、微信、微博等软件的账号密码、银行卡卡号与密码这类重要的隐私信息。面偏查人员完全可以"以其人之道还治其人之身"，利用 Wi-Fi 技术获取犯罪信息，查出不法分子的犯罪行为。是之，Wi-Fi 这一优势恰恰能为侦查工作提供丰富的线索信息和情报资源。

（三）简捷性

侦查人员在采用传统的侦查措施获取信息时，往往需要用到许多工具且操作步骤繁琐，譬如偏场勘验蔽需要用到多名专业的勘验工具。相比之下，Wi-Fi 侦查就显得格外简便了，使用到的工具只需要：一个电脑；一个无线网卡；一个无线路由器。一个抓包工具，而且获取信息余稍只需一瞬间。举个例子，若是已经发现犯罪分子进入了某一场所，侦查人员就可以在距离该场所15 米左右的位置，打开事先准

图 13-4-5　《浅谈 Wi-Fi 在侦查中的应用》第二章（节选）

第三章的内容是关于 Wi-Fi 技术在侦查中的应用，实际上是对第二章内容的延伸和详细补充。本章内，作者通过仔细观察，调研，论证的手段，解释了 Wi-Fi 技术对侦查中的哪些环节中有应用价值，以及 Wi-Fi 技术在侦查中应用价值的具体表现。本章中作者把 Wi-Fi 技术有机地融入侦查过程中，把 Wi-Fi 技术有助于侦查活动的哪些方面，为什么有助于侦查活动做了非常详细地阐述，如图 13-4-6。

三、Wi-Fi 在侦查中的作用

通过 Wi-Fi 技术可以获得很多与案件有关的信息，这些信息很有可能是侦破案件的突破口或是切入点，对侦查工作起着重要作用，譬如：获取个人信息、截获通信息息内容；实现人物定位，发现并追踪嫌疑目标；查询网上交易信息，追溯网上银行账号；甚至还可以根据分析犯罪分子的作案规律和犯罪手段特点，可见，Wi-Fi 技术在侦查活动中发挥着重要作用。

（一）发现、追踪嫌疑目标

由于 Wi-Fi 覆盖了各大商场、酒店、机场、网吧、学校等社会公共场所，因此可以借助城市Wi-Fi这张"大网"，通过抓包软件截获连接Wi-Fi的用户人员信息，再逐一进行筛选、过滤、排除、确认，最后发现并锁定目标用户，结合 GPS 等定位技术，精确计算、定位、追踪目标用户，进而及时实施抓捕等措施。这对抓获犯罪嫌疑人或是在逃人员等追踪、抓捕工作起着重要作用。

（二）掌控嫌疑人网上交易情况

一般，人们进入商场无非为了购物，进入旅店无非为了住宿、酒店、网吧、咖啡厅等公共场所都是消费者进行消费的地方。如今网上银行支付的方式盛行，支付宝支付、微信支付等支付方式已成为当下人们消费的主流方式之一，而这些支付方式都必须借助电子设备（比如手机）才能完成，若是嫌疑人员通过手机连接到公共场所的 Wi-Fi 进行网上交易，警方就可以利用抓包软件捕获其上网信息，筛选并过滤出其网上交易信息，甚至可以追查出银行账号，从而确定目标身份。因此 Wi-Fi 技术能侦查人员可以实时掌控嫌疑人的网上交易情况，一旦发现违法交易、及时阻止，将被害人的损失降至最低，甚至可以完全避免损失。从某一角度来讲，这也为警方某些控制下交付的侦查工作（比如毒品交易）提供了情报资源和技术保障。

（三）获取目标人物基本资料

如今，微信、QQ、微博等社交软件越来越普及，而人们在使用这些社交软件的同时，往往会留下许多个人信息。许多用户喜欢在微信、QQ、微博等社交软件上保存下自己的照片、出生年月、兴趣喜好、好友信息、联系人名单等信息，甚至将照片当作头像，将出生年月作为账号，有的人还喜欢发朋友圈、发微博、发空间动态，以此来记录日常生活。这些都为侦查人员获取目标人物的基本资料提供了便利。但越是重要的信息往往越是会被加密、设置权限，有些犯罪分子会将涉及其真实身份或是与犯罪有关的信息进行加密，仅自己或指定个人可见。此时，Wi-Fi 侦查就有用武之地了。若是嫌疑人员连接上了某Wi-Fi 或是警方故意设置的"陷阱" Wi-Fi，那么其预置的加密个人信息就能被警方抓包截获，此外，不仅是目标人物的资料信息，其浏览的其他人的资料信息（例如犯罪团伙、同案犯等）也能被警方悉数捕获，这为侦查人员追查同案犯时获取线索信息提供了一条新途径。

（四）截获通信信息

新媒体时代的我们热衷于在各种社交平台上交流通信、QQ、微信、微博等社交平台几乎是我们每个人的聊天工具，而电话、短信的时代已经悄然落幕，这为侦查工作获取线索提供了更多途径。事实上，除了社交软件的后台开发商能查到我们的聊天信息，Wi-Fi 也在无形中监控着连接用户的每一个动，包括连接 Wi-Fi 的用户们的通信信息，聊天内容，只要用户一连接上指定 Wi-Fi，侦查人员如有需要，只需通过一抓包工具（譬如 wire shark 抓包工具），即可将连接Wi-Fi的嫌疑人员的上网信息、聊天通信内容等全部捕获，就好比是引"君"入瓮，让嫌疑人进入了一个装有隐形摄像头的房间，一举一动、一言一行尽在侦查人员的视线中。

（五）进行网上摸排

通常一个移动设备成功连接某处Wi-Fi 后，下次再来此地，设备就会自动连接

图 13-4-6 《浅谈 Wi-Fi 在侦查中的应用》第三章 （节选）

第四章是论文的核心，作者结合前几章铺垫用到的现有理论、价值分析，提出了自己独创的应用流程。作者结合 Wi-Fi 技术的不同特点，将其应用到侦查流程中的某些细节中去，并通过公式、算法、技术文档、示例等方法，详实地描述了自己在设计的流程中如何有效利用 Wi-Fi 技术完成侦查的若干个环节，如图 13-4-7。

四、Wi-Fi 在侦查中的应用流程

到目前为止，Wi-Fi 技术在侦查工作中还未得到广泛应用，究其原因，个人认为有两点。一是 Wi-Fi 技术刚刚兴起还未成熟，侦查人员还不能完全熟练地运用 Wi-Fi 技术进行侦查活动。二是 Wi-Fi 侦查不同于其他技术侦查手段，其应用流程也与众不同，故不能运用现行已有的其他侦查手段的应用流程。因此，建立起一套全新的"Wi-Fi 侦查"应用流程是将 Wi-Fi 技术真正投入到侦查实践中去的前提和保障。下面就以 Wi-Fi 在侦查中的应用流程做一初步规划和分析，该流程共分为四大步骤：首先必须缩小侦查范围，其次是进行信息定位，然后要进行技术反证，最后联合应用各种侦查方法，相互验证信息的准确性，保证线索证据的可靠性。

（一）缩小范围

侦查人员经过初查掌握了一些与案有关的信息，可以对相关地点的 Wi-Fi 进行摸排调查，筛选出有价值的线索信息，并据此来缩小侦查范围，开展侦查工作。

1. 从人入手

在已知犯罪嫌疑人的手机号或者 iPad 等设备序列号的前提下，对案发现场附近的 Wi-Fi 以及犯罪嫌疑人可能去过或是经过地方的 Wi-Fi 进行摸排调查，通过筛选数据发现目标设备的登入信息。若是发现正在登入，侦查人员可以立即用抓包软件截获信息，其中极可能包括犯罪嫌疑人的个人资料、上网浏览内容、聊天记录、网上交易等重要信息，侦查人员可以通过分析这些信息缩小侦查范围，提高工作效率；若是发现曾经登入，侦查人员可以根据其登入的地点和时间（包括登入和离开的时间点）来判断犯罪嫌疑人的活动轨迹，侦查人员甚至可以根据这些信息对犯罪嫌疑人的性格特点、作案规律等进行分析，从而确定侦查方向，缩小侦查范围。

2. 从物入手

在掌握了与案件有关的移动终端设备信息的前提下，对所有与案件有关地点的 Wi-Fi 进行摸排调查、筛选、发现涉案移动终端的登入信息，以此来缩小侦查范围，确定侦查方向。譬如在盗窃案中，若是已知被盗手机的号码，侦查人员就可以对被盗现场以及小偷来去路线附近的 Wi-Fi 进行摸排，根据被盗手机连接 Wi-Fi 的记录痕迹，得出小偷行窃后的行踪和去向，从而缩小侦查范围，提高办案效率。

（二）信息定位

信息定位对今天的我们来说已不再陌生、GPS 定位、基站定位，GPS 结合基站进行定位等等，这些都已成为公安侦查破案时常用的定位方法。现如今多了一种定位技术——Wi-Fi 技术，它也能帮助侦查人员实现信息定位。生活中，通过连接 Wi-Fi 实现上网的电子设备越来越多，而且商城、机场、办公楼、咖啡厅、酒店等越来越多的社会公共场所里都提供免费 Wi-Fi 供居民使用，Wi-Fi 覆盖的范围越来越广，这为警方采用 Wi-Fi 技术进行信息定位创造了良好的基础条件。

通过 Wi-Fi 技术实现信息定位首先需要获取信息，这里的信息可以从两个方面来获取：一是人，二是物。其中，人又可以分为两类：犯罪嫌疑人和被害人。定位犯罪嫌疑人一般是在抓捕行动中，需要获取的信息有：嫌疑人所在地的 Wi-Fi 信号信息（包括 AP 的 RSS 值和 AP 的 MAC 地址）、嫌疑人的手机号码。定位被害人一般是在失踪案件或是绑架案件中，需要获取的信息和定位嫌疑人的信息相似。而定位物品通常是在盗窃、抢劫等涉物案件中，侦查人员需要对案发地点附近的 Wi-Fi 进行摸排和筛选，从而获取相关 Wi-Fi 的信号信息（包括 AP 的 RSS 值和 AP 的 MAC 地址），同时还要采集涉案物品的信息（如手机号码、ipad 的序列号等）。获取信息是实现定位的前提条件，定位是在之前所采集信息的基础上进行计算、比对查找才实现的。下面就如何根据这些信息进行定位作进一步介绍和分析。

图 13-4-7　《浅谈 Wi-Fi 在侦查中的应用》第四章（节选）

第五章，作者对该应用存在的不足进行了分析和展望。从技术原理、社会原因、法律原因等因素综合分析，阐述了自己的研究存在的不足之处以及遗留问题，并且对解决这些问题的可能的关键点和方向，为后续从事该方向研究的人指明方向，如图 13-4-8。

五、Wi-Fi 应用于侦查可能存在的问题

虽然 Wi-Fi 技术给侦查工作带来了极大的帮助，但在实践过程中，Wi-Fi 技术在侦查中发挥的作用未必能够完全展现出来，其中存在着许多问题，这些问题不容忽视，它们会制约此类侦查工作的顺利开展。

（一）Wi-Fi 覆盖范围有限

Wi-Fi 并非全国覆盖。如今大多数 Wi-Fi 覆盖区域是城市，许多农村小镇、城乡结合部还没有完全覆盖到 Wi-Fi 网络。而且，一般 Wi-Fi 覆盖面积半径约为 300 英尺左右，约合 100 米。覆盖一座大楼目是不够说的，但要想实现"全城网网"，则需要多个 Wi-Fi 组网才行，而 Wi-Fi 的组网能力有限，扩展空间由此受到了限制。因此，目前 Wi-Fi 的覆盖范围确实有限，这一点确实是侦查人员将 Wi-Fi 应用于侦查中所遇到的一大难题。

（二）目标用户连接不稳定

无线网络的信号与其无线网络强度与距离成反比，即信号随着距离的增大而衰变明显。因此生活中，原本可达 11Mb/s 的网速却因与连接用户在移动、远离路由器而使得终端最后接收到的有效网速可能只有 1Mb/s。同时，路由器发射出的无线电波在传播过程中难免会发生不同程度的衰减、折射和衍射，网络信号和强度因此被削弱。此外，若是遇到同频率电波或是雷电天气，Wi-Fi 的信号量质量会大打折扣。而这些因素都将导致目标用户连接网络的状态极其不稳定，阻碍 Wi-Fi 侦查工作的顺利进行。

（三）Wi-Fi 运营商的配合程度不高

现实生活中，当遇到需要侦查人员配合公安工作调取 Wi-Fi 信息时，个人或是家庭住往往会积极配合，即便商家却未必愿意，原因在于涉及商业机密。可我们的使用更多地存在于商业中、家庭网络、个人热点等私人 Wi-Fi 相比起大型商场、车站机场等公共场所的 Wi-Fi 来说，覆盖范围窄小之又小，因此侦查工作所需的 Wi-Fi 信息往往来源于那些具有商业性质的 Wi-Fi 运营商。虽说有法律规定，如确有必要，侦查人员有权获取公民手机设备中的电子数据信息，但在实际操作中其实并不容易，稍有不当就会被控侵权。Wi-Fi 运营商向外提供信息为其不关系个人及利益多少，还与整个商业集团的利益密切相关，稍有泄露就会造成商业机密的外漏，带来的损失不敢想象。因此，当被要求提供协助 Wi-Fi 信息配合公安工作时，商业机密、集团利益等都有可能成为 Wi-Fi 运营商拒绝配合侦查工作的理由，甚至有的运营商只是觉得配合公安工作调取 Wi-Fi 数据信息操作起来麻烦，事实上并未涉及商业机密和个人隐私，却以上述理由搪塞、拒绝，而侦查人员又不能强行获取，此时侦查工作就是有效也走不过去，略显无力了。

（四）专业技术人才稀少

专业化队伍的建设是利用 Wi-Fi 进行侦查的必要条件。Wi-Fi 技术实际上属于网络通信技术的范畴，当前网络通信方面的技术人才尚且不多，能熟练掌握并运用 Wi-Fi 技术进行侦查工作的专业人员更是少之又少。然而，没有相关专业知识的侦查人员开展此类工作目性大、办案效率低、消耗成本高，甚至还有可能物说最佳的作战时机。由此可见，专业技术人才的稀缺将阻碍将 Wi-Fi 侦查的推广和普及。

（五）法律法规空白

当前我国有关网络的法律法规正随续出台，计算机的使用状况和网络秩序越来越受重视，公安机关办理案件的程序规定也在逐步完善，办案越来越趋清晰，侦查机关在使用绝大多数侦查手段时基本都有据可循。但在侦查人员如何利用无线网络技术进行侦查工作这类特殊的细节问题上，可依据的法律法规却很少，几乎都没有被提起过，这使得侦查人员很难把握运用无线网络技术如（Wi-Fi 技术）进行侦查的这个"度"，稍有不慎便有可能触及商业机密、个人隐私等"红线"，这对 Wi-Fi 侦查这一新型侦查手段的运用、发展和普及来说确实是一大瓶颈，若没有明确的法律法规加以规范，侦查人员在实施有关无线网络的侦查措施（如 Wi-Fi 技术）时将无据可循，甚至会给惹上麻烦，侦查工作很有可能因此而被收远，甚至停滞不前。

图 13-4-8　《浅谈 Wi-Fi 在侦查中的应用》第五章（节选）

13.4.3 学位论文资料搜集分析

作者在创作论文时所引用的参考文献列表如下：

［1］陈祥．基于 WIFI 与移动智能终端的室内定位技术研究［D］．哈尔滨：哈尔滨大学；2017.

［2］刘少伟，花向红，邱卫宁，舒颖，魏康，彭雪生．WiFi 指纹定位中 AP 个数对定位精度的影响［J］．测绘工程，2017（02）：33-36.

［3］马晓鑫．基于 WIFI 和 GPRS 智能家居系统设计［D］．廊坊：北华航天工业学院；2016.

［4］丁莹．浅谈 Wi-Fi 技术［J］．科技世界，2012，6：1-2.

［5］盛仲飙．WIFI 无线网络技术及安全性研究［J］．电子设计工程，2012，16：2-3.

［6］张晶晶，张炳文，张维．位置指纹库建立的研究［J］．中国新通信，2017（08）：146.

［7］李晓春，张芸．利用智能手机传感器建立室内定位指纹库的 wifi 指纹定位方法［J］．电子测试，2017（03）：81-82.

［8］宫恒．WiFi 为啥时快时慢［J］．计算机与网络，2017（05）：45.

［9］毛国强，高岩超，李明．基于 Wifi 网络的数据采集小车［J］．电子世界，2017（06）：192.

［10］刘涌，胡庆峰，韩伟．WiFi 无线网络技术浅析［J］．电脑知识与技术，2017（34）：37-38.

［11］张伟，花向红，邱卫宁，薛卫星，周定杰．WiFi 指纹定位的一种新组合算法［J］．测绘工程，2017（03）：14-18.

［12］王晓薇．基于 WIFI 的隧道人员定位算法的分析与研究［D］．武汉：武汉邮电科学研究院；2017.

［13］冯奕，魏晓敏，王如云，龚明，向琪．WIFI 技术的应用及商用 Wi Fi 技术研究［J］．中国战略新兴产业，2017（03）：11-12.

［14］杨海东．浅谈 WLAN 构建及免费 WiFi 技术的应用［J］．现代工业经济和信息化，2016（24）：111-112.

［15］中华全国律师协会．中华全国律师协会律师办理电子数据证据业务操作指引［S］.
http：//www.360doc.com/content/16/0109/20/6671993_ 526691633.shtml，2016.

［16］江苏省律师协会．江苏省律师电子证据的固定采集与展示业务操作指引［S］.
http：//www.attorney.net.cn/_ d270180121.htm，2016.

论文在第一章介绍了 Wi-Fi 技术的基本工作原理和特点，并且在第二章介绍了 Wi-Fi 技术在侦查中的应用依据。作者为了使论文对于 Wi-Fi 技术介绍详实，并充实第二章中在侦查中的应用依据，查阅了和 Wi-Fi 技术细节相关的资料，并添加了序号 4、5、8、10、13 的文献于参考文献部分。这些参考资料主要来源于书籍著作、硕士毕业论文。

该论文的撰写涉及交叉学科，即 Wi-Fi 和侦查学。作者在撰写论文的过程中，从网络上的电子资源搜了包含关键词"Wi-Fi"和"刑事侦查"，并找到了对应的期刊。但是仅凭这些材料对论文的完成，以及作者思路的扩展是不够的。因此作者想到了查看 Wi-Fi 技术在其他领域的使用，例如智能家居、工业信息化等。因此作者参阅了登载这些方面论文的期刊（详见序号 3、6、7、9、14 的参考文献），并寻找到了如何把 Wi-Fi 技术和侦查学进行有机结合的灵感与方法。

论文第四章是重点，由于 Wi-Fi 侦查不同于其他侦查技术，故不能使用现行的其他侦查手段的应用流程，作者提出了自己关于 Wi-Fi 侦查的新流程，包括通过 Wi-Fi 技术缩小范围、定位和收集证据。为此作者通过关键字包含"定位算法""数据采集""指纹库"等侦查和 Wi-Fi 技术相关的关键词，找到和本章内容相关的信息（详见序号 1、2、11、12 的参考文献），为自己独创的 Wi-Fi 侦查流程的撰写提供了极有价值的参考资料。

最后一章作者提出了 Wi-Fi 技术应用于侦查所存在的不足之处，分别从 Wi-Fi 技术的各类特征、社会现象、法律法规的角度进行剖析。作者同时通过阅读报告、调查以及期刊文献（详见序号 15、16 的参考文献）找到了支持 Wi-Fi 技术应用于侦查所不足之处的论据。

13.4.4 学位论文写作方法分析

本论文以简单、朴实的描述方法，描述了如何将 Wi-Fi 技术的特性应用到公安侦查当中。作者把侦查学中的概念通过平实的语言解释得深入浅出，对 Wi-Fi 技术在侦查中起到的作用描述得言简意赅。

作者创作伊始，就对相关领域的材料进行仔细地分析和研究，所发现的问题在侦查学领域内有非常好的理论和应用价值。在描述自己所提出的看法的过程中，通过不同类型的参考资料进行佐证，使论文的论点言之确凿，有理有据且简明扼要，避免了作者提出的观点被轻易驳倒和读者在阅读过程中难以把握论文的尴尬。

整篇论文结构安排合理，各个章节依次是：提出问题、分析问题、解决问题。同时各个章节之间的小标题都是对大标题的一种补充说明，而小标题内的叙述又是对小标题的详细解释。这样论文各个章节之间安排有序，逻辑结构良好，内容组成丰满。各个章节既有自己的功能与特色又与别的章节相互辉映，从而使整篇论文显得独具匠心，不落俗套。

第 14 章

学术论文

随着我国森林公安事业的蓬勃发展，森林公安领域里需要研究的现象与问题也不断增多。学术论文是人类科学发展的重要载体和标志，围绕森林公安工作中的问题撰写学术论文既是对森林公安数字文献资源利用的成果，同时也是丰富森林公安数字文献资源的途径。森林公安工作者可以通过森林公安学术论文就森林公安行业相关的理论和实践，运用专业方法，发表自己的创新观点，传播自己的学术观点。撰写森林公安学术论文，交流与森林公安执法、森林公安队伍管理、森林与野生动植物违法犯罪的相关研究成果，对于提高自然资源管理水平、森林公安执法能力都非常关键。

14.1 学术论文的基本概念

14.1.1 学术论文的定义

学术论文是对某个科学领域中的学术问题进行研究后表述科学研究成果的理论文章。例如学者尹玉吉认为，"学术论文就是用系统的、专门的知识来讨论或研究某种问题形成的研究成果的学理性文章"，而"社会科学学术论文就是研究主体针对社会领域某一学科或学科的某一方面进行调查、研究和思索，并把这一过程的结果按照一定形式与规范用文字等记录下来表述为学术成果的理论文章。"国家标准 VDC001.81 和 CB7713-87 号文件规定了学术论文的定义，"学术论文是某一学术课题在实验性、理论性或观测性上具有新的科学研究成果或创新见解的知识和科学记录；或是某种已知原理应用于实际中取得新进展的科学总结，用以提供学术会议上宣读、交流或讨论；或在学术刊物上发表；或作其他用途的书面文件。"因此，学术论文就是围绕某一个问题或一个现象而进行的某一层面的研究成果，具有理论性、创新性及科学性的书面文件。

森林公安学术论文是对森林公安行业中有关社会科学和自然科学领域中的某些现象和问题进行比较系统的研究后，所形成的理论性文章。撰写学术论文，对于推动森林公安行业的发展和自然资源的保护，以及美丽中国建设都具有重要价值。在森林公安行业中，学术论文是森林公安工作者针对某一问题或学术课题，在实验性、理论性或预测性上具有的新的科学研究成果或创新见解和知识的科学记录。森林公安工作者根据某种已知原理应用于森林公安工作实践进而取得新进展，这种对于森林公安工作成果的科学总结，也属于学术论文的范畴。

14.1.2 学术论文的特点

学术论文是科学研究的成果，具有科学性、创造性、理论性等特点。

1. 学术论文的科学性

学术论文的科学性，要求学术论文在撰写过程中坚持实事求是的科学精神，排除一切不利于科学研究的主观干扰因素。

学术论文必须以科学研究为基础，以科学精神为原则，不能以个人好恶当作评价客观事物的尺子。学术论文旨在反映客观对象的本质，揭示其运动、变化规律，这是论文作者学术品格的反映。以科研为幌子，推销个人偏见、主观臆造，都是与学术论文的社会期望背道而驰的。

森林公安学术论文的科学性，首先要求作者在立论上不得带有个人好恶的偏见，不得主观臆造，必须切实地从森林公安行业的客观实际出发，从中引出符合实际的结论。在论据上，应尽可能多地占有资料，以最充分的、确凿有力的论据作为立论的依据。在论证时，必须经过周密的思考，进行严谨的论证。

2. 学术论文的创造性

创造性是科学研究的生命，凡是优秀的学术论文总是在某些方面给人类的学术文化贡献了新的东西。

学术论文的创新性，要求在学术论文撰写过程中探求新知识、发现新现象、挖掘新发展，尤其是在某一领域感兴趣和关注某领域发展的学者或人群中展示科学研究的新动向和新发展。因而，学术论文的创新包括观点创新、研究方法手段创新、解决问题对策的创新。斯蒂芬·梅森说，"科学方法主要是发现新现象、制定新理论的一种手段，旧的科学理论就必然会不断地为新理论推翻。"因此，森林公安学术论文的创造性，首先在于作者对森林公安实践中存在的普遍性问题要有自己独到的见解，如提出前人所未提出的新观点、新理论，或对原有理论从新的角度或运用新方法进行新的论证。一般情况下，诸如读书心得或摘要、教科书式的文章、不提出主要论点只作引述的文章、单一资料来源写成的文章、以经不起考验的论点作依据写成的文章、掠人之美或有剽窃之嫌的文章，都不能称为学术论文，其原因就在于它们缺乏深刻性而不能跃上高层次的学术台阶，或有违于学术研究的本意而不会促进学术活动的发展和提高。

3. 学术论文的理论性

学术论文的问题属于议论文，但又与一般的议论文有所不同。学术论文就是运用学科原理、专业术语以及学术语言，对客观事物现象及背后规律进行归纳、推理与演绎，以此形成并在一定范围公布的专业理论文章。

学术论文的理论性，要求在学术论文撰写过程中有自己的理论构建而不是现象的罗列、材料的堆砌。一般来说，学术论文具有论证色彩，或具有论辩色彩。论文的内容必须符合历史唯物主义和唯物辩证法，符合"实事求是""有的放矢""既分析又综合"的科学研究方法。

在森林公安学术论文的特点中，创新性是学术论文的生命。学术论文应能够为森林公安实践提供新的科技信息，其内容应有所发现、有所发明、有所创造、有所前进，而不是重复、模仿、抄袭前人的工作。另外，学术论文还具有平易性、专业性和实践性的特点。学术论文的平易性，指的是要用通俗易懂的语言表述科学道理，不仅要做到文从字顺，而且要准确、鲜明、和谐、力求生动。学术论文的专业性，则是区别不同类型论文的主要标志，也是论文分类的主要依据。学术论文的实践性，是论文价值的具体体现。

14.2 学术论文的种类划分

14.2.1 按照研究学科分类

按照研究学科不同分类，可将学术论文分为自然科学论文和社会科学论文。

1. 自然科学论文

有学者认为，自然科学是"研究自然界的物质形态、结构、性质和运动规律的科学"，并认为自然科学的研究对象是"揭示一般物质世界的必然性，自然科学就是对必然规律的揭示。"因此 自然科学论文也就是自然科学领域的研究论文。自然科学论文还可以进一步细分为数学论文、物理学论文、化学论文、生命科学论文、地球科学论文、工程学论文、材料学论文、信息科学论文、医学论文等。

2. 社会科学论文

社会科学是研究人类社会的种种现象的各学科总体或其中任一学科；社会科学论文就是社会科学领域的研究论文。社会科学论文还可以进一步细分为哲学论文、经济学论文、政治学论文、法学论文、国际关系学论文、社会学论文、人口学论文、民族宗教学论文、历史学论文、文学论文、语言学论文、管理学论文、新闻传播学论文、图书情报学论文、艺术学论文和军事学论文等。

3. 自然科学论文与社会科学论文的区别

自然科学与社会科学的区别，除了研究对象不同外，研究方法也有很大的不同。自然科学在可能的情况下，都希望用实验的方法验证其结论；而在社会科学领域，社会科学家在很多情况下只能运用一定社会环境下的数据（观察数据）来进行研究。这种方法上的差异也会体现在学术论文上。

14. 2. 2 按照研究目标分类

按照研究目标不同分类，可以将学术论文分为理论研究论文和应用研究论文。

1. 理论研究论文

理论研究是指为获得关于现象和可观察事实的基本原理及新知识而进行的实验性和理论性工作，它不以任何专门或特定的应用或使用为目的。理论研究论文，是指那些对各学科的基本概念和基本原理进行研究而形成的论文。

2. 应用研究论文

应用研究是指为获得新知识而进行的创造性的研究，它主要是针对某一特定的实际目的或目标。应用研究论文，是指那些侧重于如何将各学科的知识转化为专业技术和生产技术而形成的论文，其目标是直接服务于社会。

14.2.3 按照写作方法分类

按照写作方法不同分类，可以将学术论文分为交流性论文和考核性论文。

1. 交流性论文

目的只在于专业工作者进行学术探讨，发表各家之言，以显示各门学科发展的新态势。

2. 考核性论文

目的在于检验学术水平，成为有关专业人员升迁晋级的重要依据。

学术论文的分类并不是固定不变的，尤其是当前在科学研究中出现了自然科学与社会科学交融的现象，即在社会科学研究中应用自然科学的研究方法；这也导致在一些社会科学论文撰写中也出现了自然科学论文中才出现的图表和实验数据等。

森林公安学术论文，从研究学科上看，既包括自然科学（如野生物种的鉴定与识别等），也包括社会科学（如森林公安队伍建设等）；从研究目标看，既有理论研究论文（如森林公安体制改革研究等），也包括应用研究论文（如非法狩猎犯罪案件的侦查对策等）；从写作目的看，既包括交流性论文（如濒危野生物种保护执法学术研讨交流会上的论文），也包括考核性论文（如森林公安院校学生撰写的学位论文、森林公安队伍中的技术人员在职称升迁晋级时撰写的学术论文等）。

14.2.4 按照写作结构分类

按照论文的写作结构不同分类，可以把论文分为综述性学术论文、调查类论文、设计类论文、对比类论文和实验类论文。

1. 综述性学术论文

综述性学术论文也称综述，是指查阅了某一专题在一段时期内的相当数量的文献资料，经过分析研究，选取有关情报信息，进行归纳整理，作出综合性描述的学术论文（见图14-2-1）。一篇好的综述性论文通常符合下列要求：一是选题要新（如果某一篇综述文章，与已发表的综述文章"撞车"，即选题与内容基本一致，则不符合选题要新的要求），二是说理要明（论文必须以现有的文献为依据，决不能异想天开地臆造数据和诊断，将自己的推测作为结论写），三是文献要新（在引用文献中，70%的应为3年内的文献）。

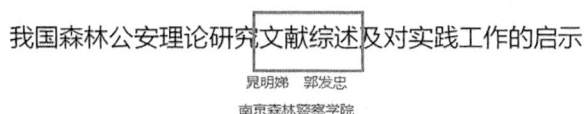

晁明娣 郭发忠

南京森林警察学院

☐ 导出/参考文献 ➕

摘要: 以对中国知网载文分析的视角对近二十多年来我国森林公安理论研究现状和热点予以分析,指出理论研究对于森林公安实践工作的启示:继续强化理论研究,研究工作要具有实践性和开放性;强力推进森林公安机关和队伍建设;大力开展执法工作,推进法制建设。

关键词: 森林公安; 理论研究; 实践工作; 启示;

分类号: D631.1

图 14-2-1 综述性学术论文

2. 调查类论文

调查类论文,是指围绕某个问题进行调查后所撰写的学术论文(见图 14-2-2)。调查类论文与其他类型论文的最大区别,不但在于其题目中通常含有"调查"字样,而且在文章结构上有区别。调查类论文的结构通常包括引言(提出问题)、调查方法与过程(阐述调查所使用的方法与调查过程)、调查结果与分析、讨论与结论(即结尾)等。调查类论文的结尾非常重要,通常有五种写作方法,如总结调查的主要观点,深化主题;对调查现象的发展趋势进行展望,启发其他学者进一步去探索;提出建议,供高层或其他领导在决策时参考;指出存在的问题或不足,提出今后研究的方向;补充正文中没有涉及而又值得重视的情况或问题等。

全国森林公安机关数字文献资源应用及共享需求调查分析

宋爱林 周爱民 敖孔华 顾剑

南京森林公安高等专科学校 国家林业局森林公安局

☐ 导出/参考文献 ➕ 关

摘要: 采用调查问卷方式,对全国森林公安数字文献资源应用现状及共享需求进行调查,对回收的数据做统计分析和归纳总结认为:在森林公安机关单位,虽然互联网数字资源的应用日趋明显,但传统纸质文献的运用还相当普遍;对数字资源的使用还有一定局限,获取渠道比较单一;在数字文献资源的建设和应用上还存在资金、人才、设施等诸多困难.为此,需进一步加大宣传普及力度,统一规划,多方努力,共同挖掘潜力,建立和完善共享机制.

关键词: 数字文献资源; 信息资源共享; 森林公安机关;

分类号: D631.4

图 14-2-2 调查类论文

3. 设计类论文

基于ArcEngine的林火动态监测与精确定位系统的 设计与实现

张瑜 丛静华 沈明霞 许水燕 刘龙申

南京农业大学工学院 南京森林警察学院

☐ 导出/参考文献 ✛ 关注

摘要：有效的林火监测与定位是预防和减少森林火灾的途径之一。文章以ArcEngine和Microsoft Visual Studio 2005(C#)为开发平台，以地理信息系统数据库Geodatabase为支撑，开发了一套林火动态监测与精确定位系统，可以实现监测点安装选址、林火单点定位、三维地形与数字云台联动、二维分析等功能。系统在内蒙古白狼林场进行了试验。试验表明，系统运行稳定，基本可以实现预期的功能。

基金：国家林业局"948"引进项目"集成化林火动态监测与精确定位技术引进"(2008455)；

关键词：ArcEngine; 林火监测; 选址; 单点定位;

分类号：S762.2

图 14-2-3　设计类论文

设计类论文是指结合实际的某项具体项目所进行的设计而形成的学术论文，或针对某具体课题进行有独立见解的论证而形成的学术论文（见图 14-2-3）。撰写设计类学术论文，不但能够对某一课题进行专门深入的研究，巩固、扩大、加深已有知识，而且能够培养综合多学科知识去解决问题的能力。设计类学术论文的结构通常包括引言（重点描述应用项目背景、项目开发特色、工作难度等）、项目分析设计（重点描述项目的总体框架、功能说明、开发工具等）、项目实现（描述项目设计结果、开发原理和过程）、结语等。

4. 对比类论文

对比类论文也称比较类论文，是指以比较方式为研究方法，以揭示事物本质的学术论文（见图 14-2-4）。这类论文的题目或关键词中可能包含了"比较研究"等字样。对比类论文的比较方法，可以分为宏观比较（如不同国家在野生动物保护执法的制度设进行比较）与微观比较（如对某特定野生物种的保护执法方法或方式进行比较）等。在撰写这类学术论文时，首先需要确定比较的主题，其次需要获取相关资料，再次要描述比较内容并进行差异分析，最后得出比较结论。

中美合作开展对黑足鼬与艾虎的 比较研究

徐建民

摘要：<正> 应中华人民共和国林业部邀请,美国内政部鱼类和野生动物局国立生态研究中心的毕京斯博士(DEAN BIGGINS)和汉尼伯力先生(LOU HAN EBURY),于1990年3月25日至4月7日与东北林业大学野生动物系的科研人员,在内蒙巴达尔湖农场进行了首次黑足鼬与艾虎的比较合作研究。

DOI: 10.19711/j.cnki.issn2310-1490.1990.05.022

图 14-2-4 对比类论文

5. 实验类论文

实验类论文是介绍实验成果的学术论文（见图 14-2-5）。实验类论文通常包括实验目的、实验材料、实验过程、实验结果的分析、结论和建议等。在说明实验材料时，不仅要充分详尽地说明要使用什么设备、化学药品，还要说明它们的来源和质量，包括样品供应者的牌号和地址。在说明实验过程时，要说明实验仪器、设备、所需条件和所获数据等方面，内容详述和简化可以有一定的伸缩性。如果设备或实验不是通常标准的，也不是过去验证过的，那么要充分说明、以便别人能重复试验，并且判断其准确性和精确度。实验结果分析是实验类论文的关键。实验结果和具体的判断分析，通常要逐项探讨；在撰写这一部分时，必须秉承科学态度和实事求是精神，事实与推理一定要明确区分开来。

利用12S rRNA基因标记鉴定鱼翅真伪

黄娅琳

南京森林警察学院 国家林业局森林公安司法鉴定中心

摘要：为检测鱼翅样本真伪及鲨鱼种属,通过提取送检鱼翅、鱼翅羹样本DNA,扩增其线粒体DNA上的用于动物种属鉴定的12S rRNA基因片段,并进行DNA测序和序列分析,测序结果在Gen Bank上进行BLAST搜索,与数据库中相关物种序列进行同源性分析。结果表明,在送检的23份样本中,18份鱼翅羹样本、2份粉丝状鱼翅、1份翅状鱼翅中均未成功提取到DNA,未扩增出目的基因片段,而从2份鱼翅样本中成功地提取到了基因组总DNA,并成功扩增出了12S rRNA基因片段,这2份样本的12S rRNA基因片段的碱基序列分别与黑边鳍真鲨(Carcharhinus limbatus)、斜锯牙鲨(Rhizoprionodon terraenovae)的同源性达到99%。对鉴定出含有鲨鱼成分的2份样本进行高温泡发处理,高温泡发实验表明,1份样本(22号)有明胶析出。研究证实,12SrRNA基因序列测定技术能准确、快速鉴定待检样本中是否含有鲨鱼成分,结合高温泡发时是否有明胶析出可综合判定鱼翅真伪。

基金：中央高校基本科研业务费专项资金资助项目(LGYB201518)；

关键词：鱼翅; 真伪; 12S rRNA; 基因标记; 种属鉴定;

分类号：TS254.7

图 14-2-5 实验类论文

14.3 学术论文写作的基本步骤

14.3.1 准备论文选题

选题在学术论文写作中具有头等重要的意义。论文选题就是确定一篇学术论文的研究目标，包括论文的研究方向和研究对象。如果选题成功，找到了有意义的课题，才能获得好的效果，对科学事业和现实生活有益处；相反，如果选题不当，做了一项毫无意义的研究，即使研究得再好，论文写作得再美，也是没有科学价值的。爱因斯坦曾经说过，"提出一个问题往往比解决一个问题更重要。因为解决一个问题也许仅仅是一个数学上的或实验上的技能而已。而提出新的问题，新的可能，从新的角度看就问题却需要有创造性的想象力，而且标志着科学的真正进步。"钱学森教授认为："研究课题要紧密结合国家的需要。……在研究方法上要防止钻牛角尖，搞烦琐哲学。目前在社会科学中，有的人就古人的一句话大做文章，反复考证，写一大篇论文，我看没有什么意思。"因此，我们要选择有科学价值的课题进行研究和写作。那么，应该根据哪些原则来选题呢？

1. 选题坚持科学性原则

选题的过程就是明确研究方向和目标的过程。在科学研究实践中，我们通常按照逻辑思维的顺序，研究客观材料。在研究过程中，随着思维的渐进深入，会有各种各样的想法与观点。这些观点与想法都是非常有价值的，但是无法全部写进论文当中——因为这些想法与观点可能处于零碎而分散的状态；只有经过选择、鉴别和汇总，才能成为一篇论文。从唯物主义辩证法观点看，作者的研究过程中，需要经历一个从个别认识上升到一般的、共性的认识，从对象的具体分析中寻找彼此间的差异和联系，从输入大脑的众多信息中提炼形成自己的理念，并使其明确下来。这个从分散到集中、从分析到综合的认识发展过程，就是选题的确定过程。

在森林公安行业的科学研究中，学术论文的选题科学性，首先是指选题必须有事实根据和理论依据。如果选题在方向上出现科学性不足或差错，那么无论作者聪明才智如何，都很难成功。

2. 创新性原则

选题的前提是作者能够发现问题或提出问题。在森林公安工作中撰写学术论文，选题最好是森林公安行业中普遍性存在的问题。在森林公安科学研究实践中，好的选题通常包括：森林公安行业中亟待解决的课题；濒危野生物种保护执法技术领域的新发现、新创造；森林公安相关学科上短缺或空白的填补，等等。

在森林公安行业的科学研究中，选题也是科学研究的起点。如果选题具备"提出了新理论，发展了新学科，改进了新方法，构建了新模型，解决了新问题"中的任何一项，都可以视为具备了创新性。

在不同的时期，选题可能会随着森林公安工作所面临形势的改变而发生变化。在近两年里，以下选题都是值得关注的选题：

（1）生态文明制度改革视野下象牙贸易犯罪治理；

（2）打击跨境穿山甲犯罪对策；

（3）大数据背景下濒危野生物保护执法工作；

（4）濒危野生物保护执法技术；

（5）野生动植物司法鉴定管理机制创新；

（6）打击跨境野生动植物犯罪管理机制创新；

（7）濒危野生物种犯罪与濒危野生物保护执法理论。

14.3.2 准备参考资料

在确定好选题后，需要收集和整理相关参考资料。学术论文要有根有据、有所创新，这都反映了学术论文是建立在已有研究的基础上，这决定了在学术论文撰写过程中需要参考文献。搜集获取相关材料是撰写学术论文基础性的工作，需要下足功夫。据美国科学家基金委员会统计，一个科研人员完成一项科研活动所用的时间中，查阅文献资料就占去 50.9%，而用于实验研究的时间又占 32.1%，用于编写报告的时间仅占 9.3%，计划和思考的时间占 7.7%。这充分体现出组织参考资料在论文撰写中的分量或价值。

1. 参考文献的概念与作用

参考文献是学术论文的重要组成部分，不仅能作为论据来支撑学术论文的论点，也能在后期投稿过程中为编辑部、审稿专家和读者提供鉴别论文价值水平的重要信息。

（1）参考文献的概念

参考文献是指为撰写学术论文而引用的有关期刊和图书资料。国家标准《信息与文献参考文献著录规则》解释说，"参考文献就是对一个信息资源或其中一部分进行准确和详细著录的数据，位于文末或文中的信息源"。

（2）参考文献的作用

在学术论文撰写过程中搜集和引用参考文献，既能反映出作者的科学态度和研究方法，也能反映出论文的起点、深度和科学依据。同时，在学术论文写作过程中引用的参考文献，通常是被用来作为论据的；其功能包括佐证作者的观点或反驳他人观点，或者是批评相关的论证假设。

（3）注意参考资料的广度与深度

所谓广度，就是参考资料的收集范围要广，既要收集国内的参考资料，也要收集国外的参考资料；既要收集先前的参考资料，更要收集最新的参考资料。参考资料的深度，就是指参考资料的权威性。随着信息技术的发展，尤其是知识更新频率的加快，在科学研究中参考资料的收集相对变得容易；因而，参考资料的权威性益发重要，这要求在收集和引用参考文献时，尽可能引用权威期刊、权威学者的研究成果。

2. 收集参考资料的途径

第一个收集参考资料的途径，就是参加学术研讨会。虽然有学者认为，学术研讨会上的文章通常层次不高。相对于期刊论文，学术研讨会的论文可能确实如此；但这并不妨碍将学术研讨会作为收集参考资料的重要途径。因为在学术研讨会上，可以发现当前的研究前沿动态，运气好的话还可以与作者进行面对面的直接交流。这是其他收集途径所不具备的优势。

第二个收集参考资料的途径，就是期刊论文了。对于立志于在森林公安行业中深入科学研究的年轻学者而言，固定阅读《森林公安》《野生动物保护学报》等期刊上的论文，有助于掌握森林公安行业的科研发展趋势与进展。

第三个收集参考资料的途径，就是充分利用互联网。当前，不但像国家林业和草原局、海关总署、生态环境部等政府主管部门会在网站上发布一些与森林公安、森林与野生动植物资源保护相关的政策法规、司法案例，而且像东北林业大学、北京林业大学、南京森林警察学院濒危野生动植物犯罪情报中心等高校科研院所也会在其网站上登载一些森林公安执法技术、野生动植物保护执法动态的资料。

以上都是收集参考文献资料的重要途径。除此以外，阅读与森林公安工作、野生动植物保护执法相关的专著，与资深研究人员合作、与自己熟悉的同行讨论，也是收集参考资料的重要途径。

3. 整理参考资料

对于期刊文献、专著等纸质参考资料，可以采取制作读书卡片的方式，保存文献资料。读书卡片不需要固定的格式，只要记录下参考文献著录所需要的相关信息，以及对于学术论文有价值、可能被引用的信息即可。对于电子资料，可以下载的方式保存。如果方便的话，可以在电脑上建立一个文件夹来保存参考资料，同时为了方便日后检索，可以利用 Excel 电子表格软件制作一份索引。在森林公安科学领域，如果不涉密的资料，也可以利用保存在网络空间里，如 QQ 空间、OneDrive 等。

4. 参考文献体例

不同的期刊，参考文献的体例可能不完全相同。目前科学研究期刊中，温哥华格式、哈佛格式和国家标准规定的格式是当前三种主要的参考文献体例。

（1）温哥华格式

为了方便和规范国际学术交流，1978 年国际医学编辑指导委员会在加拿大温哥华召开的会议上提出了统一医学期刊参考文献著录格式的倡议；这就是温哥华格式的由来。温哥华格式的主要特点就是"顺序编码制"，要求在正文中以引用文献的先后顺序标注阿拉伯数字号，文献参考文献表也以此顺序先后排列。当前，我国生物医学期刊中绝大多数采用了温哥华格式。

（2）哈佛格式

哈佛格式起源于美国，20 世纪 50~60 年代开始流行，尤其是在物理学和自然科学研究领域使用普遍；近年来社会科学研究领域也开始流行。哈佛格式的主要特点是"作者—年代制"，要求在正文引用参考文献资料的地方加小括号标出第一作者姓名及参考文献发表年代，正文中不标注参考文献序号。文后参考文献的排列以作者姓名字母顺序排列。如果 1 篇学术论文中引用某位前人 2 篇以上文献，再以出版年代的先后顺序加以排列。哈佛格式的优点是在引用原文资料的同时标注了所引用文献的作者姓名，不用序号，方便编辑。

（3）国家标准

我国先后发布了 GB/T 7714-1987《文后参考文献著录规则》和 GB/T 7714-2005《文后参考文献著录规则》、GB/T 7714-2015《信息与文献参考文献著录规则》等多个标准。这些标准规定了各个学科、各种类型出版物的文后参考文献的著录项目、著录顺序和著录用的符号、各个著录项目的著录方法以及参考文献在正文中的标注法。与 GB/T 7714-1987 相比，GB/T 7714-2005 依据 ISO 90-2 国际标准增加了电子文献的著录规则；与 GB/T 7714-2005 相比，GB/T 7714-2015 不但在名称上由《文后参考文献著录规则》更改为，而且为了适应网络环境下电子资源存取的需要，增加了"数字对象唯一标识符"（DOI）的相关内容。

具体的学术论文参考文献著录格式及实例可参阅本书第 18 章。

14.3.3 撰写文献综述

文献综述，也称文献评述，就是评估已有的相关文献资料，总结各文献资料的思想观点，发现各文献资料存在的不足，以突出自己在写的学术论文的重要性。文献综述是科学研究论文必不可少的部分也是学术文章立论的基础和依据，是确立文章论点的保障。

1. 文献综述的性质

文献综述属于历史叙事性写作，因而要求在写作过程中简明扼要。在内容结构上，文献综述分为两个部分，首先是摘取相关文章的重要信息和论证方式，其次是对摘取的文章进行评述，即以自身课题焦点为核心，发现前人理论的不足，找出此前特定理论和观点的发展规律和论证特点，为作者阐述自身课题提供背景和依据。

2. 文献分析

收集到足够多的参考资料后，需要根据学术论文的选题等需要进行定量或定性分析。如果收集的参考文献资料数量多，那么对参考文献资料进行定量分析是很有价值的。如学者何海波在撰写《中国行政法学的外国法渊源》学术论文过程中，收集了大量的中国介绍外国行政法的参考文献资料；他在文献分析中采取了定量分析方法，统计了中国介绍外国行政法文章，发现关于美国、日本的参考文献资料最多，关于英国、法国、德国的次之，介绍发展中国家行政法的文献资料几乎没有。经过文献分析，何海波得到了不同国家行政法对中国行政法学研究的影响。在参考文献资料数量少的情况下，采用定量分析的方法可能不是最佳选择，那么定性分析方法就是重要的选项了。只有通过文献分析，才可能够达到文献综述的目的：一是评估分析已有参考文献资料的贡献和局限，凸显自己学术论文的价值；二是分析自己论文与理论传统的关系，以确定自己学术论文的定位；三是寻找自己学术论文与已有成果的不同之处，突出自己学术论文的创新性。

3. 文献综述的写作方法

在完成了参考文献资料的收集和分析工作之后，撰写文献综述就是顺理成章的事了。在撰写文献综述时，既可以选择时间顺序（按参考文献资料所形成的不同时期为依据，对相关参考文献资料进行回顾），也可以选择主题分类的方式（将主题相同或相近的参考文献资料放在一起回顾）。在撰写文献综述时，需要注意文献综述的结构；文献综述的结构通常包括两个部分，一是参考文献资料的引用，二是对所引用参考文献资料的评述。在文献综述中，评述所引用的参考文献资料，通常是评述其研究方法（论证逻辑）、研究成果（学术观点）。如果没有对所引用参考文献资料的评述，那么文献综述就有可能变成参考文献资料的简单堆砌；而且只有对所引用参考文献资料进行恰当的评述，才能实现文献综述的目的。

14.3.4 正式撰写论文

1. 论文的撰写过程

论文的撰写过程一般可分为提纲、初稿、修改稿和定稿。

（1）提纲

论文提纲，往往就是学术论文的框架结构，至少可以包括：一是学术论文的题目，二是学术论文的一级标题。如果前期文献综述中形成了图表，或在前期研究中制作了研究的思维导图，也可以附在学术论文的提纲当中。论文提纲的内容不需要太细致复杂，但研究内容的主要观点不能缺位，观点新颖、有创新性、重点突出、详略得当等都是优秀论文提纲的判断标准。另外，在撰写论文提纲时，还可以结合学术论文拟投稿的期刊风格，来综合确定学术论文的论点与次论点。

（2）初稿

在撰写论文初稿时，最好是根据学术论文的提纲，一气呵成。因为在撰写论文初稿过程中，思路往往非常清晰；一旦中断，则可能会对学术论文的撰写带来灾难性后果。当然，也有学者有着不同的习惯或风格，他们在撰写论文初稿时，是根据论文提纲，在不同时间完成论文的不同部分，最终组合成一篇优秀论文的。

（3）修改稿

初稿之后，论文进入反复修改阶段。其中，如果有条件与资深学者交流、熟悉的同行探讨，那将是一件非常有意义的事。在修改论文过程中，既要关注学术论文中的论点是否科学、论证是否充分、资料是否翔实，也要关注在确定选题时提出的问题是否得到了解决。

（4）定稿

在学术论文的定稿阶段，要严格审读论文的语言表述，仔细审读论文的内容及论证逻辑，以防存在疏忽和纰漏。

2. 学术论文的结构

学术论文的结构，通常包括：题目、内容摘要、关键词；论文的引言、正文、结语；参考文献。

（1）学术论文的题目

学术论文题目最好能够标示出论文的观点。论文题目不要过长，最好不要超过 24 个汉字；论文的题目要新颖，防止陈词滥调、大而无当。因此，在撰写学术论文过程中，要注意对论文题目进行推敲。在学术论文撰写中，不提倡采用复杂的结构或副标题。虽然有些学者在撰写学术论文中大量采用了副标题，用副标题来限制题目的范围，从而增强了学术论文题目的信息量；但也让题目变得繁复，不易被人记诵。

（2）学术论文的内容摘要

内容摘要就是简要地概括学术论文所研究的问题、研究中所运用的方法以及通过研究所得到的结论。内容摘要的作用主要在于让读者迅速了解论文的内容。虽然论文题目也能够帮助读者了解论文的内容，但内容摘要却可以告诉读者关于论文研究方法和论文的研究结论。此外，随着互联网和科研论文电子数据库的发展，网络检索已经成为科研工作者检索文献的主要手段；内容摘要也成为科研人员检索学术论文的重要手段。在为学术论文撰写内容摘要时，需要注意文字不要太多；很多学术期刊都对内容摘要的篇幅进行了限制，如字数控制在 200 字左右。内容摘要的概括性强，需要在较短的篇幅内尽可能充分地传递信息；因此，可以尽量使用论文中的语言来阐述学术论文的研究问题、研究方法和研究结论。

（3）学术论文的引言

引言是学术论文开头的部分，其功能或作用主要是确定主题、综述参考文献资料、介绍论文的观点、方法与结构。学术论文的引言不要太长，以讲清问题为标准。引言部分可以用"引言"作为标题；如果学术论文的引言较短，只有一个或两个句子，也可以直接置放在论文的开头，而不要标题。

在学术论文撰写实践中，学术论文引言部分容易出现的错误，就是引言过短。通常情况下，引言可以占到论文的四分之一到三分之一比重。在引言中，作者需要告诉论文评审人、读者这篇论文的意义，让人们看完引言，就能够对作者为什么开展这个研究有大致的了解。

（4）学术论文的正文部分

正文是一篇论文的本论，属于论文的主体。从内容与结构的角度考察，论文正文应包括论点、论据、论证过程和结论。森林公安类的学术论文，其正文通常包括提出问题、分析问题和解决问题对策几个部分。

在学术论文撰写实践中，学术论文正文部分容易出现的错误，就是格式混乱或不规范、引用论文信息不全。因此，在撰写学术论文过程中，要严格遵守学术论文的学术规范，用严谨的态度去做研究、撰写论文，避免参考文献格式不规范、参考文献与引文序号不一致、引用论文信息不全的错误。

（5）学术论文的结语

学术论文的结语，也就是学术论文的结尾。一篇好的论文，结尾也同样精彩。

在学术论文撰写实践中，学术论文结尾部分容易出现的错误，就是戛然而止，没有客观分析本文的意义和局限性，没有前景展望；或者与论文的摘要雷同。因此，在撰写学术论文过程中，要精心布局谋篇；在论文结尾部分也不可大意或疏忽。

3. 学术论文的语言表述

作为科学研究论文，学术论文在语言表述方面有着不同于其他文学体裁文章的特点。

（1）学术论文要求在表述上有精确性

首先，庄重是学术论文的语言特点，在语言表述上要求言之有理、言之有物，语言朴素却语意实在，而不能像诗歌、广告等那样去煽情。其次，学术论文在撰写过程中应当尽可能使用其学科领域内的规范术语，例如：在学术论文涉及研究破坏资源的野生动植物犯罪问题时，在撰写过程中就应当首先使用野生动物保护法、森林法、刑法及最高人民法院相关司法解释中的术语；学术论文涉及野生动物保护执法中有关野生动植物种鉴定或种类识别时，也应当首先使用国家重点保护野生动植物名录中的涉案野生物种名称。

（2）学术论文在表述上要体现其理论性

学术论文在形式上属于议论文范畴，但不同于一般的议论文，因为学术论文有自己的理论系统。例如，学术论文涉及对破坏野生动物资源或森林资源案件调查措施时，最好采用《中华人民共和国刑事诉讼法》或《公安机关办理刑事案件程序规定》中的措施。学术论文在撰写过程中，还需要体现出研究思维的理论性、结论的理论性和表述的论证性特点。学术论文中如果采用了案例分析来证明或补强作者观点时，可以将案例汇总起来进行分析，并将其中归纳方法研究的过程和研究所得出来的结论展示在论文当中。

4. 学术论文撰写过程中需要注意的问题

（1）要认识学术论文对于森林公安行业的价值

在森林公安工作实践中，撰写学术论文、交流学术论文，对于推动森林公安事业发展具有非常重要的价值。

（2）要遵守学术论文撰写过程中的相关学术规范

如学术论文的署名应真实，署名者需要对学术论文承担相应的学术责任和法律责任。如果学术论文是合著的，那么所有署名作者应对自己完成的部分负责，其中第一署名作者和通信作者应对整篇论文负责。

（3）在撰写论文过程中要避免抄袭或剽窃

剽窃是指在使用他人观点或语句时没有进行任何说明。因此，如果在撰写学术论文过程中，完全采用了他人的表述，那么必须遵守直接引用的规则，用引号将他人的表述突出表现出来；如果是转述他人的观点，那么就遵守间接引用的规则。

（4）在引用参考文献时，必须引用公开发表的文章

公开发表是指在国内外公开发行的报刊或正式出版的图书上发表。在供内部交流的刊物上发表的文章和内部使用的资料，尤其是不宜公开的资料，均不能作为参考文献著录。国内外学术会议上交流的论文一般也不宜作为参考文献著录。

14.4 学术论文写作的具体实例

14.4.1 学术论文选题分析

1. 实例来源

本章节以一篇在《中国刑警学院学报》2017 年第 6 期上公开发表的学术论文《中国与东南亚跨境野生动物犯罪的治理》为例，阐述学术论文选题。原文可在中国知网、万方数据等数据库下载获得，感兴趣的读者可下载全文对照阅读。

2. 选题背景

论文在摘要与引言部分阐述了选题的背景（见图 14-4-1）。"中国与东南亚间的地缘政治因素及新时期双边共同面临的非传统型安全问题，要求中国必须重视加强与东南亚各国在非传统安全领域的合作，这对维护区域稳定与和平尤为重要"，同时"随着区域经济快速持续发展，中国与东南亚间的跨境野生动物犯罪日益突出"；因此，该论文在选题上抓住了中国与东南亚间的跨境野生动物犯罪现象，围绕影响治理该地区跨境野生动物犯罪的相关因素进行了系统分析。

中国与东南亚跨境野生动物犯罪的治理

姜　南[1]　王邱文[2]

（1 南京森林警察学院侦查学院　江苏　南京　210023；

2 南京森林警察学院学校办公室　江苏　南京　210023）

摘　要：随着区域经济快速持续发展，中国与东南亚间的跨境野生动物犯罪日益突出。跨境野生动物犯罪不但危及该地区的生态环境，而且还对该地区的国家安全构成威胁。在收集、整理关于该地区跨境野生动物犯罪案例报道及研究文献基础上，围绕影响治理该地区跨境野生动物犯罪的相关因素进行了系统分析。为有效应对跨境野生动物犯罪的威胁，中国与东南亚地区各国需要提高合作层次、拓宽合作领域，完善合作打击跨境野生动物犯罪的机制与体制，深化文化交流、经贸发展、野生动物执法等领域的合作。提高打击跨境野生动物犯罪的效率，对保护生物多样性及维护地区稳定与国家安全具有实质性的促进意义。

关键词：野生动物犯罪　跨境有组织犯罪　执法合作机制

中图分类号：DF793;S874　　文献标识码：A　　文章编号：2095-7939（2017）06-0058-06

DOI：10.14060/j.issn.2095-7939.2017.06.009

图 14-4-1　试论论文的题目和摘要分析

14.4.2 学术论文题目和摘要分析

1. 题目分析

学术论文题目的字数不要太多，最好不要超过 20 个，最长也不要超过 24 个汉字。论文题目可以用"研究""浅析""浅论"等来揭示学术论文的文种。

这个实例中的论文题目为"中国与东南亚跨境野生动物犯罪的治理"共17 个字（见图 14-4-1），突出了研究对象（跨境野生动物犯罪治理）、研究范围（中国与东南亚）。

2. 摘要与关键词分析

学术论文的摘要，篇幅不要太长。很多学术期刊都规定，摘要的字数在 300字左右。摘要的结构通常包括研究的背景或目的、研究方法、研究结论等。

实例中的摘要共 270 个字（见图 14-4-1），第一句提示了研究的背景（随着区域经济快速持续发展，中国与东南亚间的跨境野生动物犯罪日益突出、跨境野生动物犯罪不但危及该地区的生态环境，而且还对该地区的国家安全构成威胁）；第二句提出了研究方法（在收集、整理关于该地区跨境野生动物犯罪案例报道及研究文献基础上，围绕影响治理该地区跨境野生动物犯罪的相关因素进行了系统分析）；第三句介绍了研究所取得的结论（为有效应对跨境野生动物犯罪的威胁，中国与东南亚地区各国需要提高合作层次、拓宽合作领域，完善合作打击跨境野生动物犯罪的机制与体制，深化文化交流、经贸发展、野生动物执法等领域的合作）；最后一句点明了研究的价值（提高打击跨境野生动物犯罪的效率，对保护生物多样性及维护地区稳定与国家安全具有实质性的促进意义。）

3. 分类号与文献标识码

（1）中图分类号分析

实例论文采用了中图分类号"DF793；S874"（见图 14-4-2）。DF793，其中字母 D 表示该论文的分类是"政治、法律"，字母 DF 则进一步将论文缩小为法律类，DF793 表示论文属于刑事侦查学（犯罪对策学、犯罪侦查学）类别。S874 则表示该论文还属于"野生动物产品及其综合利用"类别。关于中图分类法读者可以参考本书第 18 章相关内容。

（2）文献标识码分析

实例论文采用了文献标识码 A。文献标识码（Document code）是按照

《中国学术期刊（光盘版）检索与评价数据规范》规定的分类码，作用在于对文章按其内容进行归类，以便于文献的统计、期刊评价、确定文献的检索范围，提高检索结果的适用性等。文献标识码的字母含义如下：A——理论与应用研究学术论文（包括综述报告）；B——实用性技术成果报告（科技）、理论学习与社会实践总结（社科）；C——业务指导与技术管理性文章（包括领导讲话、特约评论等）；D———般动态性信息（通讯、报道、会议活动、专访等）；E——文件、资料（包括历史资料、统计资料、机构、人物、书刊、知识介绍等）。

14.4.3 学术论文正文写作分析

1. 引言撰写分析

引言中，论文的作者介绍了"当前中国与东南亚间的地缘政治因素及新时期双边共同面临的非传统型安全问题，要求中国必须重视加强与东南亚各国在非传统安全领域的合作"这一背景，随后提出了"随着区域经济快速持续发展，中国与东南亚间的跨境野生动物犯罪日益突出"，并开始逐渐引出全文。

2. 文献综述分析

文献综述通常在学术论文的前沿部分，回顾已有文献、评述已有文献，以突出论文的价值。实例中按照文献形成的年代顺序以列举方式，简要回顾了跨境野生动物犯罪治理研究的相关文献，并进行了评述（如图 14-4-2）。

中国与东南亚间的地缘政治因素及新时期双边共同面临的非传统型安全问题，要求中国必须重视加强与东南亚各国在非传统性安全领域的合作，这对维护区域稳定与和平尤为重要[1]。

跨境野生动物犯罪就是一个需要中国与东南亚国家共同应对的非传统安全问题。2005年4月，在第十一届联合国大会"预防犯罪与刑事司法"会议上，跨境犯罪集团从事"野生动物走私犯罪"等相关议题受到了大会的关注。2010年，联合国毒品与犯罪问题办公室（UNODC）将"跨境野生动物犯罪"纳入《跨境有组织犯罪评估报告》的重要内容。2012年，国际刑警组织在第一届"环境法律与环境执法"（Environmental Compliance and Enforcement）高峰会上，提出"环境犯罪（含跨境野生动物犯罪）"与跨国犯罪组织之间存在密切的联系，跨国犯罪组织在实施环境犯罪过程中往往还涉及到走私、贿赂政府官员、逃税、洗钱，甚至谋杀等暴力犯罪"[2]。2012年，时任美国国务卿的克林顿希拉里在美国国会作证时指出："非法野生动物贸易跨越各大洲大洋，成了全球构性的挑战……它不再只是一个环境问题，而且是一个关乎国家安全、公众健康和经济发展安全的事项。"[3]2013年，联合国毒品与犯罪问题办公室（UNODC）发布了《亚太地区有组织犯罪评估报告》，对亚太地区的跨境野生动植物犯罪状况进行了调查[4]。2015年9月，习近平主席在访美期间与美国总统奥巴马会谈，双方认识到打击野生动植物非法贸易的重要性和紧迫性，承诺采取积极措施应对这一全球性挑战。在亚太地区，跨境野生动物犯罪不仅造成中国和东南亚地区的一些野生物种处于濒临灭绝之险

图 14-4-2　论文实例的引言和文献综述分析

3. 正文主干分析

学术论文主干分析

题目：中国与东南亚跨境野生动物犯罪的治理

总论点：为有效应对跨境野生动物犯罪的威胁，中国与东南亚地区各国需要提高合作层次、拓宽合作领域，完善合作打击跨境野生动物犯罪的机制与体制，深化文化交流、经贸发展、野生动物执法等领域的合作。

分论点1：中国与东南亚地区间跨境野生动物犯罪的由来与现状
分论点2：中国与东南亚各国打击跨境野生动物犯罪的困境
分论点3：中国与东南亚地区间跨境野生动物犯罪的防控对策

[7]姜南, 王邱文.中国与东南亚跨境野生动物犯罪的治理[J].中国刑警学院学报, 2017, (6):58-63.

图 14-4-3　实例论文的主干分析

实例论文的主干分为三个部分（见图14-4-3），第一部分通过资料整理，分析了中国与东南亚地区间跨境野生动物犯罪的由来与现状，揭示出在中国与东南亚地区，已经出现了复杂而庞大的非法野生动物贸易网络，不但威胁到该地区生态环境，而且破坏了该地区的边境管理制度、海关监管制度、金融管理制度，威胁到国家安全。

第二部分分析了中国与东南亚各国打击跨境野生动物犯罪的困境。作者在这部分论文中，一方面肯定了中国与东南亚各国在打击跨境野生动物犯罪方面所做出的努力，另一方面分析影响中国与东南亚地区打击跨境野生动物犯罪的不利因素，这些不利因素包括"传统文化中有关野生动物消费的错误理念短期内难以根除""缺乏高效的野生动物保护执法合作机制"。

第三部分提出了中国与东南亚地区间跨境野生动物犯罪的防控对策。结合前面两个部分的分析，论文第三部分提出了"深化打击跨境犯罪的合作体系""完善打击跨境野生动物犯罪的体制与机制"的对策。

论文主干三个部分之间的内在逻辑严密，结构环环相扣（具体文章可通过中国知网下载，读者自行阅读）。

4. 结语撰写分析

一篇优秀的论文，不仅应当有好的开头和主干，而且也应当有好的结尾。

如图 14-4-4，实例论文的结尾提到"进一步推动中国与东南亚各国之间在野生动物保护执法程序与措施的标准化建设……并探索有推广价值的野生动物执法规范或标准"，与论文开头形成了良好的呼应。

一个重要的原因。因此，进一步推动中国与东南亚各国之间在野生动物保护执法程序与措施的标准化建设，同时通过加强业务培训帮助不同国家执法人员掌握打击跨境野生动物犯罪的合作执法程序及措施，逐步实现该地区不同国家的执法人员分享在打击跨境野生动物犯罪实践中积累的经验，并探索有推广价值的野生动物执法规范或标准。

[16]Ayling J. What sustains wildlife crime? Rhino horn trading and the resilience of criminal networks[J]. Social Science Electronic Publishing,2012(16):57-80.

[17]何倩.论中国与东盟的非传统安全合作[D].重庆:西南政法大学,2008:23-28.

[18]外交部.中华人民共和国与菲律宾共和国联合声明[EB/OL].(2016-10-21)[2016-12-16].http://www.fmprc.gov.cn/web/gjhdq_676201/gj_676203/yz_676205/1206_676452/1207_676464/t1407676.shtml.

图 14-4-4 实例论文结尾

第 15 章

科技项目申报书的撰写

在森林公安文献资源建设与利用中，科技项目是文献资源的重要来源，文献资源可以为科技项目提供重要支持。科技项目的申报是广大科技工作者从事科研工作的一项重要前奏曲。为了使项目申报成功立项，提高中标率，研究人员应当根据要解决的关键科学问题和研究内容，选择科学问题属性，并在申请书中阐明选择该科学问题属性的理由，申报项目具有多重科学问题属性的，申请人应当选择最相符、最能概括申报项目特点的一类科学问题属性；申报书撰写过程中，要能正确、清晰地表达研究目的、内容和目标，提出科学合理的研究方法和技术路线具有十分重要的意义。

15.1 科技项目的基本概念

科技项目是指以科学研究和技术开发为内容而单独立项的项目，其目的在于解决经济和社会发展中出现的科学技术问题。科技项目的主管部门主要有以下层面：

1. 国家层面：科技部、全国哲学社会科学工作办公室

科技部组织的项目有：国家自然科学基金、国家科技重大专项、国家重点研发计划、技术创新引导计划、基地和人才专项等五大类。

全国哲学社会科学工作办公室组织的项目有：国家社科基金重大项目、重点项目、一般项目、青年项目、西部项目、后期资助项目、中华学术外译项目，其中国家社会科学基金艺术学项目由全国艺术科学规划领导小组办公室组织管理。

2. 省级层面：公安部等部（委、局），各省科技厅、哲学社会科学规划办公室等部门

公安部组织的项目有：公安部科技计划和标准制修订计划，公安部科技计划包括技术研究、公安理论及软科学研究、公安科技成果推广引导计划等项目。

各省组织的科技计划主要是由科技厅、省哲学社会科学规划办公室组织开展的科技计划，主要有基础研究计划、重点研发计划、政策引导类计划、成果转化、社科基金等项目。

3. 市、厅（局）及以下层面：各市县科技局、宣传部，省内除科技厅、哲学社会科学规划办公室外的厅（局），部（委、局）的相关司局

15.2 科技项目的种类划分

15.2.1 按照项目研究所产生的成果划分

基础研究项目：指为获得关于现象和可观察事实的基本原理及新知识而进行实验性和理论性工作的项目，这类项目一般不以任何专门或特定的应用或使用为目的。

应用研究项目：指为获得新知识而进行的创造性研究的项目，这类项目主要是针对某一特定的实际目的或目标。

实验发展类项目：指利用从基础研究、应用研究和实际经验中所获得的现有知识，为产生新的产品、材料和装置，建立新的工艺、系统和服务，以及对已产生和建立的上述各项做实质性的改进而实施的项目。

15.2.2 按照项目的来源部门划分

纵向项目：指由中央和地方政府科研规划部门立项批准，并列入其科研规划，经费由政府财政拨款资助的研究项目。

横向项目：指未列入各级政府部门科研规划，由各级政府部门、企事业单位、民间团体等委托或合作研究的非财政拨款资助，最终研究成果由资助单位应用的研究项目。

国际（境外）合作项目：指由国（境）外政府、基金会、国际组织、大学、民间团体资助的研究项目。

自选项目：指由所在单位资助的科研项目。

15. 2. 3 根据项目的性质划分

计划项目：指被列入某一组织机构科研计划的项目，既包括政府计划项目，也包括企事业单位、科研单位以及高等院校等组织机构的计划项目。其中，由各种类型、各个层次的政府科技计划而形成的项目就称为政府计划项目。此外，各企事业单位或科研单位、高等院校根据本单位科技发展的需要也会编制各类科研和开发计划。

合同项目：指科研单位和企业接受政府或企事业单位的委托，承担某一方面的研究或开发项目，通过合同约束双方权利与义务的科学技术项目。

合作项目：指由两个或两个以上的科研单位或地区共同承担，协作配合承担的科学技术项目就称为合作项目。合作项目又可进一步划分为国际合作项目、省际合作项目、行业合作项目和基层合作项目等几种类型。

15.3 科技项目申报书撰写的基市步骤

15. 3. 1 申报书撰写特点

申报书撰写最大的特点是目的性非常明确即项目申报成功立项，围绕这个目标具体阐述为以下几点：

1. 全面性。全面占有资料是项目申报撰写的基础。较大的攻关、招标项目（尤其是国家级别的项目）都要求研究生就申报项目的国内外同行研究的现状进行阐述和评价，中小型或地域性较强的项目至少也要了解国内或省内外的研究现状。

2. 创新性。无论什么科研项目必须要有创新性，这是申报书最突出的特点。申报项目的创新都是要求在前人没有研究过的或是在已有的研究基础上的再创造。研究的结果应该是前人所不曾获得的方法和结论，它可以是结合项目研究实践提出的新观点、新发现、新设想、新见解，也可以是通过研究建立的新理论、新技术、新方法或开拓的新领域，还可以是某个学科领域、制度、政策等方面的突破。

3. 科学性。申报的项目要符合客观规律，要有一定的理论根据和实践依据（即立项依据），同时要有科学的探索精神和科学的论证。

4. 前瞻性。项目内容应充分地预测到它的创新之处、经济价值和社会效应。

5. 选择性。除了招标项目外，各类项目指南都只是一个大概的范围，研究生可根据自身的条件找准合适的科研项目。选题可基本反映出申报者对某一学科基本理论与专业技能的掌握程度，实验技术与操作能力的熟练程度，科学思维和分析能力的强弱程度，知识结构和知识范围的深度和广度，因此，研究生必须实事求是地根据自己的能力和工作环境条件，由浅入深，由易到难，寻找到适合自己的科研项目。

6. 针对性。为了避免重复，所选的项目不宜过泛、过大，应集中在解决某一领域的某一问题上，命题必须确切。

7. 可行性。从项目拟研究的内容到方法都应具有可行性，要考虑本项目承担单位所具备的各项条件和因素，根据实际情况选择切实可行、力所能及的项目。

15.3.2 申报书撰写方法

申报书从格式到内容的撰写都是有一定的方法、技巧和要求，掌握好的方法有助于项目申报成功。

1. 撰写的定位。项目拟研究的内容和范围不是写得越多、越大就越好，一定要善于抓住重点并把握拟研究内容的深度以及与自身的条件和能力的关系等。项目的形成和选择是科研工作中比较艰苦的一个阶段，选择项目就是将自己的主攻方向正确定位，定位正确是项目申报成功的一半。

2. 撰写前要调研。动笔前的调研工作很重要，可以避免低水平的重复。因此，一是要与科技主管部门密切联系，要及时了解国家和地方科研基金的情况和本单位科研的服务方向；二是必须加强申报前的文献资料查阅和调研工作，及时了解国内外该研究领域的技术现状、动态趋势及存在的问题，并认真加以分析，根据自己的优势确定主攻方向和目标；三是申报者要了解各种渠道的科研项目的性质、特点、资助方式、资助强度及对象，从而选择合适本人特点的对口项目。

3. 在"新"字上下功夫。项目申报突出自己拟研究内容的新颖性，检索了解有关的科研项目是否已经有人做过，研究的程度如何，有没有和该项目密切相关的文献报道等。如果有密切相关的文献报道，就要努力查找原始文献，弄清其科研思路、项目设计、科研方法、技术手段、实验材料等方面与本人的科研项目的不同点，以及本人的科研方法、技术手段等是否更合理、更有科学价值，社会效益和经济效益是否更大等，这些都是需要考虑的因素。同时在项目目标、研究的思路、内容设计、科研方法、技术路线或技术手段、技术成果等方面中的某一方面，是他人没有做过的或获得的。这是打动专家评委的关键所在。

4. 依据要充分。在查阅大量国内外文献资料，广泛调研的基础上，尽可能地把申报项目的意义、特点、重点、难点和创新点充分表达出来。要清楚、客观、全面地说明国内外同行的研究状况，如已研究的程度、所用的方法和手段以及发展趋势，要特别指出目前需要解决的问题及其没有解决的原因，提出对此问题的解决办法及要达到的目的等。

5. 设计要周密。项目研究方法的设计，牵涉的主要问题是申请的经费和时间能否做到较合理的使用，它是项目研究条件的基本保证，是项目研究非常重要的组成部分，对拟申报项目的完成和经费审批落实起着至关重要的作用。因此须用最科学、最简便、最清晰的思路设计科研步骤，以最佳的组合、最小的成本、最短的时间，得到最理想的科研效果。

6. 注重过程化。阶段性成果是完成最终成果不可缺少的重要过程。拟研究过程中所需解决的具体科学技术问题，包括拟研究的范围、内容和具体指标等，撰写时应力求内容具体、完整、切题，目标集中、明确突出阶段性成果。

7. 专家指导好。国家为了鼓励青年人才脱颖而出，各类项目都有青年项目，这特别适合初次搞研究的人。但初次搞研究的人在申报项目时，由于经验不足、知识面不宽、资历浅等原因，往往需要有关专家的指导，才有可能使项目申报成功立项。要取得专家的有效指导，一是根据项目的目标、内容和性质选准专家。二是根据研究的需要来选择导师指导的方式。专家的指导一般可以分为个别咨询、集体讨论和集中培训等几种形式。三是及时总结专家指导的意见和建议。四是带着问题向专家请教。或者，项目组在专家的点拨下，很快能找到解决问题的方法。

8. 持续性关注。任何项目指南范围内的选题，都是各学科比较关注的前沿科学研究空白点，具有持续性，每年都要进行招标，在确定研究目标的基础上，持之以恒探究，夯实基础。

15.3.3 申报书写作技巧及要求

1. 申报指南。项目申报书撰写人员应该熟悉项目来源、项目类别、项目申报书格式、申报注意事项等。要了解申报计划的支持方向和重点，把关掌握申报方向，确保项目选题不"偏离资助范围"。另外完整的申报书往往还有许多准备资料作为附件，不要忽视附件的作用，在指南中提到的附件都是项目关键问题（技术先进程度、知识产权、技术应用前景等）必要的补充和证实，对项目申报能起到画龙点睛的作用，所以一定要按要求提供材料附件，保证申报书的完整性和严谨性。

2. 项目名称。项目申报书的名称应该能反映出拟要研究的内容，内容要客观，对关键内容或技术不能含糊其辞，以免造成误解，视申报项目的类别和支持的重点选择适当的研究深度。例如在自然科学基金题目的选择就要专业、深入和具体，切忌求大求全，要体现基础性，如"××××相互作用/作用机制""××××相关性研究"，而"××××理论/技术研究"的题目不建议在申报自然科学基金中出现。

确定选题必须避免低水平的重复，选题前全面查阅文献，认真分析同类项目的资助情况，审时度势地找到适合自己研究方向的突破口，并且根据自己的优势确定主攻方向和目标，对比指南，立足自己的研究方向有针对性地找准申请方向。

3. 摘要应该简单明了。在规定字数范围内，摘要应能让读者大概了解本项目的主要工作内容、研究对象和方法，以及预期取得的成果，避免科普化或使用宣传性语言。如"用……方法（手段）进行……研究，探索/证明……问题，对阐明……机制/揭示……规律有重要意义，为……奠定基础/提供……思路"。在自然科学基金的摘要撰写可以参考"（1）研究背景和出发点（最好有类似'是×××研究热点'或'备受关注'或'是主要研究任务之一'等字句，强调必要性）；（2）本项目针对×××，拟利用/采用×××开展×××（如：开展××机制与控制方法）研究（一句话）；其具体研究内容包括：①②③④……，这样显得清晰。（如：实验研究×××特性，分析×××对×××的影响规律，揭示×××机理。建立×××理论模型，计算分析×××对×××的影响规律，发展×××的耦合控制方法等）；（3）该项目研究及其成果对于丰富×××研究内涵，推动×××的应用具有重要意义（收尾）"模板撰写。

4. 关键词。主要包括题目中的主要内容或学科代码的文字内容、采用的主要方法、研究的重点，指南代码要贴近申请的主题，且代码级别越高越好，代码的选择直接决定申请书送到什么领域的专家。

5. 国内外发展现状。要具体阐述现有研究已达到何种水平，发展中遇到了什么瓶颈问题，问题解决后可带来的意义，对领域的推动作用等，文字表达要准确、全面、客观评述，陈述别人不足时一定要慎重（如：但在×××方面研究还有待加强）。

6. 研究目标。研究目标一般是通过一段话（7~9行）的撰写解决基础性或机理性问题，不是具体做什么，要强调科学问题和学术性问题，无需再分点叙述。国内外研究现状分析中提出的具体科学问题就是研究目标，研究目标具体到什么程度，要根据研究周期、资助强度来定。研究目标切忌目标过大，注意和研究内容相呼应。

7. 研究内容。研究内容要求涉及项目研究过程中的若干问题，一般有一段总述"为实现总目标该项目研究必须开展×××方面内容研究，各研究内容之间既相对独立又有机关联"；具体内容明确具体，逐条阐述，逻辑清晰，突出重点，要具有创新性，包括新问题、新方法，新问题、老方法，老问题、新方法，每条研究内容要展开阐述（每条阐述5~7行），要有深度，切忌内容过多过繁，同时应该注意与技术路线区别。

8. 拟解决的关键科学问题。拟解决的关键科学问题主要是研究内容中的技术关键点，如不解决则项目研究总目标根本无法实现，重点回答的是必须解决的问题，包括：最核心、最至关紧要的研究内容，研究项目中最敏感的环节；对整个研究过程起决定作用的因素，研究过程中对预期目标有重要影响的某些研究内容或因素；不能再展开叙述，不能与研究内容混淆，应该是影响研究内容进展和取得成果的瓶颈问题；撰写结构要对仗，可采用偏正词组而不是句子或主谓结构。

9. 研究方案。研究方案要注意与研究内容区别，研究方案是项目执行方法的宏观阐述，可以先画出项目总体技术框图、原理框图，再结合该总体框图，用一段话进行项目总体方案描述（如：相当于工作原理叙述），要有具体技术路线和实施步骤的宏观规划。

10. 技术路线。技术路线是重点回答怎么做——在具体步骤中体现研究内容和研究方法，撰写过程中要结合方案框图结构，逐步逐条详细阐述（图表、公式），以研究项目的需求为前提，以研究内容为主线设计技术路线，尽量采用目前最先进的方法和手段，并将研究步骤和关键环节体现在技术路线中。

11. 可行性分析。可行性分析是第二次说服评委的机会。撰写过程中要重点分析阐述在理论上、技术上、器件与系统上以及实验手段与方法上，该领域最新研究进展（成果）有哪些可以为本项目研究提供技术支撑，具体可以分为：理论上可行、技术上可行、器件与系统上可行、实验手段与方法上可行……。在内容上自己（项目组）部分最多占 20%，千万别做"井底之蛙"只局限在所具备的实验条件、项目组成员搭配及其运用技术方法的能力分析，同时要注意与工作条件、工作基础的区别。

12. 特色与创新。创新点是体现研究水平和项目质量的创新技术，或者是理论的突破，或者是设计的新颖，或者是方法的先进性，等等。创新点提炼准确，不能把运用新技术、新方法理解为创新，不能与研究目标、研究内容相混淆，切忌用"首创、首次、国内领先、国际先进"或者"目前研究很少""无人问津"来说明申请内容的创新性，更不能出现"填补国内空白"，建议用"××××是项目特色之一"。

13. 重点部分的显示。项目申报内容的重点部分用粗黑字体显示，引起评审专家的注意，字体不要太小。

14. 研究基础主要介绍项目负责人和成员情况。该部分需要说明主要研究人员承担过的相关研究工作，所有人员均需介绍（重点是项目负责人），介绍内容依据在项目中的分工有所侧重，列出与申请相关的研究论文及成果，明确在以往相关研究工作中的作用；介绍与申请项目直接相关的预先研究结果，提供相关的研究论文、成果及专利等材料目录，介绍以往应用与申请项目有关的技术方法的经历。成员应是梯队式的组合，既有高级职称者，也要有中低级职称人员，最好各个相关专业的研究生都要有，很多优秀成果都是交叉学科共同研究获得的，同时创新成果的取得一般都需要团队合作，所以人员结构要合理。

15. 工作条件包含已具备的工作条件和人员条件。已具备的工作条件要如实填写实验室及所在单位具备的申请项目所需的实验条件，已具备的人员条件，主要分析人员组成、团队条件优势：有稳定的研究队伍，申请者与项目组成员具有较高研究水平和可靠的时间保证。

16. 工作进度安排。工作进度安排要有具体的表格说明完成任务的进度等。在时间的安排上，不可拖得太长，否则将失去时效性，也不宜太短，要适当留有余地。

17. 经费预算。经费预算要合理、详细，要视主管部门能给予的经费支持强度而定。

15.4 科技项目申报书撰写的具体实例

以 2019 年国家社科基金填报为例。国家社科基金的申报书分为申请书和通讯评审意见表（活页）两部分。

15.4.1 申报书封面填写

1. 阅读申报书的要求

内容包括：

（1）请下载 2018 年 12 月修订的《申请书》填写。

（2）勿改变《申请书》现有字体。打印时如出现字体参差，请添加华文中宋字体。

（3）封面横线填写文字居中排列。课题较长如需换行，请注意合理拆分词组。

（4）《申请书》中共 8 张表，排版分页请确保表格完整；表内原提示文字请勿删除。

2. 分栏内容

（1）学科分类：填一级学科名称（交叉地选主要涉及学科）

（2）项目类别：五选一（重点项目、一般项目、青年项目、一般自选项目、青年自选项目）

（3）课题名称：准确、简明反映研究内容，一般不加副标题（不超过 40 字）

（4）申请人姓名：本人真实姓名，中间不空格

（5）申请人所在单位：单位全称（与公章一致，不要填写院系、部门，中间不空格）

（6）填表日期：2019 年 2 月 ＊ 日（与承诺签名页一致）

3. 课题负责人承诺

我承诺对本申请书填写的各项内容的真实性负责，保证没有知识产权争

议。如获准立项，我承诺以本申请书为有法律约束力的立项协议，遵守全国哲学社会科学工作办公室的相关规定，按计划认真开展研究工作，取得预期研究成果。全国哲学社会科学工作办公室有使用本申请书所有数据和资料的权利。若填报失实、违反规定，本人将承担全部责任。

课题负责人（签章）（本人手写签名）

年　　月　　日

（与封面日期一致）

图 15-4-1　课题负责人承诺内容

15. 4. 2 阅读相关说明

如图 15-4-1 课题负责人承诺的内容。

1. 填写说明

（1）《申请书》请用计算机填写，所用代码请查阅《国家社会科学基金项目申报数据代码表》，所有表格均可加行加页，排版清晰。

（2）封面上方两个代码框申请人不填，其他栏目请用中文填写，其中"学科分类"填写一级学科名称，"课题名称"一般不加副标题。

（3）《数据表》的填写和录入请参阅《填写数据表注意事项》，相关问题可咨询当地哲学社会科学规划办公室。

（4）《课题论证》活页与《申请书》中"表二．课题设计论证"内容略有不同，请参阅表内具体说明。

（5）《申请书》报送一式 5 份，统一用 A3 纸双面印制、中缝装订，《课题论证》活页夹在申请书内。各省（区、市）报送当地哲学社会科学规划办公室，新疆生产建设兵团报送兵团哲学社会科学规划办公室，在京中央国家机关及其直属单位报送中央党校科研部，在京部属高等院校报送教育部社科司，中国社会科学院报送本院科研局，军队系统（含地方军队院校）报送全军哲学社会科学规划办公室。

2. 填写《数据表》注意事项

（1）本表数据将全部录入计算机，申请人必须逐项如实填写。填表所用代码以当年发布的《国家社会科学基金项目申报数据代码表》为准。

（2）《数据表》中粗框内一律填写代码，细框内填写中文或数字。若粗框后有细框，则表示该栏需要同时填写代码和名称，即需在粗框内填代码，在其后的细框内填相应的中文名称。

（3）有选择项的直接将所选代码填入前方粗框内。

（4）不具有副高级以上（含）专业职称或没有博士学位的申请人，须填写表五推荐人意见栏。

（5）部分栏目填写说明：

课题名称——应准确、简明地反映研究内容，一般不加副标题，不超过40个汉字（含标点符号）。

关键词——按研究内容设立。最多不超过3个主题词，词与词之间空一格。

项目类别——按所选项填1个字符。例如，选"重点项目"填"A"，选"一般项目"填"B"，选"青年项目"填"C"等。

学科分类——粗框内填3个字符，即二级学科代码；细框内填二级学科名称。例如，申报哲学学科伦理学专业，则在粗框内填"ZXH"，细框内填"哲学伦理学"字样。跨学科课题填写与其最接近的学科分类代码。

所在省市——按代码表规定填写。地方军队院校不按属地填写，一律填写"军队系统"。

所属系统——以代码表上规定的七类为准，只能选择某一系统。

工作单位——按单位和部门公章填写全称。如"北京师范大学哲学系"不能填成"北京师大哲学系"或"北师大哲学系"，"中国社会科学院数量与技术经济研究所"不能填成"中国社会科学院数技经所"或"中国社科院数技经所"，"中共北京市委党校"不能填为"北京市委党校"等。

课题组成员——必须是真正参加本课题的研究人员，不含课题负责人。不包括科研管理、财务管理、后勤服务等人员。

预期成果——指最终研究成果形式，可多选。例如，预期成果为"专著"填"A"，选"专著"和"研究报告"填"A"和"D"。字数以中文千字为单位。结项成果原则上须与预期成果一致，如计划用少数民族语言或者外语撰写成果，请在论证中予以说明。

申请经费——以万元为单位，填写阿拉伯数字。申请数额可参考本年度申报公告。

15.4.3 具体表格填写

1. 数据表

数据表如图 15-4-2。

在填写代码前，应查阅当年的国家社科基金项目申报数据表，主要的填报栏目说明如下：

（1）课题名称：与封面课题名称一致，准确、简明地反映研究内容，一般不加副标题，不超过 40 个字。

（2）关键词：不超过 3 个词，词与词之间空 1 格，不用标点符号，请按研究内容设简短关键词。

（3）学科分类：二级代码，左边填写二级代码，右边填写对应二级学科名称（跨学科的选填为主的 1 个学科），非本数据代码表中的无法录入申报系统。

（4）行政职务、最后学历、专业职称、最后学位、研究专长、担任导师：左侧代码，右侧中文名称；研究专长中文名称与"学科分类"同；担任导师代码对应中文名称，不要简写。

（5）所在省（自治区、直辖市）：A，江苏省。

（6）所属系统：A，高等院校。

（7）课题组成员：真正参与的人员（不包括负责人），工作单位需要具体到学院（部门）；成员知识结构互补、排序科学合理；成员变更须申请并获主管部门批准；青年项目全体成员须符合年龄要求（1984 年 3 月 5 日后出生）；本人签字应是手写签名。

（8）申请经费（单位：万元）：35（重点）20（一般、青年）。

（9）计划完成时间：201 * 年 6 月 30 日（理论3~5 年）或 201 * 年 12 月 31 日（应用2~3 年）。

一、数据表

课题名称								
关键词								
项目类别		A.重点项目 B.一般项目 C.青年项目 D.一般自选项目 E.青年自选项目						
学科分类								
研究类型		A.基础研究 B.应用研究 C.综合研究 D.其他研究						
课题负责人			性别		民族		出生日期	年 月 日
行政职务			专业职称				研究专长	
最后学历			最后学位				担任导师	
所在省（自治区、直辖市）							所属系统	
工作单位							联系电话	
身份证件类型			身份证件号码				是否在内地（大陆）工作的港澳台研究人员	（是/否）

	姓名	出生年月	专业职称	学位	工作单位	研究专长	本人签字
课题组成员							
第一推荐人		专业职称				工作单位	
第二推荐人		专业职称				工作单位	

预期成果	A.专著 B.译著 C.论文集 D.研究报告 E.工具书 F.电脑软件 G.其他	字数（千字）	
申请经费（单位：万元）		计划完成时间	

图 15-4-2 国家社会科学基金项目申请书数据表

2. 课题设计论证

课题设计论证如图 15-4-3 所示。

二、课题设计论证

本表参照以下提纲撰写，要求逻辑清晰，主题突出，层次分明，内容翔实，排版清晰。除"研究基础"填在表三外，本表内容与《活页》内容一致。

1. [选题依据]　国内外相关研究的学术史梳理及研究动态；本课题相对于已有研究的独到学术价值和应用价值等。
2. [研究内容]　本课题的研究对象、总体框架、重点难点、主要目标等。
3. [思路方法]　本课题研究的基本思路、具体研究方法、研究计划及其可行性等。
4. [创新之处]　在学术思想、学术观点、研究方法等方面的特色和创新。
5. [预期成果]　成果形式、使用去向及预期社会效益等。
6. [参考文献]　开展本课题研究的主要中外参考文献。

图 15-4-3　国家社会科学基金项目申请书课题设计论证

（1）撰写要求

① 2019 年《申请书》课题论证部分总字数不超过 7000 字。

按提纲撰写。国家社科基金项目通讯评审评价指标权重为：选题 3 分、论证 5 分、研究基础 2 分。课题设计论证时请参考评价指标及其权重，以使主题鲜明，重点突出，逻辑清晰，层次分明，格式简洁。

② 条理安排请按上述提纲进行。考虑到各部分还须展开层次，建议自行安排序号层次，注意前后风格一致。可去掉原提示中的序号，直接用 [选题依据]、[研究内容] 等单列一行来分段，然后各部分根据需要使用序号；如欲保留原提纲的序号，建议改 1 为一，以方便下面层次的序号编写。规范序号使用一般为：一、（一）1.（1）。

③ 使用术语适当，不要出现病句、标点等低级错误。

④ 排版：建议宋体，小 4 或 5 号字，行距 1.2-1.5。建议合理排版，不要因字体太小、行距过密而影响专家阅读评审。

⑤《活页》列 7 条提纲，本表 6 条提纲（其中"研究基础"填在表三）。除"研究基础"外，本表与《活页》内容完全一致，但需隐去相关信息，详

见《活页》填写要求。

(2) 撰写内容提纲

一、[选题依据]

国内外相关研究的学术史梳理及研究动态；本课题相对于已有研究的独到学术价值和应用价值等。

该部分内容将展示申请人对所申报课题的熟悉程度、研究深度、驾驭能力和独到见解，要予以充分重视。撰写时请注意正面介绍为主，有述有评，以评代述（评述结合，以评为主）。梳理相关研究学术史及研究动态要全面、系统、深入，尽可能引用一流（知名）专家、一流（权威）杂志的近期成果。

阐述本课题相对于已有研究的独到学术价值和应用价值，一定要有建立在实质性研究基础之上的深刻分析评论和独到见解，要提出自己对该学术领域研究现状的评价和判断，敢于亮出观点，充分展示自己对所申报课题的密切关注、熟悉程度、研究积累和独到见解。

只有对所申报课题相关研究成果及其得失有客观、全面、系统的梳理和准确、深入的分析，申报人的研究才有可能高于国内外该领域学术研究的水平，或弥补缺失，或有所创新，方有可能被立项。忌空泛自我评价，注意措辞，请慎用"填补空白、原创第一"等语句。

二、[研究内容]

本课题的研究对象、总体框架、重点难点、主要目标等。

请根据提示分条陈述，要有明确的研究对象、鲜明的问题意识、合理的内容框架、具体的目标体系。

抓住选题关键词，体现问题意识，确定研究边界。

总框架及其各部分之间有逻辑严密，层次合理。

每一条目，建议先用一主旨句明确概括，再对其内容稍加阐述。

建议不要用教材章节目录的方式表述（这种表述更适合申报后期资助项目）。

三、[思路方法]

本课题研究的基本思路、具体研究方法、研究计划及其可行性等。

研究思路：定位准确，思路清晰。"基础研究"注重原创性和学术性；"应用研究"突出时效性和对策措施，有较强的决策参考价值；"综合研究"则在交叉研究方面下功夫。只有定位准确，才能思路清晰。可以结合图表标示研究的逻辑路线或技术路线。

研究方法和研究计划：方法尽量具体、量化，拟定计划应凸现研究工作的科学性和可行性。根据研究内容设计和采用精细适用的研究方法（要结合研究内容详述方法如何在本研究中使用）；不要堆砌罗列各种方法，或详细解释方法本身（计划可从 2018 年 7 月开始）。

四、［创新之处］

在学术思想、学术观点、研究方法等方面的特色和创新。

创新与特色主要体现在是否涉及新观点、新领域、新问题、新方法、新角度、新材料、新论证等方面。

五、［预期成果］

成果形式、使用去向及预期社会效益等。

成果形式主要有专著、论文集、研究报告，可以其中一种为最终成果申请鉴定和结项；其他还有译著、工具书、电脑软件等（一般与专著、工具书、电脑软件等成果相配合）。

六、［参考文献］

开展本课题研究的主要中外参考文献。

列出（最直接）相关的、具权威代表性的国内外参考文献，尽量不遗漏。参考文献篇数没有数量限制，请自行限制，选择最有分量的，既体现研究实力，又避免占用太多字数。申请人的前期成果不能列入参考文献。

（3）特别提醒

《申请书》表二"课题设计论证"不含"研究基础"，"研究基础"填写在表三（研究基础和条件保障）中；《课题论证活页》中则有"研究基础"，要求填写课题负责人前期相关研究成果、核心观点等。

除研究基础外，《申请书》的"课题设计论证"内容与《活页》须完全一致，但《活页》中前期研究成果只填写成果名称、形式、作者排序、是否核心期刊等，不能填写成果作者姓名、单位、刊物或出版社名称、发表时间或刊期等以及作者单位等信息。

建议《申请书》定稿后，将表二"课题设计论证"和表三的"研究基础"部分复制粘贴到《活页》中，然后根据活页的特殊要求，对必须隐去的信息进行删除。是否删去这一条，申请书的研究基础部分可以略多写一些，因为这一部分在表三中，没有字数限制。

3. 研究基础和条件保障

研究基础和条件保障如图 15-4-4 所示。

三、研究基础和条件保障

本表参照以下提纲撰写，要求填写内容真实准确。

1. [学术简历] 课题负责人的主要学术简历、学术兼职，在相关研究领域的学术积累和贡献等。

2. [研究基础] 课题负责人前期相关研究成果、核心观点及社会评价等。

3. [承担项目] 负责人承担的各级各类科研项目情况，包括项目名称、资助机构、资助金额、结项情况、研究起止时间等。

4. [与已承担项目或博士论文的关系] 凡以各级各类项目或博士学位论文（博士后出站报告）为基础申报的课题，须阐明已承担项目或学位论文（报告）与本课题的联系和区别。

5. [条件保障] 完成本课题研究的时间保证、资料设备等科研条件。

图 15-4-4　国家社会科学基金项目申请书研究基础和条件保障

（1）撰写内容提纲

［学术简历］课题负责人的主要学术简历、学术兼职，在相关研究领域的学术积累和贡献等。

通过简介达到突出课题负责人该课题研究实力和优势的目的。

［研究基础］课题负责人前期相关研究成果、核心观点及社会评价等。

2019 年《申请书》要求只填写课题负责人前期相关研究成果、核心观点和社会评价。要特别注意前期成果与申报课题的相关性。前期成果过少，或列述虽多但太不相关甚至无关，均不利于申报。社会评价须提供社会客观评价材料，可提供获奖、被采纳、获重要批示、转摘、被引、书评等方面信息。

［承担项目］负责人承担的各级各类科研项目情况，包括项目名称、资助机构、资助金额、结项情况、研究起止时间等。

［与已承担项目或博士论文的关系］凡以各级各类项目或博士学位论文

（博士后出站报告）为基础申报的课题，须阐明已承担项目或学位论文（报告）与本课题的联系和区别。

凡以各级各类项目或博士学位论文（博士后出站报告）为基础申报的课题，须注明所承担项目或学位论文（出站报告）与申报课题的联系和区别。申请成果鉴定时须提交相关说明和学位论文原件。

［条件保障］完成本课题研究的时间保证、资料设备等科研条件。

在本表中注明已承担项目或学位论文（报告）与本课题的联系和区别。

（2）说明

前期相关研究成果中的成果名称、形式（如论文、专著、研究报告等）须与《课题论证》活页相同，活页中不能填写的成果作者、发表刊物或出版社名称、发表或出版时间等信息要在本表中加以注明。与本课题无关的成果不能作为前期成果填写；合作者注明作者排序。

4．经费概算

（1）直接费用

单位是万元，需要说明的项目如下：

专家咨询费：一般项目≤3，重点项目≤4.5。

劳务费：一般项目≤3，重点项目≤4.5。

会议费/差旅费/国际合作与交流费：不超过直接经费的20%，否则要附明细。

印刷出版费：≤3（不能含有版面费）。

设备费：电脑不超过1台，笔记本≤0.7，台式机≤0.5。

其他支出：<0.5。

（2）间接费用

重点项目10.5万元，一般和青年项目6万元。

（3）合计

不要漏写此栏，或合计数额计算错误。

（4）年度经费预算

按照项目执行年份分配支出预算。

15.4.4 各方面意见填写

1．推荐人意见

推荐人意见如图15-4-5所示。

推荐意见由推荐人拟写或征得其同意，录入打印后由推荐人手写签名。

五、推荐人意见

> 推荐人须认真负责地介绍课题负责人的专业水平、科研能力、科研态度和科研条件，说明该课题取得预期成果的可能性，并承担信誉保证。
>
>
>
>
> 第一推荐人签字：　　　　　　　年　月　日
>
>
>
>
> 第二推荐人签字：　　　　　　　年　月　日

说明：符合申报资格的申请人不填写此表。本表须推荐者本人签字或盖章有效。

图15-4-5　国家社会科学基金项目申请书推荐人意见

2. 课题负责任所在单位审核意见

参考内容如下（也可根据提示适当增加）：

经审核，申请书所填内容属实。

该课题负责人和参加者的政治、业务素质适合承担本课题的研究工作。我校能够为课题申报人提供完成本课题所需要的时间和条件。同意承担课题组按期完成研究任务的信誉保证。我校社科处具体承担项目管理任务（也可根据课题负责人和成员的具体情况略加介绍，以突出负责人和课题组的优势和特色，语言须客观真实，文字简洁）。

3. 各省（区、市）、兵团社科规划办或在京委托管理机构审核意见

各省（区、市）、兵团社科规划办或在京委托管理机构审核意见的内容通常为"情况属实，同意上报"。

4. 评审意见

评审意见一般需要投票表决，并且让最后根据主审专家和学科评审组的观点对项目资助金额做出调整，并给出具体意见。

5. 国家社会科学基金项目通讯评审意见表

国家社会科学基金项目通讯评审意见表如图 15-4-6。

该表的说明内容如下：

（1）本表由通讯评审专家填写，申请人不得填写。项目登记号和项目序号不填。

（2）请在"评价指标"对应的"专家评分"栏选择一个分值画圈，不能漏画，也不能多画，权重仅供参考；如建议该课题入围，请在"综合评价"栏 A 上画圈，不建议入围的圈选 B。"备注"栏可简要填写需要说明的其他事项或不填写。本表须评审专家本人签字或盖章有效。

项目登记号		项目序号	

国家社会科学基金项目通讯评审意见表

评价指标	权重	指标说明	专家评分							
选题	3	主要考察选题的学术价值或应用价值，对国内外研究状况的总体把握程度。	10分	9分	8分	7分	6分	5分	4分	3分
论证	5	主要考察研究内容、基本观点、研究思路、研究方法、创新之处。	10分	9分	8分	7分	6分	5分	4分	3分
研究基础	2	主要考察课题负责人的研究积累和成果。	10分	9分	8分	7分	6分	5分	4分	3分
综合评价		是否建议入围	A.建议入围　　　B.不建议入围							
备注										
评审专家（签章）：										

图 15-4-6　国家社会科学基金项目通讯评审意见表

6. 国家社会科学基金项目课题论证活页

通常来说，评审的时候还需要申请者提供课题论证的活页。

撰写内容提纲如下：

一、[选题依据]

国内外相关研究的学术史梳理及研究动态；本课题相对于已有研究

的独到学术价值和应用价值等。

（一）国内外相关研究的学术史梳理及研究动态

1. 国内相关研究的学术史梳理及研究动态

2. 国外相关研究的学术史梳理及研究动态

（二）本课题相对于已有研究的独到学术价值和应用价值

1. 本课题相对于已有研究的独到学术价值

2. 本课题相对于已有研究的独到的应用价值

简要述评：充分肯定已有研究取得的成绩，为本选题的研究奠定了很好的基础。同时要提出已有研究成果还存在进一步拓展研究的空间（1、；2、；3、），本选题正是围绕…开展研究…

二、［研究内容］

本课题的研究对象、总体框架、重点难点、主要目标等。

（一）研究对象

（二）总体框架（建议用好框架图，让专家一目了然）

（三）重点难点：本课题的重点在于…（写2点即可），本课题的难点在于…（写2点即可）

（四）主要目标

三、［思路方法］

本课题研究的基本思路、具体研究方法、研究计划及其可行性等。

（一）研究的基本思路（用好研究思路图）

（二）具体研究方法（…法）

（三）研究计划及其可行性

四、［创新之处］

在学术思想、学术观点、研究方法等方面的特色和创新。

（一）学术思想方面的特色和创新

（二）学术观点方面的特色和创新

（三）研究方法方面的特色和创新

五、［预期成果］

成果形式、使用去向及预期社会效益等。

（一）中期成果：系列学术论文3~5篇

（二）最终成果研究报告或学术著作

（三）使用去向及预期社会效益

另外，通过项目开展研究，培养 3~5 名研究生，同时推动学术团队的培育。

六、［研究基础］

课题负责人前期相关研究成果、核心观点等。

（一）课题负责人前期论文

不得填写作者姓名、单位、刊物或出版社名称、发表时间或刊期。建议格式：

（1）《××××××××》，（独立作者，CSSCI）；

（2）《××××××××》，（第二作者，核心期刊）；

（3）《××××××××》，（第一作者，非核心期刊）；

……

（二）课题负责人前期著作或研究报告

（1）《××××××××》（专著 OR 研究报告，第一作者）；

（2）《××××××××》（专著 OR 研究报告，第二作者）；

……

（三）核心观点（前期成果与本课题相关的观点）

写 3~5 点，不要写太多

七、［参考文献］

开展本课题研究的主要中外参考文献。

建议 8~10 个中文文献，6~8 个英文文献

1. 列出（最直接）相关的、具权威代表性的国内外参考文献，尽量不遗漏。

2. 参考文献篇数没有数量限制，请自行限制，选择最有分量的，既体现研究实力，又避免占用太多字数。

3. 申请人的前期成果不能列入参考文献。

在森林公安工作中，文书是一种具有重要价值的文献。文书产生并应用于社会实践，其本质属性是工具性，是人们处理实际事务的工具。公文是公务文书的简称。党政机关、企事业单位和社会团体依靠公文处理事务、内外通联。作为国家刑事司法力量和社会治安管理者，公安机关在行政管理和执法活动中，公文是不可或缺的工具。森林公安，在行政管理、处理日常工作时，必须以公文为依法行政和进行公务活动的基本工具。公文写作，应当坚持实事求是、精简、高效的原则，做到及时、准确、安全。本章节将重点阐述森林公安机关部分常用的党政公文（通知、通报、报告、请示、函、纪要）的内涵及撰写方法，同时通过例文，对森林公安机关常用的事务文书中最具有代表性的工作总结进行介绍。

16.1 文书的基本概念

16.1.1 文书的概念

文书，从广义上来讲，是党政机关、企事业单位、社会团体以及个人在社会活动中，为了某种需要，按照一定的体式和要求形成的书面文字材料。

公文，是公务文书的简称，是指公务活动中形成和使用的文书，或者说是处理公务所使用的文书。

本章节中所阐述的文书主要是指党政机关，在行政管理、处理日常工作等公务活动中使用的，具有法定效力和规范体式的公务文书。

由于使用的范围不同，公文又分为广义的公文和狭义的公文。

广义的公文除通用文书外，还包括法律、财经、文教、外交、军事、税务、工商等各种行业自己的专用文书。随着社会的发展，新的文体不断产生。

狭义的公文，是指国务院办公厅《国家行政机关公文处理办法》中规定的 13 种行政公文和中共中央办公厅《中国共产党机关公文处理条例》中规定的 14 种党的主要公文。

公安文书是各级公安机关在从事行政管理、事务管理和业务管理工作，依法撰制的内容真实、表述平实、语言庄重、结构稳定、格式规范，又具有极强的政策性、法律性和强制性的公务文字的材料。

16.1.2 文书的特点

公务文书即公文是党政机关、企事业单位、社会团体在工作中撰制的文书，具有法定性、特定性、权威性、现实性、规范性、程序性等特点。

1. 作者的法定性

公文是由法定的作者制发的。所谓法定作者，是指能以自己的名义行使职权和承担义务的机关、团体、企事业单位。

2. 读者的特定性

公文的读者具有特定性。有的是特定的收文机关，如报告、请示等上行文，读者只能是直接的上级机关，有的是社会全体成员，如公告的读者是国内外全体成员。

3. 作用的权威性

公文是代表机关发言的一种文体，体现了制发机关的法定权威，是各机关组织开展工作的法定依据。对收文机关而言，在法定的时间和空间内具有强制性。例如，必须强制贯彻执行、办理和复文等。

4. 效用的现实性

公文的特定效用指公文的现实效用，主要在现行工作中使用，代表它的制发机关发挥特定的效力和作用；公文的效用又具有一定的时间性，它是在现行工作中形成并使用，为推动现行工作服务。一旦现行使命完成，它就转化为档案保存，对今后的工作起参考、凭证作用。

5. 体式的规范性

公文的体式必须符合《党政机关公文处理工作条例》规定的体式，即规范体式。一般说来，正式公文都由文件版头、公文管理标记、发文字号、公文标题、主送机关、正文、发文机关印章、发文日期、抄送机关、印发说明等项组成。

6. 制作的程序性

公文的制发和办理必须经过规定的处理程序。如公文的制发必须经过起草、核稿、签发的程序。只有经过机关领导人签发的文稿才能缮印、用印和传递。对收文的办理，一般应包括签收登记、分办、批办、承办、催办等程序。不履行法定的程序就无法制成公文，更不可能生效。

16.1.3 文书的作用

1. 领导和指导作用

党和国家各级领导机关经常通过制发文件来部署各项工作，传达自己的意见和决策，对下级的工作进行具体的领导和指导。国家各级党政机关、领导机关和业务主管部门根据党的政策性文件，制定和发布各种指示、决定、计划、意见、通知来领导和指导下级机关和下级业务部门的工作。上级机关传达领导意图和下级机关贯彻执行都是以公文为纽带相结合，充分发挥其领导与指导的作用。

2. 行为规范作用

公文的行为规范作用是由公文的政治性和法定权威性等特点赋予的。这种行为规范作用又称为法规约束作用。党和国家的各种法规和规章都是以公文的形式制定和发布的。这些法规性文件一经发布，便成为全党、全社会的行为规范，必须坚决依照执行，不得违反。它对于维护正常的社会秩序、安定社会生活、保障人民的合法权益有着极其重要的作用。

3. 传递信息作用

公文是传递信息的重要渠道。党和政府上下左右机关之间，其决策、方针、设想和意图等政务信息，常常是通过文件的传递而取得的。上级机关通过批阅下级机关送来的报告、请示、汇报、调查报告以及简报、总结等，及时了解下级机关的信息动态，为上级机关指导工作、解决问题以及进行各项决策提供客观依据；下级机关通过阅读上级机关的指示、决定、通报、通知等文件，及时掌握从上级机关传递过来的信息动态，根据这些信息动态，下级机关就可以及时开展工作和完成规定的任务。

4. 公务联系作用

各机关单位在处理日常事务工作中，经常要与上下左右有关的机关单位进行联系。公文在同一系统的上下级机关之间、平级机关之间以及不相隶属机关之间，都能起到沟通情况、商洽工作、协调关系、处理问题的公务联系作用。

5. 凭据记载作用

各种公文都反映了制发机关的意图，都具有法定效力，收文机关则以此作为处理工作、解决问题的依据。因此，公文都具有依据作用。会议纪要等都是机关工作活动的真实记录，具有记载作用。

16.2 文书的文类和文种

16.2.1 文书的文类

公务文书种类很多，可以从不同角度进行分类。

1. 按照作用划分

有通用公文和专用公文。

（1）通用公文

通用公文是各个领域的机关和部门普遍使用的，反映领导和行政管理活动的文件材料。通用公文又可以分为法定公文和非法定公文。

法定公文又可以分为法定党政公文和机关常用事务文书。

（2）专用公文

专用公文是某些专业领域的机关或各种机关领域中的专业对口部门在专业活动中产生和形成的文件材料。这类文书具有很强的专业特点，比如公安刑事法律文书。

2. 按行文方向划分

有上行文、下行文和平行文。

（1）上行文。

下级组织向上级组织的行文，如请示。

（2）下行文。

上级组织对所属的下级组织的行文，如命令。

（3）平行文。

不相隶属的社会组织包括平级组织之间的行文，如函。

3. 按公文办理的紧急程度划分

有特急公文（特急）、紧急公文（急件）、常规公文（平件）。

4. 按公文的秘密等级划分

有绝密公文（绝密件）、机密公文（机密件）、内部公文（内部件）、国内公文（国内件）、公开公文（公开件）。

5. 按公文的用途划分

有正件、附件、承办件、参阅件。

6. 按公文运转的范围划分

有通用公文和专用文书。

7. 按公文的效用程度划分

有草稿、讨论稿、定稿、正本、副本、试行本、修订本。

16.2.2 文书的文种

1. 行政文书

根据国务院国发〔2000〕23 号印发《国家行政机关公文处理办法》，行政机关的公文种类主要包括：命令（令）、决定、公告、通告、通知、通报、议案、报告、请示、批复、意见、函、会议纪要。

2. 党政公文

根据中办发〔1996〕14 号《中国共产党机关公文处理条例》，党的机关公文种类主要包括：决议、决定、指示、意见、通知、通报、公报、报告、请示、批复、条例、规定、函、会议纪要。

这两者之间有部分重复，最常用的是：通知、通报、报告、请示、函、纪要。这也是本章节重点介绍的几种。

3. 事务文书

各级机关、团体、企事业单位在处理日常事务时用来沟通信息、安排工作、总结得失、研究问题的文书。常用的事务文书有：工作方案、工作简报、调查报告、工作总结、先进事迹材料、领导讲话稿。

16.3 常用文书写作的基本方法

16.3.1 通知

1. 概念

通知是上级机关向下级机关布置工作时所用的一种简易文书。它的功能主要是布置工作、告知事项，属下行文。

2. 分类

通知可分为发布性通知、执行性通知、告知性通知。为达到指导事项和指导工作的双重目的，通知需要写明"为什么通知——陈述缘由""通知什么——说明应知（应办）事项""注意什么——提出要求"。

3. 特点

（1）使用范围的广泛性

通知是公务活动中应用最广泛的公文，凡发布法规和规章、传达上级机关的指示、转发上级机关和不相隶属机关的公文、批转下级机关的公文、发布要求下级机关办理和有关单位共同执行或者周知的事项、任免和聘用干部，都可以用通知，不受内容轻重简繁的限制，也不受机关性质与级别层次的限制。

（2）功能的多样性

通知是公务活动中应用最广泛的公文，凡发布法规和规章、传达上级机关的指示、转发上级机关和不相隶属机关的公文、批转下级机关的公文、发布要求下级机关办理和有关单位共同执行或者周知的事项、任免和聘用干部，都可以用通知，不受内容轻重简繁的限制，也不受机关性质与级别层次的限制。

公文在不同的时间具有很大的性质上的差异，这个差异性叫公文的时效性。公文的时效性影响着决策的生效时间，公文的时效性决定了决策在特定时间内是否有效。2015年，国务院第一次对文件的会签时间提出了时限要求。国务院办公厅下发的通知明确规定：无论是国务院常务会议讨论通过的拟以国务院或国务院办公厅名义印发的文件，还是以部门名义印发或联合印发的文件，都必须在会议结束后7个工作日内印发；有重大修改意见需要协调的，须在 10 个工作日内印发。同时，此次《通知》明确规定，各部门要对文件贯彻落实情况及时跟踪督查，抓紧推动落实到位。各有关部门和国务院办公厅秘书局对国务院常务会议纪要明确的决定事项和常务会议上国务院领导同志交办的事项，要建立台账，跟踪督办，注意落实，并及时报告。

4. 写作

【基本框架】告知对象——告知事项——原因理由——落实要求。

首先要搞清楚写什么（要写的主旨和内容），再考虑怎么写（文章的体裁格式）。

通知一般由标题、主送机关、正文和落款四部分组成。

（1）标题

由发文机关、事由、文种组成，如《××公安局关于××工作的通知》。

（2）主送机关

对谁发通知。

（3）正文

主要包括通知原因、通知事项、通知要求三部分。

①通知原因：首先要写明主要依据，即为什么要发通知（如根据上级××文件、会议精神或根据××工作的需要等），根据××文件精神（依据），结合本局实际（针对性，找出文件与工作之间的结合点），为更好地搞好工作（通知意义），现将有关事项通知如下（过渡语）引起下文。

②通知事项：交代工作任务、阐明具体措施，这里事项要具体，重点要突出，可分条写出（1、2、3，……），简单的通知可不分条，一次性陈述。

③通知要求：对有关政策界限、完成期限、怎样上报等提出具体要求，最后以"特此通知""请认真贯彻执行"等惯用语结束。

通知正文的书写要注意以下几点：

①通知的开头导语要说明通知的根据，针对性提出问题和要达到的目的。按照提出问题、分析问题、解决问题的思路。

②通知的正文不需要举例和议论，只需明确"做什么"和"怎么做"就行了。

③结尾部分要简明扼要，切忌长篇大论，冲淡主题。

（4）落款

发布通知的单位。

5. 注意事项

（1）主旨要集中

每份通知要求明确说明一件事情，布置一项工作，不要试图在一份通知中表述许多事情和达到多种目的。

（2）重点要突出

通知应当重点将要求下级机关应知或应办的事项拟制清楚，交代明白。

（3）措施要具体

要求办理、执行的通知，应当写明办理、执行的具体措施，使受文者能够正确理解并准确执行。

（4）时效要讲究

通知的拟制、传递要及时、快捷，提高效率，以免贻误时机、影响工作，必要时，在通知的标题中可以加上"紧急"二字，明确办理的实现要求。

16.3.2 通报

1. 概念

通报是上级向下级表彰先进、批评错误、传达重要精神或情况的一种公文，属下行文。

2. 分类

按内容分：表彰性通报、批评性通报和重要情况通报。

按形式分：直述式通报、转述式通报。

3. 特点

（1）内容的真实性

真实是通报的生命。通报的任何情况，事实都必须是真实的，不能有差错，更不能编造虚假情况。因此，正反两方面的事实都要认真合适，做到准确无误。

（2）目的的晓谕性

表彰通报行文目的是告晓有关单位和人员，有谁因何事受到表彰或批评，目的是激励先进或认识错误、吸取教训、改正错误、引以为戒。

（3）教育性

让人们了解有关重要情况及正反方面的典型材料，使人们受到教育，提高认识，以先进典型为榜样，以反面典型作警戒，从而知道应该做什么、不应该做什么。

4. 写作

【基本框架】事情缘由——处理情况——经验教训总结——落实或预防要求。

（1）表彰性通报

①标题

由"×××（发文机关名称）关于表彰×××的通报"或者"×××（发文机关名称）关于×××的表彰（表扬）通报"组成。例如，《×××森林警察公安局关于表彰×××的通报》《×××森林公安派出所关于×××的表彰》。

②正文

正文内容通常由叙述事实、说明主旨、做出决定、提出要求四个部分组成。

●叙述事实：是表彰性通报的主要部分，时间、地点、人物、事件、结果五大要素要反映清楚明确，同时应突出重点。如果表彰的单位和人物较多，正文只写一个领头的单位或人物，其余的单位和人物用附件予以说明。

●说明主旨：就是说明先进事迹所反映的精神境界和思想风貌及其意义，主要经验和值得发扬的是什么。从感性认识到理性认识，进行分析评价，做出高度的精练的概括。

●作出决定：就是根据先进事迹作出表彰或奖励的决定。包括表彰目的、作出表彰决定的机关、表彰决定、给予先进单位或个人的奖励等级。

●提出要求：包括对被表彰的先进单位或人物的期望和要求、对其他相关单位和人员的要求、号召。

（2）批评性通报

①标题

由"×××（发文机关名称）关于批评×××的通报"或者"×××（发文机关名称）关于×××的批评通报"组成。例如，《×××森林警察学院关于批评×××的通报》《×××森林公安局关于×××的批评通报》。

②正文

正文内容通常由四个部分组成。

●介绍错误事实：具体陈述时间、地点、起因、经过、后果（造成的影响或损失情况）、有关人员的责任等；对错误事实的交代要清楚、简练。

● 分析评价：指出错误的性质、危害，分析产生错误的主客观原因。

● 作出处理：包括处理的政策依据、处理的目的、作出处理决定的机关、处理决定以及处理的具体内容（包括对单位的处理和对个人的处分）。

● 要求和希望：针对所犯错误事实，提出应当采取的措施，重申和传达上级领导机关的指示精神以及对所属单位和人员的要求和希望。

（3）情况通报

①标题

由 "×××（发文机关名称）关于×××事故（情况）的通报" 组成。例如，《×××森林公安局关于×××事故的通报》。

②正文

正文内容包括四个方面。

● 概述主要内容：包括传达和告知的缘由与根据，传达和告知的重要精神和重要情况。如果传达和告知的是具体情况，则应写明事情发生的时间、地点、原因、过程和结果。

● 分析重要意义：在传达和告知的基础上，阐明传达和告知的重要意义，指明应当学习借鉴之处或者应当吸取的教训。

● 作出传达决定：明确提出传达重要精神或者告知重要情况的决定，申明通报的主旨。

● 提出希望和要求：针对应当学习借鉴之处或者应当吸取的教训，提出具体的希望要求，发挥教育、警示的作用。

5. 注意事项

（1）事例要具有典型性

选用典型的事例，是通报写作的基本要求。表彰性、批评性通报中的事例应让人感到确实值得学习或引以为戒；传达性通报所传达的重要精神和告知的重要情况，应确实能够引起人们的高度重视或关注，从而达到教育、引导或警示的作用。

（2）评析要具有论断性

通报的评析，也称分析评价，是对通报事例的理性认识、科学判断。通过分析评价，透过事件的表象去认识事件的本质特征，帮助受文者准确把握通报的精神实质。通报的评析部分，既包括对事件性质的分析评价，也包括对事件各个要素的分析评判，要求写得入情入理、把握特征、切中要害，做到论断明确肯定，使受文者能够把握通报的要领，受到教育与警示。

（3）决定要具有导向性

通报的决定，是作者在陈述事例、分析评价的基础上所做出的决策安排、工作部署。

无论是表彰、批评，还是教育、警示，其决定事项都要有明确的导向性，能够起到指导工作的积极作用。

（4）要求要具有针对性

通报的要求，要在决定的基础上，针对先进事迹、错误教训和重要情况所具有的意义，提出原则性的指导意见，以引导、警醒受文者，实现通报的目的，发挥通报的作用。

（5）表述要具有准确性

无论是哪一种通报，无论是哪一部分，在行文时都要十分准确，恰如其分，使阅文者心悦诚服，从而发挥教育、倡导和鉴戒的作用。

（6）章法要具有严谨性

通报的四个部分事例、评析、决定和要求，不是松散的排列组合，而是要形成层层铺垫、层层推进、步步深化的构文程式，要顺应条理、自成章法，显示出十分严谨的逻辑性。

16.3.3 报告

1. 概念

报告是下级向上级汇报工作的公文。内容包括汇报工作、反映情况、提出建议、答复上级询问等，属上行文。

2. 分类

从内容性质上分：工作报告、情况报告、答复报告、建议报告、报送报告。

从内容所涉范围上分有：综合报告和专题报告。

3. 特点

（1）内容的汇报性

报告就是我们平时的书面汇报工作、汇报情况。平常也称"××情况汇报"。

（2）语言的陈述性

因为报告具有汇报性，需向上级讲述做了什么工作，或工作是怎样做的，有什么情况、经验、体会，存在什么问题，今后有什么打算，对领导有什么意见、建议，所以行文上一般都是用叙述方法，而不是像请示那样采用祈使、请求的方法。

（3）行文的单向性

报告是下级机关向上级机关行文，是为上级机关进行宏观领导提供依据，一般不需要受文机关的批复，属于单向行文。

（4）成文的事后性

多数报告都是在事情做完或发生后，向上级机关作出汇报，是事后或事中行文。

（5）双向的沟通性

报告虽不需批复，却是下级机关以此取得上级机关的支持、指导的桥梁；同时上级机关也能通过报告获得信息，了解下情，报告成为上级机关决策指导和协调工作的依据。

4. 写作

报告分标题、称谓、开头部分、主体部分、结尾部分。

【基本框架】陈述基本情况——指明存在的问题——提出解决的对策；是什么——为什么——怎么办；背景与内涵——重要性与需要性——重要举措；目的——理由——打算。

（1）标题

常用的形式有两种。

①完整式

由"发文机关+事由+文种"组成，例如《××市公安局关于201×年度工作情况的报告》。

②省略式

可以省略发文机关，但不能省略事由和文种。例如《关于201×年下半年公安工作的报告》。

（2）正文

由上款、导语、主体、结语四部分组成。

①上款

收文机关或主管领导人。

②导语

概括说明报告的依据和主旨，然后以过渡句"现将有关情况报告如下"引起下文。

③主体

报告的事项。

●综合报告包括主要成绩、做法、体会，这是报告需详写的关键部分；最后说明存在问题和今后打算，这部分可以略写。一般用小标题分项列出。

●专题报告中，如果是反映工作或情况，要依次陈述事情的原委、工作的性质、工作进展及完成情况、今后的努力方向等。

●主体部分写作应注意两个问题

一是要有一定的格式。可采取分条式或分题式结构进行叙述，内容单一的报告，也可以采取自然段逐层推进的形式陈述。

二是要有一条主要线索，按时间先后反映工作进程，或从做法到经验教训，或从思想认识到行动效果，或按内容的重要程度，从主到次。

④结语

●汇报工作的报告：写"以上报告如无不妥，请指示"。

●反映情况的报告：写"特此报告"。

●呈转的报告：写"以上报告如无不妥，请批转执行"。

5. 注意事项

（1）明确主旨，突出重点

为了使"下情"能够及时、准确"上达"，首先要明确主旨，然后，围绕主旨，突出重点，予以汇报。报告的重点应是机关在一定时期的中心工作、突出的情况或问题。重点内容要求写深写透，次要工作可作一般叙述。全文要主次分明，详略得当。

（2）划清层次，概括叙述

报告的层次可按时间顺序、工作发展阶段或工作性质划分，要分条来写，尽力做到结构严谨，条理清楚。在概括叙述事实的基础上再进一步提炼经验教训，阐明对工作的意见与建议，避免描述事情的细枝末节或罗列数字。

（3）点面结合，全面深刻

报告既要对工作的全局、概貌作简要概述，并引证有关数据，以说明工作的规模、广度，使读者对工作情况获得全面的认识，同时还必须列举具有代表性的典型事例、典型单位或典型经验，以说明工作的深度。只有点面结合，才会使报告既全面又深刻，并且有说服力。

（4）压缩文字，简明扼要

报告是写给上级领导机关的，必须注意压缩篇幅、精简文字，做到简明扼要，便于阅读。报告一般为 1000～2000 字，不宜超过 40 000 字。要把各种材料加以整理归类，有观点，有内容，有深度，以最小的篇幅，传达最多的信息。

（5）内容应有新意

报告应反映新形势下的新事物、新问题、新典型、新经验，回答与解决在新形势下面临的各种疑点、难点，具有信息价值。即使是汇报常规性工作，也应力求探索提炼与以往不同的特点与经验，反映具有本质性、规律性的信息，不要把报告作为例行公事，写得空泛无物。

（6）注意与相应文种的区别

报告不同于工作总结。报告是法定公文，主要是多方面工作情况的综合，具体表述工作的进展情况，不作理论上的阐述；总结是事务文书，侧重于在事实的基础上概括经验，提炼体会，使认识升华到理性的高度。

工作报告不同于述职报告。工作报告格式和内容的规定性强，范围广，容量大，一般是反映本单位、本地区或本部门的工作情况，供上级决策时参考。述职报告是事务文书，主要反映个人任现职某一时段的德、能、勤、绩。

切忌将报告提出的建议或意见当作请示，要求上级批准或批复。

16.3.4　请示

1. 概念

请示是下级向上级请求解决问题的公文。内容包括请求上级解决问题、解释问题、决定事项等，属上行文。

2. 分类

工作性请示（又称请求批准性请示）：请求上级批准有关人、财、物及机构、编制、项目、计划等事项。

政策性请示（又称请求指示性请示）：向上级要政策、要办法。

3. 特点

事前行文，一事一文。

4．写作

请示由标题、主送机关、正文和落款组成。

【基本框架】请示理由——事项——要求；是什么——为什么——怎么办；背景——目的——措施。

（1）标题

机关+事由+文种。例如，《××市林业公安局关于解决森林公安派出所设备经费的请示》。

（2）正文

正文内容包括请示缘由、请示事项和请示结尾三项组成。

①请示缘由：为什么要请示。陈述请示的原因、根据、目的等，与后面的请示事项形成因果关系。提出的理由要有说服力。主要是阐明上级文件依据，工作存在的实际困难，必须要解决的事项等，最后以"现请示如下"作为过渡语。

②请示事项：请示什么。这是请示的核心和重点，是要求给予指示、批准的具体问题和事情。要明确写出自己的意见。如果请示事项比较复杂，涉及几种情况或几个方面，可以分条分项；请示中不仅要提出问题，还要提出解决问题的倾向性意见。提出的请求和意见要具体、明确、切合实际。

③请示结尾：请示结束语。一般写上"妥否，请批示""以上意见当否，请批示"。

5．注意事项：

（1）请求应一文一事，一般不越级请示。

（2）主送机关应单一，不能多头请示，如需同时送其他机关，应当用抄送形式；不得同时抄送下级机关；除领导直接交办的事项外，不得直接送领导者个人；受双重领导的机关，应当主送一个上级机关，抄送另一上级机关。

（3）开门见山，直接切入主旨。

（4）请求的理由要"三忌"：忌本位主义不顾大局；忌过多讲大道理；忌有意编造、夸大情况。

（5）注意请示与报告存在区别，请示和报告不同，不可混用：

①性质不同：请示是呈批性公文，报告是陈述性公文。

②时间不同：请示只能事前请示，报告大多在事中或事后汇报。

③目的不同：请示的目的是向上级机关请求解决难题，需要批复；报告

的目的是向上级机关汇报工作，反映情况、提出建议，供上级了解情况，不需要上级批复。

④内容侧重点不同：请示着重于请求指示、批准；报告着重于汇报工作。

16.3.5 函

1. 概念

函是平行单位之间商洽工作的公文，内容包括相互之间有关工作的询问、答复、求助、求援等，属平行文。

2. 分类

来函：又称发函，适用于主动商洽联系、询问催办、请求批准。

复函：适用于答复商洽、询问、请求批准事项。

公安机关使用的函，按其作用和内容的不同，有"公函"和"便函"、"去函"和"复函"之分。给某机关去函，一般是商洽工作，提出要求，询问事项；复函则是对商洽和询问的答复。

3. 特点

（1）使用的广泛性

函的适用范围广泛，使用灵活方便。

（2）写作的灵活性

行文方向具有多样性，既可平行，又可以上行、下行，但大多数情况下作平行文。

4. 写作

函由标题、称谓、正文、结尾组成。

【基本框架】是什么——为什么——怎么办；背景——理由——要求。

（1）来函

①标题

发文机关+事由+文种或事由+文种。例如，《关于组织我校骨干教师赴贵校参观考察的函》《关于联系住宿问题的函》。

②正文

正文内容由开头和请求事项两部分组成。

•开头部分：去函的缘由，表明商洽、请求、询问或告知有关情况的依据、意向等；

请求事项部分：详细写明商洽、询问请求、告知事项的内容，根据事项的复杂程度，或单列一段，或分条分项。既要简明扼要，又要交代清楚。如果要求对方回复，还要明确提出"请函复""请复"等。如有附件要标明（有关复印件）。

③结尾

结语态度要谦和，语言恳切，如"可否，请函复""盼复"等。

（2）复函

①标题

答复机关+答复事项+文种。例如，《国家××局发展规划与资金管理司关于同意××警察学院更新改造花园路校区配电房的复函》。

②正文

正文内容由引语和答复意见两部分组成。

引语部分：引述来函标题、来函文号，有时要写明来函的大概内容，用"经研究，现答复如下"过渡引出下文。例如，"兹收到贵单位××函，函中提到的××一事，我们进行了认真调查和研究，认为××，现答复如下。"再如，国务院办公厅主送给海关总署《关于海关总署走私犯罪侦查机构技能调整和更名的复函》，开头部分先引来文的标题与文号："你们《关于新形势下海关缉私警察承担各项打私任务的请示》（署厅发〔2016〕180号）收悉。经党中央、国务院领导同志同意，现函复如下……"

答复意见：针对来函事项，予以答复，答复中要表明态度，给予明确具体的答复。

③结尾

结语有"此复""特此函复""特此函复，请查照办理"等，有时也可不用结语。

5. 注意事项

（1）一函一事，主旨单一

切忌一函数事，主旨混杂；要短小精悍，字约意丰，不必详述过程，大发议论。

（2）叙事清楚，用语谦和

作为公文的函，要获得对方的理解、接受、支持，叙事要清楚、明白，而且提出的意见和请求符合对方的实际情况，做出的答复和解释也合规合情合理；要尊重对方，用语谦和，如"烦请予以支持为盼""……为荷"等，忌用命令性、告诫性词语，也不需要使用过分客套、寒暄、感激的语言。

16.3.6　纪要

1. 概念

纪要就是记述要点的文字。纪要适用于记载会议主要情况和议定事项，属下行文。

2. 分类

会议纪要可分为：工作会议纪要、代表会议纪要、座谈会议纪要、联席会议纪要、办公会议纪要、汇报会议纪要等。

3. 特点

（1）纪实性

会议纪要必须是会议宗旨、基本精神和所议定事项的概要纪实，不能随意增减和更改内容，任何不真实的材料都不得写进会议纪要。

（2）概括性

会议纪要必须精其髓，概其要，以极为简洁精炼的文字高度概括会议的内容和结论。既要反映与会者的一致意见，又可兼顾个别同志有价值的看法。有的会议纪要，还要有一定的分析说理。

（3）条理性

会议纪要要对会议精神和议定事项分类别、分条理。层次予以归纳、概括，使之眉目清晰、条理清楚。

4. 写作

会议纪要一般由版头、发文字号、标题、成文日期、正文、参加会议人员、发送单位等部分组成。以下主要阐述标题、正文的写作规范。

【基本框架】是什么——为什么——怎么办；背景——理由——措施——要求。

（1）标题

标题主要有两种格式。

会议主题+文种，如：《×××地区治安联防工作会议纪要》。

会议名称+文种，如：《×××森林警察学院第一次院长办公会会议纪要》。

一般情况下，用专用版头印发的纪要，也可以没有标题，在横隔线之下空两行直接撰写正文。

（2）正文

一般包括会议概况、正文部分、希望要求三部分。

①会议概况

会议召开的形势和背景；

会议目的、主旨；

会议名称、时间、地点、与会人员、主持者；

会议的主要议题或解决什么问题；

对会议的评价。

②正文部分

从会议的客观实际出发，从会议的具体内容出发，抓中心抓要点。要对此进行条理化的纪要。

以整个会议的名义表述的，必须概括会议的共同决定，反映会议的全貌。凡没有形成一致意见的问题，则需要分别论述并写明分歧之所在。

为叙述方便，眉目清楚，常用"会议认为""会议指出""会议强调""与会人员一致表示"等词语，作为段落的开头语，也有用在段中的，起强调的作用。

属于介绍性文字的，可以灵活自由叙述，但属于引用性文字必须忠实于发言原意，不能篡改，也不可强加于人。

小型会议，侧重于综合会议发言和讨论情况，并要列出决议的事项。

大型会议内容较多，正文可以分几部分来写。

会议主要内容部分有四种结构：

一是按会议内容（问题）的顺序撰写，逐个说明，这种方法适用于综合性会议纪要；

二是对会议内容（问题）归纳分类，分项撰写，这种方法适用于重要的座谈会、学术会议、研讨会和会议内容比较复杂的工作会议纪要；

三是按事物发展的规律来写，这种方法适用于专题或专门性会议纪要。一般包括对过去工作的评价、对当前形势的分析、对未来工作的总要求和总任务以及应采取的措施等；

四是按专题分项撰写，这种方法适用于研究具体工作的会议纪要，对会议所涉及的事项要一一交代清楚，包括对研究事项的定性和处理意见等。

③结尾部分

提出希望和号召。

一般写法是提出希望、号召。

有的是突出强调贯彻落实会议精神的关键问题，指出核心问题。

有的是对会议做出简要评价，结合提出希望要求。

全局性、综合性纪要可写希望要求。

一般纪要可以省略结尾部分，会议内容写完，正文自然介绍。

5. 注意事项

（1）忠于材料的纪实性

纪要的写作素材来自于会议记录。它是在会议记录的基础上，紧扣会议主旨，忠于会议精神，经过文字或录音整理，去粗取精、概括归纳而成的。因此既是纪要的基本特点，也是写作纪要应遵循的基本原则。

（2）突出内容的简要性

纪要应该在"纪"的基础上突出"要"，即"纪"其"要"。要围绕会议主旨，深入提炼会议精髓，突出会议主题，择要表述，条理清楚。

（3）注意表述的特殊性

纪要是以会议为表述主体的，常用的句式有：

在说明会议过程时，常用"会议听取了××的汇报""会议传达了××文件（讲话、会议）精神""会议围绕××进行了热烈讨论"等；

在阐述会议精神时，常用"会议认为""会议指出""会议提出"等；

在介绍领导讲话时，常用"××指出""××强调"等；

在表述会议决议时，常用"会议决定""会议要求""会议号召"等。

（4）会议纪要的落款

会议纪要是与会者共同意志的体现，落款应是全体与会单位，故不写落款，不加盖公章，与会者带回去执行即可。

（5）注意与其他文种的区别

写作纪要时，应注意与几个相近文种的区别，既不能不加分析、概括，写成记录，也不能只涉及会议的主要议决事项，写成决议，更不能只反映会议的情况，写成会议简报。

会议纪要：是一种法定的公务文书，其撰写与制作属于应用写作和公文处理的范畴，必须遵循应用写作的一般规律，严格按照公文制发处理程序办事。

会议记录：则只是办公部门的一项业务工作，属于管理服务的范畴，它只需忠实地记载会议实况，保证记录的原始性、完整性和准确性，其记录活动同严格意义上的公文写作完全是两码事。

二者在载体样式、称谓用语、适用对象、分类方法、内容重点以及处理方式等诸多方面都有明显区别。

16.3.7 总结

1. 工作总结的定义

工作总结是个人或单位对一个时期或一个方面的工作作系统的回顾、分析和研究，认清经验和教训，找出规律性认识并用于指导以后工作的事务性文书。

2. 工作总结的种类

工作总结有不同种类。按内容分有综合总结和专题总结；按行为主体分有单位总结和个人总结；按时间分有年度总结和季度总结。例如《以警务实战技能大考核活动为契机全面提升公安队伍五个能力》是单位专题总结。

3. 工作总结的结构

工作总结包括标题、正文、署名、日期四部分。

（1）标题

工作总结的标题分为单标题和双标题两种。单标题又可分为公文式标题和文章式标题。

公文式标题：单位名称+时限+总结内容+文种，如《××警察学院2017年教学工作总结》。

文章式标题：直接表明总结的基本观点，常用于专题总结。如标题下或文末有单位署名，标题可省略单位名称等。

正副标题：适用上述两种标题。正标题点明文章主旨或重心，副标题具体说明文章内容和文种。如《抓好廉政监察，密切警民关系——××市公安局内系统廉政工作总结》。

（2）正文

工作总结的正文分为开头、主体、结尾三部分，各部分均有其特定的内容。

开头：主要用来概述基本情况。包括单位名称、工作性质、主要任务、时代背景、指导思想，以及总结目的、取得的主要成绩等。

主体：这部分是总结的重点和核心，也是总结的目的所在。内容包括成绩和做法、经验和教训、今后打算等方面。写作时应具体而概括，应有典型事例，还要有令人信服的统计数字。主体部分常见的结构形态有五种、成效+做法；做法；成效+做法+体会；做法+体会；阶段式；要根据实际需要选择。

结尾：结尾是正文的收束，主要写存在的问题和努力方向。可以分开写，也可以合在一起写。这段内容要与开头相照应，篇幅不应过长。

（3）署名

个人总结或单位总结（如果在标题中没有写出单位的名称），在正文右下方要署名，署名要写全称。

（4）日期

日期要写明某年某月某日。

16.4 常用文书写作的具体实例

16.4.1 实例选择说明

本章实例来自于中国知网，发表于《公安教育》2017 年第 5 期，标题为《以警务实战技能大考核活动为契机全面提升公安队伍五个能力》，作者为江西省上饶市公安局政治部。读者可通过中国知网获取全文对照阅读本节。

为巩固和延续江西省公安机关警务实战技能训练考核活动，强化考核成果在公安工作中的应用，全方位提升公安民警专业基础实力和实战能力，2016 年 3 月至 11 月底，江西省公安厅组织了 14 次专业警种业务技能大比武考核。上饶市公安局在专项考核中，获得地市公安局团体成绩 10 次第一、县局团体成绩 7 次第一、个人排名 11 次第一的佳绩，被誉为全省大比武"夺冠王"。在此基础上，上饶市公安局不断地在工作中检验比武成效，切实解决了长期存在的"难点、关键点、教训点"问题，并及时总结，形成亮点，推广应用，有效促进了各项公安工作的发展，引领上饶公安各项工作呈现出强大的生机和活力。例文即是上饶市公安局关于这次大比武活动的工作总结。本节选取了例文的标题、开头、正文主体、结尾，从这几个方面来分析介绍如何写作工作总结。

16.4.2 实例写作分析

1. 标题

《以警务实战技能大考核活动为契机全面提升公安队伍五个能力》一文是单位专题总结，所以标题采用了专题总结常用的直接表明总结基本观点的文章式标题。由于在标题下方注明了写作者为江西省上饶市公安局政治部，所以在标题中没有出现单位名称。如图16-4-1所示。

以警务实战技能大考核活动为契机
全面提升公安队伍五个能力

■ 文/江西省上饶市公安局政治部

图 16-4-1　总结类型文书实例的标题

江西全省公安机关开展大培训、大练兵、大比武以来，上饶公安机关始终将其作为强素质、提形象、促工作、创满意的关键切入点和重要抓手，高位推动、高压驱动，力度不减、热度不降，锁定第一抓比武、贴近实战抓练兵。从积极探索、勇于创新，到阔步前行、一路领先，在江西全省分期组织的14次大比武考核中，上饶市公安局（以下简称市局）取得了地市团体成绩10次第一、2次第二、2次第三及县局团体7次第一，个人排名11次第一的显著战绩，其中3次包揽了地市和县公安局团体及个人全部冠军，成为江西全省公安机关大比武场上的"夺冠王"，树立了上饶市公安练兵史上的里程碑。

在各级领导的身先士卒、率先垂范下，人人参训、人人参考、人人过关。上饶全市公安机关大比武活动如火如荼，广大民警练兵比武热情空前高涨，从局长到民警、从机关到基层，人人都以饱满的政治热情、良好的精神状态、强烈的集体荣誉感，积极参与、奋力拼搏，上饶全市全警呈现出"千帆竞发、百舸争流"的生动局面。

练兵提能力、比武聚力量、夺冠鼓士气。大练兵印证了上饶公安实力，大培训再造了上饶公安形象，大比武打响了上饶公安品牌，在"奋勇争先、追求卓越"比武精神的引领带动下，上饶全市公安机关各项工作迸发新活力、呈现新气象、实现新突破。2015、2016连续两年取得全省综合绩效考核第一。长期低位徘徊的全市安全感、满意度双提升工作实现触底反弹、绝地反击，指数、排位取得历史性突破，群众满意度不断攀升。上饶大练兵、大比武工作得到上级领导的高度肯定，江西省副省长、公安厅长郑为文高度评价："上饶市公安局高度重视队伍建设，在五个能力建设上花了心思、用了真功，成效很好，值得表扬。"我们的主要做法是：

一、领导重视，横下心来抓

上饶市正处在"发展升级、绿色崛起"的关键时期，且高铁经济时代也已来临，各项维稳安保任务异常繁重。在上饶警力不足、低于全省平均水平的情况下，上饶公安惟有全员培训练兵、全警备战迎比武，通过能力再造、素质强警，才能保障全市经济发展、人民安居乐业。为此，全市公安机关把练兵比武纳入第一视线、作为第一关注、视为第一要务，高位高效跟进、强力强势推动。

（一）高目标定位

上饶公安素有逢旗必扛、逢一必争的优良传统。在这次练兵比武中，上饶市副市长、公安局长邱木兴明确指出：在上饶公安综合绩效工作连续三年排位全省第三的大好形势下，全市民警决不能有小胜即满的安逸心态，不仅要有剑锋直指全省第一的坚韧勇气，更要有蝉联全省第一的坚定信念，以此带动全警综合能力大提升，推动公安工作新进步。这种前所未有的决心无异于向全市民警发出了顽强拼搏的动员令，吹响了奋勇夺冠的集结号。

图 16-4-2　总结类型文书实例开头

2. 开头

《以警务实战技能大考核活动为契机全面提升公安队伍五个能力》的开头，以简洁的文字介绍了上饶市公安局在江西省公安机关警务实战技能大考核活动中的基本情况，包括大比武的背景、指导思想、取得的成绩、全员参与的热情、重塑形象、获得高度评价等内容，它是工作总结的引言。这段文字高度概括，没有套话。如图 16-4-2 所示。

3. 主体

这是总结的主要部分，内容包括成绩和做法、经验和教训、今后打算等方面。这部分篇幅大、内容多，要特别注意层次分明、条理清楚。

《以警务实战技能大考核活动为契机全面提升公安队伍五个能力》一文的正文主体部分，重点介绍了上饶市公安局在江西省公安机关警务实战技能大考核活动中取得的成绩以及做法。在具体写作中，具有以下特点。

（1）小标题式与序数式相结合

文章主体部分采用了三级标题，用一、二、三，（一）、（二）、（三），1.2.3.……序号排列，将文章主体部分分为若干层次，条理清楚，层次一目了然。

每层次使用小标题，概括该层次核心内容，使段落重心突出。

（2）逻辑性强

第一，领导重视，目标明确。上饶市副市长、公安局局长邱木兴亲自把控调度全市练兵比武工作，把大比武视为第一要务，高位高效跟进，强力强势推动。

第二，全员参与，成效显著。全市公安机关紧贴警务实战和岗位职能需求，分批次、分层次、分警种、分阶段开展练兵比武。

第三，保障有力，夯实基础。建立了全市一线民警电子训练档案，特别夯实了警察训练基地建设，全市 12 个县级公安机关设施齐全的训练基地全部建成。

第四，科技强警，方法多样。自主研发功能强大的网上考训平台，供全市民警学习备考。利用微信组建"教官群""学员群"，专项辅导，分享经验。

第五，点面结合，相互促进。既有全市民警积极参与，刻苦训练的面，也有副市长、公安局局长邱木兴的率先垂范，荣获佳绩的点。

（3）具体数据

从参加人数、强有力的保障，到取得成绩，都有具体数据加以佐证，使得大练兵的成效更加明确，也使得文章更具有说服力。

（二）搭好平台

市局延续了江西省内公安科技创新成果第一的势头，由市局科信支队"零投入"自主研发了一套功能强大的网上考训平台，平台集"易错题筛选、随机练习、顺序练习、模拟考场、状元争霸"等功能，民警变纸张练习的枯燥为"在线争霸"的乐趣。平台启用以来，26万余人次民警登陆，创造了公安信息发展史上软件应用率的"传奇"和"神话"，确保了上饶市的理论考试平均成绩达99.56分，稳居江西省第一的位置。南昌、赣州、九江、吉安、宜春等七个地市公安局纷纷请求共享这一优秀科研成果。之后，市局自我加压、借势发力，又打造出大比武理论考试的加强版"五个能力考训平台"（即：规范执法、舆情应对、应急处突、队伍管理、群众工作），精选出民警履职需要和应知应会的3600余道题，供民警学习备考。全市3400名民警参考，平均分92.35分。市局利用微信组建了1个"教官群"、14个"学员群"，教官群特邀江西省警察学院教授在线专项指导，

从市到县到科所队的三级梯次教官人才队伍，满足了培训练兵比武的实际需要。

2.组建精英团队。为备战省公安厅比武考核，全市层层选拔，组建了一支近30人的教官团队，从中精选、顶级配置2名有高级教官职称、3名参加过公安部教官培训的民警作为首席教官，实现了教官队伍的"高、精、尖"。对教官团队先行集中、先行培训，按队建制科学编队。

3.凸显教官作用。教官高标准、严要求，不畏苦、不惧难，成为训练场上的示范员、执纪上的模范员、射击场上的安全员、生活上的管理员、心理上的辅导员。为弥补民警射击水平不高的"短板"，教官们创意编写出形象易懂的射击"三字经"，别具匠心地为每期学员设定"36冲锋连""18尖刀连"等励志番号，以高度的专业、敬业有效提高了训练实效。

（四）建好模式

1.科学化训练。在县公安局普训的基础上，市局对参加比武考核人员集中进行二次培训，训

度，按时起床，按时熄灯，按时操课，行进必列队，行进有番号，饭前一支歌，晚上有点名，用严格的纪律约束保障训练工作。在江西全省大比武赛场上，上饶代表队充分展示了良好的作风纪律养成，着装规范统一、步伐整齐划一、士气高昂向上、队伍威武雄壮，得到省公安厅领导及所有考官的一致好评。

3.绩效化考核。将大培训、大练兵、大比武工作纳入全市公安工作绩效考核，与评先评优直接挂钩。建立了奖惩激励机制，全市因大比武表现突出和成绩优异获提拔15人、重用3人、立功31人，获市局嘉奖276人、县公安嘉奖155人、通报表扬136人。因学习态度不端正、考核成绩差受到警告处分2人、受通报批评58人次，并取消个人当年所有评先评优资格。

三、借势发力，奋发有为干

通过培训练兵比武，全市民警磨练了意志，摔打了本领，提振了精气神，汇聚了正能量，助推了业务工作和队伍形象的双出彩。

图 16-4-3　总结类型文书实例主体

功，382人获嘉奖。

全警练兵无止境，提升素质无极限。上饶市公安机关将持续深入推动练兵比武活动，继续弘扬大比武精神，着力建设过硬队伍，为法治上饶、平安上饶建设再立新功。◘

（执笔人：上饶市公安局党委委员、政治部主任黄萍）

图 16-4-4　总结类型文书实例结尾

4. 结尾

结尾是正文的收束，主要写存在的问题和努力方向。这段内容要与开头相照应，篇幅不应过长。《以警务实战技能大考核活动为契机全面提升公安队伍五个能力》，结尾与开头相呼应，点明文章核心：全警参与、提升素质。接着对未来进行展望：继续弘扬大比武精神，着力建设过硬队伍，为法治上饶、平安上饶建设再立新功。总体上，结尾写作简洁有力。

5. 署名

总结正文写完以后，在正文的右下方，要写上总结单位的名称。由于例文的作者在标题下署名为江西省上饶市公安局政治部，为集体创作，所以在最后署名时，注明了执笔人：上饶市公安局党委委员、政治部主任黄萍。

16.4.3 实例注意事项

1. 注重材料归类

要善于对零散的材料进行归类，实际上就是对写作对象进行定性、定位。通过归类，分辨出正面材料与反面材料，一般做法和典型经验，成绩和缺点，可用材料和舍弃材料，以及哪些材料放在前面、哪些材料放在后面等。

2. 注重特色挖掘

工作总结最忌写成"流水账"，面面俱到，没有重点，没有特色。因此在构思时就要认真研究材料，确立恰当而又有特色的主旨。能否确立这样的主旨，取决于作者能否吃透材料；能否有力地表现这个主旨，则首先取决于作者挖掘材料的特色、即使年年必做的常规性工作，也有不同于往年的特点，这就是应该重点表达的内容。有时特色就蕴含在平常的材料之中，混一个角度或切入点，特色就可能被挖掘出来了。

3. 注重参考文献

工作总结看上去是本单位、本部门的工作成绩汇报和工作计划展望，似乎与参考文献没有什么关系。但事实上，要想让工作总结写得有血有肉，阅读甚至引用一定的参考文献是非常必要的。一方面，总结的写作格式、提纲编写、创作思路等可以通过图书馆馆藏的纸质或者数字文献阅读进行启发和参考，例如通过南京森林警察学院图书馆书目检索系统检索到的《应用文写作教程》，通过超星数字图书馆检索到《行政公文写作：规范、技巧与最新例文》。另一方面，工作总结中需要阐述当前的时代政治背景、横向纵向对比工作水平、挖掘工作中的创新点、展望未来工作努力点，等等，可以通过期刊和报纸的电子版、年鉴数据库、科技成果库、社会发展统计数据库等数字文献资源库挖掘内容，进一步增强工作总结的说服力和感染力。

第 17 章

案例数据库

案例数据库是森林公安文献资源体系的重要组成部分。特色数据库是项目建设机构充分利用网络技术、信息技术，依托本机构学科建设的优势，根据不同层次用户信息需求的种类、特点而建立起的专题数据库。对于高校来说，要以学科为中心，以原始收藏为支撑，建立具有自己特色和个性的数字化资源体系，使其在教育、科研、管理、宣传等诸多方面中发挥巨大的作用。案例数据就是具有典型特点的特色数据库之一，而公安案例数据库就是公安机构建设的为本机构和相关用户提供特色服务的专题数据库。

17.1 案例数据库的基本概念

17.1.1 案例与案例数据库

1. 案例的定义

案例，就是人们在生产生活当中所经历的典型的富有多种意义的事件陈述。案例对于人们的学习、研究、生活借鉴等具有重要意义。根据案例，我们可以对相关问题进行深入的研究分析，挖掘发现，从中寻找带有规律性、普遍性的成分，这是应用性学科最快捷、准确的研究手段及方法之一。基于案例的教学是通过案例向人们传递有针对性的有教育意义的有效载体。因此，人们常常把案例作为一种工具进行说服，进行思考，进行教育。

2. 案例数据库的定义

数据库（Database）是按照数据结构来组织、存储和管理数据，建立在计算机存储设备上的仓库。严格地讲，数据库是长期储存在计算机内、有组织、可共享的大量数据集合。数据库中的数据按一定数据模型组织、描述和储存，具有较小的冗余度、较高的数据独立性和易扩展性，并可为各种用户共享。

数据库具有永久储存、有组织和可共享三个基本特点。

因此，案例数据库就是针对用户的信息需求，对某一学科或某一专题范围内有利用价值的典型事例进行深层次揭示、系统化地组织和加工处理、存储，并按照一定标准和规范将其数字化，以满足用户个性化需求的信息资源库。该数据库能够实现以 WEB 的形式为用户提供网上浏览、查询、导航、全文提供等配套服务。

17.1.2 公安教学案例数据库

1. 公安教学案例数据库简介

教学资源其实就是服务学生的各种物化资料。教学参考资源是重要的教学辅助资源，对于培养学生的自主学习与创新能力、提高教学水平以及创新教学模式等都具有积极的意义。21 世纪初以来，公安教育理念与教学方式正在发生根本性的变化，强调以学生为中心的自主教学积极拓展第二课堂时空已成为警务战术类课程教改的追求目标。在这一过程中，"古老"的案例教学法焕发出新的生命力。公安、政法类高校，课本知识理论较强，各种法条、规定、学说繁杂抽象，需要案例分析作为辅助手段加强学生的理解与记忆。通过案例教学，知识的理解周期可以缩短 30%，短期记忆时间延长至普通短期记忆的六倍。大部分人都存在形象思维，人们在记忆时有必要寻找些许的规律或者案例来辅佐重要知识点的深刻记忆。正如 1870 年时任哈佛大学法学院院长克里斯托弗·哥伦布·朗德所说："有效地掌握这些原理的最快和最好的——如果不是惟一的——途径就是学习那些包含着这些原理的案例。"

利用数字技术进行教学资源管理可以强化教学资源的整合效果，因此教学案例数据库的建设，为高校教育提供了更多教学资源服务，这对促进高校整个教育水平有很大帮助。由于公安信息资源大都具有保密性和出版物难以搜集的原因，因此公安信息资源数字化建设处于相对落后状态。网上提供的公安专业信息资源非常少而且零散，查找起来很困难，给公安工作、教学、科研带来极大不便。

公安教学案例数据库，就是紧密依托公安专业，按照一定标准将公安文献资源数字化的网络信息资源库，通过网络进行传递和发布信息，提供各类检索和文献传递服务，用来满足用户个性化文献需求。通过文献数字化和数据库的建设，使之成为具有公安专业特色，技术先进，方便实用，参考价值大的专题教学参考案例数据库，能有效地组织分散的各类案例资源，提高信息资源的利用率，为公安教学提供参考信息源，为公安行业用户提供全面专业的案例信息服务，对于推动公安教学水平提升和公安专业的人才培养、科技进步与发展具有重要意义和实际应用价值。

2. 公安教学案例数据库建设的内容

近年来，随着警务信息化工作的不断深入，我国各公安院校也相继开展了公安特色数据库的建设工作。高等学校图书馆作为学校的文献信息资源中心，是为人才培养和科学研究服务的学术性机构，必然成为承担该项工作的主要力量。公安院校图书馆通过依托丰富的电子资源和网络资源大力开展公安教学案例数据库的建设工作，实现了公安领域的知识创新、技术创新。

如中国人民公安大学图书馆建设的中外文报刊全文复印资料题录索引数据库、公安期刊全文数据库、馆藏公安法律图书全文数据库、外国警察原版期刊全文数据库等；湖北警官学院图书馆建设了公安新闻简报数据库、警察史研究专题库、湖北警官学院研究成果库、公安案例数据库、李昌钰博士专题库；江西警察学院图书馆研制开发了中国公安报刊资料检索系统（CPIS）数据库；江苏警官学院图书馆建设了学院教学参考书数据库、公安科技信息库、警察学网络资源导航库、公安电子图书库、公安视频资料库等；广东警官学院图书馆开发了警察学全文数据库、教学视频资源数据库、教学参考书全文数据库；铁道警官学院建有铁路公安特色数据库等；南京森林警察学院建设的森林公安教学参考案例数据库等。

对于公安高等院校来说，公安教学案例数据库的建设内容可以考虑以下几个方面：

①公安图书书目库及全文库（外文侧重书目，中文侧重全文）；

②公安期刊的题录库和全文数据库（外文侧重书目，中文侧重全文）；

③公安专业论文库（侧重灰色文献）；

④公安学位论文库；

⑤图谱数据库（照相图谱、法医图谱、枪支弹药图谱、足迹图谱、手印图谱等）；

⑥视频资料库（案件侦破纪实、专业操作示范、专家学者讲座等）；

⑦案例数据库（典型案件侦破经过、典型案件判例等）；

⑧公安专业知识库（公安工作密切相关的标准、数据、名词术语解释

等）；

⑨法律法规库；

⑩公安科技成果、专利库；

⑪公安学科导航库（同行机构及专家学者的研究方向和成果）；

⑫公安舆情数据库（互联网上采集的涉警舆情专题数据库）；

⑬公安机构数据库（反映本单位的整体机构及人员综息及产出的综合数据库）；

⑭森林公安特色数据库；

⑮铁路公安特色数据库；

……

项目单位在数据库建设中需要结合自身的原始特色积累和需求选题，并不局限于以上内容。这里只是为相关建设单位提供思路和借鉴。

3. 公安教学案例数据库建设的原则

公安教学案例数据库的建设目标就是为公安教育服务，因此建设的核心在于专业化服务，不求齐全，但求重点鲜明，即所谓的"独优"和"独有"。公安教学案例数据库的建设不应该一味追求数量，关键在质量，而质量则主要表现在特色上。首先要注重突出学科特色。要加强已有的重点项目和优势项目的专题数据库建设，保证数据库的连续性、全面性。其次要体现专业特色。要根据用户需要，重点保证特色专业和重点专业的需求，建立起独有的数字资源保障体系。最后要提供专业化服务。建设特色数据库是为了更好地为用户开展专业化服务，专业化服务是指利用信息资源，主动、及时、正确地为特定用户提供专业文献信息知识服务。

南京森林警察学院图书馆建设的森林公安教学参考案例数据库为典型的公安教学案例数据库，以该数据库为例，该数据库收录的案例遵循以下原则：

①公安教学案例数据库所提供案例应为公安机关所承办的典型案例或特色案例。

②能反映某一类或一组案件的特点，并能作为同类事件的代表，对今后工作有一定借鉴和指导意义。

③所提供案例应为已判决案件，严禁提交侦查尚未终结和正在审理中的案件。

④统计数据真实、准确标记案发至结案的所有侦查时间、空间信息。

案例结构应包括以下主要内容：

①案情简介。包括案发时间、地点，接报案情况，现场勘验、调查等简单情况；

②侦查过程。根据现场勘查、调查走访结果所做出的现场分析、根据现场分析着手实施的侦查措施、方法、应用的侦查手段、策略等相关情况；

③破案、结案情况。包括证据的发现等相关情况；

④案例点评。包括案件侦破重难点、办案过程中存在问题、值得借鉴的经验等情况。

案例格式应以 PDF 或 WORD 为主体，适当附以图片、图表，同时严格按照以不泄露公安密级信息为标准。

4. 公安教学案例数据库的作用

（1）有助于提升公安教育教学水平

数据库资源丰富、形式多样、吸引力强。数据库收录信息的方式比较丰富，可以是文字、图像、音频、视频等多媒体方式。这样可以满足教学多样化需求。

利用公安教学案例数据库，开展案例教学法，可以有效提升学生的理解能力和实际操作能力。案例教学法是指事先布置给学生相关案例及其他资料，在学生了解案情，有相当准备之后，在学生积极参与的基础上，师生之间、小组之间采用问答、辩论、分组讨论等形式开展互动教学，在对案例进行理论分析和研究的基础上，注重教授分析问题的技能、综合利用法规的技能和语言表达技能在内的一种教学方法。通过案例教学，可以大大地减小教学情境与实际生活情境的差距，帮助教师反思教学实践，深入思考教学实践中出现的问题，是教师专业化发展的新途径。

（2）为实际工作提供理论指导

公安案例数据库的建立，资源数据集中，能够满足用户多样化需求。数据库可以实现准确、有效、全面的数据查找，根据读者需求进行服务，满足大量用户的个性化需求。可以将各种典型的案件类型加以总结，方便不同地区、不同警种的公安部门相互探讨学习，并且以典型案例的形式展现不同地区、类别的案件情况，使得各地的公安部门在侦办不甚熟悉的案件时能有实际的参考，提高办案效率。

（3）通过大数据分析为工作提供指引

公安案例数据库可以将各类案件，尤其是典型案件加以分类和整理以及全文检索，检索方式丰富，允许公安领域相关从业人员详细查阅，对案件进行各专业角度的研究分析，提出参考意见。这样不仅能促进公安领域不同学科方向的交流探讨，促进不同专业的协同发展，还可以拓展疑难案件的研究思路，完善办案方法，提高办案效率，并针对疑难案件的破案方法进行总结，为实际办案工作提供最佳理论指导。

（4）有助于疑难案件的分析探讨

利用公安案例数据库可以限定不同条件对特定情况范围内的案例进行分类整理和全文搜索，对相似范围内的案情性质等方面进行统计分析后得出数据，为今后的工作指出方向。但目前类似的研究中多为研究者所在地或其所经办案件的范围内进行统计分析，缺乏普遍性。公安案例数据库的建立，可将全国范围内的案例进行整合，有利于研究者查阅各地案例。通过对一系列全国案件情况的统计分析，其结果将更具有广泛性和科学性。

17.2 案例数据库建设的工具

17.2.1 案例数据库建设工具的选择原则

1. 案例数据库的建设工具的选择原则

案例数据库的建设除了具备必不可少的案例文献资源之外，还必须选择一款优秀的数据库建设软件平台以保障数据库的高效使用、持续建设和共建共享。案例数据库制作管理系统必须能满足数字化资源、网络化存取和分布式管理这三个要素。因此，选择数据库制作管理系统应该遵循以下原则：

①软件功能应具备适用性和可操作性；

②支持标准协议，运行速度快，稳定性强；

③系统功能全面、用户界面友好，数据维护简便，软件功能强大是建设特色数据库成功与否的关键；

④软件应具备良好的兼容性和可扩展性，便于今后进行二次开发、资源整合及共建共享；

⑤系统应具备很好的安全性、可靠性。

目前专题数据库的建设平台主要是基于建设单位自行开发的系统平台和购买成熟的系统平台。自行开发系统平台主要适用于内部中小型数据库，在使用上尤其是共建共享方面具有很多不利因素，目前各建设单位主要依托于购买成熟的数据库建设系统。对于如何选择特色库加工与发布系统，建设单位可以参考 CALIS（中国高等教育文献保障系统）特色库建设项目组的相关要求。

2. CALIS 管理中心对特色库建设工具的要求

CALIS 管理中心对于如何选择特色库加工与发布系统提出以下要求：

①CALIS 专题特色数据库子项目采用"元数据和简要数字对象集中建库、完整数字对象分散在各参建单位建库和本地发布"的分布式体系结构；

②分散建库的特色库由各参建单位在遵循统一标准规范的基础上自行建设；

③集中建库的元数据和简要数字对象 OAI-PMH Harvester 和 METS Harvester 机制自动收集，并提供具有集中检索的特色库资源中心门户；

④参建馆的特色库系统还需要 CADLIS 认证中心、CADLIS 计费中心、CADLIS 资源调度中心、CALIS-OID 解析中心进行集成。

鉴于以上要求，CALIS 管理中心要求参加 CALIS 专题特色数据库建设的单位在选购特色库本地加工与发布系统时，必须选用通过"CALIS 体系产品兼容性认证"的提供特色库系统的软件厂商。在 2006 年 CALIS 管理中心对正式签订"CALIS 服务体系第三方软件供应承诺协议书"的软件商进行了"CALIS 体系产品兼容性认证"第二阶段的第二次认证测试。结果如下，供选用系统的建设单位参考。

表 17-2-1　参加认证的厂商及其认证结果

厂商名称	本地系统名称及版本		认证结果
	特色库	学位论文	
杭州麦达电子有限公司	麦达高校特色库系统 V2.0	麦达数字学位论文系统 V2.0	基本实现
清华同方知网（北京）技术有限公司	TPI V4.5	TPI V4.5	全部实现

续表

厂商名称	本地系统名称及版本		认证结果
	特色库	学位论文	
北京拓尔思信息技术有限公司	TRS 信息资源库建设系统 V1.2	TRS 学位论文系统 V2.1	④还有待改进
北京北大方正电子有限公司	方正德赛特色资源库建设系统 V3.5	方正 TASi 论文授权提交系统 V3.5	全部实现
北京国图数字技术有限公司	数字资源管理服务系统 V1.0	学位论文提交系统 V1.0	基本实现，②④仅支持"电子图书"资源类型
北京中数创新技术有限公司	CDI 数字图书馆应用系统软件—CDI CM 内容管理软件（CALIS 特色版）	—	全部实现
北京义华数图科技有限公司 & 中科软件集团公司	资源数据库建设服务系统 V4.0	—	基本实现
北京新星快威数码技术有限公司	DIPS-高校专题特色库建设与发布系统 V2.1	—	①⑦方面还有待改进，②④仅支持"期刊论文"资源类型

17.2.2 案例数据库建设主流工具的比对

通过 CALIS 管理中心"CALIS 体系产品兼容性认证"的 8 家公司的软件系统虽然都能建设特色数据库且符合 CALIS 的各种数据接口功能，但从综合各种情况之后，我们主要选定清华同方知网的 TPI、北大方正德赛、新星快威 DIPS 三个系统进行比较。三款软件平台的主要技术参数对比如表 17-2-2。

表 17-2-2　三款软件平台的主要技术参数对比表

软件	TP16.0	DIPS3.0	DES14.1
应用平台	WINDOWS+IIS+ASPX：数据库：清华同方自行开发的 FTS	WINDOWS+IIS+ASP：数据库：DIPS 数据库+微软 SQLSERVER	WINDOWS+IIS+ASP：数据库：微软 SQLSERVER 或甲骨文 ORACLE
结构模式	C/S 和 B/S	C/S 和 B/S	C/S 和 B/S
支持标准	HTTP. Z39.50，OAI，DC，RDF，MARC/CNMARC，OpenUrl，METS，CNKI/T2-2001，Web Services等	HTTP，Z39.50，OAI，DC，RDF，MARC/CNMARC	HTTP，Z39.50，OAI，DC，RDF，MARC/CNMARC：ISO 2709，符合国际 OEB 标准的 CEB，XML 格式等
功能模块	KBase 服务器、内容管理与发布系统、分类标引工具、电子图书制作工具、通用文档转换工具。	数据加工系统、内容管理系统、网络发布系统、B/S 加工平台。	系统管理子系统、任务管理子系统、资源加工子系统、数据审核子系统、资源发布子系统、远程提交子系统。
安全控制	支持角色管理和用户管理双重管理机制，具备项目管理、组管理、操作员管理、用户权限管理、Web 发布管理、日志分析等完整配套的管理工具，可以方便地定义不同用户的权限（可控制到字段级），支持多层面数据安全控制，支持权限分组，支持匿名用户。	提供系统级、数据库级、字段级、记录级和 IP 地址的安全控制方式，提供对用户、用户组的安全控制机制。	内容加密，读者无法随意拷贝、打印、散发，IP 地址的安全控制方式，提供对用户、用户组的安全控制机制。

软件	TP16.0	DIPS3.0	DES14.1
资源发布	提供多种发布风格（如CNKI、Google、EI、OCLC、自定义等）	资源可选不同发布风格，可根据用户需求定制符合各特色库风格的界面。	可选不用发布风格，可进行资源推荐、上下架、下载量统计等多种管理；上载文档时可进行加密，防止二次传播，保护知识产权。
检索功能	提供单库检索、跨库检索和分布式检索功能，同时提供二次检索、高级检索、关联检索、同义词检索、反义词检索、全文检索等检索方式，提供按照更新日期和相关度等方式排序功能。	具有国内领先的"字索引+分词策略"的中文全文索引机制，在全文检索的基础上提供多种检索手段，如：主题词关键词检索、分类导航检索、内容关联检索、检索历史重复检索、单字段逻辑运算检索、多字段逻辑组合检索、二次渐进检索、模糊匹配检索，跨库检索等，并能对检索结果进行排序和实现检索点反显。	支持电子资源的字段检索、全文检索、跨库检索、全面检索和关联检索
统计功能	详细的日志和统计功能，包括系统操作日志、著录日志、检索日志、浏览日志、下载日志、OAI收割日志和METS收割日志等，并能以图表形式显示。	系统自动产生Web端读者、数据库操作、数据加工等统计日志。	能够随时准确获取数字资源库访问的详细统计列表，可实现对资源流通、资源检索、检索词频率、时间段等进行详细统计，并能对读者、单种资源的情况进行详细统计，且该统计列表能以excel表格的形式随时下载。

以上三款软件的建库功能和软件发布功能都能满足建设案例数据库的基

本需求，而 TPI 软件拥有先进的安全机制，支持实时处理动态信息；建库过程可以实现流水作业，分步控制；用户可以依靠 COM 组件实现二次开发。因此，综合考虑，清华同方的 TPI 软件可以更好地满足案例数据库的建库需求。

17.3 案例数据库建设的步骤

17.3.1 案例资源的选取与收集

不同的建设主体和不同的建设目标有不同的案例资源选取原则和收集方法，本书以与森林公安相关的案例数据库建设为例。

1. 案例资源选取原则。

（1）实用性原则

案例选择要与学校相关学科专业知识相结合，有助于理论知识和实践能力的关联，本项目初期建设选取具有森林公安特色的涉林案件、野生动物保护案件、野生植物保护案件、森林消防案件作为建设重点，之后逐步推进其他类型案件的案例建设。

（2）典型性原则

所选的案例应具有一定的典型性，能反映某一类或一组案件的特点，并能作为同类事件的代表，同时做到大型案例和小型案例结合、难易结合，能够让教师根据课程要求选取相关难易程度合适的案例，既能说明教学的重点和难点，又能达到培养学生分析问题的能力和尺度。同时也要考虑适应教师、学生、基层干警等不同信息用户的个性化、专业化需求。

（3）准确性原则

虽然教学案例主要用来讨论、借鉴、参考，并非直接的解决方案，但案例的准确性仍是一个关键，不能让错误的案例误导用户。同时所选案例大多来自于真实的公安机关工作实践，与学生今后的岗位需求和上岗需求相吻合，对今后工作有一定指导意义。案例资源的选取要遵循保密性原则。部分案例是来自于公安一线的真实案例或密级资料，因此属于保密范围的信息应按照相关规定予以保护，不予公开。

2. 案例资源搜集渠道

（1）建设单位实际收藏的印刷型文献记载的案例

主要包括印本图书，纸质专业期刊、学报，灰色文献（内部讲义、研讨会论文集、内发刊物、密级资料等）等收录和记载的各类型典型案件侦破经过或案例评析等信息资源。

（2）建设单位购买的商业数据库收录案例

一是大型数据库群组中数字化期刊、报纸、会议论文收录的相关案例资源，二是专业数据库收录的相关案例资源，如"北大法意""汇法网""北大法宝"等。

（3）公安机关提供的典型案例

主要是包括学校教师深入森林公安机关挂职锻炼、业务实践、研讨交流等带回的相关案例和学校举办各类公安培训班学员带来的相关案例，以及建设单位深入一线公安机关调研取得的相关案例资源。

（4）网络资源

网络资源主要分为两种：一是专业网站如"中国裁判文书网""人民法院网""找法网""法律快车""法律界""纵横法律网""国家律师联盟网""110网"等均有典型案例报道和评析，可检索、下载、整合利用；二是散布于其他网站的典型案例报道和评析，如部分政府机关网站、各地市公安网站、消防网站、林业网站等，可检索、下载、整合利用。

17.3.2 数据库创建与数据加工

1. 建立数据库结构

根据建设单位需求和使用特点，根据公安文献特点结合教学需求，建立数据库相应字段类型和相关属性。为保证各种元数据在功能、数据结构、格式、语义语法等方面的一致性和整体性，建设过程中可以遵循"专门数字对象描述元数据规范设计指南（科技部科技基础性工作专项资金重大项目研究成果，项目编号：2003DEA4T035，成果编号：05-C01）"相关要求。

2. 印本文献的数字化

印本文献主要是指图书、期刊、报纸、论文集、内发资料、灰色文献等以纸质载体形式存在的文献信息资源。通过数据库系统的电子书加工工具，通过书页扫描、扫描图像处理、OCR 识别处理、书页压缩打包等工序，快速生产电子文档，对转化过来的电子文档，还可以利用该系统软件对图像的灰度、倾斜度、噪声、比例、显示、质量等进行加工、处理，以 PDF 格式文件导出。

3. 数字资源的加工整序

以数字化形式存在的文献资源，如建设单位购买的商业数据库、专用数据库中的电子文档以及网络信息资源经搜集整理后的电子文档要根据具体格式应用系统平台提供的文档转换工具，结合其他格式转换工具，统一转换为规范性格式文件，目前较为通用的是 PDF 格式文件。

4. 文件的分类、标引、导航

将整序好的文献资源导入软件平台后，利用数据库建设系统平台的元数据加工工具对已上传的数据进行著录、标引和分类，进而进行数据归类，最终将上传的资源组织为一个有条理的体系。标引的标准化和规范化是建设高质量特色数据库的根本，标引的质量将直接影响到数据库的检索效率。建设单位可选用"CALIS"和"JALIS"特色库建设管理相关数据规范和著录细则进行标引，以确保数据库的规范性、标准性和可靠性。

5. 数据库发布与服务

数据库建设系统平台一般会提供数据发布工具，即将所有数据以 Web 站点的形式发布到网络上，提供网址供读者访问，包括分类查询、关键字查询、列表查看、概览内容、细览内容、下载原文，等等。其中，系统会提供详细的发布设置，以清华同方 TPI 系统为例，管理员可以设置数据库的创建者信息和数据库简介，提供多种数据库发布类型（CNKI、GOOGLE、TPI、IM-AGECARD 及 VIDEO 等多种不同的类型），可以设置页面布局（概览区和细览区）、检索字段，等等。

17.4 案例数据库的建设实例

17.4.1 建设内容与目标分析

本书案例数据库的建设实例来源于南京森林警察学院中央高校基本科研业务费专项资金项目"基于'TPI'的教学参考案例数据库构建与研究"，"森林公安教学参考案例数据库"是项目研究的成果。

项目的主要研究内容和总体建设目标是整合、集成分散在不同空间领域和以不同文献类型分布的森林公安案例数据资源，以数据整合和共享服务为中心，应用知识组织和知识管理的概念，结合纸质文献数字化处理手段，形成专业的、具有森林公安特色的案例体系，构建教学参考案例数据库（群）。该项目建设获得学校立项支持，2014 年完成了建库工作，之后持续建设进一步完善数据库结构和检索功能，丰富和扩大数据库规模，建设重点是涉林案件、野生动植物保护案件和森林消防案件以及其他方向的典型案例，文献形式将包含图书、期刊、报纸、公安文书、法院文书、数字资源、音视频等多媒体资源等。

　　该项目通过文献数字化和数据库的建设，已成为具有鲜明的森林公安专业特色、技术先进、方便实用、参考价值大的专题教学参考案例数据库，能有效地组织分散的各类案例资源，提高信息资源的利用率，为森林公安的教学提供参考信息源，在服务教学科研的同时，推进信息资源共建共享，也能为森林公安行业和其他相关专业的用户提供全面专业的案例信息服务，对于推动学校教学水平提升和森林公安专业的人才培养、科技进步与发展具有重要意义和实际应用价值。目前，项目成果"森林公安教学参考案例数据库"已经在图书馆网站以 WEB 的形式发布了项目组整理集成的不同文献种类的公安案例数据资源 3000 余条，文献信息的全文提供率达到 100%，能为用户提供网上浏览、查询、导航、全文提供等配套服务。

17.4.2 案例数据库构建过程

　　1. 案例数据库建设主体的确定

　　教学或研究的案例需要历史积累才能满足纵向和横向两个方面对比、分析、提炼等工作的需求。我国较早地实现了案例文献的编撰，各朝代的案例古籍文献数量可观，毛泽东同志也指出"不仅要制定法律，还要编案例"。由于案例数据库主要用于教学，因此其建设主体传统上主要包括：系部、培训中心等教学单位，各种行业研究所，教育教学管理部门。本实例的建设主体是图书馆，主要因为：其一，教育部《普通高等学校图书馆规程（修订）》规定高等学校图书馆有开展特色数字资源建设和网络虚拟资源建设的职责；其二，教育部高等学校图书情报工作指导委员会组织拟订的《普通高等学校图书馆评估指标》也把自建特色数据库作为重要的评估指标。另外，图书馆在建设案例库方面也具备一定的优势：

当前高校图书馆的信息化水平较高，系统软件、服务器、存储设备等软硬件建设成熟稳定。

图书馆的纸本文献和数字文献资源丰富，能够为建库工作提供广泛的案例来源，且直接或间接的数字化案例资源获取较为方便。

图书馆的信息服务手段多样化，能提供资源与收集反馈双向互动模式，为案例库的建设提供良好的服务与反馈渠道。

图书馆通常具有创建特色资源库的建设经验，习惯使用数据库内容管理系统建设特色库，不需要反复设计开发，能有效降低案例库建设的技术成本。

图书馆对案例资料的文献加工工作更规范，可依据《中国图书馆图书分类法》的指导分类，亦可采用用户标签的方式对资料进行按需个性化分类处理。

2. 选择案例数据库的建设工具

本实例数据库的建设工具选择 TPI V6.5 信息资源建设与管理平台。该平台的概要介绍已经在第 4 章有所提及，V6.5 版本的主要特色如下：

易用性：完善系统工作流程，根据单位的实际情况设计功能，用于单位人少工作流程简单化，提高工作效率。

功能齐全、稳定性好：全面满足资源的加工、知识整合功能要求，快捷便利地完成用户处理发布的要求。系统各功能稳定，保证系统正常运行。

系统 Web 化：TPI Ver 6.5 Web 化系统将主要的模块，如：用户管理、权限管理、数据库管理、数字对象管理等功能 Web 化，用户无需安装 TPI 软件就可以完成资源加工、发布，减少用户使用成本。

界面设计简洁、友好：TPI Ver 6.5 所有程序流程更简洁，功能设计合理，对于桌面程序，统一登录界面；对于 Web 界面，根据行业模板不同更新使用的界面，整体风格统一。系统也提供多种风格，同时也支持自定义配置。

平台化，整个系统在总体设计上遵循开放、可扩展、经济、安全的原则。

组件化，平台有不同的产品组成，每个产品由不同的组件组成，协调工作。

系统结构合理，技术先进，易于扩展，既能满足当前的业务数据处理要求，又能符合长期发展的需要。

应用平台提供统一的集成框架，满足数据集成、业务集成和应用界面集成三个层次的整体集成需要。

支持多种管理模式，既可集中管理，也可分布式管理。

TPI6.5 的综合性能如下：

系统中建立的数据库个数：不限制。

单库记录个数：40 亿。

单库支持最大容量：8192GB。

跨库检索最大数：255 个。

检索速度：1 秒/500GB。

同时在线人数：1000 人。

3. 梳理案例数据库的建设流程

"森林公安教学参考案例数据库"的建设流程如图 17-4-1 所示。

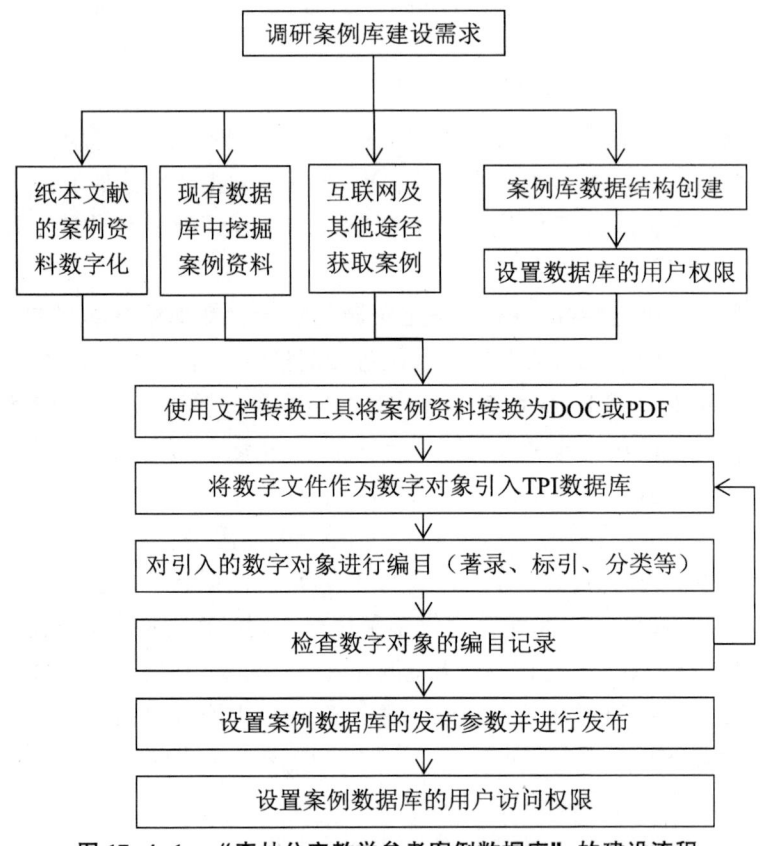

图 17-4-1 "森林公安教学参考案例数据库"的建设流程

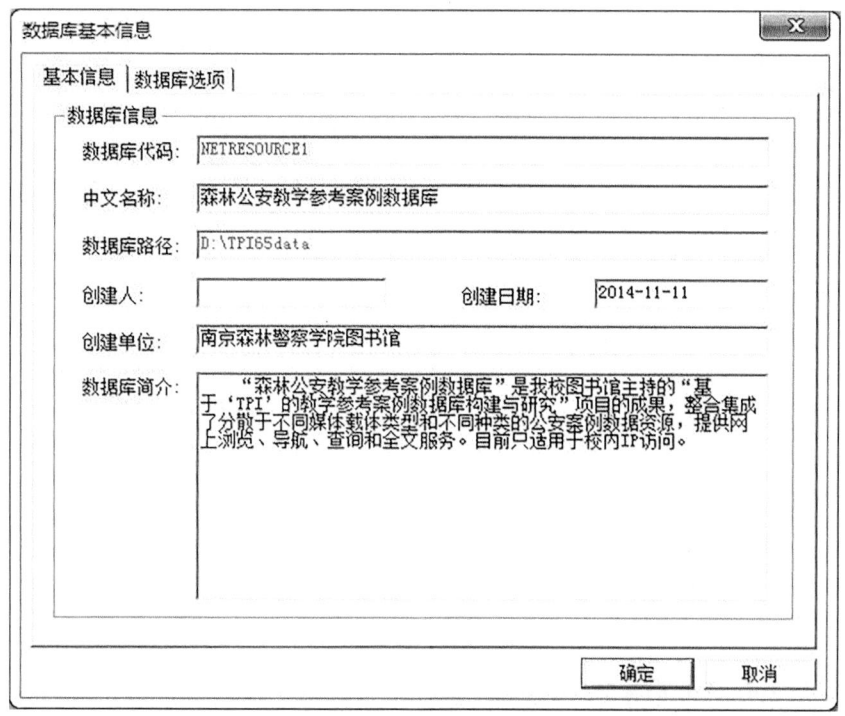

图 17-4-2　"森林公安教学参考案例数据库"基本信息

4. 执行建库和数据加工与发布

由于 TPI 系统的操作比较复杂，考虑到本书篇幅所限，故只介绍主要的操作步骤，对系统安装、登录、菜单选择等不做具体阐述。

（1）新建数据库

管理员打开 TPI6.5 的内容管理器，在"数据库管理"中新建数据库，主要是要选择数据库模板、服务器存储路径、填写基本信息、设置数据库字段、创建分类导航。本案例库从一个"网络资源模板"创建，基本信息如图 17-4-2，字段信息如图 17-4-3。

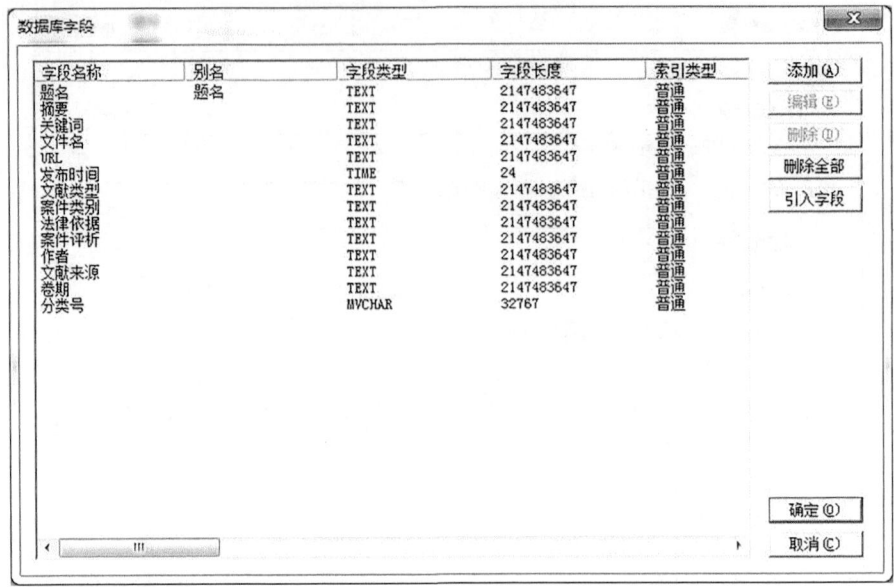

图 17-4-3 "森林公安教学参考案例数据库"字段信息

如分类导航主要有两个，分别如下：

①案件类别：刑事案件，治安案件，行政案件，民事案件，侦破纪实；

②文献类型：图书，期刊，报纸，公安文书，内部资料，法院文书，网络资源。

（2）引入数字对象

在"数据库管理"的"森林公安教学参考案例数据库"目录下打开"记录信息"，可以查看所有记录。如果需要增加新的案例资料，可以采取"引入数字对象"操作。图 17-4-4 所示为"引入数字对象（选择目录）"操作，可以将某具体目录下的所有案例文件批量引入到数据库中。如果部分新增，则可以选择"引入数字对象（选择文件）"操作。

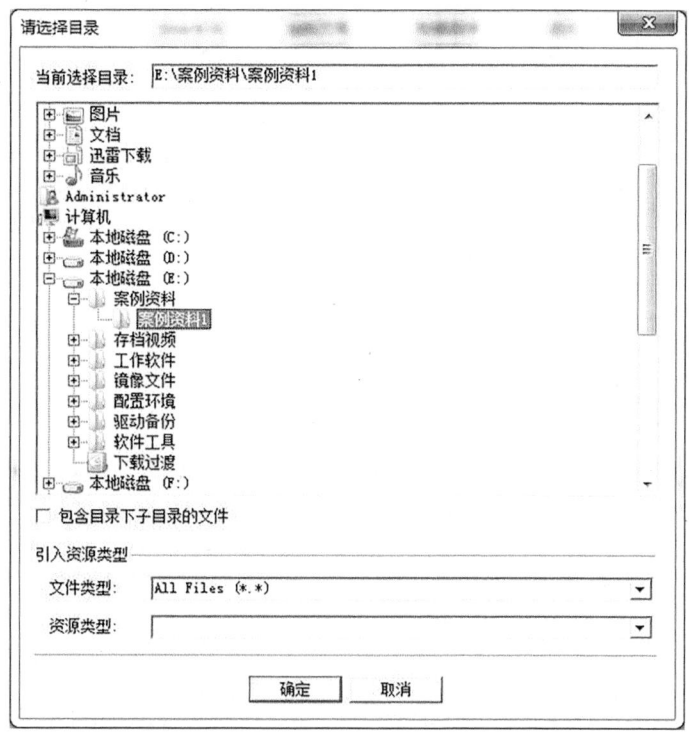

图 17-4-4　引入数字对象（选择目录）

（3）元数据编目与检查

打开 TPI 的"元数据编目"工具，在"数据库管理中"找到"森林公安教学参考案例数据库"，打开"待编目记录"，选择好需要编目的记录，执行编目工作情况如图 17-4-5。主窗口上文件预览区，TPI 可以直接打开 PDF、DOC 等支持的格式文件，管理员可以手工或者通过文字识别填写左侧的"编目区"内容，在右侧"数据库导航"区通过右键操作"获取分类代码"来完成分类操作。编目完成后再由具备其他管理员（具备检查记录权限）进行编目检查，如图 17-4-6 所示。至此，完成了案例资料数字文件的分类、标引、导航等编目操作。超级管理员也可以在 TPI 的"内容管理"工具中进行修改调整。

图 17-4-5　元数据编目

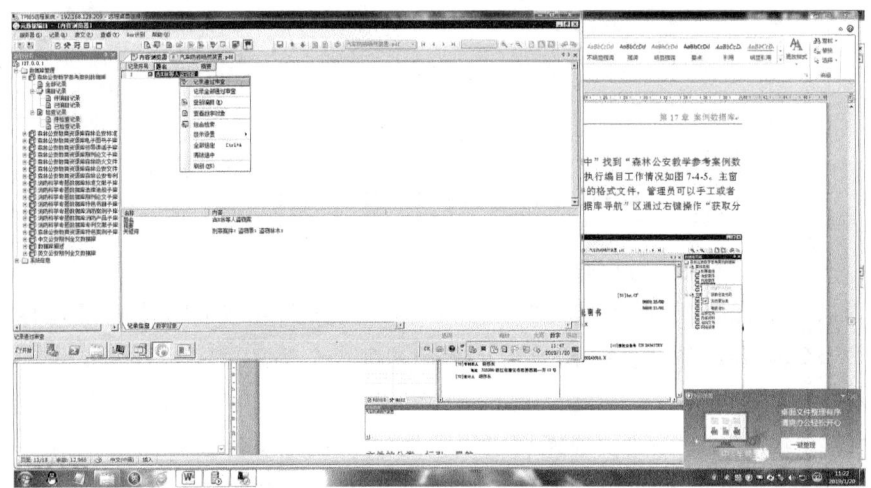

图 17-4-6　元数据编目记录检查

（4）发布案例数据库

TPI6.5 除了支持 C/S 模式，也支持 B/S 模式，并且 Web 站点的设置基本都通过 B/S 模式的管理后台进行操作。图 17-4-7 所示为"单库发布"的"发布设置"首页，"森林公安教学参考案例数据库"处于发布状态。

图 17-4-7　数据库发布设置首页

图 17-4-8　数据库发布设置

数据库的发布的设置项如图 17-4-8 所示，本案例库选择的是"CNKI 模板"，对用户可见，检索结果默认倒叙。图 17-4-9 所示为设置可以检索的字段，管理员从"数据库字段"中选择允许被检索的字段或从"检索项"删除可检索的字段。其余"概览字段""细览字段""排序字段"等设置操作执行完毕即完成了案例数据库的发布工作。

图 17-4-9　设置检索字段

17. 4. 3 案例数据库运行使用

"森林公安教学参考案例数据库"由南京森林警察学院图书馆于2014年
开始持续建设并投入实际运行,挂载在图书馆网站"数字资源"栏目"自建
资源"子栏目下,首页如图17-4-10所示,数据库空检结果如图17-4-11,
检索结果列表显示的是概览字段内容。

图 17-4-10　"森林公安教学参考案例数据库"首页

图 17-4-11　案例数据库空检首页

用户可以浏览、检索、下载。数据库检索实现了各种检索服务及全文检

索，为读者提供了案例资源的题名、责任者、关键词、摘要、发布时间等多种检索途径，同时根据需求确定了概览页面和细览页面显示的内容，对初级和高级检索界面也进行了友好界面的设置。图 17-4-12 为检索结果的详细浏览页，点击“全文下载”按钮。图 17-4-13 为查看 DOC 格式案例全文，内部案例全文包括基本案情、侦查经过、结案情况、综合评析等部分。同样，图 17-4-14 为检索出的题名为“无证采伐河滩林木怎样处理”的 PDF 格式期刊文献。

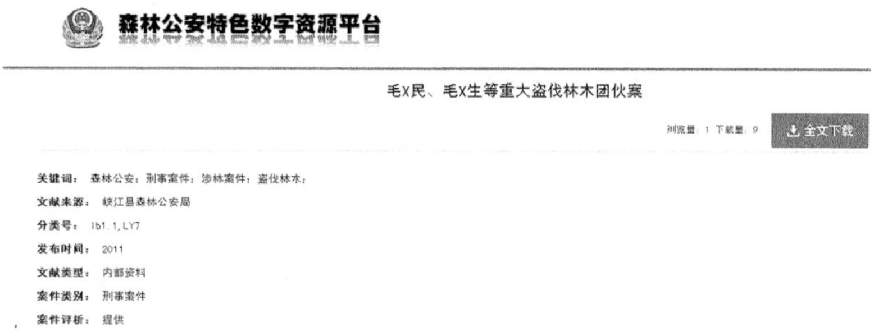

图 17-4-12　检索结果详细浏览页

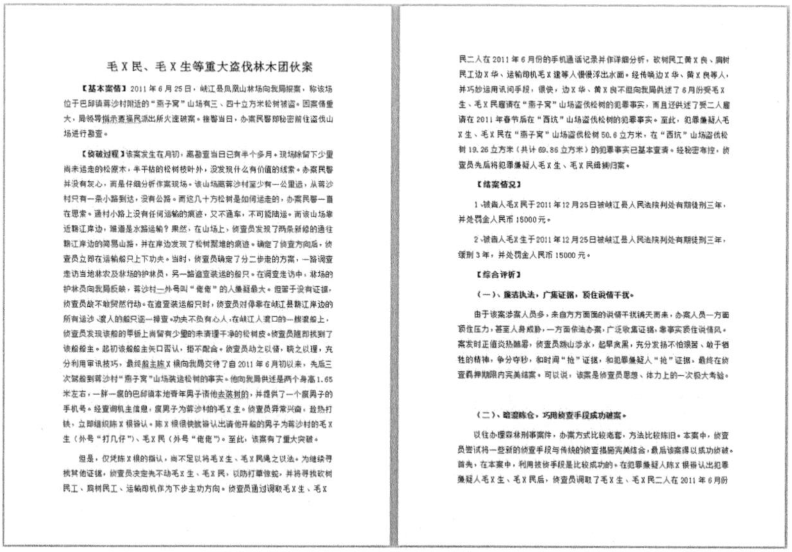

毛 X 民、毛 X 生等重大盗伐林木团伙案

【基本案情】2011 年 6 月 25 日，峡江县凤凰山林场向我局报案，称该场位于巴邱镇蒋沙村附近的“燕子窝”山场有三、四十立方米松树被盗。因案情重大，局领导指示要福民派出所火速破案。接警当日，办案民警即秘密前往盗伐山场进行勘查。

【侦破过程】该案发生在月初，离勘查当日已有半个多月。现场除留下少量尚未运走的松原木，半干枯的松树枝叶外，没发现什么有价值的线索。办案民警并没有灰心，而是仔细分析作案现场。该山场离蒋沙村至少有一公里远，从蒋沙村只有一条小路到达，没有公路。而这几十方松树是如何运走的，办案民警一直在思索。通村小路上没有任何运输的痕迹，又不通车，不可能陆运。而该山场靠近赣江岸边，难道是水路运输？果然，在山场上，侦查员发现了两条新修的通往赣江岸边的简易山路，并在岸边发现了松树聚堆的痕迹。确定了侦查方向后，侦查员立即在运输船只上下功夫。当时，侦查员确定了分二步走的方案，一路调查走访当地林农及林场的护林员，另一路追查装运的船只。在调查走访中，林场的护林员向我局反映，蒋沙村一外号叫“佬佬”的人嫌疑最大。但苦于没有证据，侦查员故不敢贸然行动。在追查装运船只时，侦查员对停靠在峡江县赣江岸边的所有运沙、渡人的船只逐一排查。功夫不负有心人，在峡江人渡口的一艘渡船上，侦查员发现该船的甲板上尚留有少量的未清理干净的松树皮。侦查员随即找到了该船船主。起初该船船主矢口否认，拒不配合。侦查员动之以情，晓之以理，充分利用审讯技巧，最终船主陈 X 根向我局交待了自 2011 年 6 月初以来，先后三次驾船到蒋沙村“燕子窝”山场装运松树的事实。他向我局供述是两个身高 1.65 米左右，一胖一瘦的巴邱镇本地青年男子请他去装树的，并提供了一个瘦男子的手机号。经查询机主信息，瘦男子为蒋沙村的毛 X 生。侦查员异常兴奋，趁热打铁，立即组织陈 X 根辨认。陈 X 根很快就辨认出请他开船的男子为蒋沙村的毛 X 生（外号“打几仔”）、毛 X 民（外号“佬佬”）。至此，该案有了重大突破。

但是，仅凭陈 X 根的指认，尚不足以将毛 X 生、毛 X 民绳之以法。为继续寻找其他证据，侦查员决定先不动毛 X 生、毛 X 民，以防打草惊蛇，并将寻找砍树民工、扇树民工、运输司机作为下步主攻方向。侦查员通过调取毛 X 生、毛 X 民二人在 2011 年 6 月份的手机通话记录并作详细分析，砍树民工黄 X 良、扇树民工边 X 华、运输司机毛 X 建等人慢慢浮出水面。经传唤边 X 华、黄 X 良等人，并巧妙运用讯问手段，很快，边 X 华、黄 X 良不但向我局供述了 6 月份受毛 X 生、毛 X 民雇请在“燕子窝”山场盗伐松树的犯罪事实，而且还供述了受二人雇请在 2011 年春节后在“西坑”山场盗伐松树的犯罪事实。至此，犯罪嫌疑人毛 X 生、毛 X 民在“燕子窝”山场盗伐松树 50.6 立方米，在“西坑”山场盗伐松树 19.26 立方米（共计 69.86 立方米）的犯罪事实已基本查清。经秘密布控，侦查员先后将犯罪嫌疑人毛 X 生、毛 X 民缉捕归案。

【结案情况】

1、被告人毛X民于2011 年 12 月 25 日被峡江县人民法院判处有期徒刑三年，并处罚金人民币 15000 元。

2、被告人毛X生于2011 年 12 月 25 日被峡江县人民法院判处有期徒刑三年，缓刑 3 年，并处罚金人民币 15000 元。

【综合评析】

（一）、廉洁执法，广集证据，顶住说情干扰。

由于该案涉案人员多，来自方方面面的说情干扰铺天而来，办案人员一方面顶住压力，甚至人身威胁，一方面依法办案，广泛收集证据，靠事实顶住说情风。案发时正值炎热酷暑，侦查员跋山涉水，起早贪黑，充分发扬不怕艰苦、敢于牺牲的精神，争分夺秒，和时间“抢”证据，和犯罪嫌疑人“抢”证据，最终在侦查羁押期限内完美结案。可以说，该案是侦查员思想、体力上的一次极大考验。

（二）、暗渡陈仓，巧用侦查手段成功破案。

以往办理森林刑事案件，办案方式比较老套，方法比较陈旧。本案中，侦查员尝试将一些新的侦查手段与传统的侦查措施完美结合，最后该案得以成功侦破。首先，在本案中，利用技侦手段是比较成功的。在犯罪嫌疑人陈 X 根辨认出犯罪嫌疑人毛 X 生、毛 X 民后，侦查员调取了毛 X 生、毛 X 民二人在 2011 年 6 月份

图 17-4-13　DOC 格式的案例文件

无证采伐河滩林木怎样处理?

●林律师

某村在林权制度改革中将一块河滩地上的成材杨树分别拍卖发包给本村马某等3户村民,要求由马某等寻找买主予以处理,并言明采伐手续由村委负责办理。2003年4月20日,马某等在没有采伐许可证的情况下,即采伐了林木并以12960元的价格卖给木材收购者李某,被群众举报到县林业局,经查,共采伐林木334棵、立木蓄积25.8立方米。在处理时,村委辩称上述林地属河滩地,按照有关防洪的规定,在行洪区不得种植林木,这次采伐是落实防洪法的有关规定。马某等3户则认为村委已言明负责办理采伐证,所以自己不应该承担责任。后该县林业局以盗伐林木对马某等3户农民分别进行了罚款和补种林木的处罚。

例》规定,在河道管理范围内,除堤防林外,禁止种植高杆农作物、芦苇和树木。但是,对于河滩内已种植并成材的林木应如何处置呢?《森林法》第32条明确规定:"采伐林木必须申请采伐许可证,按许可证的规定进行采伐;农村居民采伐自留地和房前屋后个人所有的零星林木除外。"据此,采伐河滩林木也应依法办理林木采伐许可证。另外,对于困扑救森林火灾、防洪抢险等紧急情况需要采伐林木的,《森林法实施条例》规定,组织抢险的单位或者部门可以先斩后奏,但应当自紧急情况结束之日起30日内,将采伐林木的情况报告当地县级以上人民政府林业主管部门。

二、林木被拍卖后应该由谁办理采伐可证?此次林权制度改革,村庄拍

等3户村民办理采伐许可证,无证采伐的责任,自然也应由马某等承担。至于村委言明负责办理采伐许可证,属于民事代理关系,马某等被处罚后,可向村委进行民事损失的追偿。同时由于马某等3户民是分别承包的林木,所以应分别承担责任,以本案盗伐数量分摊到个人,盗伐数量尚未达到刑事立案标准。

三、木材贩子李某的责任。本案收购木材的李某构成非法收购林木罪,应移交公共机关侦查处理。最高人民法院《关于审理破坏森林资源刑事案件具体应用法律若干问题的解释》规定:"刑法第345条规定的'非法收购明知是盗伐、滥伐的林木'中的'明知',是指知道或者应当知道,具有下列情形之一的,可以视为应当知道,但是有证据证明确属被蒙骗的除外:(一)在非法的木材交易场所或者销售单位收购木材的;(二)收购以明显低于市场价格出售的木材的;(三)收购违反规定出售的木材的、"

图 17-4-14　PDF 格式的期刊文献

第 18 章

其他文献利用常识

　　恰当地利用文献来提高森林公安工作与森林公安研究的效率，是森林公安文献资源建设的总目标；掌握其他文献利用常识，是实现这个目标的途径之一。图书馆的管理与利用离不开图书分类法，论文、报告等问题的写作离不开参考文献著录，科技工作人员的成果发表离不开明确的投稿目标。本章在文献检索和文体写作之外，围绕森林公安行业的教育工作者、管理者、学员、民警等读者关心的常识性问题展开介绍，主要包括国内外图书馆图书分类法、南京森林警察学院图书馆排架规则、参考文献著录规范、国内外期刊等级划分、森林公安相关主题论文的投稿指南，旨在为森林公安院校师生和行业民警利用图书馆以及论文写作与投稿方面提供参考。

18.1 图书馆图书分类法

18.1.1 国外文献分类法

　　流行较广、影响较大的世界著名分类法主要有四部，即《杜威十进分类法》（DDC）、《国际十进分类表》（UDC）、《美国国会图书馆图书分类法》（LCC）和《国际专利分类法》（IPC），本节主要介绍 DDC、UDC 和 LCC。

　　1.《杜威十进分类法》

　　《杜威十进分类法》是世界上出现最早、用户最多、影响最大的图书分类法。DDC 初版于 1876 年，已有一百多年的历史。目前，世界上 135 个国家和地区的 20 多万家图书情报机构在使用该分类法，已有 30 多种语言版本。据统计，美国 95% 的公共图书馆、25% 的大学图书馆、20% 的专业图书馆使用的是 DDC。DDC 的机读版包括最新版本的 DDC 类表、相关索引、使用手册、与 DDC 类号相对应的《美国国会图书馆标题表》的标题词等，可用于联机查询。

《杜威十进分类法》的主要类目如表 18-1-1 所示：

表 18-1-1　《杜威十进分类法》主要类目

编号	类目名称	编号	类目名称
000	总类	100	哲学
200	宗教	300	社会科学
400	语言	500	自然科学
600	应用科学	700	艺术娱乐
800	文学	900	地理、历史及辅助学科

2. 《国际十进分类法》

1895 年国际目录学会成立，在该会主持下，由比利时目录学家奥特勒和拉封登发起编制一个包括全人类所有知识内容的分类索引。当时，《杜威十进分类法》已出至第 5 版，但仍只有数千条类目。1905 年，UDC 第 1 国际版（法文版）正式出版，有 3.3 万条类目和一个包括 3.8 万条款目的字顺索引。在以后的若干年里 UDC 不断得到修订与增补。从 1990~1993 年 3 月，UDC 管理者建立了一个由 6 万个类目组成的英文机读核心主文档，为类表的应用、开发和发展提供了广阔前景。它既可以直接供文献机构标引和检索用，也可以各种媒介形式输出或出版，同时还可作为各种形式和语言的 UDC 文本修订与发展的基础。UDC 的体系结构类似于 DDC，其基本序列如表 18-1-2 所示：

表 18-1-2　UDC 基本序列

编号	名称	编号	名称	编号	名称
0	总论	1	哲学、心理学	2	宗教、神学
3	社会科学、法律、行政	4	（语言学）	5	数学、自然科学
6	应用科学、医学、工业、农业	7	艺术	8	语言学、文学
9	地理、传记、历史				

3. 《美国国会图书馆分类法》

LCC 创建于 1899 年，它是世界上容量最大的图书分类法，也是使用最广的一种分类法。1901 年，发表 LCC 分类大纲，1902 年出版"Z 目录学"大类译表，以后以分册形式陆续出版，共计 34 卷。LCC 是世界上最大的一部列举式分类法，整个类目结构分为 20 个大类，其基本序列如表 18-1-3 所示：

表 18-1-3　LCC 基本序列

A	总类、丛书	B	哲学、宗教
C	历史、辅助科学	D	历史与地理（美洲除外）
E-F	美洲史	G	地理学、人类学
H	社会科学	J	政治学
K	法律	I	教育
M	音乐	N	美术
R	医学	S	农业科学
T	工艺学	U	军事学
V	海军	Z	目录学和图书馆学

18.1.2 我国文献分类法

在我国图书馆中，《中国图书馆图书分类法》《中国科学院图书馆图书分类法》和《中国人民大学图书馆图书分类法》是较为常用的分类法，其中又以《中国图书馆图书分类法》使用最多，本章也将进行详细介绍。

1. 《中国科学院图书馆图书分类法》

《中国科学院图书馆图书分类法》简称《科图法》，1954 年着手编制，1957 年 4 月完成自然科学部分初稿，1958 年 3 月完成社会科学部分初稿，1958 年 11 月正式出版。"科图法"的编制要求是：以马克思列宁主义、毛泽东思想为指导思想，以辩证唯物主义和历史唯物主义为依据，以科学分类为基础，以科学院系统图书馆为适用对象，结合文献的特点，注意编制技术。

《科图法》将图书分为五大部类二十五大类，其主要类目如表 18-1-4 所示：

表 18-1-4 《科图法》主要类目

00 马克思列宁主义、毛泽东思想	10 哲学	20 社会科学
21 历史、历史学	27 经济、经济学	31 政治社会生活
34 法律、法学	36 军事、军事学	37 文化、科学、教育体育
41 语言文字	42 文学	48 艺术
49 无神论与宗教	50 自然科学	51 数学
52 力学	53 物理学	54 化学
55 天文学	56 地质地理科学	58 生物科学
61 药卫生	65 农业科学	71 工程技术
90 综合性图书		

2.《中国人民大学图书馆图书分类法》

《中国人民大学图书馆图书分类法》简称《人大法》，是由中国人民大学图书馆集体编著，张照、程德清主编的等级列举式分类法。1953 年出版第一版，到 1996 年已经出版第六版，《人大法》是新中国成立后第一部科学性、实用性较强的图书分类法，当时以社会科学见长。它是我国第一部以马列主义、毛泽东思想为指导编制的图书分类法，将整个类目体系分为四大部类十七个基本大类，其基本序列如表 18-1-5 所示：

表 18-1-5 《人大法》基本序列

总论科学	1	马克思列宁主义、毛泽东著作	2	哲学、辩证唯物主义与历史唯物主义
社会科学	3	社会科学、政治	4	经济、政治经济学与经济政策
	5	国防、军事	6	国家与法、法律
	7	文化、教育	8	艺术
	9	语言、文字学	10	文学
	11	历史、革命史	12	地理、经济地理

续表

自然科学	13	自然科学	14	医药、卫生
	15	工程、技术	16	农艺、畜牧、水产
综合图书	17	综合参考		

3.《中国图书馆图书分类法》

《中国图书馆图书分类法》（简称《中图法》）是我国目前影响最大、流行最广的一部分类法，并被推荐作为国家试行标准。"中图法"的主要特点是：它是一部大型的综合性图书分类法，既适合于综合性大型图书馆的需要，又照顾了其他类型图书馆的需要，为全国图书资料统一分类编目创造了条件；它把马列主义、毛泽东思想列于各大类之首，充分体现了社会主义分类法的思想性；其标记符号采用拼音字母与阿拉伯数字相结合的混合号码，采用的编号制度是基本层累制，它有一定的灵活性，技术上较先进；对于有共性的类目，尽量采用仿分、复分的方法，类目注释较为详细。

（1）《中图法》的基本部类及基本大类

基本部类是文献分类表中为便于各种类目的展开，对知识门类所进行的最概括、最本质的划分与排列，是确立全部类目关系的基础。《中图法》是属于等级列举式分类法，采用五分法设立了五大部类，即：马克思主义、列宁主义、毛泽东思想、邓小平理论；哲学；社会科学；自然科学；综合性图书。

基本大类，又称基本大纲。它是在基本部类的基础上，将社会科学展开为九大类，将自然科学展开为十大类，连同其他三个部类各自相对应的一个大类，共有二十二个大类，是分类法中划分的第一级类目。《中图法》把每大类分别用一个大写字母表示，具体如表18-1-6所示：

表18-1-6　《中图法》基本大类

A　马克思主义、列宁主义、 　　毛泽东思想	N　自然科学总论
B　哲学	O　数理科学和化学
C　社会科学总论	P　天文学、地球科学

续表

D	政治、法律	Q	生物科学
E	军事	R	医药、卫生
F	经济	S	农业科学
G	文化、科学、教育、体育	T	工业技术
H	语言、文字	U	交通运输
I	文学	V	航空、航天
J	艺术	X	环境科学、劳动保护科学（安全科学）
K	历史、地理	Z	综合性图书

（2）《中图法》的类目关系

《中图法》的类目关系主要有从属关系、并列关系、交替关系、相关关系。

①从属关系

类目的从属关系是指类目体系中一个类与其直接区分出来的子类之间的关系，即上位类和下位类的关系。又称隶属关系或等级关系。在具有从属关系的类目中，被区分的类，称为上位类，亦称母类；区分出来的类，称为下位类，亦称子类。凡不具有直接从属关系的各级上位类和下位类则通称为上级类或下级类。根据类目划分的等级，人们习惯上将具有从属关系的各级类目分别称为一级类目、二级类目、三级类目等。

从属关系又分为属种关系、整部关系、方面关系。属种关系是包含和被包含的关系。如化学与无机化学、种子植物与被子植物等。它的特点是：上位类必然能包括下位类的外延，下位类必然具有上位类的属性。整部关系是整体与部分的关系。是指表示事物整体的上位类和表示事物某一部分的下位类之间的关系。如：拖拉机与底盘构造、华东地区与上海市等。方面关系是全面和某一方面的关系。是指表示事物总体的上位类与表示事物某一方面的下位类之间的关系。如中国经济与中国经济政策、物理学与物理学史等。

②并列关系

类目的并列关系指由一个上位类依据某一分类标准划分出来的若干个平级的下位类之间的关系。并列关系是通过同位类来体现的。由一个上位类区分出来的一组下位类互称同位类，如"B95 道教"类下的"B951 道藏""B952 经文""B953 戒律""B954 布教、仪注""B956 宗派"等五个类就是同位类，一组同位类总称为一个类列。如上述五个类目合起来就是一个类列。

在一个类系中，类级相同，又不属同一个上位类的类目称同级类，同位类和同级类之间都是并列关系，同位类必然是同级类，同级类有的是同位类，有的不是同位类。如"123 中国戏剧""124 中国小说""126 中国散文"三者就是同位类，它们同属于"12 中国文学"这个下位类。而"1232 京剧""1247 中国当代小说""1266 中国现代散文作品"三者就是同级类，它们的上位类分别属于"123 中国戏剧""124 中国小说""126 中国散文"。

类目的从属关系和并列关系在等级结构中使用不同的字体和排列的缩格来显示，也可以根据分类标记的数位来显示。

③交替关系

交替关系是指表达相同主题概念的正式使用类目与非正式使用类目之间的关系。交替关系是用交替类目来显示的，交替类目是相对于正式类目而言的，它是指在类目体系中具有多种从属关系的非正式使用的类目。交替类目一般不直接用来类分文献，只起查找使用类目的作用。在类目表使用时，用户如不准备采用类表规定的使用类目，只要把交替类目下的交替符号删去，将其加在原使用类目上，并将原使用类目下的细目移至新确定的使用类目下，即可按调整后的类目使用。手工检索工具中，交替类目通常以参照的方式指向使用类目，满足用户从不同的角度检索的需要。在机检系统中，一般可以通过链接的方式直接将交替类目作为检索入口，查找对应的信息资源。

④相关关系

相关关系是指类目之间除从属、并列、交替等方式以外的其他联系，是类目间一种横向联系的关系，指类目间虽不存在等级关系，但内容上相互关联。相关关系主要是通过采用类目参照的方式来表示。

类目参照一般用于内容上存在着密切联系，但在分类体系中被分散的类目，通过参照的形式，使类目之间联系得到更加充分的显示，其表现形式为

参见注释。如"O212 数理统计参见 C8 统计学",被参见的类目称为参见类目,因此"C8 统计学"即为"O212 数理统计"的参见类目。

上述四种类目关系类型中,从属关系、并列关系是揭示类目体系展开的主要线索,反映了类目的纵向联系;交替类目、类目参照则是对类目体系显示的主要关系的补充,揭示被类目体系所分散了的横向联系,通过两者的结合,文献分类法按照类目之间关系建立起了纵横交叉的、严密而又实用的分类体系。

(3)南京森林警察学院图书馆排架规则

南京森林警察学院图书馆的所有图书分类根据《中图法》,所有图书均采用分类著者号码顺序排列。先按分类号中首位汉语拼音字母顺序排,再依次位数字排。小号在前,大号在后,依次排列。

①索书号由两部分组成:分类号和著者号,两者之间用"/"进行分隔。排列时,按分类号中首位汉语拼音字母顺序排,再依次位数字排。小号在前,大号在后,依次排列。对于分类号相同的图书,需要根据后面的著者号,按从小到大的顺序进行排列。

例如:I247.5/4013,I247.5/8412,I247.5/4127 的排列顺序为:I247.5/4013,I247.5/4127,I247.5/8412。

②"—"为总论复分号,类号前半部分相同而"—"后面数字不同,按从小到大的顺序排列;只有排列完相同类号以及加了总论复分号的图书后,再排列下一个类号。

例如:D90-64,D90,D90-49 三个分类号的排列顺序应为:D90,D90-49,D90-64。

例如:D035.3、D035.30、D035.3-62 的排列顺序为:D035.3、D035.3-62、D035.30。

③我馆著者号有以下几种标识,代表意义及顺序如下(作者号以 1111 为例):

"-"表示有连续内容的图书,例如上下册:1111-1、1111-2

"()"表示同一图书的不同版次,排列顺序为 1111、1111(2)、1111(3)

":"表示相同作者号的不同图书,排列顺序为 1111:1、1111:2、1111:3

三种符号均出现时，排列考虑的顺序为："-""（）""："

例如：1111-1、1111-2、1111：1、1111：1（2）、1111：2。

18.2 参考文献著录规范

18.2.1 参考文献国家标准的产生与发展

参考文献，是对一个信息资源或其中一部分进行准确和详细著录的数据，位于文末或文中的信息源。它能引导阅读者全面获取研究论文相关的资料，有利于延伸阅读。而对参考文献的信息规范化著录则是读者能准确获取到文献的保障，具有重要意义。我国的参考文献著录规则标准主要经过了以下三个阶段的发展。

1. GB/T 7714—1987《文后参考文献著录规则》

在 1987 年以前，我国尚未制定相应的参考文献国家标准。随着人们对参考文献著录标准化的需求越来越强烈，1985 年初，我国开始组织调研国内外参考文献著录的状况，依据 ISO690 起草了《文后参考文献著录规则》，并于 1987 年 5 月 5 日正式发布。

2. GB/T 7714—2005《文后参考文献著录规则》

随着互联网的崛起和迅速发展，大量的网络信息资源与计算机文件出现在参考文献中。中华人民共和国国家标准化管理委员会于 2005 年 3 月 23 日，发布了 GB/T 7714—2005《文后参考文献著录规则》，并于 2005 年 10 月 1 日正式实施。

3. GB/T 7714—2015《信息与文献参考文献著录规则》

在出版技术应用日新月异、知识产权保护意识加强、标注引文日益受到重视的背景，全国信息与文献标准化技术委员会组织北京大学信息管理系、中国科学信息技术研究所、《北京师范大学学报（自然科学版）》编辑部、《北京大学学报（哲学社会科学版）》编辑部和中国科学院文献情报中心的 5 位专家重新起草编制，并于 2015 年 5 月 15 日发布了 GB/T 7714—2015《信息与文献参考文献著录规则》。

本次修订，由于"文后参考文献"命名不太被业内人士认可，新标准更名为《信息与文献参考文献著录规则》。同时，新增了 4 个文献类型标识类型，为识别参考文献类型，查找原文献，以及开展引文分析提供了条件，并且有利于文献类型的辨识及著作权的维护。但在实际使用过程中，GB/T 7714—2005 标准仍然常见，多数期刊对投稿论文的要求依然采用 GB/T 7714—2005 标准。

18.2.2 参考文献著录原理与细则

1. 著录信息源

参考文献的著录信息源是指被著录的信息资源本身。GB7714-2015《信息与文献参考文献著录规则》规定了专著、论文集、学位论文、报告、专利文献、专著和论集的析出文献以及电子资源的著录信息源，如表 18-2-1 所示。

表 18-2-1　各类文献著录信息源

文献类型	著录信息源
专著	题名页、版权页、封面等
连续出版物	封面、版本记录页等
专利文献	题名页、版权页、封面等
析出文献	参考文献本身与源文献的主要信息源
电子资源	特定网址中的信息

2. 著录细则

责任者：对于 3 个以内的著作方式相同的责任者，全部著录。超过 3 个，则只著录 3 个，并在其后加"，等"。

题名：正题名、合订题名，全部著录；交替题名即由两部分构成的正题名，使用"，又名，"连接两部分；并列题名即对应于正题名的另一种语言文字的题名，在参考文献中不做著录；其他题名信息，包括副题名，说明题名文字，卷、册次等，可依据揭示情况决定取舍，使用"："（英文冒号）连接。

版本项：序数词标识的版本，除第 1 版外，如实著录，中文图书省略"第"字；年代版本使用阿拉伯数字著录；文字版本照录。

出版项：包括了出版地、出版者、出版日期。出版地需加入所在地的城市名称，有多个出版地时只著录第一个；出版者如实照录，如果有多个出版者，只著录第一个；出版日期使用阿拉伯数字著录。

　　页码或引文页码：使用阿拉伯数字著录。

　　获取和访问路径：按照计算机提供的信息著录下载网址。

　　常用文献类型和标识代码表 18-2-2：

表 18-2-2　常用文献类型标识代码一览表

参考文献类型	文献类型标识代码
普通图书	M
会议录	C
汇编	G
期刊	J
学位论文	D
标准	S
数据库	DB
舆图	CM

电子资源载体和标识代码如表 18-2-3：

表 18-2-3　电子资源载体类型标识代码一览表

电子资源的载体类型	载体类型标识代码
磁带（magnetic tape）	MT
磁盘（disk）	DK
光盘（CD-ROM）	CD
联机网络（online）	OL

3. 标识符号的使用

　　"."用于题名项、析出文献题名项、其他责任者、析出文献责任者、连续出版物的"年卷期或其他标识"项、版本项、连续出版物中析出文献的出处项、获取和访问路径以及数字对象唯一标识前。

　　":"用于其他题名信息、出版者、引文页码、析出文献的页码、专利号前。

"，"用于统一著作方式的责任者、"等""译"字样、出版年、期刊年卷期标识中的年和卷号前。

"；"用于同一责任者的合订题名以及期刊后续的年卷期标识与页码前。

"∥"用于专著中析出文献的出处项前。

"（　）"用于期刊年卷期标识中的期号、报纸版次、电子资源的更新或修改日期。

"［　］"用于文献序号、文献类型标识、电子资源的引用日期以及自拟的信息。

"／"用于合期的期号间以及文献载体标识前。

"－"用于起讫序号和起讫页码间。

18.2.3 参考文献著录格式与示例

1. 专著

著录格式

主要责任者．题名：其他题名信息［文献类型标识/文献载体标识］．其他责任者．版本项．出版地：出版者，出版年：引文页码［引用日期］．获取和访问路径．数字对象唯一标识．

示例：

［1］丁传奉．信息资源检索与利用，知识产权出版社，2004.

［2］周爱民．高校图书馆信息技术应用实务［M］．南京：东南大学出版社，2008

［3］BALDOCK P. Developing earlychildhood services：past，present and future［M/OL］．［S. I.］；Open University Press，2011：105［2012－11－27］. http://lib. myilibrary. com/Open. aspx? id=312377.

2. 专著中的析出文献

著录格式

析出文献主要责任者．析出文献题名［文献类型标识/文献载体标识］．析出文献其他责任者∥专著主要责任者．专著题名：专著其他题名信息．版本项．出版地：出版者，出版年：析出文献的页码［引用日期］．获取和访问路径．数字对象唯一标识．

示例：

[1] 马克思．政治经济学批判［M］//马克思，恩格斯．马克思恩格斯全集：第35卷．北京：人民出版社，2013：302

[2] 白书农．植物开花研究［M］//李承森．植物科学进展．北京：高等教育出版社，1998：146-163.

3. 连续出版物

著录格式

主要责任者．题名：其他题名信息［文献类型标识/文献载体标识］．年，卷（期）-年，卷（期）．出版地：出版者，出版年［引用日期］．获取和访问路径．数字对象唯一标识．

示例：

[1] 成昌波．关于森林公安民警远程教育的设想［J］．森林公安，2009，（06）：29-30.

[2] 宋爱林，周爱民，敖孔华等．全国森林公安机关数字文献资源应用及共享需求调查分析［J］．林业规划调查，2009，34（04）：93-96.

4. 连续出版物中的析出文献

著录格式

析出文献主要责任者．析出文献题名［文献类型标识/文献载体标识］．连续出版物题名：其他题名信息，年，卷（期）：页码［引用日期］．获取和访问路径．数字对象唯一标识．

示例：

[1] 李炳穆．韩国图书馆法［J/OL］．图书情报工作，2008，52（6）：6-12［2013-10-25］．http://www.docin.com/p-400265742.html.

[2] 莫少强．数字式中文全文文献格式的设计与研究［J/OL］．情报学报，1999，18（4）：1-6［2001-07-08］．http://periodical.wanfangdata.com.cn/periodical/qbxb/qbxb99/qbxb9904/990407.htm.

5. 专利文献

著录格式

专利申请者或所有者．专利题名：专利号［文献类型标识/文献载体标识］．公告日期或公开日期［引用日期］．获取和访问路径．数字对象唯一标识符．

示例：

[1] 邓一刚．全智能节电器：200610171314.3［P］．2006-12-13.

［2］杨林.移动电话机.CN99115146.1［P］.2001-03-28.

［3］西安电子科技大学.光折变自适应光外差探测方法：01128777.2［P/OL］.2002-03-06［2002-05-28］.http://211.152.9.47/sipoasp/zljs/hyjs-yx-new.asp？recid=01128777.2&leixin=0.

6.电子资源

根据 GB7714-2015《信息与文献参考文献著录规则》要求：凡属电子专著、电子专著中的析出文献、电子连续出版物、电子连续出版物中的析出文献以及电子专利的著录项目与著录格式分别按上文 1~5 中的有关规则处理。除此以外的电子资源著录遵循本条规则。值得一提的是，在新的著录规则中，电子资源著录规则变动较大，目前存在新旧规则共存的情况。

著录格式

主要责任者.题名：其他题名信息［文献类型标识/文献载体标识］.出版地：出版者，出版年：引文页码（更新或修改日期）［引用日期］.获取和访问路径.数字对象唯一标识.

示例：

［1］中国互联网络信息中心.第29次中国互联网络发展现状统计报告［R/OL］.（2012-01-16）［2013-03-26］.http://www.cnnic.net.cn/hlwxzbg/201201/p02012070934526444
69680.pdf.

［2］Online Computer Library Center, Inc. About OCLC：history of cooperation［EB/OL］.［2012-03-27］.http://www.oclc.org/about/cooperation.en.html.

［3］图书馆信息化建设综合研究报告：2004［EB/OL］.（2004-10-11）［2006-12-18］.http://txzxs.cnii.com.cn/20030527/ca262582.htm.

18.3 国内期刊等级划分

18.3.1 国内期刊分级概况

1.我国期刊分级的发展

首先要指出的是，目前为止我国并没有一套标准的文献量化评价体系和等级划分系统。这是因为期刊本身的复杂性，类型的多样性，学科内容的渗透性等特点，注定了期刊的等级评价是一项极其复杂又极具科学性的工作。

随着 20 世纪 70 年代核心期刊理论开始传入我国，到 1990 年，已为学界所广为熟知。很多高校科研机构也开始研究制定为己所用的核心期刊（或称重点期刊等），虽然国家新闻出版署多次重申期刊没有级别高低，只有公开出版和内部资料之分。但是，期刊分级的观念早已深入人心，根据定级的出发点、目的和标准的不同，期刊分级的称谓也就显得五花八门。

2. 学术和非学术期刊的划分

（1）学术期刊分级

在学术期刊分级方面，现有的核心评价体系是由高校、科研机构等单位制定的，常见的包括北大核心，CSCD 核心，统计源核心（又叫科技核心），南大核心（中文社会科学引文索引，即 CSSCI 核心）、武大核心（RCCSE 中国学术期刊评价研究报告）等期刊定级工具。

（2）非学术期刊分级

在非学术性期刊分级方面，为了促进期刊事业发展，国家科委、中宣部、国家新闻出版总署曾举办过一些全国优秀期刊评比评奖工作。"中国期刊方阵"是新闻出版署实施的一项名刊建设工程，"中国期刊方阵"的基本框架分为 4 个层面，形成宝塔形结构。

第一个层面为"双效"期刊："双效"期刊，以全国现有 8135 种期刊为基数，通过各省（区、市）和中央部委评比推荐。按 10%～15% 的比例选取社会效益、经济效益好的 1000 余种期刊，作为"中国期刊方阵"的基础。

第二个层面为"双百"期刊："双百"期刊，从两年一届的"百种重点社科期刊""百种重点科技期刊"中产生。每届进入全国"双百"重点期刊数量控制在 200 种左右，是中国期刊方阵的中坚。

第三个层面为"双奖"期刊："双奖"期刊，全国"双百"重点期刊基础上评选出的国家期刊奖、国家期刊奖提名奖的期刊。此类期刊约 100 种。

第四个层面为"双高"期刊："双高"期刊，即高知名度、高学术水平的期刊，此类期刊约 50 种。是方阵的最高层面和核心，也是我国期刊实施"走出去"战略、创建世界名牌期刊的基础。

18.3.2 国内主要期刊定级工具简介

1. 《中文核心期刊要目总览》

该书由北京大学图书馆和北京高校图书馆期刊工作研究会联合研制。第一版（1992 年）共载核心期刊 2174 种，分为 128 个学科。第二版载核心期刊

1596 种，分为 130 个学科。第三版载核心期刊 1571 种（其中 270 种为新入选的期刊），分为 75 个学科。此前由北京大学出版社出了六版：第一版（1992年）、第二版（1996 年）、第三版（2000 年版）、第四版（2004 年版）、第五版（2008 年版）、第六版（2011 年版）和第七版（2014 年版）。2011 年以前每隔四年评定一次，之后更改为每 3 年一评定。第八版（2017 年版）预计将于 2018 年 11 月由北京大学出版社出版。北京大学出版社在 2018 年 9 月曾在北大图书馆网页上申明，目前网上流行的各种版本的《中文核心期刊要目总览》均不是项目组发布。

《总览》第七版（2014 年版）核心期刊定量评价采用了被索量、被摘量、被引量、他引量、被摘率、影响因子、他引影响因子、被重要检索系统收录、基金论文比、Web 下载量、论文被引指数、互引指数等 12 个评价指标，选作评价指标统计源的数据库及文摘刊物达 50 余种。统计文献量 65 亿余篇次（2009 年至 2011 年），涉及期刊 14 700 余种。定性评价共有 3700 多位学科专家参加了核心期刊评审工作。经过定量评价和定性评审，从我国正在出版的中文期刊中评选出 1983 种核心期刊，分属 7 大编 74 个学科类目。该书由各学科核心期刊表、核心期刊简介、专业期刊一览表等几部分组成，不仅可以查询学科核心期刊，还可以检索正在出版的学科专业期刊，是图书情报等部门和期刊读者不可或缺的参考工具书。

2. 《中文社会科学引文索引》（CSSCI）

中文社会科学引文索引（Chinese Social Sciences Citation Index，CSSCI）是由南京大学投资建设、南京大学中国社会科学研究评价中心开发研制的人文社会科学引文数据库，用来检索中文人文社会科学领域的论文收录和被引用情况。CSSCI 电子版由南京大学于 1997 年底提出，1998 年上半年被列入南京大学重大项目，1999 年 8 月被教育部正式列为教育部重大项目。CSSCI 是一项凝聚了国内学术界、期刊界、管理部门集体智慧的知识创新成果，南京大学拥有 CSSCI 及 CBKCI 数据库的知识产权和相关领域的商标所有权。目前最新的 CSSCI 来源期刊目录是 2017~2018 版本，收录来源期刊共 553 种。

CSSCI 遵循文献计量学规律，采取定量与定性相结合的方法从全国 2700 余种中文人文社会科学学术性期刊中精选出学术性强、编辑规范的期刊作为来源期刊。目前收录包括法学、管理学、经济学、历史学、政治学等在内的25 大类的 500 多种学术期刊，现已开发 CSSCI（1998 年~2017 年）20 年度数据，来源文献 150 余万篇，引文文献 1000 余万篇。中文学术图书引文索引（CBKCI）收录图书 5000 余册。CSSCI 系统的服务群体覆盖社会科学研究者、社会科学管理者、期刊研究与管理者等不同领域，可提供我国各社会科学研究机构、高校、地区乃至学者个人的发表论文数量，期刊、论文、学者个人被引用情况，以及各种排序，由此可定量评价研究机构、高校、地区、学者个人的科研生产能力、学术成果、学术影响，评价社会科学学术期刊的质量和学术地位，也可为出版社与各学科著作的学术评价提供定量依据。

3.《中国科技论文统计源期刊》

又称中国科技核心期刊，从 1980 年起，中国科技信息研究所（简称中信所），受国家科委委托，每年对 SCI、EI、ISTP 收录的中国论文、对被选作统计用的中国科技期刊上的论文情况进行统计分析，统计结果作为国家正式统计数字向社会发布。被中信所选作统计用的中国科技期刊简称为统计源刊或统计源。每年统计源均有所变动，统计源期刊的选择确定照顾了学科及地区平衡。

"中国科技论文统计源期刊"每隔三年，由中国科技信息研究所对其进行重新评定，遵循"优入劣汰"原则。因此"统计源期刊"的学术影响力越来越被各学术单位和科研机构所接受，用它作为科研论文的学术水平的评价指标之一。目前，2017 年公布的最新"中国科技论文统计源期刊"约 2048 种。

4.《中国人文社会科学核心期刊要览》

《中国人文社会科学核心期刊要览》是中国社会科学院文献信息中心长期研制项目的成果。研制人员在文献计量学研究基础上，通过对学术期刊发展规律和增长趋势的量化分析，筛选出人文社会科学期刊发展和应用的核心部分，每四年以要览的形式出版，力求在较宽的研究跨度上客观反映核心期刊理论与实践的进展，以及学术期刊发展与进步的程度。这项研究成果的直接目的，是为了便利和优化学术期刊的使用，以及优化文献资源的利用。2004年首次出版《中国人文社会科学核心期刊要览（2004 年版）》。

5.《中国科学引文数据库》（CSCD）

中国科学引文数据库（Chinese Science Citation Database，简称 CSCD）。创建于 1989 年，收录我国数学、物理、化学、天文学、地理学、生物学、农林科学、医药卫生、工程技术和环境科学等领域出版的中英文科技核心期刊和优秀期刊千余种。目前已积累从 1989 年到现在的论文记录 4 818 977 条，引文记录 60 854 096 条。中国科学引文数据库来源期刊每两年遴选一次。每次遴选均采用定量与定性相结合的方法，定量数据来自于中国科学引文数据库，定性评价则通过聘请国内专家定性评估对期刊进行评审。

中国科学引文数据库内容丰富、结构科学、数据准确。系统除具备一般的检索功能外，还提供新型的索引关系——引文索引，使用该功能，用户可迅速从数百万条引文中查询到某篇科技文献被引用的详细情况，还可以从一篇早期的重要文献或著者姓名入手，检索到一批近期发表的相关文献，对交叉学科和新学科的发展研究具有十分重要的参考价值。中国科学引文数据库还提供了数据链接机制，支持用户获取全文。

最新的 2017~2018 年版本，中国科学引文数据库遴选了核心期刊 1229 种，其中中国出版的英文期刊 201 种，中文期刊 1028 种。中国科学引文数据库来源期刊分为核心库和扩展库两部分，其中核心库 887 种（以备注栏中 C 为标记）；扩展库 342 种（以备注栏中 E 为标记）。

6. 《中国学术期刊评价研究报告》（RCCSE）（武大版）

《中国学术期刊评价研究报告》是武汉大学中国科学评价研究中心的四大评价报告之一，于 2009 年 3 月联合国内外多家科研机构正式推出第 1 版，随后于 2011 年、2013 年、2015 年分别推出第 2 版、第 3 版和第 4 版。该项目组经过十多年的努力，对国内学术期刊，包括自然学科、工程技术和人文社会科学各学科的学术期刊质量、水平和学术影响力进行全面、系统的评价，力求科学地确定权威期刊、核心期刊的数量和范围，得出一份具有公信力的"中国学术期刊排行榜"。目前最新发布的是《中国学术期刊评价研究报告（武大版）（2017~2018）》，其中，中文学术期刊评价部分共收录 6193 种中文学术期刊，1566 种期刊进入核心区。

18.4 国际期刊的等级划分

18.4.1 国际学术期刊分类目录编制说明

1. 编制依据

（1）"商学院联合会学术期刊质量指导"第 4 版（ABS, Association of Business School Academic Journal Quality Guide, version4）期刊目录；

（2）金融时报商学院学术评价认定的 45 种期刊（Financial Times Top 45 Journals Used in Business School Research Rank，2010）；

（3）UT-Dallas 商学院学术评价认定的 24 种期刊（The UTD Top 100 Business School Research Rankings™）；

（4）ISI Web of Knowledge 的 JCR（Journal Citation Reports）。

2. 修订规则

（1）SCI/SSCI 收录的期刊；

（2）A+类期刊由 ABS、Financial Times 和 UT-Dallas 三者目录组合选优；

（3）A 类期刊从 ABS3 级及以上、JCRQuarter2 及以上的期刊中选择；

（4）B+类期刊从 ABS3 级及以上、JCRQuarter3 及以上的期刊中选择；

（5）B 类期刊从 ABS2 级及以上的期刊中选择；

（6）适当考虑学院重点发展方向和领域。

3. 其他内容

对本国际学术期刊目录以外的其他学科期刊论文，按照"其他 SSCI、SCI 收录的期刊"论文进行奖励。但为鼓励交叉学科发展，如果论文与商学院主流学科（经济学、工商管理和管理科学与工程）有关，则 JCR1 区内的期刊论文，按照"B+级期刊"论文进行奖励，其余按照"其他 SSCI、SCI 收录的期刊"进行奖励。发表于 Science、Nature、Proceedings of the National Academy of Sciences of the United States of America 期刊的论文按 A+论文奖励。

18.4.2 国际主要期刊定级工具简介

国际核心期刊遴选体系最著名的几大引文索引分别是美国科技信息研究所创立的 SCI《科学引文索引》、SSCI《社会科学引文索引》和美国工程信息公司出版的 EI《工程引文索引》。

1. SCI（科学引文索引）

英文全称是 Science Citation Index，是美国科学情报研究所（Institute for Scientific Information，简称 ISI）出版的一部世界著名的期刊文献检索工具，收录文献的作者、题目、源期刊、摘要、关键词，不仅可以从文献引证的角度评估文章的学术价值，还可以迅速方便地组建研究课题的参考文献网络。SCI 创刊于 1961 年，经过 40 年的发展完善，已从开始时单一的印刷型发展成为功能强大的电子化、集成化、网络化的大型多学科、综合性检索系统。当前，SCI 从来源期刊数量划分为 SCI 和 SCI-E。SCI 指来源刊为 3700 多种的 SCI 印刷版和 SCI 光盘版（SCI Compact Disc Edition，简称 SCI CDE）。SCI-E（SCI Expanded）是 SCI 的扩展库（即网络版），收录了 5600 多种来源期刊，可通过国际联机或因特网进行检索。

SCI 涵盖学科超过 100 个，主要涉及全世界出版的数、理、化、农、林、医、生命科学、天文、地理、环境、材料、工程技术等自然科学领域。选用刊物来源于 40 多个国家，50 多种文字，其中主要的国家有美国、英国、荷兰、德国、俄罗斯、法国、日本、加拿大等，也收录部分中国（包括港澳台）刊物。通过其严格的选刊标准和评估程序来挑选刊源，使得 SCI 收录的文献能够全面覆盖全世界最重要和最有影响力的研究成果。

2. SSCI（社会科学引文索引）

英文全称是 Social Sciences Citation Index，为 SCI 的姊妹篇，亦由美国科学信息研究所创建，是目前世界上可以用来对不同国家和地区的社会科学论文的数量进行统计分析的大型检索工具。1999 年 SSCI 全文收录 1809 种世界最重要的社会科学期刊，内容覆盖包括人类学、法律、经济、历史、地理、心理学等 55 个领域。收录文献类型包括：研究论文，书评，专题讨论，社论，人物自传，书信等，选择收录期刊为 1300 多种。2001 年收录社会科学领域内 1700 余种最具影响力的学术刊物，到 2009 年 4 月收录达到了 2600 多种。当前，SSCI 已经收录了 3000 多种社会科学权威学术期刊论文。

SSCI 对其收录期刊范围的说明中明确告知该数据库中有一部分内容与 SCI 重复，这是因为学科之间本身有交叉，是社会科学与自然科学相结合的跨学科的研究在文献中的自然反映。另外，SSCI 从 3400 余种自然科学期刊中，通过计算机检索文章主题和引文后，生成一个与社会科学有关的文献目录，此目录再经 ISI 编委会审核，选择与社会科学密切相关的文献加入 SSCI。因此 SSCI 也收录了相当数量的自然科学文献，二者的交叉关系更为密切。

3. EI（工程索引）

英文全称是 Engineering Index，是由美国工程师学会联合会（American Association of Engineering Societie，简称 AAES）于 1884 年创办的历史上最悠久的查阅工程技术领域文献的综合性情报检索刊物，由美国工程信息公司编辑出版。每年摘录世界工程技术期刊约 3000 种，还有会议文献、图书、技术报告和学位论文等，报道文摘约 15 万条，内容包括全部工程学科和工程活动领域的研究成果。

　　EI 的出版形式有印刷本、缩微胶卷、计算机磁带和 CD-ROM 光盘。文摘按标题词字顺编排，年刊配有著者、著者工作机构和主题等 3 种索引，以及引用出版物目录和会议目录；月刊只配有著者和主题这 2 种索引。另外，单独出版《工程标题词表》《工程出版物目录》和多种专题文摘。主要特点是摘录质量较高，文摘直接按字顺排列，索引简便实用。EI 的光盘和网络数据库均把工程索引和工程会议综合在一起，囊括世界范围内工程的各个分支学科，如：土木工程、能源、环境、地理和生物工程；电气、电子和控制工程；化学、矿业、金属和燃料工程；机械、自动化、核能和航空工程；计算机、人工智能和工业机器人。数据库资料取自 5100 种期刊、技术报告、会议论文和会议录，其中 2600 种有文摘。此数据库对检索全世界内工程与技术文献、跟踪评价技术新成果非常有用。

18.5 森林公安相关投稿指南

　　本节通过梳理与森林公安行业相关的核心期刊、公安和警院学报的投稿方式和相关信息，旨在展示此类期刊定位，指导相关行业人员投稿。

18.5.1 核心期刊投稿指南

　　本书以《中文核心期刊要目总览》为参照，将最新的与读者专业相关的核心期刊目录列举如下，供读者投稿、写作参考。

　　1. 公安、法律

表 18-5-1　公安、法律类核心期刊一览表

期刊名称	投稿方式	影响因子	更多介绍
法学研究	在线投稿系统：http://www.faxueyanjiu.com/	5.132	CSSCI（2017~2018）收录
中国人民公安大学学报.社会科学版	投稿平台：http://gada.cbpt.cnki.net	0.808	
中国法学	投稿平台：http://zgfx.cbpt.cnki.net	6.010	CSSCI（2017~2018）收录

续表

期刊名称	投稿方式	影响因子	更多介绍
法学	2018 年 8 月 30 日之后，只能通过 http://lawscience. edu. cn 投稿	2. 094	CSSCI（2017~2018）收录
法商研究	投稿平台：http://fsyj. cbpt. cnki. net/	2. 383	CSSCI（2017~2018）收录
政法论坛	投稿平台：http://zflt. cbpt. cnki. net/	1. 765	CSSCI（2017~2018）收录
现代法学	投稿平台：http://xdfx. cbpt. cnki. net/	1. 692	CSSCI（2017~2018）收录
中外法学	E-mail：zwfx@ pku. edu. cn	3. 520	CSSCI（2017~2018）收录
法学评论	投稿平台：http://fxpl. cbpt. cnki. net/ （只接受网络投稿）	1. 616	CSSCI（2017~2018）收录
法律科学	在线投稿系统：http://flkx. nwupl. edu. cn/Reg. aspx	1. 932	CSSCI（2017~2018）收录
法制与社会发展	在线投稿系统：http://fzyshfz. paperonce. org	1. 730	CSSCI（2017~2018）收录
法学家	在线投稿系统：http://www. faxuejia. org. cn	2. 248	CSSCI（2017~2018）收录
比较法研究	投稿平台：http://bjfy. cbpt. cnki. net	1. 413	CSSCI（2017~2018）收录
环球法律评论	网站投稿：http://www. globallawreview. org E-mail：glawreview@ cass. org. cn	1. 278	CSSCI（2017~2018）收录
当代法学	在线投稿系统：http://ddfx. paperonce. org	1. 894	CSSCI（2017~2018）收录
法学论坛	在线投稿系统：http://fxlt. ijournal. cn/	1. 341	CSSCI（2017~2018）收录

续表

期刊名称	投稿方式	影响因子	更多介绍
政治与法律	邮寄：上海市淮海中路 622 弄 7 号《政治与法律》编辑部，邮编：200020 在线投稿：http://zhen. cbpt. cnki. net	1.286	CSSCI（2017~2018）收录
河北法学	在线投稿系统：http://www. hbfx. cn	0.804	CSSCI（2017~2018）扩展版收录 中国人文社会科学核心期刊
法学杂志	投稿平台：http://fxas. cbpt. cnki. net E-mail：faxuezazhi@ 126. com	1.068	CSSCI（2017~2018）收录
法律适用	只接受网络投稿，E-mail：flsy@ vip. sina. com	1.123	CSSCI（2017~2018）扩展版收录
行政法学研究	只接受网络投稿：http://xzfx. chinajournal. net. cn	1.203	CSSCI（2017~2018）收录
中国刑事法杂志	E-mail：xsfzz2011@ 163. com	1.234	CSSCI（2017~2018）收录
人民司法	投稿平台：http://www. rmsf. cbpt. cnki. net/	0.278	百种重点期刊、社科双效期刊
华东政法大学学报	在线投稿系统：journal. ecupl. edu. cn E-mail：journal@ ecupl. edu. cn（仅限特殊情况）	1.388	CSSCI（2017~2018）收录
人民检察	邮寄：北京市石景山区香山南路 109 号《人民检察》编辑部，邮编 100144 E-mail：rmjcbjb@ 126. com	0.283	
中国法医学杂志	投稿平台：http://zgfyxzz. cbpt. cnki. net	0.232	CSCD 收录
中国司法鉴定	在线投稿系统：http://www. chsfjd. cn	0.243	

2. 林业相关

表 18-5-2　林业类核心期刊一览表

期刊名称	投稿方式	影响因子	更多介绍
林业科学	只接受在线投稿 www. linyekexue. net	1.214	CA 化学文摘（美）、JST 日本科学技术振兴机构数据库（日）、EI、Pж（AJ）文摘杂志（俄）、CSCD收录
林业科学研究	投稿平台：http://www. lykxyj. com/ch/author/login. aspx	0.903	JST 日本科学技术振兴机构数据库（日）、EI、Pж（AJ）文摘杂志（俄）、CSCD 收录
林业资源管理	E-mail：lyzyglbjb@ 163. com 在线投稿：http://www. lyzygl. cn/	0.424	
世界林业研究	在线投稿系统：http://www. sjlyyj. com/ch/author/login. aspx	0.652	CSCD 中国科学引文数据库来源期刊（2017－2018 年度）（含扩展版）、中科双效期刊
中国森林病虫	投稿平台：http://www. slbc. cbpt. cnki. net/	0.541	Caj-cd 规范获奖期刊

3. 动植物保护

表 18-5-3　动植物保护类核心期刊一览表

期刊名称	投稿方式	影响因子	更多介绍
植物保护学报	在线投稿系统：http://dwxzz. ioz. ac. cn/ch/author/login. aspx	0.964	CA 化学文摘（美）、JST 日本科学技术振兴机构数据库（日）、CSCD 收录
植物保护	邮寄：北京圆明园西路 2 号（100193），中国农业科学院植物保护研究所《植物保护》编辑部。E-mail：zwbh1963@ 263. net	0.879	CA 化学文摘（美）、JST 日本科学技术振兴机构数据库（日）、CSCD 收录

续表

期刊名称	投稿方式	影响因子	更多介绍
野生动物学报	需登录在线采编系统投稿：http://ysdw.paperopen.com	0.232	
动物学杂志	通过在线投稿系统注册投稿：http://dwxzz.ioz.ac.cn	0.608	CA 化学文摘（美）、JST 日本科学技术振兴机构数据库（日）、P＊（AJ）文摘杂志（俄）、CSCD 收录
动物学报	在线投稿系统：http://www.zoores.ac.cn E-mail：zoores@mail.kiz.ac.cn		JST 日本科学技术振兴机构数据库（日）（2013）收录、中科双效期刊

18.5.2 公安院校刊物投稿指南

本节整理了全国各公安院校的投稿方式，以音序方式排列，供读者参考。

表 18-5-4 公安院校刊物一览表

期刊名称	投稿方式	更多介绍
安徽警官职业学院学报	投稿平台：http://www.jgzy.cbpt.cnki.net/	安徽省政法系统唯一公开出版发行的学术刊物
北京警察学院学报	投稿平台：http://jcxy.chinajournal.net.cn	
重庆警察学院学报	互联网邮箱：cqjyxb110@163.com 公安网邮箱：jx_ huyanxia@gaj.cq	公安系统内部发行学术刊物
福建警察学院学报	E-mali：fjgzxb@163.com	福建省公安系统唯一学术期刊，属本科学校学报。
公安学刊	投稿平台：www.gaxk.cbpt.cnki.net/	曾用名：浙江警察学院学报。Caj-cd 规范获奖期刊

续表

期刊名称	投稿方式	更多介绍
广西警察学院学报	投稿平台：http://gxga.cbpt.cnki.net/	
贵州警官职业学院学报	投稿平台：http://gigz.cbpt.cnki.net	Caj-cd 规范获奖期刊
河南警察学院学报	E-mali：bjb450002@163.com	Caj-cd 规范获奖期刊
湖北警官学院学报	投稿平台：http://hbga.cbpt.cnki.net/	Caj-cd 规范获奖期刊
湖南警察学院学报	投稿平台：http://hnga.cbpt.cnki.net/	Caj-cd 规范获奖期刊
江苏警官学院学报	投稿平台：http://www.gazk.cbpt.cnki.net/	
江西警察学院学报	E-mail：361316D@vip.163.com	Caj-cd 规范获奖期刊
净月学刊	投稿邮箱：jyxkbjb@vip.163.com	是吉林警察学院主办的吉林省内唯一有公开刊号的公安理论学术性期刊
辽宁警察学院学报	E-mail：lijz@chinajournal.net.cn	Caj-cd 规范获奖期刊
森林公安	投稿网址：http://fps.forestpolice.net/ E-mail：fps110@263.net	森林公安系统唯一刊物
青海警官职业学院学报	E-mail：qjzyxb@sina.com	该刊为内部资料
山东警察学院学报	投稿平台：http://shgx.cbpt.cnki.net/	2014 年版北大《中文核心期刊要目总览》来源期刊。Caj-cd 规范获奖期刊
山西警察学院学报	投稿平台：http://jgsx.chinajournal.net.cn/	Caj-cd 规范获奖期刊

续表

期刊名称	投稿方式	更多介绍
四川警察学院学报	投稿平台：http://www. scjg. cbpt. cnki. net/	
新疆警察学院学报	投稿平台：http://jgxj. cbpt. cnki. net	Caj-cd 规范获奖期刊
云南警官学院学报	E-mail：YNJGXYXB@ 126. com （只接受电子邮件）	全国高校优秀社科期刊，"禁毒研究"是全国社科学报特色栏目。
中国刑警学院学报	投稿平台：www. xing. cbpt. cnki. net	

参考文献

书籍类文献

[1] 毕强：《数字信息资源开发与利用（第二版）》，科学出版社 2009 年版。

[2] 戴勇敢：《公安文献检索（修订本）》，中国人民公安大学出版社 2006 年版。

[3] 丁传奉：《信息资源检索与利用》，知识产权出版社 2004 年版。

[4] 殷占录、胡念、田雪松编著：《数字信息资源研究》，天津科学技术出版社 2015 年版。

[5] 金新政、陈氢主编：《信息管理概论》，华中科技大学出版社 2002 年版。

[6] 贾洪伟、耿芳：《学术论文写作》，中国传媒大学出版社 2016 年版。

[7] 聂云霞：《国家层面数字资源长期保存策略研究》，江西人民出版社 2015 年版。

[8] 秦殿启：《文献检索与信息素养教育》，南京大学出版社 2008 年版。

[9] 舒炎祥、方胜华编著：《数字文献检索》，科学出版社 2009 年版。

[10] 吴慰慈：《图书馆学基础》，高等教育出版社 2006 年版。

[11] 魏大威主编：《数字图书馆理论与实务》，国家图书馆出版社 2012 年版。

[12] 谢毅平主编：《公安信息化建设基础教程》，群众出版社 2009 年版。

[13] 周爱民编著：《高校图书馆信息技术应用实务》，东南大学出版社 2008 年版。

[14] 钟建法编著：《高校图书馆信息资源采访》，世界图书广东出版公司 2014 年版。

[15] 王巍、杜振宁：《计算机网络技术》，北京理工大学出版社 2016 年版。

[16] 张志军、王欢、管莹莹编著：《文献信息检索与利用新编》，吉林大学出版社 2012 年版。

[17] 郑霞忠、黄正伟主编：《科技论文写作与文献检索》，武汉大学出版社 2012 年版。

论文类文献

[18] 程丽、叶鹰："电子资源与纸质资源的经费对比：美国和加拿大图书馆实例"，载《中国图书馆学报》2009 年第 5 期。

[19] 程守民："数字资源长期保存的技术与项目研究综述"，载《中国管理信息化》2017

年第 24 期。

[20] 方林："学术论文撰写方法与要求"，载《海峡预防医学杂志》2000 年第 6 期。

[21] 范亚芳、曹作华："网络原生数字资源馆藏化建设模式研究"，载《情报理论与实践》2012 年第 11 期。

[22] 符静："数字化学术环境下的'穿越式阅读'浅析"，载《图书馆论坛》2013 年第 2 期。

[23] 黄丽红："信息组织与数字图书馆"，载《现代情报》2004 年第 11 期。

[24] 贺飞："以信息化引领森林公安新征程——森林公安信息化建设回眸"，载《森林公安》2014 年第 3 期。

[25] 路阳："社会科学研究中的文献综述：原则、结构和问题"，载《社会科学管理与评论》2011 年第 2 期。

[26] 金得存："编辑视角下的学术论文特性"，载《淮北煤炭师范学院学报（哲学社会科学版）》2008 年第 6 期。

[27] 李兆成："浅谈森林公安警务信息化建设"，载《森林公安》2011 年第 1 期。

[28] 李倩："网络原生数字资源开发的基本环节"，载《图书馆》2012 年第 1 期。

[29] 李忠君："高校建设特色数据库主流软件平台调研与比较"，载《科技情报开发与经济》2013 年第 4 期。

[30] 陆泉等："我国数字信息资源长期保存研究综述"，载《图书馆学研究》2015 年第 4 期。

[31] 刘斯文："以信息化为引擎推进警务现代化 全国森林公安信息化建设应用北方片会召开"，载《绿色时报》2015 年 7 月 31 日。

[32] 刘银娣："西方数字阅读推广项目考察及其对我国的启示"，载《图书馆学研究》2018 年第 9 期。

[33] 付伟棠、张志强："2016 年我国数字阅读报告分析"，载《图书馆学研究》2017 年第 22 期。

[34] 林平、陈积敏、赵文清："关于森林公安队伍建设与发展的思考"，载《林业经济》2013 年第 12 期。

[35] 茆意宏、朱强、王波："高校图书馆数字阅读服务现状与展望"，载《大学图书馆学报》2017 年第 1 期。

[36] 姜南、王邱文："中国与东南亚跨境野生动物犯罪的治理"，载《中国刑警学院学报》2017 年第 6 期。

[37] 吴旭："TPI 与公安文献数据库的建设"，载《中国人民公安大学学报》2005 年第 4 期。

[38] 魏敏："信息组织 4.0：变革历程和未来图景"，载《国家图书馆学刊》2018 年第 1 期。

[39] 魏晓峰："国内数字阅读发展现状与服务创新研究"，载《新世纪图书馆》2016 年第 6 期。

［40］时婉璐："原生数字资源馆藏建设初探——以美国国会图书馆 MINERVA 项目为例"，载《图书馆杂志》2013 年第 8 期。

［41］肖希明、曾粤亮："数字阅读与图书馆信息资源建设"，载《数字图书馆论坛》2016 年第 2 期。

［42］解金兰："互联网背景下图书馆信息组织发展的历程、演进及趋势分析"，载《山东图书馆学刊》2017 年第 2 期。

［43］尹玉吉："编辑视阈下学术论文撰写规律研究"，载《编辑之友》2017 年第 3 期。

［44］宋爱林等："全国森林公安机关数字文献资源应用及共享需求调查分析"，载《林业规划调查》2009 年第 4 期。

［45］袁思本："数字图书馆系统的应用与选择"，载《淮海工学院学报》2010 年第 12 期。

［46］朱明："森林公安情报信息的组织研究"，载《森林公安》2011 年第 6 期。

［47］周西平："我国公安信息化工作机制完善策略研究"，载《图书馆学研究》2010 年第 11 期。

［48］张昆："学术论文的创新方式、价值评判与写作方法论——以经济类论文写作为例"，载《学位与研究生教育》2005 年第 2 期。

［49］郑雅娟："高校图书馆数字阅读推广研究"，郑州大学 2017 年硕士学位论文。

［50］朱明："森林公安情报信息的组织研究"，载《森林公安》2011 年第 6 期。

标准类文献

［51］GB 50174-2008，电子信息系统机房设计规范 中华人民共和国国家标准，2009.

［52］GB 50016-2006，建筑设计防火规范. 国家质检总局（CN-GB），2006.

［53］GB/T 31219. 4-2014，图书馆馆藏资源数字化加工规范 第 4 部分：音频资源. 中华人民共和国国家标准，2016.

［54］GB/T 31219. 5-2016，图书馆馆藏资源数字化加工规范 第 5 部分：视频资源. 中华人民共和国国家标准，2016.

［55］GB T3792. 1-2009，文献著录第 1 部分_总则. 中华人民共和国国家标准，2009.

［56］GB/T 7714-2005 ［S］文后参考文献著录规则. 中华人民共和国国家标准，2005.

互联网文献

［57］"百度百科"，载 https://baike. baidu. com/

［58］"百度经验"，载 https://jingyan. baidu. com

［59］"百度文库"，载 https://wenku. baidu. com

［60］"汇文软件"，载 http://www. libsys. com. cn/